Konstantin Ulmer
Man muss sein Herz an etwas hängen,
das es verlohnt

 aufbau

KONSTANTIN ULMER

Man muss sein *Herz* an etwas hängen, das es *verlohnt*

DIE GESCHICHTE DES AUFBAU VERLAGES 1945–2020

Mit 118 Abbildungen

MIX
Papier aus verantwor-
tungsvollen Quellen
FSC® C083411

ISBN 978-3-351-03747-5

Aufbau ist eine Marke der Aufbau Verlag GmbH & Co. KG

1. Auflage 2020
© Aufbau Verlag GmbH & Co. KG, Berlin 2020
Einbandgestaltung zero-media.net, München
Satz und Reproduktion LVD GmbH, Berlin
Druck und Binden CPI books GmbH, Leck, Germany
Printed in Germany

www.aufbau-verlag.de

INHALT

1964–1971

1971–1977

1977–1983

1983–1991

1991–2008

2008–2020

Anhang

1945-1949

Entstanden in Ruinen:
Die Gründung des Aufbau-Verlags

Am Anfang waren Trümmer. Im Sommer 1945 lag Berlin in Schutt und Asche. An den Häuserwänden, die stehengeblieben waren, warnten Aushänge vor der Ruhr, die Luft war voller Schmeißfliegen, zwischen den Ruinen tummelten sich Ratten. Ähnlich wüst wie auf den Straßen sah es nach zwölf Jahren Naziherrschaft und sechs Jahren Weltkrieg, nach Blitzangriffen und Flächenbombardements, nach Holocaust und Porajmos in den Köpfen der Besiegten und der wenigen, die sich befreit fühlten, aus. Die Hinterlassenschaft des Naziregimes, das am 8. Mai, gut eine Woche nach dem Selbstmord Hitlers, kapituliert hatte, war gewaltig.

Im noblen Ortsteil Dahlem war die Verwüstung nicht ganz so massiv. Dort, im Südwesten der Stadt, trafen sich am 16. August 1945 Klaus Gysi, Kurt Wilhelm, Heinz Willmann und Otto Schiele in der Wohnung des Letzteren. Die vier Herren kamen zusammen, um in Anwesenheit eines Notars eine Gesellschaft mit beschränkter Haftung (GmbH) zu gründen, deren Name als Programm zu lesen war, als Aufruf und Hoffnung: Aufbau. Gegenstand des Unternehmens mit einem Stammkapital von 20 000 Reichsmark, so hieß es im Gesellschaftsvertrag, »ist der Betrieb eines Buch- und Zeitschriftenverlags«. Bereits zwei Tage später erhielt Aufbau den Segen der Sowjetischen Militäradministration (SMAD), die dem Unternehmen zunächst eine Arbeitsverfügung erteilte. Die offizielle Lizenz folgte am 28. November. Dass die Gründungsurkunde unversiegelt blieb, ist eine Fußnote der Geschichte: Das alte Siegel, ein Reichsadler mit Hakenkreuz, hatte ausgedient. Ein neues existierte noch nicht.

Die vier Gründungsgesellschafter waren nicht aus alter Verbundenheit, sondern als Interessengemeinschaft zusammengekommen. Klaus

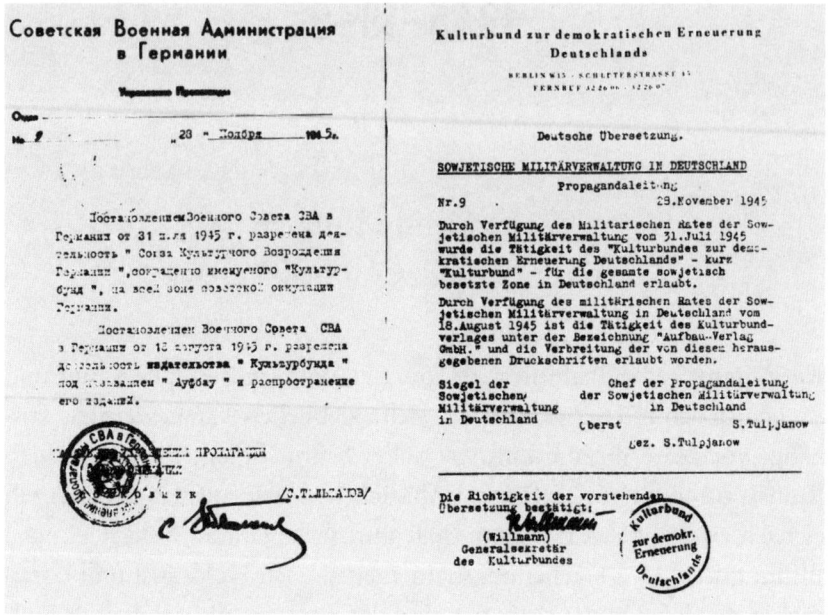

Offizielle Lizenzurkunde vom 28. November 1945

Gysi, Jahrgang 1912, stammte aus einer deutsch-jüdischen Familie, war mit dem Abitur in die Kommunistische Partei Deutschlands (KPD) eingetreten und hatte sich schnell als Jugendfunktionär einen Namen gemacht. Nachdem er 1935 von der Universität verwiesen worden war, war er über England nach Frankreich emigriert. Im Juni 1940, als die Wehrmacht nach dem siegreichen Westfeldzug über die Champs-Élysées marschierte, hatte er ein Himmelfahrtskommando angetreten: Gysi war auf Parteibeschluss nach Deutschland zurückgekehrt, in seine Geburtsstadt Berlin, wo er bis zum Kriegsende gemeinsam mit seiner Frau Irene in der Illegalität gelebt hatte.

Auch Heinz Willmann, geboren 1906 in der Nähe von Frankfurt am Main, hatte sich als kommunistischer Funktionär einen Namen gemacht. Zunächst hatte er sich in verschiedenen Funktionen bei der populären *Arbeiter-Illustrierten-Zeitung* (AIZ) Meriten erworben, sowohl vor als auch nach seiner siebenmonatigen »Schutzhaft« im KZ Fuhlsbüttel 1933. Im Mai 1935 war Willmann in die UdSSR emigriert, wo er bis zu seiner Rückkehr nach Deutschland im Juni 1945 die Redaktion der

Internationalen Literatur geleitet hatte, einer Zeitschrift, die exilierten Autorinnen und Autoren eine Veröffentlichungsplattform bot. Während Gysi, ein Westemigrant, weltgewandt und kultiviert auftrat, stand der Ostemigrant Willmann für die derbe, proletarische Note im Gründungsquartett.

Als Geschäftsführer ihrer Verlagsneugründung traten die beiden verdienten Vorzeigekommunisten aber nicht in Erscheinung. Diese Aufgabe übernahmen ihre Mitstreiter Kurt Wilhelm und Otto Schiele, ersterer als Verlagsleiter, letzterer verantwortlich für den kaufmännisch-technischen Bereich. Beide waren bis kurz vor Kriegsende in der Otto Elsner Verlagsgesellschaft beschäftigt gewesen, in der zwar keine explizit politische Literatur erschienen war, die aber mit Regelwerken zum Barackenbau oder einer Schriftenreihe des Reichsausschusses für Leistungssteigerung während der Hitlerherrschaft gute Geschäfte gemacht hatte. Um die Persilscheine, die als »Entnazifizierungsurkunden« für die Geschäftseröffnung notwendig waren, hatten sich beide indessen erfolgreich gekümmert. Und sie brachten den Laden schnell zum Laufen. Während Wilhelm sich in der Trümmerwüste wie kein Zweiter zurechtzufinden schien und in jedem Papierlager, das nicht in Flammen aufgegangen war, einen Fuß in der Tür hatte, erwies sich Schiele als findig bei der Beschaffung der notwendigen Kredite. Zusammen mit Gysi und Willmann bildeten sie ein Gründungsteam, das Großes versprach: Gemeinsam verfügten sie über die politische Anerkennung, über gute Kontakte zur sowjetischen Besatzungsmacht, über die notwendige Erfahrung im verlegerischen Bereich und über Insiderkenntnisse bezüglich der arg beschränkten Produktionsmöglichkeiten.

Bis der neu gegründete Verlag das Tagesgeschäft aufnehmen konnte, mussten allerdings noch einige Steine aus dem Weg geräumt werden. So dauerte es bis Mitte September 1945, ehe Aufbau ein Zuhause in der zerbombten Stadt fand und fortan in der Französischen Straße 32 in Berlin-Mitte firmierte. Die Adresse hatte Symbolcharakter. Nachdem die Straße im 19. Jahrhundert als Kulturmeile gegolten hatte, hatten im 20. Jahrhundert die Banken den Kiez erobert. In die Geschichte war das Haus dann während der Berliner Märzkämpfe 1919 eingegangen: Als eine Einheit der Volksmarinedivision dort ihren Sold hatte abholen wol-

len, waren 29 der roten Soldaten auf dem Hof des Gebäudes von Frei-
korpsleuten erschossen worden. Für die Banken, die am NS-Regime gut
verdient hatten, sollte an diesem historischen Ort des Klassenkampfes
fortan kein Platz mehr sein. Der Mietvertrag, an die Entwicklung des
Brotpreises gekoppelt, musste dennoch zunächst mit den alten Eigentü-
mern der Privatbank Delbrück, Schickler & Co geschlossen werden, die
kurze Zeit später nach West-Berlin gingen. Im Oktober 1949 wurde das
Gebäude in Volkseigentum überführt und 1955 schließlich dem Verlag
übergeben.

Das Haus in der Französischen Straße hatte neben der eindrucksvollen Geschichte auch eine eindrucksvolle Substanz, war aber im Krieg
nicht unversehrt geblieben. Das schnell gewachsene Aufbau-Team musste
erst einmal den Schutt aus den vierzehn angemieteten Zimmern und der
ehemaligen Kassenhalle räumen und das Wasser aus dem Keller schöp-
fen, damit der Verlagssitz als Arbeitsplatz taugte. Parallel machte es sich
an ein fulminantes Auftaktprogramm. Ein Buch, das zum ersten Bestseller der Nachkriegszeit avancierte, ragte dabei heraus: Theodor Plieviers *Stalingrad*. Dass der Roman bereits am 13. August, also fünf Tage
vor der provisorischen Vorab-Lizenzierung des Verlags, die notwendige
Genehmigung der sowjetischen Zensur erhalten hatte, lässt erahnen, wie
gründlich die Verlagsgründung vorbereitet worden war.

Plievier war 1892 in einer Berliner Arbeiterfamilie geboren und nach
einer abenteuerlichen Vagabundenjugend Mitte der 1920er Jahre zu
einem viel gelesenen Schriftsteller geworden. Nach Hitlers Machtübernahme war er über verschiedene Zwischenstationen in die Sowjetunion
(SU) emigriert. Die beispiellose Schlacht um Stalingrad war für die Rote
Armee der Anlass, ihm, der in der UdSSR literaturpolitisch keinen leich-
ten Stand hatte, ein besonderes Privileg einzuräumen: Plievier konnte Begegnungen mit deutschen Kriegsgefangenen festhalten und Dokumente
sammeln, die später als Stoff für seinen Roman dienen sollten. *Stalingrad*
galt dem Jubelchor von Alfred Andersch über Johannes R. Becher bis hin
zu Wolfgang Borchert dementsprechend als »Tatsachen-Epos« (Walter
Först), das Aufklärung über die deutsche Vergangenheit bot – und diese
Vergangenheit schilderte Plievier in einer unverhüllten Drastik. Der »Ge-
stank verkohlender Knochen und schmorenden Menschenfleisches«

Bestseller trotz Papiermangel: Plieviers *Stalingrad* wurde 1945/46 in acht Auflagen mit ca. 150 000 Exemplaren gedruckt

wurde beschrieben, abgerissene Gesichter und auslaufende Augäpfel. Trotzdem war das Buch für viele Leser Seelenbalsam, weil es der Generalschuldthese widersprach, nach der jeder einzelne hitlerhörige Deutsche mitverantwortlich für die Katastrophe war. Die Wehrmacht erschien in Plieviers Roman als eine Armee der Verführten, die auf das Gerassel einer Rattenfängerbande reingefallen war. Nach dieser Lesart war die Apokalypse für die Soldaten eher Opfergang als Schandtat. Und das bedeutete auch: Sie konnten an der Auferstehung teilnehmen.

Das Gesamtpaket von *Stalingrad* – das Thema, die Deutung, der dokufiktionale Stil – passte ideal ins Gründungsprogramm des Aufbau-Verlags, der in etwas mehr als einem Jahr acht Auflagen mit ca. 150 000 Exemplaren drucken ließ. Auch jenseits der Zonengrenze wurde der Roman populär: Nachdem bereits 1946 eine Aufbau-Lizenz an den kommunistischen Globus-Verlag in den sowjetischen Sektor Wiens gegangen war, erwarb der Rowohlt-Verlag die Rechte für die amerikanische und britische Besatzungszone und ließ den Text als Rotationsroman im Zeitungsformat mit einer Auflage von 100 000 durch die Druckpressen rollen. Der »Hunger nach dem guten Buch«, so wehrte sich Rowohlt gegen die umgehend aufkommende Qualitätskritik der westdeutschen Presse, die im großformatigen Rotationsdruck ein Sakrileg sah, sei momentan »auf traditionellem Wege nicht zu stillen«. Übrigens war auch Wilhelm für die Ausstattung der Erstauflage, die mangels anderer freier und funktionstüchtiger Maschinen in der Druckerei des SMAD-Organs *Tägliche Rundschau* im Rotationsdruck – allerdings im Buchformat – entstanden war, gerügt worden. »So lange im graphischen Gewerbe keine wesentliche Besserung der Verhältnisse eintritt«, hatte er sich gegenüber seinem Autor Willi Bredel gerechtfertigt, »wird die Materialfrage nach wie vor das letzte Wort sprechen.« Das Büchermachen, so zeigte sich in der Gründerzeit des Verlags, war zunächst permanente Improvisation. Aufbau erwies sich dabei als sehr begabt. Insgesamt erschienen 1945 zwölf Titel und zwei Nachauflagen mit ca. 250 000 Exemplaren.

Obwohl nach den ersten Verlagslizenzen in der britischen und amerikanischen Zone an Peter Suhrkamp am 8. Oktober und an Kurt Desch am 17. November eine Lizenzierungswelle von München bis Hamburg schwappte, avancierte Aufbau mit dieser Eröffnungsbilanz zum unumstrittenen Primus in der nachkriegsdeutschen Verlagslandschaft. Eine Verlegerpersönlichkeit wie Heinrich Maria Ledig-Rowohlt, der unmittelbar nach Desch in der US-Zone lizenziert worden war, sprach von einem »neiderregenden Prospekt des Aufbau-Verlages«, nachdem er diesen während eines Besuchs bei Erich Kästner in die Hände bekommen hatte. Dass ein solcher Auftakt in der Französischen Straße möglich war, hing mit einer Institution zusammen, die im Gesellschaftsvertrag nur in einem Punkt erwähnt wurde. Im § 4 hieß es: »Bei dem Geschäftsgebaren der Gesellschaft ist darauf zu achten, daß die Belange des ›Kulturbundes zur demokratischen Erneuerung Deutschlands‹ in jeder Form ge-

Wichtige Bücher aus den ersten beiden Jahrgängen des Aufbau-Programms

wahrt werden, solange die Zeitschriften des ›Kulturbundes‹ und die vom ›Kulturbund‹ geförderte Buchproduktion in dem neu gegründeten Unternehmen erscheinen.«

Vordergründig im Hintergrund: Bechers Kulturbund

Die Nummer eins bei Aufbau, die erste Publikation in der Verlagsgeschichte, war eine Broschüre, die zwei Wochen nach der Verlagsgründung in Satz ging: Das *Manifest des Kulturbundes zur demokratischen Erneuerung Deutschlands*. Neben dem Gründungsaufruf versammelte das vierzigseitige Bändchen die Redebeiträge der Gründungskundgebung am 4. Juli 1945 in der Berliner Rundfunkhalle. Die Auflagenhöhe unterstrich die kulturpolitische Bedeutung des *Manifests*: Fünfzigtausendfach war von der Kriegsschuld Deutschlands zu lesen, vom »Ringen um die deutsche Seele«, vom Licht, das der Kulturbund in »die furchtbare Finsternis« tragen wolle, »die Hitler hinterlassen hat«. Voller Pathos wurde

15

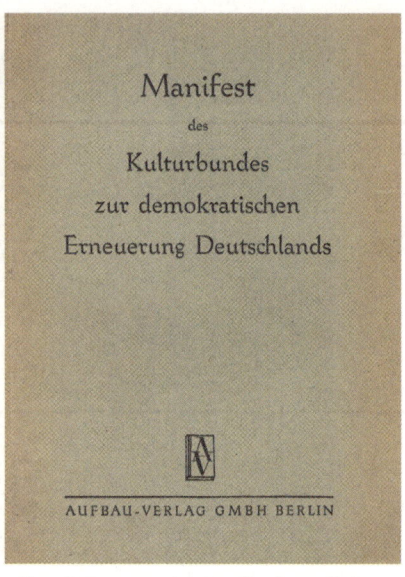

Links: Inserat der ersten beiden Verlagsveröffentlichungen in der *Berliner Zeitung* vom 19. September 1945. Die Monatsschrift *Aufbau*, herausgegeben vom Kulturbund, sollte sich mit ihrer breiten Ausrichtung und der hohen Auflage zu einer der wichtigsten Kulturzeitschriften der unmittelbaren Nachkriegszeit entwickeln

Rechts: Die Nummer eins des Aufbau-Verlags, das *Manifest des Kulturbundes*

die Auferstehungskraft der Deutschen beschworen. »Die Männer und Frauen, die den ›Kulturbund zur demokratischen Erneuerung Deutschlands‹ ins Leben rufen«, so hieß es abschließend im Aufruf, »wollen beispielgebend vorangehen, da es gilt, aus Ruinen und Schutthaufen ein neues deutsches Leben emporsteigen zu lassen und die erste feste geistige Grundlage zu schaffen für die Neugeburt unseres Volkes.«

Zum Präsidenten des Kulturbunds wurde Johannes R. Becher gewählt. Geboren 1891 in einer Familie des »protestantisch-bürokratisch-preußisch-militärischen Establishments« Münchens, hatte sich Becher zunächst als expressionistischer Lyriker einen Namen gemacht, war dann nach Wanderjahren und Morphiumentzug zum KPD-Mitglied geworden und hatte 1928 mit Ludwig Renn, Anna Seghers, Erich Weinert und anderen den Bund proletarisch-revolutionärer Schriftsteller (BPRS) gegründet. 1933 war er vor den SA-Schergen nach Moskau geflohen. Dort wurde er 1944 in eine Arbeitskommission aufgenommen, die sich mit der »Gestaltung des neuen Deutschlands« nach dem Sturz Hitlers beschäftigen sollte. Die Kommission las sich wie ein Who's who dessen, was die Exil-KPD nach der stalinistischen Säuberung noch aufzubieten hatte: Die Gesamtleitung oblag Wilhelm Pieck, einzelne Arbeitsbereiche wurden unter anderen von Walter Ulbricht, Hermann Matern, Rudolf Herrnstadt, Anton Ackermann, Alfred Kurella und Paul Wandel geleitet.

Für den Bereich, der sich mit der ideologischen Umerziehung der bald besiegten Deutschen beschäftigen sollte, war ursprünglich Bechers Dichterkollege Weinert vorgesehen. Da dieser aber als Präsident des Nationalkomitees Freies Deutschland gebunden war, in dem kommunistische Emigranten gemeinsam mit kriegsgefangenen deutschen Soldaten gegen das NS-Regime wirkten, übernahm Becher die wichtigsten Ausarbeitungen, in denen er »ein nationales Befreiungs- und Aufbauwerk größten Stils auf ideologisch-moralischem Gebiet« umriss, wie es in den *Bemerkungen zu unseren Kulturaufgaben* vom September 1944 hieß. Bücher sollten dabei natürlich eine große Rolle spielen. Ein Gründungskonzept für den Aufbau-Verlag befand sich aber nicht in den zwei Koffern, mit denen Becher im Juni 1945 nach Deutschland zurückkehrte. Noch im März 1945 hatte er Ulbricht als Grundpfeiler der zukünftigen Verlagsarbeit die kulturpolitische Einflussnahme auf etablierte Unternehmen wie Insel oder Reclam vorgeschlagen.

Natürlich war sich Becher im Klaren, dass es beide Verlage beim »großen Aufräumen« in der NS-Zeit, für das Reclam 1938 im *Völkischen Beobachter* von dem einflussreichen Literaturhistoriker und Erzantisemiten Adolf Bartels gelobt worden war, an Fleiß nicht hatten fehlen lassen. Die traditionsreichen Namen hielt Becher aber trotzdem für nützlich. Der kommunistische Dichter rechnete nämlich damit, dass »nach solch einer Katastrophe Abermillionen aufgeschlossen werden für neue Wege« – und diesen Abermillionen wollte er die Hand reichen. Seine liberale – und entschieden nationale – Position manifestierte sich auch in der Konzeption des Kulturbunds, der sich in den Gründungsjahren zu den drei gleichrangigen Leitbegriffen Demokratie, Sozialismus und Christentum bekannte. Im Präsidialrat saßen dementsprechend neben Künstlern aller Sparten Vertreter der evangelischen und katholischen Kirche und Politiker von KPD, SPD und CDU. Den sowjetischen Besatzern schien diese

Ausrichtung als intellektuell-politische Sammlungsbewegung nicht ganz geheuer: Sie hatten die Gründungsbroschüre des Kulturbunds drastisch beschneiden wollen, weil ihnen beispielsweise die Bedeutung des Christentums für die Kultur überbetont erschien. Erst Alexander Dymschitz, der Chef der SMAD-Kulturabteilung, hatte die Streichungen wieder rückgängig gemacht.

Was sich Dymschitz von der Zensur der Zensur versprach, bleibt offen. Vielleicht war er überzeugt, dass die Kommunisten im Kulturbund um den Generalsekretär und Aufbau-Mitbegründer Willmann einflussreich genug waren, um den Kurs zu korrigieren, wo es notwendig werden sollte. Vielleicht teilte er auch die These vom »Gewinn der Niederlage«, die Becher landauf, landab predigte und die besagte, dass nach der Apokalypse alle politischen Lager mit Ausnahme der Nazis an der Auferstehung teilnehmen könnten. Die Texte und Reden des Kulturbund-Präsidenten wirkten dabei wie eine Dichtungsprophetie. Immer wieder war von einer »geistigen Neugeburt«, von einer »deutschen Renaissance«, einem »Reformationswerk« die Rede. Bechers *Deutsches Bekenntnis*, wie sein autobiographischer Roman *Abschied* und seine *Ausgewählten Dichtungen aus der Zeit der Verbannung 1933–1945* im Gründungsjahr des Aufbau-Verlags erschienen und sogar nachgedruckt, ließ sich als Salbung lesen, mit der aus dem alten Adam der neue Adam werden sollte. »Dann mögen die Glocken Auferstehung läuten«, hieß es da. »Dann mögen wir singen: ›Nun danket alle Gott‹. Deutsche Leidens- und Sterbensnot richtet an uns alle einen Ruf, eine Losung. Dieser Ruf und diese Losung lauten: Gebt Deutschland, was Deutschlands ist, eine freiheitliche, demokratische Ordnung! Laßt deutscher Passionszeit endlich, endlich ein deutsches Ostern, einen deutschen Auferstehungstag folgen! In diesem Sinne laßt Deutschland – Deutschland werden! Laßt Deutschland auferstehen!« Das verlegerische Instrument dafür unterstand Bechers Kulturbund bald auch offiziell: Am 24. September 1945 übertrugen Schiele, Wilhelm und Willmann und am 29. Oktober Gysi ihre Verlagsanteile an den Kulturbund, der nach seiner Eintragung ins Vereinsregister zum 1. März 1946 die Abtretungsangebote annahm. Becher war damit gewissermaßen sein eigener Verleger geworden, der außerdem Autoren und Bücher empfahl, als Kulturpolitiker für Aufbau vermittelte und als Spi-

ritus Rector durch die Französische Straße 32 schwebte. Mit dem prak-
tischen Tagesgeschäft hatte er aber nichts zu tun.

Um die Auferstehung voranzutreiben, gab der Kulturbund ab September 1945 bei Aufbau eine Zeitschrift heraus, die mit dem Verlag nicht
nur zahlreiche Autoren, sondern auch den Namen teilte – zu einem Zeitpunkt also, als die wichtigen Zeitschriftengründungen in den Westzo-
nen, wie Hans-Werner Richters *Der Ruf,* die *Frankfurter Hefte* oder Melvin Laskys *Der Monat,* noch in der Zukunft lagen. Die Periodika waren
das Fast Food, um den Lesehunger auf den Trümmerfeldern zu stillen.
Und die Auflagenentwicklung sprach für sich: Nach einem Start mit
20 000 Exemplaren kam der *Aufbau* mit dem ersten Heft des zweiten
Jahrgangs auf 100 000 und wenig später bereits auf 150 000 Exemplare.
Die Verantwortlichen standen für eine breite intellektuelle Volkfront:
Außer dem Chefredakteur und KPD-Mitglied Klaus Gysi nennt das Impressum unter den 22 ständigen Mitarbeitern Becher neben Hans Fallada, Bertolt Brecht neben Ernst Wiechert, Georg Lukács neben Fer-
dinand Friedensburg und Friedrich Wolf neben Ernst Lemmer. Die
Offenheit für Namen und Themen sollte später die Einordnung der Zeitschrift in der Geschichtsschreibung der DDR erschweren. Während
beispielsweise Dieter Noll polemisierte, die Wortführer des bürgerlichen
Lagers wie Lemmer und Friedensburg hätten im *Aufbau* ihre »argumen-
tative Insuffizienz durch demagogisches Geschwätz« zu kompensieren
versucht, forderte Stephan Hermlin zum 40. Verlagsjubiläum einen Re-
print, um zu beweisen, dass in der SBZ nicht alles eng und grau war.
Ähnlich verhielt es sich mit den Gründungsjahrgängen des *Sonntag,* ab
Juli 1946 vom Kulturbund herausgegeben und bis 1978 als Teil des Aufbau-Verlags geführt. Auch die Verbreitung dieser kulturpolitischen Wochenzeitung war mit rund 200 000 Exemplaren beeindruckend. Mitunter hätte der Verlag wohl auch noch mehr Exemplare absetzen können,
doch waren der Produktion äußere Grenzen gesetzt. So wurde ein Antrag auf ein erhöhtes »Papierquantum« für die *Sonntag*-Ausgabe zum
ersten Gründungsjubiläum abgelehnt, obwohl Aufbau zu den Stamm-
gesellschaftern der im Mai 1947 gegründeten Druckpapier-Handelsge-
sellschaft gehörte, die sogar in das Haus in der Französischen Straße eingezogen war. Doch hatten die Papierhändler den zuständigen sowjetischen

Major nicht erreichen können – und weil es um rares Material ging, hatten sie nicht auf ihre Entscheidungshoheit vertraut.

Der Papiermangel, der alle Industrieländer mit Ausnahme der USA betraf, sollte noch für einige Zeit der limitierende Faktor in der Verlagswelt bleiben. Im besetzten Berlin trieb er merkwürdige Blüten hervor: Da die wenigen produzierenden Fabriken für neues Papier nicht nur Geld, sondern auch Recyclingmaterial einforderten, wurde Altpapier auf dem boomenden Schwarzmarkt mit Schmuck und Lebensmitteln aufgewogen. In den Postfilialen standen Papierdealer Schlange, um sich bündelweise Formulare abzuholen, die sie weiterverscherbelten. Verlage tauschten Reste und unpassende Formate direkt untereinander. Als besonders umtriebig erwies sich der Aufbau-Verlagsleiter Kurt Wilhelm, von dem einige behaupteten, er verfüge selbst über einen geheimen Papiervorrat. Seine Beweglichkeit auf den Märkten verknüpfte er mit guten Kontakten zu den Bezugsscheinstellen. Mit den Majoren Dymschitz und Patent, die die kulturelle Entwicklung in der SBZ maßgeblich prägten, verhandelte er ebenso direkt wie mit Oberst Sergej Tjulpanow, Leiter der Propaganda- und Informationsabteilung der SMAD. Auf seine Verlegerkollegen, die sich nicht so regelmäßig wie er in Karlshorst sehen ließen, blickte er hochnäsig herab.

Natürlich wusste Wilhelm die Besatzer nicht nur durch seinen persönlichen Einsatz, sondern auch mit einer geschickten Programmkonzeption zu überzeugen. Im November 1945 verfasste die freie Lektorin und Übersetzerin Elisabeth Kessel, Frau des Schriftstellers und späteren Büchner-Preisträgers Martin Kessel, ein Exposé zu einer *Illustrierten Jugendreihe*, die zwischen 1946 und 1954 auf 26 Titel kam. Das Profil der Reihe war zu Beginn ausgesprochen offen. Willmann hatte sich für jüngere sowjetische Belletristik wie Konstantin Paustowskijs *Die Kolchis* oder Juri Krymows *Tanker Derbent* stark gemacht, auf Kessels Initiative wurden mit Bret Harte, R. L. Stevenson und Mark Twain die Größen der amerikanischen Jugendliteratur des 19. Jahrhunderts zu Aufbau-Autoren. Auch wenn Krymows Buch, in dem eine undisziplinierte Schiffscrew von einem kommunistischen Matrosen zu einem Kollektiv geformt wird, vom großen Sowjetpädagogen Anton Makarenko als besonders lebensnah angepriesen worden war, schien die »Kessel-Sparte« den Vorlieben der jungen Leserinnen und Leser eher zu entsprechen: Stevensons *Schatzinsel* und Twains *Tom Sawyer* gehörten laut einer Umfrage des *Börsenblatts* vom Juni 1947 in der amerikanischen und britischen Besatzungszone zu den beliebtesten Jugendbüchern überhaupt. Mit »Erschütterung« stellten die Meinungsforscher den »mächtigen Drang« der jugendlichen Leserinnen und Leser fest, »die Not wenigstens in der Phantasie zu überwinden«. Unwahrscheinlich, dass das in Rostock, Dresden und Magdeburg anders war.

Neben den US-amerikanischen Abenteuerbüchern und der zeitgenössischen sowjetischen Belletristik erschienen in der *Illustrierten Jugendreihe* 1946 Bücher wie Theodor Storms *Der Schimmelreiter* oder Alexander Puschkins *Dubrowski*. Auch das war bezeichnend, galten doch die klassischen Texte als wichtige Lektüre für die Re-Education. Sie sollten dabei helfen, die humanistischen Grundbegriffe wieder ins Vokabular derjenigen Deutschen zu bringen, in deren Köpfen die Nazis für Kahlschlag gesorgt hatten. Das ließ sich auch am Gründungsprogramm des Kulturbunds oder an Bechers *Gedenkrede auf die Dichter, die für Deutschlands Freiheit starben* ablesen, in denen der klassizistische Anspruch eindeutig formuliert und das internationale Hinterland mit Namen wie Dickens, Tolstoi und Balzac, Dante, Cervantes, Shakespeare und Homer abgesteckt worden war. Den Auftrag nahm Aufbau gerne an. So wurde mit Einzelausgaben, vor allem aber mit der vierbändigen Auswahlausgabe Gottfried Kellers (1946) sowie den von zusätzlichen Einzelbänden flankierten dreibändigen Ausgaben Maxim Gorkis (1946) und Heinrich Heines (1947) in den Gründungsjahren einer der zukünftigen Programmschwerpunkte festgezurrt: das klassische Erbe, vorrangig das deutsch- und russischsprachige. Auch die Besatzungsmacht nahm die Erbeliteratur sehr ernst. Bevor sich im August 1949 der Geburtstag Goethes zum 200. Mal jährte, verfügte die SMAD sogar per Befehl, ihrer Verwaltung für Informationen die »allgemeine Kontrolle über die Vorbereitung und Durchführung des Goethejubiläums« zu übertragen. Aufbau beteiligte sich mit einer sechsbändigen Volksausgabe an den Feierlichkeiten. Der »verlegerische Parforceritt« (Stefan Wolle) wurde in diesem Fall durch die sowjetische Aufsicht erleichtert, weil dadurch die Materialzuteilung gesichert war. Denn nicht nur das Papier war Mangelware: Mitunter griffen Verlage für die Einbände, weil es an Leder, Leinen und Pappe fehlte, auf Igelit zurück, einen Lederersatz aus Weich-PVC.

Mit der Veröffentlichung der Texte war die Klassikpflege freilich noch nicht getan. Denn es kam nicht nur darauf an, was, sondern auch wie geerbt wurde. Für die richtige Lesart sollten Vor- und Nachworte sorgen. Friedrich Schillers *Briefe über die ästhetische Erziehung des Menschen* (1946) wurden von einer Biographie flankiert, für die mit Theodor Bohner ein Gründungsmitglied der CDU verantwortlich zeichnete, die Keller-Ausgabe von einer Biographie aus der Feder Georg Lukács'. Lukács, 1885 in Budapest geboren, war im Wissenschaftsprogramm des ersten Aufbau-Jahrzehnts tonangebend. Mehr noch, mit seinem antiavantgardistischen Literaturkonzept sollte der Philosoph, der Anfang der 1930er Jahre einmal aus Österreich und einmal aus dem Deutschen Reich über Wien und Berlin nach Moskau emigriert war, eine ganze Generation von marxistischen Literaturwissenschaftlern in der DDR prägen. Den ersten Schritt zum Legendenstatus hatte er bereits 1945 gemacht: Seine siebzig Seiten starke Abhandlung über die *Deutsche Literatur im Zeitalter des Imperialismus* war schon im Gründungsjahr des Aufbau-Verlags in zwei Auflagen erschienen, bis 1947 kamen drei weitere hinzu. Mit den beiden Büchern war er übrigens nicht ganz freiwillig in der Französischen Straße gelandet, denn eigentlich hätte er seine Texte gerne im Zusammenhang großer Ausgaben gesehen. Doch hatten ihn Kulturbund und Verlagsleitung vor vollendete Tatsachen gestellt: Sowohl der Keller-Band als auch die Studie über *Deutsche Literatur im Zeitalter des Imperialismus* waren ohne seine Einwilligung erschienen. Böser Wille war das nicht. Die Kommunikation mit den Emigrierten über die Trümmerfelder Europas hinweg war schlichtweg so mühsam, so langsam, dass Aufbau stillschweigendes Einverständnis vorausgesetzt hatte.

Keine Stunde null:
Die Verbannten und Verbrannten

Die Auferstehung, die sich Kulturbund und Aufbau auf die Fahnen geschrieben hatten, ließ in den ersten beiden Jahren nach Kriegsende man-
cherorts noch auf sich warten. Der Berliner Kulturbetrieb allerdings war
ein Phönix par excellence. Zwischen Wannsee, Tegel und Köpenick
wurde auf den Trümmern des kurzlebigen Tausendjährigen Reiches ge-
sungen, gelesen und getanzt. Theater öffneten auf provisorischen Bühnen. Die unwirkliche Szenerie veranschaulicht ein Tagebucheintrag Max
Frischs, der sich seinerzeit oft in Berlin aufhielt. Ein Absatz, in dem der
reüssierende Schweizer Autor zunächst bemerkt, dass es in der Zeitung
eine Spalte für die täglichen Überfälle gebe, dass ganze Quartiere ohne
ein einziges Licht dastehen, dass die Stadt einem rattenbevölkerten »Hü-
gelland von Backstein« gleiche, »darunter die Verschütteten, darüber die
glimmernden Sterne«, schließt mit dem Satz: »Abends in die Iphigenie.«
An dem regen Theatergeschehen beteiligte sich ab 1946 auch der Aufbau-Verlag mit einem Bühnenvertrieb, der unter anderem die Rechte an
den Werken von Carl Sternheim, Friedrich Wolf und einigen russischen
bzw. sowjetischen Autoren betreute. Der Leiter des Bühnenvertriebs,
Friedrich Eisenlohr, seines Zeichens Schriftsteller und Dramaturg, hatte
in der NS-Zeit mit affirmativer Trivialliteratur sein Geld verdient. Dieser biographische Hintergrund schien nicht unbedingt aussichtsreich für
eine Karriere in einem antifaschistischen Verlag, doch konnte Eisenlohr
seine NS-Belastung mit persönlichen Kontakten aufwiegen – ihn ver-
band noch aus seinen expressionistischen Anfängen eine Freundschaft
mit Becher. Zentral wurde der Bühnenvertrieb für den Verlag ohnehin
nicht. Nach einem Schlaganfall Eisenlohrs im Jahre 1951 kümmerte sich
im Wesentlichen der Henschelverlag um die Geschäfte mit den Aufbau-
Rechten, bis der Vertrieb 1954 offiziell übernommen wurde.
Ohnehin lag der Aufbau-Fokus von Beginn an auf erzählender Literatur und Lyrik. Bei Auswahl und Lektorat war Verlagsleiter Wilhelm auf
Unterstützung angewiesen, da er selbst zwar ein Macher, aber kein Kenner war. Letzteres hingegen ließ sich von dem 1878 geborenen Paul

Wiegler mit Fug und Recht behaupten. Wiegler hatte 1914 eine einbändige *Geschichte der Weltliteratur* veröffentlicht, später auch eine *Geschichte der neuen deutschen Literatur*, außerdem Biographien von Wal-
lenstein bis Wilhelm II., eigene Romane und Übersetzungen aus dem
Französischen. Im Aufbau-Verlag erschienen 1946 seine Kurzbiogra-
phien von Beethoven und Goethe. Vor allem aber war er als ehemaliger
Leiter der Ullstein-Romanabteilung einer der wenigen erfahrenen Lektoren, die unmittelbar nach Kriegsende die Arbeit aufnehmen konnten.
Für Aufbau bewältigte der schmächtige Literaturhistoriker im Rentenal-
ter, der nebenbei noch im Präsidialrat des Kulturbunds saß sowie für
Feuilletons und den Rundfunk arbeitete, ein unvorstellbares Arbeitspen-
sum: Er prüfte oftmals fünf, sechs Manuskripte pro Woche, lektorierte
Klassikertexte, schrieb Klappentexte, Vor- und Nachworte.

Obwohl Wiegler die bestmögliche Erstbesetzung im Aufbau-Lektorat
war, bemühte sich Wilhelm beim Kulturbund bald um einen geeigneten
Cheflektor. Denn Wiegler war zwar weithin geschätzt und kannte auch
einige der emigrierten Autoren persönlich – Egon Erwin Kisch war beispielsweise einst sein Nachbar in Prag gewesen –, doch war er in den weit
verzweigten Netzwerken der Exilanten allenfalls eine Randgestalt. Wilhelm selbst war den deutschsprachigen Autoren in den USA, der Sowjetunion und in Mexiko noch nicht einmal dem Namen nach bekannt.
Der Kulturbund wiederum, dem sein Verlag unterstand, fühlte sich ausdrücklich für die Exilanten zuständig. In Zeitschriftenbeiträgen und zahl-
losen Briefen riefen die Kulturbundler zur Rückkehr nach Deutschland
auf. Den Remigrierten wurden bei den Wiedersehensfeiern oftmals ihre
eigenen Bücher in die Hand gedrückt, die schon in Druck gegangen waren. Nach Jahren der Verbannung war das ein unschätzbares Symbol. Im
Aufbau-Programm kristallisierte sich dementsprechend schnell ein zweiter Schwerpunkt neben der Erbeliteratur heraus: Die Autoren, die von
den Nazis verfolgt, deren Bücher ausgesondert und verbrannt worden
waren, sollten in der Französischen Straße 32 ihr verlegerisches Zuhause
finden. Schon der erste Jahrgang legte diese geistige Leitlinie der Verlagsarbeit fest: Neben Plieviers *Stalingrad*, Lukács' *Deutsche Literatur im Zeitalter des Imperialismus* und den Becher-Bänden *Deutsches Bekenntnis*, *Abschied* und *Ausgewählte Dichtung* erschienen der Roman *Gründer* mit

dem Untertitel *Vorspiel einer deutschen Tragikomödie* des SU-Emigranten Fritz Erpenbeck, der Gedichtband *Heimatfern* des 1941 in London gestorbenen Max Herrmann-Neiße und der »deutsche Bauernroman« *Maulwürfe* des ehemaligen Spartakisten Adam Scharrer. Auch Heinrich Heines *Wintermärchen* passte als verbannter Klassiker in diese Reihe. Alle diese Bücher waren der gedruckte Beleg dafür, dass 1945 keine Stunde null eingeläutet wurde, auch nicht literarisch.

Die Titelsuche erfolgte dabei oft nach dem Schneeballprinzip: Plievier und Erpenbeck, Aufbau-Autoren des ersten Jahrgangs, waren wie Becher und Willmann aus Moskau nach Berlin zurückgekehrt, ebenso die in Mecklenburg gelandeten Scharrer und Willi Bredel. Sie alle hatten Zeitschriften wie die *Internationale Literatur* oder Bücher deutschsprachiger Exilverlage im Reisegepäck, die als Druckvorlage für Aufbau-Ausgaben dienen konnten. Freilich kamen die Texte und Autoren nicht nur aus der Sowjetunion. Für den Kulturbund hatte beispielsweise der Kontakt zum US-Exilanten Heinrich Mann oberste Priorität. 1946 erschien *Der Untertan*, seine 1914/18 erstveröffentlichte und schon damals kontrovers diskutierte Romanpersiflage auf die Wilhelminische Epoche, in zwei Auflagen – allerdings wie im Fall von Lukács und Herrmann-Neiße ohne Lizenz, was neben der schwierigen Kommunikation und der umstrittenen Rechtslage auch damit zusammenhing, dass in den USA der Trading with the Enemy Act galt, der bis 1947 jeglichen Handel mit Deutschland untersagte.

Stoppen konnten die rechtlichen Hürden den Schneeball nicht. Der Wirtschaftswissenschaftler Jürgen Kuczynski, der nach England emigriert war, brachte den Mexiko-Emigranten Alexander Abusch ins Gespräch, dessen »Beitrag zum Verständnis deutscher Geschichte« mit dem Titel *Irrweg einer Nation* zwischen 1946 und 1951 in 130 000 Exemplaren aufgelegt wurde. Den Ausweg aus dem *Irrweg* lieferte Abusch übrigens gleich mit: Anfang 1949 veröffentlichte er bei Aufbau eine Huldigungsschrift mit dem Titel *Stalin und die Schicksalsfragen der deutschen Nation*. Der »Stählerne«, der sich mit seinem Konzept vom »Sozialismus in einem Land« in der UdSSR gegen Trotzki durchgesetzt hatte, galt nun als Taktgeber für die Gründung des deutschen sozialistischen Staats – und das, obwohl der Kulturbund, in dessen Verlag die Schrift erschien, zumin dest in den ersten beiden Jahren nach seiner Gründung ausdrücklich eigene Antworten auf die »deutsche Frage« gesucht und auch die Sozialistische Einheitspartei Deutschlands (SED), im April 1946 aus dem Zusammenschluss von KPD und Ost-SPD hervorgegangen, zunächst auf einen »deutschen Weg« zum Sozialismus gesetzt hatte.

Abusch, 1902 in Krakau geboren und mit 16 Jahren in die KPD eingetreten, rollte den Schneeball erfolgreich weiter. Aus Mexiko brachte er Bücher und Manuskripte des Exil-Verlags El Libro Libre mit, darunter solche von Egon Erwin Kisch, Bodo Uhse und Anna Seghers, die alle zwischen 1946 und 1948 bei Aufbau erschienen. Zur Geschichtsschreibung leisteten auch sie einen Beitrag, klärten doch Kischs Reportagen ebenso wie Uhses *Wir Söhne* und der Seghers-Roman *Das siebte Kreuz* über die jüngere (deutsche) Vergangenheit auf. Gerade der letztgenannte Titel stand paradigmatisch für das antifaschistische Gründungsnarrativ, das der Verlag fortan pflegte. Er brachte zudem eine aufschlussreiche Veröffentlichungsgeschichte mit, die sich wie folgt las: Seghers war durch ihren 1942 erstveröffentlichten Roman buchstäblich zu »Weltruhm« (Kurt Heyd) gelangt, weil die Fluchtgeschichte des KZ-Häftlings Georg Heisler, im Rhein-Main-Gebiet des Herbstes 1937 verortet, nach der deutschsprachigen Erstveröffentlichung bei El Libro Libre in den USA als Armeeausgabe, als Comic und als prominente Kinoverfilmung massenhafte Verbreitung gefunden hatte und ins Spanische, Portugiesische und Schwedische übersetzt worden war. Gleich nach ihrer Rückkehr aus dem Exil im April 1947 wurde sie dafür in Darmstadt mit dem Georg-Büchner-Preis ausgezeichnet. Doch ausgerechnet hier, in ihrer hessischen Heimat, hatte der Weltruhm einen weißen Fleck, den Kurt Heyd in seiner Rede auf die Laureatin markierte. Er bedauerte, dass das vielhunderttausendfach aufgelegte Buch »in Deutschland nur wenigen bekannt ist; denn es erschien bisher nur in der Ostzone«.

Das wiederum war das Verdienst des Aufbau-Verlags, der Seghers, die aus Hessen nach Ost-Berlin weiterreiste, mit der Nachricht begrüßen konnte, dass ihr *Siebtes Kreuz* bereits 60 000-mal verkauft worden war. Dieses Willkommenszeichen wog mehr als die Kritik des einflussreichen Lukács, der sich Ende der 1930er Jahren eine Auseinandersetzung mit der Autorin über die Ästhetik des Realismus geliefert hatte und ihr nun

Sympathie und Streitlust: Anna
Seghers mit »Kater Lukács«

vorwarf, sie verhülle mit ihrem Buch das »tiefe Warum des Kampfes« mit
»einem – dichterisch allerdings hochwertigen – Schleier«. Die Leserinnen und Leser machten den Roman sogar zum meistverkauften Aufbau-
Buch bis zur Wende und die Verfasserin zur meistverkauften Autorin des
Verlags. Im Westen war das Bild hingegen ein anderes: Im Windschat-
ten des Büchner-Preises erschienen zwar Ausgaben bei Desch (1947) und
Rowohlt (1948), doch sollte es bis 1962 dauern, ehe das Buch in der
Bundesrepublik erschien und dann gleich zum Gegenstand einer kalt-
kriegerischen Auseinandersetzung wurde.

Das Engagement des Aufbau-Verlags für die Exilanten sprach sich
schnell unter den Autoren herum. So schrieb Nelly Sachs im Oktober
1946 aus Stockholm, dass man im Ausland »so viel Rühmliches« über
Aufbau höre. Ein Jahr später veröffentlichte sie hier neben ihrem eigenen Gedichtband *In den Wohnungen des Todes* – dem ersten überhaupt
der 56-Jährigen, die 1966 als erste deutschsprachige Autorin den Nobel-
preis erhielt – als Herausgeberin und Übersetzerin eine Sammlung schwe-

discher Lyrik des 20. Jahrhunderts. Bald gingen weitere Manuskripte aus dem Ausland ein. Im Frühjahr 1947, als mit Erich Wendt und Max Schroeder zwei bestens vernetzte Exilanten das Ruder übernahmen, kam der Schneeball dann richtig ins Rollen. Spätestens zu diesem Zeitpunkt entstand im Aufbau-Verlag das, was man mit dem legendären Suhrkamp-Verleger Siegfried Unseld die »Gesellschaft der Autoren eines Verlages« nennen kann, die »jedem einzelnen Autor Halt, Sicherheit, Basis für Kommunikation« gibt. Die Exilanten-Gesellschaft bei Aufbau war weit gefasst: Zu ihr gehörten Moskauer Emigranten genauso wie diejenigen aus London, New York, Mexiko und anderswo. Selbst der erste Debütant des Aufbau-Verlags, Walter Gorrish, geboren 1909 und 1946 mit *Um Spaniens Freiheit* zum Schriftsteller geworden, gehörte in diesen Kreis. Gorrishs kommunistischen Vorzeigelebenslauf fasste Wolfgang Kohlhaase in dem 1972 erschienenen Band *Liebes- und andere Erklärungen. Schriftsteller über Schriftsteller* wie folgt zusammen: »[G]elernter Stukkateur, anschließend Arbeitsloser, nebenher Amateurboxer, Kommunist. Damit hängt dann das meiste zusammen: Straßenschlachten, Illegalität, Emigration, Spanienkrieg, französisches Lager, deutsches Zuchthaus, Strafbataillon, Meuterei, Überlaufen, Partisanenkrieg.« Doch blieb Aufbau offen. Ganz im Sinne des Kulturbunds versuchte man im Verlag, die Exilanten mit den Im-Land-Gebliebenen zu vereinen.

Die Im-Land-Gebliebenen: Widerstand und Widerstände

Keine andere Institution in den vier Besatzungszonen bemühte sich so intensiv um die Exilautoren wie der Kulturbund. Und kein anderer Verlag druckte ihre Werke in ähnlichem Tempo oder ähnlichem Umfang wie Aufbau. Doch als in der Münchner *Neuen Zeit* ein Aufruf Gottfried Bermann Fischers gedruckt worden war, F. C. Weiskopf bei seiner umfassenden Bestandsaufnahme der Exilliteratur zu unterstützen, schrieb Johannes R. Becher, Kulturbundpräsident und Spiritus Rector des organisationseigenen Verlags, ablehnend an den Schwiegersohn und Verlagserben des großen Samuel Fischer, der vor den Nazis über Österreich und die Schweiz nach Stockholm geflohen war. Es bestehe die Gefahr, so Becher, »daß durch eine derartige Sammlung die Emigration den in Deutschland verbliebenen Schriftstellern gegenübergestellt wird, was nach meiner Ansicht ganz und gar unrichtig wäre«. Schließlich habe in Deutschland eine »beachtliche Anzahl von Schriftstellern [gelebt], die unter den schwierigsten Verhältnissen bestrebt waren, die Ehre der deutschen Literatur hochzuhalten«. Und mit diesen Schriftstellern fühle er sich mehr verbunden »als mit einem Teil der emigrierten Literatur«.

Diese versöhnungspolitische Haltung entsprach der Art und Weise, wie Becher und seine Mitstreiter den Kulturbund aufzubauen versuchten. Sie passte aber vor allem zu Becher selbst. Der Dichter hatte das Exil keineswegs als Paradies, sondern als Vorhof zur Hölle empfunden. Zurückgekehrt war er mit der Hoffnung auf eine nationale Katharsis, aus der ein breites, heimatliebendes, traditionsbewusstes Bündnis hervorgehen sollte. Becher war, wie Alfred Döblin 1951 in einem Geburtstagsgruß formulierte, »fast wie betrunken, voll von Deutschland, das Ihnen wieder offenstand«.

Sein Deutschland-Rausch führte ihn folglich auf seiner ersten großen Reise nach der Rückkehr nicht zu einem verfolgten Exilanten, sondern nach Agnetendorf ins Riesengebirge, wo er, begleitet von sowjetischen Offizieren, Gerhart Hauptmann als Ehrenpräsidenten für den Kulturbund umwarb. Als literarische Autorität war der Nobelpreisträger von 1912 unumstritten, politisch allerdings nicht, schließlich hatte Hauptmann nach der Machtübernahme der Nazis im März 1933 die Loyalitätserklärung der Deutschen Akademie der Dichtung unterzeichnet. Noch 1944 hatte ihn Hitler auf die sechs Köpfe starke Schriftsteller-Sonderliste unersetzlicher Künstler platziert, wo sich Hauptmann neben literarischen Nazi-Aushängeschildern wie Hanns Johst und Agnes Miegel wiederfand. Der Sprung von der Gottbegnadeten-Liste zur Kulturbund-Ehrenpräsidentschaft war für den »umdüsterten Greis« (Paul Wiegler) zweifelsohne groß. Doch handelte Becher bei seiner Aussöhnungspolitik nicht nur deutschlandtrunken, sondern auch machtpolitisch nüchtern. Er fürchtete nämlich, dass, falls er erfolglos bliebe, das andere Lager den

Johannes R. Becher im Oktober 1945 bei Gerhart Hauptmann und dessen Frau im niederschlesischen *Agnetendorf*, von wo er das Manuskript des letzten Buchs des Nobelpreisträgers, *Neue Gedichte* (1946), nach Berlin mitbrachte

Altmeister vor seinen Karren spannen könne. Und der Umschmeichelte biss an: Seine *Neuen Gedichte* erschienen als letzte Veröffentlichung zu Lebzeiten im Aufbau-Verlag, bevor er im Juni 1946 starb.

Hauptmann war nicht der einzige große Name unter den Im-Land-Gebliebenen, die auf Bechers Liste weit oben standen. Nachdem er von seinem Besuch in Agnetendorf zurückgekehrt war, unterrichtete ihn Wiegler, dass ihm zufällig Hans Fallada über den Weg gelaufen sei. Fallada, mit bürgerlichem Namen Rudolf Ditzen, war Anfang der 1930er Jahre mit seinem Roman *Kleiner Mann – was nun?* weltweit bekannt geworden und hatte in der NS-Zeit als innerer Emigrant größtenteils Unterhaltungsromane geschrieben. Im Herbst 1945 befand er sich in einer existenziellen Krise. Und auch in diesem Fall ging Becher bis an die Grenzen des Machbaren: Er besorgte dem alkohol-, morphium- und schlafmittelsüchtigen Autor, der kurz zuvor aus dem mecklenburgischen Feldberg nach Berlin gekommen war und in einem Zimmer der zerstörten Wohnung seiner zweiten Frau in Schöneberg hauste, in seiner unmittelbaren Nachbarschaft in Niederschönhausen eine Villa. Becher schätzte Fallada als Erzähler, den er für seine kulturelle Einheitsfront gewinnen wollte. Doch fühlte er sich, ebenfalls drogenabhängig und wie Fallada von depressiven Episoden belastet, dem zwei Jahre Jüngeren auch persönlich verbunden. Die »echte Freundschaft«, wie Becher in seinem Tagebuch notierte, öffnete Fallada auch die Türen zur Französischen Straße 32.

Die Zusammenarbeit zwischen Verlag und Autor war freilich nicht ganz einfach. Während die Neuauflage des Romans *Wer einmal aus dem Blechnapf frißt* 1946 ohne große Probleme die Zensur passierte und zum ersten Fallada-Buch bei Aufbau wurde, sorgte ein Manuskript mit dem Titel *Der Jungherr von Strammin* für einen erhöhten Puls bei Verlagsleiter Kurt Wilhelm. Mit einem befürwortenden Gutachten von Wiegler hatte er Heinz Willmann im Januar 1946 um das Placet des Kulturbunds gebeten. Dessen kurze, aber entschiedene Ablehnung übersetzte Wilhelm im Februar 1946 blumig für den Autor: »verschiedene Herren« hätten den Eindruck gewonnen, »daß Gutsbesitzerkreise in diesem Manuskript zu schön und zu gut wegkommen«. In Anbetracht der »heutigen Pressefreiheit« könne das dazu führen, »daß bei einem Erscheinen des Buches uns Rezensionen gebracht werden, die uns in eine Oppositionsstellung zur Bodenreform bringen«. Das passte nicht ins Aufbau-Bild. Der *Jungherr* fiel unter den Tisch.

Probleme gab es allerdings auch jenseits von Literatur und Politik. Falladas Krise hielt an. Er finanzierte das Morphium für sich und seine 30 Jahre jüngere zweite Frau Ursula Losch mit hohen Vorschüssen und Darlehen von Aufbau, Schulden bei Becher und Verkäufen aus seiner Privatbibliothek an Kurt Wilhelm und andere. Als er nach einem Selbstmordversuch im Juni 1946 im Pankower Hilfskrankenhaus lag, wies er seinen Sohn an, ein Paket mit Aufbau-Büchern, die ihn »samt und sonders« nicht interessierten, »schön an Nagel [zu] verkloppen, der ja für diese Neuerscheinungen gute Preise zahlt« – und das, nachdem der Büchersammler noch im März um jedes Buch aus der Produktion gebeten hatte, um »den Verlag von Anfang an ›komplett‹« zu haben. Mitunter allerdings wechselten sich noch Drogen- und Schaffensrausch ab: Im Herbst 1946 schrieb Fallada in 24 Tagen ein dickes Romanmanuskript, das 1947 unter dem Titel *Jeder stirbt für sich allein* bei Aufbau erschien. Den Stoff für das Buch, das vom Widerstand eines Berliner Arbeiterehepaars gegen das NS-Regime erzählt, hatte der Autor einer Gestapo-Akte entnommen, die ihm Willmann auf Veranlassung Bechers überreicht hatte. Bechers Coup, ausgerechnet Fallada für einen Widerstandsroman zu gewinnen, war in der Tat ein literaturpolitisches und psychologisches Meisterstück, mit dem er dem krisengeschüttelten Autor, der unmittelbar nach der Fertigstellung des Manuskripts in die Nervenklinik der Berliner Charité eingeliefert wurde, noch vor dessen Tod im Februar 1947 ein großes Buch abgerungen und im gleichen Atemzug den politisch angreifbaren, literarisch indes hochgeschätzten Erzähler auf »seine« Seite gezogen hatte. Was nicht zu passen schien, glättete das Aufbau-Lektorat. Die ungekürzte Fassung sollte erst 2011 bei Aufbau erscheinen.

Dass sich Becher bei seiner Aussöhnungspolitik nicht auf Einzelfälle beschränkte, kann durch weitere Namen belegt werden. Er nahm Kontakt zu Hans Carossa, Arnolt Bronnen, Werner Bergengruen und Gottfried Benn auf. Den Schulterschluss mit den Konservativen versuchte er 1946 mit einer Zeitschrift namens *Die Tradition* zu besiegeln, für die er eine Lizenz im französischen Sektor beantragte. In der berühmten Kontroverse zwischen Thomas Mann und Frank Thieß, dem selbst ernannten Wortführer der inneren Emigration, teilte er Letzterem in einem Brief mit, sein Angriff auf Mann sei »sowohl zeitlich wie auch dem Gehalt und Ton nach verfehlt«, erklärte aber auch, dass sie beide, Thieß und Becher, gleichermaßen »dem Wiederaufstieg unseres Volkes« verbunden seien und dass »im Interesse dieser Sache auch ein Ende gemacht werden muß mit der Unterscheidung ›innerer Emigrant‹ und ›äußerer Emigrant‹«. Auch den christlich-konservativen Ernst Wiechert, Lieblingsfeind von Hitlers Propagandaminister Joseph Goebbels, brachte er bei Aufbau ins Gespräch. Gemeinsam mit Verlagsleiter Wilhelm putzte er viele Klinken in der SMAD, bevor 1947 dessen *Totenwald* und die *Rede an die deutsche Jugend* erscheinen konnten, obwohl der Kulturoffizier Ilja Fradkin aus Wiecherts Schriften »seltsam abwegige Urteile über den Faschismus« herauslas. Das Engagement für die auf unterschiedliche Weise belasteten Bestsellerautoren war auch ein Zugeständnis an die belastete Leserschaft, die sich nicht unbedingt von kämpferischen Kommunisten be-

Der Verlag als Papierbeschaffer:
Ludwig Renn an Erich Wendt,
9. September 1950

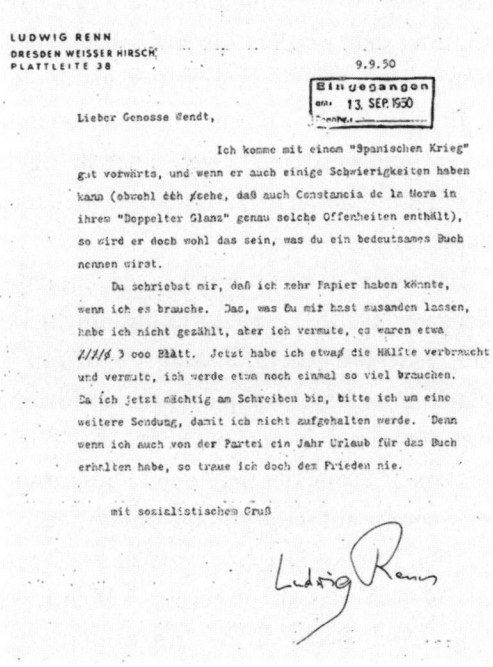

lehren lassen wollte, sondern eher auf der Suche nach Fluchtpunkten aus der Schuld-und-Trümmer-Realität war. Passenderweise urteilte das *Börsenblatt* im Frühjahr 1948, dass die »große Masse« keine Bücher lese. Sie »konsumiert Kitsch, Edelkitsch und Schlimmeres [...] voll von Sentimentalität, verlogener Romantik und Mystik«.

Es war freilich nicht allen recht, dass sich Bechers Versöhnungspolitik im Aufbau-Programm spiegelte. Gerade einigen kämpferischen Antifaschisten passte das Umfeld nicht, politisch wie materiell. Nachdem sie jahrelang nur in kleinen Auflagen für die Exilgemeinden gedruckt worden waren, mussten sie nun ausgerechnet in dem Verlag, mit dem sie das neue Deutschland prägen wollten, mit denjenigen um das knappe Papier konkurrieren, deren Bücher auch im nationalsozialistischen Deutschland gedruckt und gelesen worden waren. Friedrich Wolf pochte im Februar 1946 in einem Brief an Wilhelm darauf, dass er und Bredel »ein gewisses Anrecht darauf haben, mit entsprechender Auflage-/Ausgaben-Zahl dem deutschen Leserpublikum wieder erreichbar zu sein«. Andere nannten Namen: Der Lyriker Horst Lommer, selbst kein Exilant, fühlte sich beispielsweise mit seiner Satire *Das Tausendjährige Reich* (1946) gegenüber dem »Profaschisten« Fallada zurückgesetzt. Auch dem Kulturbund, auf dessen literarische und ideologische Entscheidungshoheit Wilhelm gegenüber Lommer noch verwiesen hatte, war Fallada etwas zu prominent vertreten. Nach einer heftigen internen Diskussion wurde Aufbau im Januar 1947 ermahnt, weil der Autor gleich mit drei Werken angekündigt war.

Besonders schroff war die Auseinandersetzung im Fall von Adam Scharrer. Der SU-Exilant konnte nicht verstehen, dass die Karikaturen zur *Heiterkeit der Aufbauzeit* (1946) von Erwin Kutz mit 30 000 Exemplaren angezeigt waren, sein »Erlebnisroman eines deutschen Arbeiters« mit dem Titel *In jungen Jahren* aber nur mit 20 000. Aufgrund dessen schloss Scharrer, der bei seinen Forderungen nach höheren Auflagen immer wieder auf seine guten Kontakte zum Zentralkomitee (ZK) verwies, für den Roman *Der Hirt von Rauhweiler* mit dem West-Berliner Gebrüder Weiss Verlag ab, was er Erich Wendt gegenüber im Juni 1947 bedauerte. Doch Becher habe seinerzeit »recht energisch« abgewinkt, da er nicht gewollt habe, »daß der Aufbau-Verlag zu einem ›Emigranten-Verlag‹ wird«. Anfang 1948 beklagte sich Scharrer schließlich bei Willi Bredel, »daß alte bewährte Antifaschisten […] von den eigenen Genossen und von der eigenen Partei gegenüber ›bürgerlichen Windhunden‹ zurückgesetzt werden«. Bredel gab die Beschwerde an Becher weiter. Doch unmittelbar darauf starb Scharrer plötzlich an einem Herzinfarkt, nachdem er während einer Sitzung im Haus der Kultur in Schwerin zum wiederholten Male mit Ehm Welk, dem inneren Emigranten und Autor des 1937 erschienenen Erfolgsromans *Die Heiden von Kummerow*, aneinandergeraten war. Die Werkpflege übernahm der Aufbau-Verlag. *Der Hirt von Rauhweiler* erschien letztlich in drei Ausgaben mit insgesamt zehn Auflagen bei Aufbau.

Natürlich gab es auch unter den Im-Land-Gebliebenen einige Autoren, die weniger umstritten waren. Das galt beispielsweise für den Kulturbund-Mitbegründer Bernhard Kellermann, der sich wie Fallada in der NS-Zeit mit Trivialromanen durchgeschlagen hatte. Zwischen 1946 und 1949 erschienen bei Aufbau außerdem vier Dramenbände des Widerstandskämpfers Günther Weisenborn sowie seine Montage von Haftaufzeichnungen und biographischen Reflexionen mit dem Titel *Memorial*. Die Rote Kapelle, der Weisenborn angehört hatte, war zudem durch den Sammelband *Adam Kuckhoff zum Gedenken* (1946) repräsentiert. Im Widerstand war auch der *Sonntag*-Redakteur Wolfgang Joho aktiv gewesen, dessen *Hirtenflöte* 1947 zum zweiten Aufbau-Debüt wurde. Nachhaltig sollte Victor Klemperers außergewöhnliches Buch *LTI* (1947) wirken, in dem der 1935 seiner Professur enthobene Romanist die Sprache des Nationalsozialismus dekuvrierte.

Deutlich konfliktreicher war der Umgang mit Ernst Niekisch. Der Nationalbolschewist war im Januar 1939 vom Volksgerichtshof zu lebenslangem Zuchthaus verurteilt worden und in der Haft nahezu erblindet. Nach seiner Befreiung durch die Rote Armee war Niekisch der KPD beigetreten und hatte dem Aufbau-Verlag seine Broschüre *Deutsche Daseinsverfehlung* angeboten, die 1946 gleich in drei Auflagen erschien. Am *Reich der niederen Dämonen* aber, einer Analyse der deutschen Politik zwischen den beiden Weltkriegen, die von der Gestapo als Hauptbeweismittel im Prozess gegen ihn eingesetzt worden war, wollte sich bei Aufbau niemand die Finger verbrennen. Die Verantwortlichen ahnten, dass Niekischs Darstellung in den Augen der strengen Genossen, die am Narrativ zur Genese des Nationalsozialismus mit uneingeschränkter Parteilichkeit feilten, zu heikel sein könnte. So hatten sich Wilhelm und Wiegler für die Publikation ausgesprochen, das Manuskript aber an Abusch weitergegeben. Abusch, der sich langsam, aber stetig seinen Ruf als politischer Scharfmacher erarbeitete, ließ den Text erst einmal liegen und gab ihn dann an Paul Merker weiter, Mitglied des SED-Parteivorstands und wie Abusch ehemaliger Mexiko-Exilant. Endgültig entscheiden wollte aber auch Merker nicht. Er gab Niekischs Manuskript an den Wilhelm-Nachfolger Erich Wendt zurück, der vom Autor umfangreiche Änderungen einforderte. Doch Niekisch war nicht einverstanden. Er schrieb im September 1947 an Wendt, die Abänderungen würden »das Buch in den Dienst einer Geschichtslegende, ja [...] einer Geschichtsverfälschung stellen. Es ist nun einmal Tatsache, daß Millionen deutscher Arbeiter hinter Hitler hergelaufen sind.« Obwohl Niekisch 1948 zum Professor für Soziologie an der Humboldt-Universität in Ost-Berlin berufen wurde, erschien *Das Reich der niederen Dämonen* erst 1953 – und zwar bei Ro-

> Prof. Victor Klemperer: Sprache des Dritten Reichs . Noch zu
> ergänzendes Manuskript (Herrn Wilhelm zurückgegeben).
>
> Der frühere Romanist in Dresden, der den Judenlagern ent-
> ronnen ist, gibt ernste und dennoch äusserst unterhaltende Plau-
> dereien über das Bastard-Deutsch , das der Hitlerismus hervor-
> brachte, lässt dabei tiefere Blicke in die Mentalität des dritten
> Reiches tun und illustriert die Philologie mit seinen ergiebigen
> Lebenserfahrungen. Bestimmt wird ein interessantes , durch die
> menschliche Persönlichkeit Klemperers gewinnendes Buch daraus.

»Ernste und dennoch äusserst unterhaltende Plauderein über das Bastard-Deutsch, das der Hitlerismus hervorbrachte«: Notiz von Kurt Wilhelm über das Manuskript von Victor Klemperers legendärem *LTI*

wohlt in der Bundesrepublik. In der DDR sorgte Niekischs Text 1956/57 noch einmal für Unruhe: Rütten & Loening hatte das Buch, getragen von der Entstalinisierungswelle, drucken und ausliefern lassen, bevor es »von oben« kassiert wurde und der verantwortliche Cheflektor Ernst-Ulrich Kloock seinen Stuhl räumen musste.

Gesamtdeutsche Verhältnisse: Zwei Literaturstaaten

Im Jahrhundertsommer 1947 flirrte die Luft über den Straßen Berlins, die noch rundum von Ruinen gesäumt waren. Auch das Schloss Charlottenburg war schwer beschädigt. Dennoch war der Prunkbau, der unter Friedrich Wilhelm II. Ende des 18. Jahrhunderts zu einer Pflegestätte

der deutschsprachigen Literatur geworden war, für die Berliner Verleger-
und Buchhändlervereinigung der geeignete Ort, um den Neuanfang zu
präsentieren: Unter der Überschrift »Das neue Buch« stellte sie die seit
Kriegsende in allen vier Besatzungszonen erschienene Literatur aus. Johannes R. Becher war ebenso für einen Vortrag eingeladen wie die Ver-
legergrößen aus dem Westen, Kurt Desch, Ernst Rowohlt und Peter
Suhrkamp. Gemeinsam wollte man nach dem atemlosen Beginn eine
erste Bilanz ziehen und in die Zukunft blicken, die, so machte der Präsident des Internationalen Verleger-Kongresses Sir Stanley Unwin in seiner Eröffnungsansprache deutlich, von den Verlagen mitgeschrieben werden sollte. »Sie hier in Deutschland haben eine außerordentlich
verantwortungsvolle Mission«, erklärte er seinen Kollegen. »Sie ist wirklich wert, erfüllt zu werden, denn die Zukunft von Europa und der Welt
werden davon berührt werden, in welchem Maße Sie dieser hohen Berufung gerecht werden.«

Die Mission war also gewaltig. Doch sie entsprach dem Selbstbewusstsein der Nachkriegsverleger und war ungeachtet aller weltanschaulichen
Differenzen ein gemeinsamer Nenner, der sich schon aus der Lizenzie-
rungspolitik ergeben hatte. Alle Verlage waren als Institutionen der Umerziehung konzipiert. Unisono war im erwachenden literarischen Leben
von Hitlerbarbarei und dem Joch des Faschismus, von Besinnung und
Auferstehung die Rede. Dass zeitgleich zur Ausstellungseröffnung die
SBZ dem Austauschabkommen für Bücher und Zeitschriften beigetreten war, bot Anlass zur Hoffnung, dass diese großen Worte gesamtdeutsch blieben.

Das war auch das Interesse des Aufbau-Verlags, der im Schloss Charlottenburg stark vertreten war und im Sommer 1947 ebenfalls eine erste
Bilanz zog. Am zweiten Geburtstag sah sich das Team in der Französischen Straße mit etwa 100 Veröffentlichungen in einer Gesamtauflage
von mehr als zweieinhalb Millionen Exemplaren zu Recht »an der Spitze
aller schöngeistigen Verlage Deutschlands«. Als Ziel für die nächste Zukunft wurde nichts Geringeres als die »Sprengung geistiger Zonengren-
zen« angegeben, was vor allem deshalb dringlich erschien, weil sich die
politische Lage zugespitzt hatte. Viele Aufbau-Autoren der ersten Stunden vom proletarischen Kämpen Willi Bredel bis zum bürgerlichen An-

tifaschisten Heinrich Mann hatten im Westen einen schweren Stand, was Veröffentlichungen anging. Eine große Ausnahme machte der Münchner Verlag Desch, der Aufbau die Rechte an Eduard Claudius' Spanien-Roman *Grüne Oliven und nackte Berge* sowie an Wolfgang Langhoffs *Moorsoldaten* überließ und im Gegenzug Plievier und Seghers in Lizenz nahm. Becher war 1946 und 1947 sogar mit zwei Büchern bei Desch vertreten, außerdem mit *Abschied* im Konstanzer Asmus-Verlag und mit einer Gedichtauswahl in Starnberg bei seinem alten Freund und erstem Verleger Heinrich Bachmair, der später Werbeleiter des Aufbau-Verlags wurde. Die Aufsplitterung seines Werks spiegelte Bechers versöhnungspolitische Haltung wider. Er wollte, wie er im Juli 1947 Erich Wendt erklärte, »unter keinen Umständen an den Aufbau-Verlag gebunden sein«.

Mit diesem Statement wehrte sich der Dichter und Kulturfunktionär gegen eine Generalvertragsklausel, die Kurt Wilhelm stillschweigend in einen neu zu unterzeichnenden Vertrag eingebaut hatte. Dass sich Becher mit seinem Einspruch an Wilhelms Nachfolger auf dem Posten des Verlagsleiters wenden musste, hat mit der ersten großen Zäsur in der Verlagsgeschichte zu tun: Wilhelm hatte am 2. April 1947 seine Tätigkeit niedergelegt. Obwohl nur wenig über die Umstände in die Öffentlichkeit drang, wirbelte sein Abgang in der Französischen Straße und im Kulturbund viel Staub auf. Als der sich wieder gelegt hatte, war Aufbau ein anderer Verlag geworden.

Zweifelsohne hatte Wilhelm einen großen Anteil am furiosen Start des Verlags gehabt. Doch während die Auflagen- und Ausgabenzahlen in die Höhe schossen, kriselte es unter der Oberfläche seit einiger Zeit auf verschiedenen Ebenen. Eine erste Erschwernis der Verlagsarbeit, im Juni 1946 veranlasst, betraf das Veröffentlichungsprozedere: Die SMAD, mit der Wilhelm in Genehmigungsfragen mitunter auf dem kurzen Dienstweg verhandelt hatte, hatte die Kontrolle der Verlage und ihrer Programme an den sogenannten Kulturellen Beirat übergeben – und damit die Vorzensur zumindest vordergründig in deutsche Hände gelegt. Diese Maßnahme hatte eigentlich vertrauensbildend wirken und vor allem die renommierten Leipziger Traditionsverlage und -verleger beruhigen sollen, von denen einige – Brockhaus, Insel und Reclam zum Beispiel – schon dem Werben aus dem amerikanischen Sektor nachgegeben und dort Lizenzanträge gestellt hatten. Für den Aufbau-Verlag, der sogar das Privileg genoss, Mitarbeiter zur Verteidigung der Themenpläne in die Sitzungen des Kulturellen Beirats zu entsenden, verkomplizierten sich aber etliche Prozesse, weil der Kulturelle Beirat seine Arbeit – Förderung, ideologische Kontrolle und wirtschaftliche Planung des Verlagswesens – ausgesprochen ernst nahm. Damit wurde Wilhelm beispielsweise bei Curt Thesings *Schule der Biologie* konfrontiert, die von Becher und Wiegler als Beitrag zu einer »volkstümlichen Wissenschaft« fürs Programm vorgeschlagen und von der sowjetischen Zensur abgenickt worden war. Doch hatte der Kältewinter 1946/47 zu Produktionsverzögerungen geführt. Der Kulturelle Beirat, nach einer Übergangzeit mittlerweile weitgehend alleinverantwortlich für Druckgenehmigungen, forderte deswegen Ende Januar 1947 den Verlag auf, ein Fachgutachten zur *Schule der Biologie* einzureichen, das Wilhelm bei der Wissenschaftlichen Kommission des Kulturbunds bestellte. Doch die Kommission lieferte nicht: Sie lehnte am 12. März Thesings Werk kommentarlos ab.

Was der Verlagshistoriker und Aufbau-Kenner Carsten Wurm ein Beispiel »für die Existenzberechtigung der Zensur« nennt, weil Thesings Schrift Rassenhygiene und Eugenik anpries, war für Wilhelm Majestätsbeleidigung – und die Majestät war nicht der Verlag, nicht der Kulturbund, nicht Becher und nicht Wiegler, sondern er selbst. Er ähnelte in gewisser Weise dem komplexbeladenen »Streckmännchen«, das zeitgleich in Lion Feuchtwangers erstem Aufbau-Roman *Der falsche Nero* die Leser erheiterte. Intern hatte er sich mehrfach als »größten Verleger Deutschlands« bezeichnet, hatte Bücher ohne Genehmigung setzen lassen, die »intellektuellen Gernegrößen« im Kulturbund kritisiert, war mit Willmann aneinandergeraten, hatte sich mit Gysi wegen der Auflagenhöhen des *Aufbaus* zerstritten und Abusch in einer Auseinandersetzung um ein Vorwort Heinz Steinbergs zu Lessings *Nathan der Weise* eine Racheaktion gegen Steinberg vorgeworfen. Seinen Kompagnon Schiele, der die kaufmännische Seite bisher erfolgreich geleitet hatte, nun aber in der amerikanischen Zone einen Fachverlag gründen wollte, warf er nach einem heftigen Streit in einem Akt von Kompetenzüberschreitung kurzerhand hinaus. Im »Cäsarenwahn« (Schiele über Wilhelm) machte Wilhelm zudem den Vorschlag, die Lizenz des Verlags auf ihn und Becher zu übertragen. Der Kulturbund ließ daraufhin seine Muskeln spielen: Er erfüllte im März 1947 Wilhelms lang gehegten Wunsch nach einem Cheflektor – allerdings nicht im Sinne des Verlagsleiters, sondern als kaderpolitische Maßregelung, indem er »zur Vermeidung von Unklarheiten über die ideologische Leitung« Max Schroeder mit dem Amt betraute. Schon diese Formulierung zeigte, wer künftig das Sagen haben sollte. Für Wilhelm war diese Degradierung der letzte Tropfen, der das konfliktgefüllte Fass zum Überlaufen brachte: Er legte die Verlagsleitung nieder und flüchtete Ende April in den Westen. Bei Aufbau war man bemüht, die Sache glimpflich zu beenden, indem man Wilhelm einige Luxusausgaben aus der eigenen Produktion hinterherschickte und Geld für eine Abfindung zurückstellte. Doch die Briefe, die über die Sektorengrenze gingen, zeigten beidseitige Verbitterung. Noch 1977 schrieb Willmann in seiner Autobiographie *Steine klopft man mit dem Kopf*, der dubiose »Herr Verlagsdirektor« habe sich lediglich mit »unserer Hilfe eine goldene Nase machen« wollen. Den Namen Wilhelm nannte er dabei nicht. Der erste Aufbau-Verlagsleiter wurde aus der Schöpfungsgeschichte gestrichen.

Seine Nachfolger hingegen wurden bald zu Heilsbringern erklärt. Vor allem der erste Cheflektor des Aufbau-Verlags, Max Schroeder, sollte sich schnell zu einer sagenumwobenen Gestalt entwickeln. Aufgewachsen in bürgerlich-begüterten Verhältnissen in Lübeck, hatte sich Schroeder in abschlusslosen Studien- und Wanderjahren ein geradezu enzyklopädisches Wissen angeeignet, mit dem er sich nicht nur als Fachmann für Literatur, sondern auch für bildende Kunst, Musik, Theater und Film ausweisen konnte. Über Lukács hatte er sich dem Marxismus angenähert und war im Oktober 1932 der KPD beigetreten. Wenig später hatte Schroeder emigrieren müssen und war unter abenteuerlichen Umständen in New York gelandet, wo er als stellvertretender Chefredakteur der Zeitschrift *The German American* eine wichtige Kontaktstelle der Exilanten war.

Sagenumwoben war er aber nicht nur als Universalgenie, sondern auch wegen seiner eigenwilligen Arbeitspraxis und seines Äußeren. Vom idealtypischen neuen Menschen, wie ihn die kommunistische Propaganda seit Jahren plakatierte, war er weit entfernt. Oft kam er nach ausgedehnter Morgenlektüre erst gegen Mittag ins Büro, verzog sich in die Manuskripthöhle hinter seinen Schreibtisch und zog schon am Nachmittag ins Pressecafé oder in die Klubräume des Kulturbunds um, wo er nicht nur die Autoren zum Weintrinken treffen, sondern auch markenfreie Mahlzeiten bekommen konnte. In »äußerlichen Dingen«, so beschrieb es Bodo Uhse in einem Nachruf, »vermochte er sehr nachlässig zu sein. […] Häufig sah er aus, als habe er in seinen Kleidern geschlafen, und hatte es wohl wirklich manchmal getan.« Dass ihm wenig später seine 15 Jahre jüngere Frau Edith Anderson, eine US-Amerikanerin, nach Berlin folgte, passte ins aparte Bild.

Da Schroeder in seinem Habitus nicht als Repräsentant taugte, stellte ihm der Kulturbund mit Erich Wendt einen kongenialen Partner an die Seite. Als arbeitsbeflissener Proletarier war Wendt gewissermaßen ein Gegenentwurf zum Vagabunden Schroeder. Aufgewachsen in einer kommunistischen Familie, hatte er zunächst Schriftsetzer gelernt und anschließend als Hersteller und Redakteur gearbeitet. Bereits 1931 war er nach einem Verfahren wegen literarischen Hochverrats nach Moskau emigriert. Die Sowjetunion hatte er nicht nur als segensreich kennengelernt: Zwischen 1936 und 1938 war er im Zuge der stalinistischen Säuberungen aus der KPD ausgeschlossen und inhaftiert worden. Seinem Glauben an den Kommunismus tat das keinen Abbruch. Wendt war, wie Wolfgang Joho resümierte, ein »im Klassenkampf gehärteter Marxist«, streng, mitunter unerbittlich und gleichzeitig außerordentlich loyal. Die linken Autoren aus Weimarer Zeiten kannten und schätzten ihn nicht nur wegen seiner weltliterarischen Kenntnisse, sondern auch als Büchermacher, der sich mit Papier und Schrifttypen auskannte. Zu seinen ästhetischen Vorlieben passte sein alter Weggefährte Karl Gossow, den er im November 1947 als künstlerischen Leiter zu Aufbau holte. Ihm verdankte der Verlag das klassisch-sachliche, traditionsbewusste Gesicht, das viele Aufbau-Bücher bis in die 1960er Jahre kennzeichnete.

Rechnet man die Berater aus dem Kulturbund und den Altlektor Wiegler hinzu, der bis zu seinem Tod im August 1949 noch viele Manuskripte für den Verlag bewältigte, hatte Aufbau Mitte 1947 ein Team zusammen, das an Erfahrung, Fachkenntnis und Kontakten seinesgleichen suchte. Während die neue Führung vordergründig auf Kontinuität setzte, baute sie hinter den Kulissen fleißig um. So hatte Wilhelm bei-spielsweise Außengutachten vor allem bei Heinz Steinberg und Elisabeth Kessel in Auftrag gegeben – Wendt und Schroeder hingegen stützten sich auf »politischere Leser« wie Merker oder Stephan Hermlin. Auch am Pro-grammprofil wurden einige Striche gemacht, in denen sich ein Bruch mit Bechers Versöhnungspolitik abzeichnete. Zugleich teilte das neue Führungsduo den antifaschistischen Autoren in den Besatzungszonen und rund um den Globus vielfach seine Sorge mit, dass sich die natio-nalkonservative Literatur wieder etablieren werde, wenn sich die linken Emigranten nicht zum Neuaufbau des literarischen Lebens in der Fran-zösischen Straße 32 sammeln würden. Mit an Bord war Arnold Zweig, der im Oktober 1948 aus dem Exil in Palästina zurückkehrte und im Club der Kulturschaffenden mit einer großen Feier empfangen wurde. Ein Jahr nach seiner Ankunft in Ost-Berlin hatte Aufbau bereits vier sei-ner Bücher mit insgesamt 1600 Seiten veröffentlicht.

Ein Meilenstein im Sammlungssinne war im Mai 1948 gelegt worden, als Wendt und Schroeder ein Agreement mit dem bedeutenden Exilver-leger Wieland Herzfelde erreicht hatten. Die Bücher aus dessen Aurora-Verlag, den Herzfelde gemeinsam mit prominenten Exilautoren 1944 in New York gegründet hatte, sollten fortan unter dem Label Aufbau im Nachkriegsdeutschland verbreitet werden. Auch in diesem Fall hatte Auf-bau Tatsachen geschaffen und die Titel *Freiheit und Ordnung* von Ernst Bloch sowie Berthold Viertels Gedichtband *Der Lebenslauf* 1947 ohne Lizenz gedruckt. Entschädigt wurde Herzfelde damit, dass »seine« Bü-cher von 1948 bis 1950 als Aurora-Bücherei im Aufbau-Verlag erschie-nen und er nach seiner Rückkehr 1949 eine Professur an der Universi-tät Leipzig erhielt. Für Aufbau war der Aurora-Coup von großer Bedeutung. Er unterstrich das Selbstverständnis, zum verlegerischen Zentrum des antifaschistischen Nachkriegsdeutschlands geworden zu sein, und brachte große Namen wie Bert Brecht oder Oskar Maria Graf ins Programm.

Für etliche Autoren bedeutete die Publikation in der SBZ allerdings, dass sich ihnen der Buchmarkt in den westlichen Besatzungszonen ver-schloss. Langsam, aber stetig wuchs der Graben. Wie tief er bereits ge-worden war, zeigte sich wenige Monate nach der zonenüberschreitenden

Der »preußische Jude« Arnold
Zweig (Marcel Reich-Ranicki)

Ausstellung im Charlottenburger Schloss, als im Oktober 1947 Teilnehmer aus allen vier Besatzungszonen zum Ersten Deutschen Schriftstellerkongress in der geteilten Stadt Berlin zusammenkamen und damit eigentlich ein Zeichen der Verständigung setzen wollten. Nachdem es schon an den ersten drei Kongresstagen geknistert hatte, kam es am vierten Tag zum lauten Knall, als der US-amerikanische Journalist Melvin Lasky die Zensur der Sowjets scharf angriff und seine Rede, unterbrochen von etlichen Zwischenrufen, nur mit Mühe zu Ende bringen konnte. Symptomatisch für die politische Konfrontation war ein Ereignis am letzten Tag des Kongresses: Der Kulturbund wurde im amerikanischen Sektor als Parteiorgan der SED verboten. Als bald darauf der britische Sektor folgte, musste der Verein seine Geschäftsräume in Charlottenburg räumen. Davon waren auch die Redaktion des *Aufbaus* und der Bühnenvertrieb des Verlags betroffen, die sich das Gebäude in der Schlüterstraße mit dem Kulturbund geteilt hatten. Beide kamen in der Französischen Straße 32 unter.

Die politischen Gräben zogen sich in Einzelfällen auch direkt durch den Verlag. Ein denkwürdiges Beispiel dafür war der Fall Erik Reger. Regers Industrieroman *Union der festen Hand*, 1931 erschienen und 1933 von den Nazis verboten, war im Frühjahr 1946 bei Aufbau erschienen und von einem jungen Draufgänger namens Wolfgang Harich mit einer griffigen Kritik im *Aufbau* begleitet worden. Sein Lob für das Buch – »ein Stück deutscher Geschichte, deutschen Irrtums und deutscher Schuld, minutiös im Detail und duchpulst vom Lebensstrom der großen elementaren Zusammenhänge« – hatte Harich allerdings mit einer Kritik an dessen Verfasser verbunden, der »die Konsequenzen für die gegenwärtige Situation Deutschlands nicht begriffen« habe. Denn Reger war einer der Gründer und Herausgeber des *Tagesspiegels*, der, so Harich, zwar »antinationalistisch« sei, aber »de facto für jene Kreise [wirkt], deren zynisches und gefährliches Spiel in ›Union der festen Hand‹ entlarvt wurde« – also für das Kapital. Und der Ton wurde schärfer. Mitte 1947 griff der *Tagesspiegel*-Mitherausgeber Walther Karsch Becher heftig an. Regers Roman *Union der festen Hand* wurde von Aufbau dennoch zweitaufgelegt. Im Dezember 1948, als sich die West-Berliner wegen der Berlin-Blockade seit einem halben Jahr von Rosinenbombern versorgen lassen mussten, kam es dann zum endgültigen Bruch. Seine Zeitung, so verkündete Reger, werde »im Sinne unserer Aufforderung zum passiven Widerstand gegen alles, was der kriminelle Stadt-Sowjet, die SED oder irgendeine ihrer getarnten Organisationen in Berlin einrichten oder kontrollieren […], keine Ankündigungen, Anzeigen und Besprechung der nichtprivaten Theater, Unterhaltungsstätten, Buchproduktionen mehr enthalten«. Das betraf natürlich auch den Aufbau-Verlag, den die politische Konfrontation der beiden Lager bereits den ersten Bestsellerautor der Verlagsgeschichte gekostet hatte: Theodor Plievier war nach einer Vortragsreise durch Westdeutschland im Herbst 1947 nicht mehr in die SBZ zurückgekehrt. Sein Roman *Stalingrad*, bis dahin viel gedruckt und viel gelesen, wurde mit den Jahren in der DDR zu einer Rarität.

Der Aufbau-Verlag war derweil nicht nur durch die Abgänge von Autoren belastet, sondern auch dadurch, dass der politische Auftrag an die Schriftsteller in der SBZ immer eindeutiger und lautstärker formuliert wurde. Nachdem Anton Ackermann in seinem Referat über marxistische Kulturpolitik auf dem ersten Kulturtag der SED im Mai 1948 eine kulturpolitische Wende angekündigt hatte, belehrte Walter Ulbricht im September des Jahres die Schriftsteller bei einer Beratung über das Thema »Der Künstler im Zweijahresplan« über die Wende im Literatur- und Kunstschaffen, die er erwarte. Die Bodenreform und der Kampf der Menschen im Betrieb müssten endlich literarisch gestaltet werden. Als besonders dienstbeflissen erwies sich Ulbrichts langjähriger persönlicher Referent Otto Gotsche, der in *Tiefe Furchen*, erschienen 1949 im Mitteldeutschen Verlag (MDV) und selbst vom SED-Zentralorgan *Neues Deutschland* als »seltsam zusammengeflicktes Etwas« beurteilt, die Bodenreform besang. Auch Anna Seghers versuchte sich pflichtbewusst in Friedensgeschichten mit vielsagenden Titeln wie *Die Umsiedlerin, Der Traktorist* oder *Der Kesselflicker*, über die selbst Becher kräftig spottete. Aufbau tat sich schwer mit Texten wie diesen, die im Spannungsfeld zwischen Kunst und Politik eindeutig zum letztgenannten Pol neigten.

Mindestens ebenso hart wie der Seitenwechsel einiger Autoren und der Versuch der SED, die Literatur politisch zu instrumentalisieren, traf den Aufbau-Verlag die Währungsreform im Juni 1948. Obwohl der Westen als Absatzmarkt damit wegfiel, wuchs der Umsatz im Laufe des Jahres zunächst noch einmal an. Doch 1949 folgte ein regelrechter Absturz. Das hing unter anderem mit dem Anspruch der Leser zusammen, die mittlerweile andere, oft höherpreisige Waren in den schlagartig gefüllten Auslagen der Geschäfte kaufen konnten. Das Buch, gerade in der mangelhaften Ausstattung der Nachkriegszeit mit stark holzhaltigem Papier und schlechter Klebebindung, verlor an Anziehungskraft. Gleiches galt auch für die vielen Kulturzeitschriften, die zwischen 1945 und 1948 entstanden waren. Die Auflage des *Aufbaus* beispielsweise sank innerhalb weniger Monate von 150 000 auf 12 000, wodurch die Zeitschrift ebenso defizitär wurde wie der *Sonntag*. Auch die Anzahl der verlegten Bücher sank – bei einem Verlagsteam von inzwischen mehr als 90 Personen wohlgemerkt – von 93 im Jahr 1948 auf 73 im folgenden Jahr. Vor allem Lyrik wollte kaum noch jemand kaufen. Im Februar 1950 schrieb Wendt an Nelly Sachs, dass das Buchgeschäft »nach wie vor sehr danieder [ist], soweit es Gedichte betrifft«. Von Peter Huchels 1948 erschienenem Band *Gedichte*, der seine Autorität als Lyriker begründete, wurden bis 1955 nur 1822 Ex-

Messestand des Verlags 1948: Viel Platz fanden auch die Periodika *Aufbau*, *Sonntag* und *Aussprache*, alle drei vom Kulturbund im Aufbau-Verlag herausgegeben

emplare verkauft. Im Fall Becher führten die veränderten Absatzzahlen gar zu einem Sakrileg: Der Parade-Poet wurde verramscht und schließlich makuliert. In dieser Situation, die auch finanziell an die Substanz ging, konnte sich der Aufbau-Verlag auf seinen Eigentümer verlassen: Der Kulturbund gewährte in der Bilanz von 1949 einen »Sanierungsnachlass« von 2,3 Millionen Mark und erklärte sich auf Bitte des Verlags zudem bereit, dass nur noch sechs statt zehn Prozent des Ladenpreises der verkauften Printprodukte als »Lizenzgebühr« an ihn abgeführt werden mussten. Den vollen Betrag konnte Aufbau in der Regel trotzdem nicht überweisen. Ende 1951 war die gestundete Summe auf über sieben Millionen Mark angewachsen.

Problematisch war das auch deshalb, weil der Kulturbund nach der Währungsreform selbst in existenzbedrohende finanzielle Nöte geraten war und zudem politisch auf der Kippe stand. Mehrfach hatten die Offiziere der SMAD überlegt, Becher abzulösen. Vor allem Oberst Tjulpanow hatte das Vorgehen des Kulturbundpräsidenten als unmarxistisch getadelt, seine Versöhnungspolitik als überholt, sein Auferstehungspa-

Peter Huchel, hochgeschätzter
Dichter und bis 1962 Chefredak-
teur der literarischen Zeitschrift
Sinn und Form

thos als deutschnational. Ein Kreditantrag des Kulturbunds über drei-
einhalb Millionen Mark kam der SMAD nun gelegen: Sie verbanden die
Gewährung mit der Auflage, dass das Kreditersuchen vom Parteivorstand
der SED unterstützt würde, der damit wiederum seinen Einfluss geltend
machen konnte. Ein weiterer Schritt zur Entmündigung des Kulturbunds war die Veränderung seines Profils. Durch eine Verwaltungsver-
fügung aus dem Januar 1949 wurde er zu einem Sammelbecken, in dem
sich die verschiedensten Vereine tummeln sollten, Natur- und Heimat-
freunde, Ornithologen und Philatelisten.

All die Ereignisse bei Aufbau und um Aufbau herum waren deutliche
Zeichen, wie sich der Diskurs über einen vereinigten deutschen Staat
verschoben hatte. Längst galt die staatliche Spaltung als unausweichlich.
Mit der Gründung der Bundesrepublik im Mai 1949 und der DDR im
Oktober 1949 wurde sie schließlich manifestiert. Diejenigen, die für
einen sozialistischen deutschen Staat gekämpft hatten, waren frohgemut
und gleichzeitig in Sorge. Viele von ihnen hatten auf die Geburt eines

neuen deutschen Adams gehofft. Nun aber erblickte ein »Homunculus sovieticus« das Licht der Welt, wie der langjährige Botschafter der UdSSR in der DDR, Pjotr Abrassimow, das Retortenkind der sowjetischen Großmachtpolitik einst nennen sollte. Die Geburtskrankheiten des kleinen Staates hat der Historiker Stefan Wolle in seiner dreibändigen Geschichte der DDR genannt: Die SED hatte von der KPdSU das Prinzip der Parteidiktatur übernommen, hatte die Ideologie zum Dogma erklärt und dabei die gesamtstaatliche Lenkung und Leitung der Wirtschaft als einen der zentralen Glaubenssätze definiert. Vor allem aber hatte der Homunculus im Westen einen großen Bruder, der sich ganz anders entwickelte.

Das wiederum zeigte sich schnell im literarischen Leben, das fortan ostdeutsch, westdeutsch oder deutsch-deutsch, aber nicht mehr gesamtdeutsch war. Während in der DDR die Zügel der Zensur noch härter angezogen wurden, ließen die Westalliierten den Verlagen in der Bundesrepublik weitgehend freie Hand. Lizenzen waren nicht mehr notwendig, die Papierzuteilung regelte der Markt – wobei zu beachten war, dass die Papierfabriken ihre Produktion oft auf Monate, teilweise bis zu einem Jahr im Voraus verkauft hatten. Als bald darauf eine Welle von Büchern faschistisch belasteter Autoren und von Memoiren hoher NS-Funktionäre in die Buchhandlungen von München bis Flensburg schwemmte, schienen sich die Befürchtungen von Wendt, Schroeder und Co. zu bestätigen, zumal der Wegfall der Zensur in der Bundesrepublik nicht in jedem Fall dazu führte, dass die sozialistischen Autoren dort originalgetreu erscheinen konnten. Als Suhrkamp – vor der Verlagsgründung 1950 noch als Suhrkamp Verlag vormals S. Fischer firmierend – Ende 1949 bezüglich *Die Toten bleiben jung* von Anna Seghers bei Aufbau anfragte, verknüpften die Frankfurter die Lizenznahme mit Textkorrekturen, die man getrost als politische Glättung bezeichnen kann. Wendt, der in Peter Suhrkamp einen grundanständigen, ja sogar noblen Menschen »mit einer Bauernnatur« sah, bestätigte die Änderungswünsche prompt. Es ging mittlerweile schließlich um harte Westmark, zumal Suhrkamp die Bücher in der DDR herstellen lassen wollte. Um schnell in den Westen liefern zu können, ließ Wendt sogar eine Druckmaschine extra dafür reservieren. Die Gründung der DDR war gerade erst erfolgt – und schon gingen Devisen über Politik.

1949–1957

Führungsqualitäten:
Ein »Verleger neuen Typs« und ein Partisan

Noch bevor der Homunculus DDR seinen ersten Geburtstag feierte, beging Aufbau seinen fünften. Und der Verlag war trotz aller Turbulenzen eindrucksvoll gediehen: Zwischen 1945 und 1950 waren insgesamt 236 Erst- und 187 Nachauflagen in über 6,3 Millionen Exemplaren in den Druck befördert worden. Auf dem Gabentisch des jungen Verlagsriesen lag neben einem großen Stapel von Glückwunschschreiben aus dem Osten und einem kleinen aus dem Westen auch ein Almanach, mit dem sich Aufbau selbst beschenkt hatte.

Eingeleitet wurde das Büchlein mit einem Vorwort Erich Wendts, der als markantesten Zug des Profils »die Wiederherstellung des Vernichteten und Verbrannten« anführte. Was der Verlagsleiter indes nicht erwähnte, war, dass Aufbau dabei gelegentlich die Frühwerke seiner Autoren aussparte. Den expressionistischen Becher beispielsweise kannte man in der DDR kaum. In anderen Fällen nahm der Verlag kleinere und größere Korrekturen an älteren Texten vor, damit sich diese besser in die neue Zeit fügten, in der die Literatur auf den Kampf gegen die »angloamerikanische sowie die deutsche Reaktion« und die Gestaltung des neuen Lebens verpflichtet worden war. Die Verjüngungskuren waren den Autoren in der Regel ganz recht. Einige, Brecht zum Beispiel, waren selbst darauf bedacht, Erschienenes zu überarbeiten. Die linken Intellektuellen waren schließlich aufgerufen, die Gegenwart zu prägen und die Zukunft zu entwerfen. Ein paar Korrekturen an der Vergangenheit konnten da nicht schaden.

Der nervöse Umgang des Aufbau-Verlags mit der Herkunftsgeschichte seiner profilbildenden Autoren war vor allem vor dem Hintergrund gravierend, dass Wendt im literarischen Feld bald als der »Cotta von 1950« galt. Der Vergleich lag durchaus nahe: Wie einst Johann Friedrich Cotta in seiner Cotta'schen Verlagsbuchhandlung Goethe, Schiller und Co. mit vielbändigen Ausgaben verewigt hatte, so machte Aufbau nun Autoren wie Egon Erwin Kisch, Anna Seghers, Bodo Uhse, Friedrich Wolf und Arnold Zweig zu modernen Klassikern, indem Werkausgaben oder einheitlich ausgestattete Werksammlungen von ihnen erschienen. Parallelen zu seinem historischen Vorgänger gab es auch charakterlich. Wie Cotta war Wendt bescheiden und malochte mit geradezu selbstausbeuterischem Fleiß. Während Cotta sich dabei auf seine einflussreiche Familie stützen konnte, hatte sich Wendt von Vater Staat und Mutter Partei adoptieren lassen. Als »Verleger neuen Typs« (Alexander Abusch) diente er der SED, die sich im September 1948 zu einer zentral gelenkten »Partei neuen Typus« nach KPdSU-Vorbild erklärt hatte, mit kompromissloser Treue. Wenn Stalin, der Allmächtige, vom Schriftsteller als »Ingenieur der Seele« sprach, leitete Wendt daraus seine Verlagspraxis ab. Die DDR schien Seeleningenieure sogar besonders nötig zu haben. Denn der Homunculus steckte noch in den Kinderschuhen, hatte kein kulturelles Gedächtnis, keinen Kanon, der Werte und Normen vermitteln und die Entwicklung prägen konnte. Die von Wendt im Almanach-Vorwort genannten Autoren aus der »kämpfenden Arbeiterschaft« wie Bredel oder Scharrer spielten in der Verlagshierarchie dabei übrigens eher eine untergeordnete Rolle. Wichtiger waren beispielsweise Anna Seghers, Tochter eines wohlhabenden Kunst- und Antiquitätenhändlers, und der Lübecker Kaufmannssohn Heinrich Mann, dem Max Schroeder in einem seiner ersten Briefe, die er 1947 als Cheflektor verschickte, mitgeteilt hatte, dass Aufbau eine Werkausgabe seiner Schriften als »eine seiner vornehmlichsten Aufgaben« ansehe. Ausgerechnet in diesem Fall kam es dann allerdings zu politischen Komplikationen: Nachdem die ersten zwölf Bände zwischen 1951 und 1956 postum – Heinrich Mann war im März 1950 in Santa Monica gestorben – in schneller Folge erschienen waren, ließ der 13. Band bis 1962 auf sich warten, weil der Herausgeber Alfred Kantorowicz 1957 in den Westen geflüchtet war. Der »Cotta von 1950« hatte zu diesem Zeitpunkt das Zepter längst weitergegeben. Bereits im April 1951 teilte ihm seine Partei eine neue Aufgabe zu: Wendt wurde Bundessekretär im weiterhin kriselnden Kulturbund. Die Verlagsleitung versuchte er zunächst nebenbei zu stemmen, in Teilzeit sozusagen.

Seine Rolle an der Aufbau-Spitze übernahm in praxi Walter Janka, der im Februar 1950 als stellvertretender Geschäftsführer in den Verlag gekommen war. Während seine Meriten im Literaturbetrieb überschaubar waren, ragte Janka, 1914 in einer Chemnitzer Arbeiterfamilie geboren, mit seinem Lebenslauf selbst aus der widerstands- und exilerfahrenen Funktionselite der DDR heraus. Gerade volljährig geworden, war der junge Kommunist von den Nazis 1933 in Bautzen eingesperrt, während der Haft ausgebürgert und schließlich in die Tschechoslowakei ausgewiesen worden. Als Staatenloser hatte er sich gegen den Willen seiner Partei 1936 den Internationalen Brigaden angeschlossen, unter deren Kämpfern bald darauf die Heldengeschichten des mehrfach verwundeten Offiziers die Runde machten, der schließlich zum jüngsten Major der republikanischen Armee befördert und mit dem Kommando über ein reguläres Bataillon betraut worden war. Parteiliche Abkommandierungen zu Lehrgängen und Kongressen hatte er mehrfach verweigert. Nach seiner Internierung in Frankreich war Janka 1941 die Flucht nach Mexiko gelungen, wo er mit Unterstützung seiner Exilgenossen den Verlag El Libro Libre aufbaute. Für den puritanischen Parteisoldaten Wendt stellte die Zusammenarbeit mit dem selbstbewussten Partisanen Janka eine ebenso große Herausforderung dar wie für den Vagabunden Schroeder. Doch wog die Wertschätzung der jeweiligen Fähigkeiten mehr als das Konfliktpotenzial, das sich aus den unterschiedlichen Temperamenten ergab.

Auch die übrige Belegschaft konnte Janka schnell von sich überzeugen. Das hing vor allem damit zusammen, dass er aus dem literarischen Vorzeigeverlag in Windeseile ein im wahrsten Sinne repräsentatives Haus machte. Schon kurz nach seinem Dienstantritt gaben sich die Bauarbeiter, auf die selbst staatstragende Institutionen oft lange Zeit warten mussten, in der Französischen Straße 32 die Klinke in die Hand. Zum Schmuckstück ließ Janka die kriegsbeschädigte Kassenhalle des ehemaligen Bankgebäudes mit dem gläsernen Kuppeldach umbauen, die die Aufbau-Mitarbeiter fortan als Kantine und Veranstaltungsraum nutzen konnten. Dass man hier nicht nur günstig essen, sondern auch relativ freizügig diskutieren konnte, sprach sich auch unter den Literaten herum, die den Speisesaal zu einem Szenetreff machten. Ein weiterer Punkt,

Der Verlagssitz in der Französischen Straße 32

der auf Jankas Agenda weit oben stand, war eine neue Fahrzeugflotte, die, ganz im Sinn der neuen Corporate Identity, von Chauffeuren in Maßanzügen gefahren werden sollte. Bei der Beschaffung der Fahrzeuge stieß aber selbst der Durchreißer Janka an Grenzen, von denen im Mai 1951 auch Walter Ulbricht erfuhr. Der stellvertretende Aufbau-Verlagsleiter hatte sich mit einem zornigen Brief direkt an den ersten Mann im Staat gewandt. Seine Verärgerung war verständlich: Als der verlagseigene Fahrer einen neuen sowjetischen LKW, der Aufbau versprochen worden war, nach wochenlanger Wartezeit endlich bei der Hauptverwaltung (HV) der Volkspolizei hatte abholen können, musste er feststellen, dass das fabrikneue Fahrzeug ausgeschlachtet worden war. Die Windschutzscheibe war durch eine zerbrochene ersetzt, die Batterie gegen eine mit der halben Leistung ausgetauscht worden. Insgesamt elf Punkte listete

Heitere Runde: Karl Gossow, Lucie Pflug, Erich Wendt, Anna Seghers, Bodo Uhse bei einer Verlagsveranstaltung, dahinter Walter Janka

Janka auf. Die unbedingte Solidarität, die sich die DDR auf die Fahnen geschrieben hatte, war offensichtlich nicht ganz so unbedingt, wenn es um Mangelwaren ging.

Seinen hohen Anspruch setzte Janka nicht nur nach außen, sondern auch nach innen durch. Noch stärker als sein Vorgänger Wendt pochte er auf Disziplin, klopfte, wenn nötig, Mitarbeitern und Lieferanten auf die Finger. In Absprache mit der Vorsitzenden der Betriebsgewerkschaftsleitung, Lucie Pflug, setzte er Leistungsprämien an die Stelle der üblichen Gratifikationen wie dem Weihnachtsgeld. Nicht nur in diesem Punkt lag der Partisan auf Parteilinie. Die Verlagspolitik, die die SED führ, stimmte in einem erstaunlichen Maße mit den Forderungen überein, die Janka im Frühjahr 1945 in seinem Aufsatz *Buch und Verlag im kommenden Deutschland* aufgestellt hatte. Unter anderem hatte er sich darin für staatliche Einflussnahme und Aufsicht ausgesprochen und außerdem die Bedeutung der »planmäßigen Organisation« betont, mit der verhindert werden müsse, »daß engstirnige Verleger die voraussichtlich geringen Papierbestände an Karl-May-Ausgaben verschwenden«. Die Sowjetliteratur hielt der Westemigrant ebenso hoch wie sein Vorgänger

Wendt. Wie viel dem Neu-Verlagsleiter der ideologische Auftrag galt, musste auch Ludwig Renn erfahren, dessen schon gesetzte Darstellung vom *Spanischen Krieg* Janka nicht drucken lassen wollte, weil Renn die militärische Führung als dilettantisch kritisiert und Bürgerkriegsprotagonisten wie Harry Domela so dargestellt hatte, dass es dem offiziellen Narrativ widersprach. Das verstümmelte Werk erschien erst 1955.

In anderen Fällen ließ Janka die Gutachter sprechen. Alfred Antkowiak, der Janka später als »Gönner und Förderer« bezeichnen sollte, verurteilte beispielsweise den *Schatz der Sierra Madre* des sagenumwobenen B. Traven als »anarchistischen Mummenschanz« und verriss dessen *Land des Frühlings* als »Trotzkismus reinsten Wassers«, ja als »Kosmopolitismus auf rassentheoretischer Grundlage«. Dessen ungeachtet erschien Traven, der seit 1924 in Mexiko lebte und dessen Identität lange umstritten war, bald in der DDR, und zwar bei Volk und Welt und im Verlag der Nation. Gegen die Veröffentlichung und eine ausgewogene Besprechung Wolfgang Johos im *Sonntag* zog Antkowiak mit einer Gegenrezension zu Felde, die einen heftigen Angriff auf die Konkurrenz enthielt. »Wie man sieht«, so wetterte Antkowiak, »hat sich der Verlag redlich angestrengt, aus dem Revolutionsverächter und Antibolschewisten Traven eine Art Antifaschist zu machen. Ein Urteil über solche Verlegermethoden zu fällen [...], überlasse ich gern den auf diese Art irregeführten Lesern.« Dass so ein Angriff folgenreich sein konnte, war Antkowiak sicherlich bewusst. Drei weitere Beiträge im *Sonntag* konnten die Debatte noch entschärfen.

Dass Janka ein Partisan mit Offiziershabitus war, zeigte sich auch 1952, als die SED-Führung in kürzester Frist die Friedenslosungen der Nachkriegszeit gegen Parolen austauschte, in denen Wehrhaftigkeit und Wachsamkeit gegen den ideologischen Feind gefordert wurden. Den literaturpolitischen Auftrag, Bücher mit pazifistischen Tendenzen auszusortieren, unterstützte Janka, indem er Georg Holmstens 1948 erschienenen *Bericht vom Zusammenbruch einer Armee* mit dem Titel *Der Brückenkopf* nicht mehr anzeigen und bei Bestellungen als vergriffen melden wollte. Seinem jungen Lektor und Autor Helmut Hauptmann, der sein Debüt *Das Geheimnis von Sosa* 1950 bei Aufbau veröffentlicht hatte, legte er nahe, sich bei den Bewaffneten Organen zu betätigen. Janka war bereit, mit Aufbau in den Klassenkampf zu ziehen.

»Am Elbestrand, am Ebro-
strand / Gewehr und Feder in
der Hand« (Paul Wiens): Der
ehemalige sächsische Offizier
und Spanienkämpfer Ludwig
Renn, geboren als Arnold Vieth
von Golßenau

Plan und Abweichung:
Fortschritt, Formalismus, Faustus

Die offiziellen Zusammenkünfte der SED waren auch für hartgesottene
Funktionäre keine Spaßveranstaltungen. Auf meinungsbildende Diskussionen wurde in der Regel verzichtet. Stattdessen gab es oft stundenlange
Reden auf die Ohren, die, durchsetzt von den Kaderwelsch-Vokabeln,
nur in den seltensten Fällen rhetorische Glanzleistungen waren. Deswegen freuten sich die Genossen nach den fünftägigen Strapazen des
III. Parteitags am Abend des 24. Juli 1950 auf das festliche Konzert im
Berliner Friedrichstadtpalast, auf dem der Arbeitersänger Ernst Busch
die neue Hymne der SED schmettern sollte. Das *Lied der Partei*, oft ge-
sungen und ebenso oft persifliert, stammte aus der Feder Louis Fürnbergs. Dass der deutschböhmische Kommunist mit jüdischen Wurzeln
das Lied als verzweifelte Confessio fidei in einer tiefen Glaubenskrise ge-

dichtet hatte, nachdem ihn die tschechoslowakische KP 1949 nicht zu ihrem Parteitag eingeladen hatte, übersahen die hohen Herren in Ost-Berlin geflissentlich. Zu einprägsam, zu eindeutig, zu schön war der Refrain des Textes: Die Partei, die Partei, die hat immer recht.

Immer. Das hieß nicht nur gestern, heute und morgen, sondern auch bei jedem Thema, egal ob politischer, gesellschaftlicher, wirtschaftlicher Art. Oder eben literarischer. Deswegen sollten die Texte von der Entstehung bis zur (geleiteten) Lektüre durchweg unter parteilicher Aufsicht stehen. Und die Aufsicht wurde ausgebaut. Auf dem III. Parteitag war der erste Fünfjahresplan verabschiedet worden, nach dessen Inkrafttreten neben der Auflagenhöhe auch Papiermenge und -art, Format und Einband als Plankennziffern galten. Im Druckgenehmigungsverfahren, für das ab 1951 das Amt für Literatur und Verlagswesen zuständig war, sollte Aufbau, am 9. Oktober 1951 mit einer neuen unbefristeten Lizenz ausgestattet, neben dem Manuskript nun ein Verlags- sowie zwei Außengutachten einreichen. Auch Nachauflagen brauchten einen Behördenstempel. Für die Beurteilung der »Planungsliteratur« (Robert Darnton) standen den Autoren, Zensoren, Lektoren, Literaturwissenschaftlern und -kritikern zudem einige Begriffe aus dem Offizialdiskurs zur Verfügung, an denen sie die Texte messen konnten. Stolpersteine konnten gleichwohl auch im parteilich abgesegneten Vokabelkatalog verborgen sein, weil die Begriffe in hohem Maße von der politischen Konjunktur abhängig waren. Mit der Forderung nach Wehrhaftigkeit im Jahre 1952 wurde beispielsweise »Pazifismus« schlagartig zu einem Schmähwort, das auch in der Literatur greifen sollte, aber bei vielen Akteuren des literarischen Lebens noch positiv besetzt war. Vorher war in einer antisemitischen Kampagne bereits der »Kosmopolitimus« als imperialistisch gebrandmarkt und dem proletarischen Internationalismus gegenübergestellt worden. Nicht unumstritten, aber doch unangetastet blieb für lange Zeit der massivste dieser Totschlag-Begriffe: Nichts konnte einen Text so sehr treffen wie der Vorwurf, er sei formalistisch. Denn die SED hatte, ganz im Sinne der sowjetischen Ideologen, Anfang der 1950er Jahre eine volksverbundene, parteiliche Literatur im Sinne des sozialistischen Realismus zum Ideal erhoben, in der die lesenden Arbeiter und Bauern vorbildhafte neue Menschen finden sollten. Für intellektuelle Spielereien und sprachliche Experimente war da kein Platz. Abstraktion galt als Wirklichkeitsfälschung.

Der immer energischer vorgetragene kulturpolitische Aufgabenkatalog spiegelte sich in den beginnenden 1950er Jahren auch im Aufbau-Programm wider. Während die *Große Sowjet-Enzyklopädie* (30 Titel zwischen 1952 und 1957) mit Büchern sowjetischer Wissenschaftler zu Literatur, Kunst, Geschichte und Philosophie immerhin noch zum Verlagsprofil passte, waren die vom Kulturbund im Aufbau-Verlag herausgegebenen *Vorträge zur Verbreitung wissenschaftlicher Kenntnisse* (73 Titel zwischen 1952 und 1954) sowie die Reihe *Wissenschaft und Technik, verständlich dargestellt* (40 Titel zwischen 1952 und 1954) mit Beiträgen über die Mechanisierung der Landwirtschaft in Polen, Rheumatismus oder Zahnkrankheiten allerdings kaum geeignet, den Anspruch des Verlags zu unterstreichen, das Zentrum des literarischen Lebens in der DDR zu sein. Doch bis 1954 Urania als populärwissenschaftlicher Verlag ausgebaut wurde, war Aufbau in der Pflicht.

Einen Sonderfall in der Aufbau-Reihenpolitik stellte die *Bibliothek fortschrittlicher deutscher Schriftsteller* (BFDS) dar, die der Verlag 1951 von Volk und Wissen geerbt hatte. Die BFDS-Bücher waren im wahrsten Sinne Planungsliteratur, schließlich war die Reihe im März 1950 durch eine Kulturverordnung ins Leben gerufen und mit holzfreiem Papier sowie Ganzleineneinbänden subventioniert worden. Zugkräftig schien auch das prominente Redaktionskollegium um den Nationalpreisträger Willi Bredel. Allerdings hatte das politische Prestigeprojekt einen Pferdefuß: Weil sich keine geltungsbesessenen Kleinbürger mit den schönen und preislich günstigen BFDS-Büchern eindecken sollten, suchte man die Reihe vergebens in den Regalen der Buchhandlungen. Das freilich wäre halb so schlimm gewesen, wenn nicht die Funktionäre des Freien Deutschen Gewerkschaftsbund (FDGB) und der Freien Deutschen Jugend (FDJ), die ihre Aktivisten mit den Bänden auszeichnen und den Verkauf der spottbilligen Bände organisieren sollten, beim Vertrieb auf ganzer Linie versagt hätten.

Enttäuscht waren die Planer auch von den Werktätigen selbst, weil ausgerechnet sie, die zukünftigen neuen Menschen, zögerten, ihr hart verdientes Geld in Literatur zu investieren. Das hing auch damit zusammen, dass die BFDS serienweise vertrieben werden sollte. Die 30 Mark, die die Arbeiter für zehn Bände berappen mussten, trugen zwar kaum die Produktionskosten, waren aber bei einem durchschnittlichen Wochenlohn von knapp 100 Mark ein tiefer Griff ins Portemonnaie. Auch die 3000 bis 4000 Seiten, auf die sich eine Serie addieren ließ, wirkten auf Nicht- und Wenigleser abschreckend, zumal sie sich mit der BFDS ja nicht nur Autoren wie Brecht, Heinrich Mann oder Seghers ins Regal stellten, sondern auch das literaturpolitische Programm der SED und sogar das der KPdSU, für das beispielsweise die Stalinpreisträger Babajewski, Nikolajewa und Rybakow mit ihren Archetypen der Produktionspropaganda standen. Sie alle schmeckten nach Pflichtlektüre für politisch Ambitionierte. Und das waren sie mitunter tatsächlich. Um das FDJ-Abzeichen in Gold zu erhalten, mussten die Pioniere beispielsweise Howard Fasts *Straße zur Freiheit*, 1952 in der BFDS erschienen, stichpunktartig wiedergeben und kritisch einordnen. Die Lagerbestände schrumpften dadurch allerdings kaum. Auch *Der Bienenstock*, eine vom übergesiedelten Aufbau-Werbeleiter Bachmair verantwortete Werbezeitung, die ab September 1953 erschien, konnte die BFDS nicht retten. Abgelöst wurde die Reihe 1954 durch die deutlich erfolgreichere *Deutsche Volksbibliothek*, in der bis 1967 118 Titel mit 4 Millionen Exemplaren erschienen.

Dass die *Bibliothek fortschrittlicher deutscher Schriftsteller* zwar als Ärgernis, aber nicht als Fehlschlag in die Verlagsgeschichte einging, hing vor allem mit zwei Namen zusammen: Mit dem Hermann-Hesse-Band *Peter Camenzind. Unterm Rad* und Thomas Manns *Buddenbrooks* erschienen in der BFDS zwei deutschsprachige Nobelpreisträger erstmalig in der DDR. Nicht nur wegen ihres Renommees standen beide seit einiger Zeit im Fokus der ostdeutschen Literaturmacher. Hesse war seit vielen Jahren in der Schweiz wohnhaft und stand der Wiederbewaffnung Westdeutschlands kritisch gegenüber. Das galt auch für Thomas Mann, der sich im Juni 1951 vor dem US-Repräsentantenhaus als einer der weltweit bedeutendsten Verteidiger von Stalin und Genossen bezeichnen lassen musste und vor das Komitee für unamerikanische Umtriebe gezerrt wurde. McCarthy war auf Hexenjagd.

Da Thomas Mann an S. Fischer und Hesse an Suhrkamp gebunden

Der Werbeleiter des Aufbau-Verlags, Heinrich Bachmair, Verlagsleiter Walter Janka und Leonhard Frank im Jahre 1954

waren, gab es in beiden Fällen aber ein gravierendes Problem: Das für Ausnahmefälle vom Amt für Literatur festgesetzte Valutakontingent von 45 000 Mark war lächerlich gering und eigentlich nur ein Beleg für das Interesse der SED, Verträge einzig in Ostmark abzuschließen. Doch in der Bundesrepublik war man dazu in der Regel nicht bereit. Was also tun? Während Janka noch auf Westtour ging, um Devisenregelungen zu verhandeln, schmiss Ulbricht einfach die Druckmaschinen an. Er verfügte, dass die beiden Autoren ohne Lizenz in der BFDS erscheinen sollen. Während das *Neue Deutschland* den Piratenakt mit Verweis auf die hohe Nachfrage feierte und die Schuld an der Konfrontation den »amerikanischen Okkupanten und den Bonner Schleppenträgern« in die Schuhe schieben wollte, »die die Spaltung Deutschlands herbeigeführt haben«, musste sich der Aufbau-Verlag bemühen, hinter den Kulissen die Wogen zu glätten. Janka ventilierte, versuchte seine Kollegen im Westen zu besänftigen, besuchte sie erneut und verhandelte über eine nachträgliche Genehmigung. Verhältnismäßig schnell ging das im Fall von Hesse. Dessen Verleger Peter Suhrkamp, von Brecht ermuntert, akzep-

Von gegenseitiger Achtung geprägt: Thomas Mann und Walter Janka

tierte bald das Angebot des Aufbau-Verlegers, die nicht gezahlten Lizenz-gebühren mit Druckaufträgen in der DDR zu verrechnen. Die Einigung erfolgte so still und heimlich, dass selbst der Autor nur von »irgendei-nem Arrangement« wusste. Noch im Juli 1955 beschwerte sich Janka bei Peter Suhrkamp, Hesse behaupte auf Nachfrage Dritter, »dass wertlose Gutschriften in phantastischer Währung auf Sperrkonto liegen und dass er künftig wahrheitsgemäss antworten will, für seine Ostausgaben nie einen Pfennig bekommen zu haben«.

Bei Thomas Mann lagen die Dinge anders. Während der Autor zwar nicht so gerne in der BFDS, aber unbedingt in der DDR erscheinen wollte und seinen Verleger ab 1951 zu überzeugen versuchte, mit Auf-bau, dem in seinen Augen »eigentlichen Staatsverlag«, ins Geschäft zu kommen, stellte Gottfried Bermann Fischer auf stur. Er forderte hor-

Der »kleine Meister« (Thomas
Mann): Lion Feuchtwanger

rende Lizenzgebühren und äußerte die Befürchtung, dass der Schmuggel mit billigen Ostausgaben sein Geschäft gefährden könne. Gegen den nicht lizenzierten Druck zog er 1952 schließlich vor das Ost-Berliner Landgericht, das seine Klage, wenig überraschend, mit Verweis auf die Gefährdung der kulturellen Einheit Deutschlands ablehnte. Erst Mitte 1953 konnten sich Janka und Bermann auf ein ähnliches Prozedere einigen, wie es bereits mit Suhrkamp praktiziert wurde.

Das Problem war damit jedoch nur vorübergehend gelöst. Durch die Devisennot waren nämlich nicht nur die Geschäfte mit den Lizenzgebern erschwert, sondern auch die Sperrkonten der im Ausland lebenden Autoren und Rechte-Erben gut gefüllt. Das Konto des 1948 gestorbenen Kisch beispielsweise war 1951 auf sage und schreibe 228 000 Mark angewachsen. Einen ähnlichen Betrag konnten die Erben Heinrich Manns für sich beanspruchen. Feuchtwanger standen mehr als 60 000 Mark zu. Das war kein tragbarer Zustand. Im Frühjahr 1953 rückte das Devisenthema aber mehr und mehr in den Hintergrund. Die beiden

Aufbau-Macher Janka und Schroeder packte der lange Arm der Partei am Kragen. Sie standen unter Formalismusverdacht.

Ein halbes Jahr zuvor hatte der Aufbau-Verlag ein Libretto des Komponisten Hanns Eisler mit dem Titel *Johann Faustus* veröffentlicht. Dass der Verlag damit wieder einmal ein dramatisches Werk ins Programm nahm, hing eng mit dem Namen seines Verfassers zusammen. Die künstlerische Ausnahmestellung des 1898 geborenen Schönberg-Schülers und Brecht-Weggefährten, der die meisten seiner Exiljahre in den USA verbracht hatte, war in der Französischen Straße dadurch unterstrichen, dass man sogar einige seiner Musikalien verlegte. Eisler war der Haus- und Hofkomponist des Poetenkönigs Becher und hatte dessen Text zur Nationalhymne vertont. Doch war es nicht nur das künstlerische Renommee des Verfassers, das Aufbau bewogen hatte, den *Faustus* zu verlegen. Nach der Lektüre des Texts war Schroeder überzeugt, ein künstlerisches Ausnahmewerk zum Druck zu befördern. Auch der zweite große Faust-Dichter des 20. Jahrhunderts, Thomas Mann, hatte das Manuskript gelobt, ebenso Brecht und Feuchtwanger. Und die erste Kritik bestätigte ihr Urteil. Einen langen Essay über das Libretto in *Sinn und Form* schloss Ernst Fischer geradezu überschwänglich. »Der ›Doktor Faustus‹ Eislers kann werden«, so der österreichische Autor und Politiker, »was seit einem Jahrhundert fehlt: *die deutsche Nationaloper.*«

Der Jenaer Student Hans Richter sah das anders. In seinem Aufsatz in der Zeitschrift des Schriftstellerverbands, der *neuen deutschen literatur*, tadelte er, Eislers Hauptfigur, ein wenig revolutionärer Bauernsohn aus der Zeit der Bauernkriege, den er dem »Lager der Reaktion« zurechnete, habe den positiven Helden Faust auf den Kopf gestellt. »Eine solche Konzeption«, so der angehende Germanist, »müssen wir ablehnen, und zwar grundsätzlich ablehnen, weil sie grundsätzlich falsch ist.« Mehrfach fiel zudem das F-Wort. Damit hatte Richter eine gnadenlose Jagd auf den Verfasser und seinen »Bauernfaust« eröffnet, der von der SED-Presse nun als antinational, ausdrucksblödelnd und von den Massen entfremdet vorgeführt wurde. Das lesende Volk sah das angeblich genauso: Aus einer »Fülle von Leserzuschriften« lancierte das *Neue Deutschland* einige wilde Angriffe, die Eisler eine »frivole Verhöhnung« des Goethe'schen Meisterwerks und einen »Schlag ins Gesicht der deutschen Jugend« vorwarfen.

Die Schöpfer der Nationalhymne der DDR, Hanns Eisler und Johannes R. Becher, 1950

Gleich dreimal war der *Faustus* Gegenstand der Mittwochsgesellschaft in der Akademie der Künste, wo vor allem Abusch und Wilhelm Girnus die Linie vorgaben.

Zur letzten dieser drei Zusammenkünfte am 10. Juni 1953 war auch Max Schroeder geladen. Die erbarmungslosen Blicke der Scharfmacher ließen den langen Schlacks noch gebeugter stehen als gewohnt. Mit leiser Stimme verlas er eine Selbstkritik, mit der er sich für den »schweren Fehler« entschuldigte, das Buch übereilt zum Druck gegeben zu haben. Schroeder, mit Eisler befreundet, wiederholte die politische Verurteilung des Werks, stotterte etwas von kosmopolitischer Ideologie und formalistischer Kunst, von einem Klassenrenegaten und einer schiefen Kritik »am Verwesungsprozeß der kapitalistischen Gesellschaft«, die keine »der heutigen Realität entsprechende Lehre ins Bewußtsein« riefe. Eisler selbst erlöste den Blut und Wasser schwitzenden Schroeder, indem er ihm dankte und schnell zu den Thesen seines Verteidigers Brecht überleitete. Das änderte aber nichts mehr daran, dass die *Faustus*-Debatte zu einem großen Einschnitt in der Geschichte des Aufbau-Verlags wurde. Die selbstbewusste Vorzeigeinstitution hatte lieber vor den Ideologen kapi-

Alexander Abusch, einflussreicher Kulturfunktionär, Klassikau-
torität und Verfasser des viel verkauften *Irrwegs einer Nation*

tuliert, als ihre ästhetische Einschätzung zu verteidigen. Die Partei hatte
schließlich immer recht. Cheflektor Schroeder wiederholte seine Selbstkritik zwei Tage später auf der Betriebsversammlung des Verlags, bei der
ihm Abusch streng über die Schulter schaute.

Symbolträchtig war der *Faustus*-Fall auch in anderer Hinsicht: Ein großer Name schützte nicht vor der Verfolgung durch die führenden Genossen. Das hatten im Sommer 1950 bereits Jankas Spezi Paul Merker und
der Schroeder-Freund Lex Ende erfahren müssen, die im Rahmen der
Noel-Field-Affäre aus der Partei ausgeschlossen worden waren. Gefährdet
waren vor allem die Westemigranten, deren Lebensläufe sich an irgendeiner Stelle mit demjenigen des bestens vernetzten US-amerikanischen
Kommunisten Field gekreuzt hatten, der als vermeintlicher US-Spion in
Prag verhaftet und nach Budapest gebracht worden war. Die Säuberungen hatten auch eine antisemitische Dimension. Selbst Alexander Abusch
war wegen »prozionistischer Haltung« kurzzeitig ins Stolpern geraten und
seiner Funktionen enthoben worden. Die Personaldebatten wirkten bis

ins Aufbau-Programm. So wurde ein Sammelband mit Texten Wieland Herzfeldes kleinmütig gestrichen, nachdem sich der Exilverleger den Unmut der SED zugezogen hatte. Im Fall des Bildhauers Gustav Seitz, 1950 als Nationalpreisträger der DDR aus der Bundesrepublik nach Ost-Berlin übergesiedelt und parallel zu Eisler angegriffen, wurde Aufbau von der gefürchteten Staatlichen Kommission für Kunstangelegenheiten angewiesen, die sorgfältig gestaltete und von Seghers eingeleitete Ausgabe der *Studienblätter aus China* (1952) einzustampfen, bevor sie Ende 1953 in geringfügig veränderter Blattauswahl neu aufgelegt werden konnten. In den sozialistischen Bruderstaaten schlugen die Stalinisten noch wilder um sich. In der Tschechoslowakei traf es den Aufbau-Autor André Simone, dessen *Dokumente einer Polartragödie* mit dem Titel *Neun Männer im Eis* noch 1951 in dritter Auflage erschienen waren. Der als Otto Katz geborene Mexiko-Exilant wurde im Rahmen des Prozesses gegen den KPČ-Generalsekretär Rudolf Slánský mit zehn weiteren Prager Genossen wegen einer trotzkistisch-titoistisch-zionistischen Verschwörung zum Tode verurteilt und im Dezember 1952 gehängt. Anstatt auf die aufsässigen Alten, so die stalinistische Logik, wollte man fortan auf die folgsame Jugend setzen.

Vorbildfunktionen:
Die Erben und das Erbe

Max Schroeder wird ein gutes Gespür für literarische Talente nachgesagt. Bevor sich der Aufbau-Cheflektor nach seinem Amtsantritt im März 1947 auf die Suche nach hoffnungsvollem Nachwuchs machen konnte, stand erst einmal eine Bestandsanalyse an. Und die fiel ernüchternd aus: Zwar hatte Aufbau schon einige Debütanten veröffentlicht, doch von einer neuen literarischen Generation konnte keine Rede sein. Wolfgang Joho war beispielsweise 1908 geboren, Walter Gorrish 1909. Für das, was in der jungen DDR als literarischer Nachwuchs galt, war das durchaus repräsentativ.

So langsam wagte sich in den späten 1940er Jahren dann aber doch diejenige Generation an die Schreibmaschinen, die bisher eher an Flakgeschützen Erfahrungen gesammelt hatte. Und so ziemlich jeder, der sich als Belletrist versuchte, schien seine Texte an den Aufbau-Verlag zu schicken, weshalb die Manuskriptstapel am Eingang zu Schroeders verrauchter und alkoholdünstiger Schreibtischhöhle bald in bedenkliche Höhen wuchsen. Allerdings musste der Cheflektor erkennen, dass es bei vielen der selbst ernannten Nachwuchsschriftsteller um die Selbsteinschätzung nicht so gut bestellt war. Auch die Empfehlungsschreiben eines SED-Kreisvorstands oder einer örtlichen Abteilung des FDGB, die mitunter den Manuskripten beilagen, waren in der Regel alles andere als ein Gütesiegel. Durch Schroeders Raster fielen zudem etliche Autoren, die sich von kleineren Verlagen empfehlen ließen, so zum Beispiel ein gewisser Heinz Günther Konsalik, dessen Landser- und Liebesromane bis zu seinem Tod 1999 eine Weltauflage von über 80 Millionen erreichen sollten. Nicht ins Programm passte ferner ein Märchendrama des 15-jährigen Reiner Kunze aus Oelsnitz im Erzgebirge. Bis auf einige Talentproben, die im *Aufbau* veröffentlicht wurden, war einfach nichts Brauchbares dabei.

Allzu tragisch schien das zunächst nicht, hatten doch für den Verlag ohnehin die Emigranten und die Klassiker Priorität. Doch nach der Gründung der DDR wuchs staatlicherseits langsam der Anspruch auf »eigene« Schriftsteller, die das neue Leben darstellten und mitgestalteten. Davor drückten sich die Altvorderen des Literaturbetriebs bisher gekonnt. Im Almanach zum Fünfjährigen schrieb Erich Wendt folglich, dass es fortan »die vornehmste Aufgabe des Verlages« sein werde, die »junge Generation zu fördern«. Dabei, und das untermauerte die Ernsthaftigkeit dieses Statements, ging es mittlerweile auch um den Systemvergleich. Denn man sehe, so Wendt, »wie in Westdeutschland junge Talente Richtung und Ziel verlieren, sich vor der Wirklichkeit in Exotik und Romantik flüchten«. Wohin die Reise der DDR-Talente bei der Suche nach literarischen Stoffen gehen sollte, war klar: zu den Stätten des sozialistischen Aufbaus, der bis 1952 noch nicht beim Namen genannt wurde. Die dort porträtierten Helden sollten zur Nachahmung anregen. Doch die Recherchebereitschaft war offenbar gering. Als die Verantwortlichen im Mitteldeutschen Verlag, später für seine Produktionsprosa bekannt, auf einer Autorenkonferenz 1950 die Frage stellten, wer von den anwesenden Autoren schon einmal

Ein »Märchendrama zur Aufklärung der heutigen, deutschen Jugend«: Manuskriptangebot von Reiner Kunze vom 19. August 1948

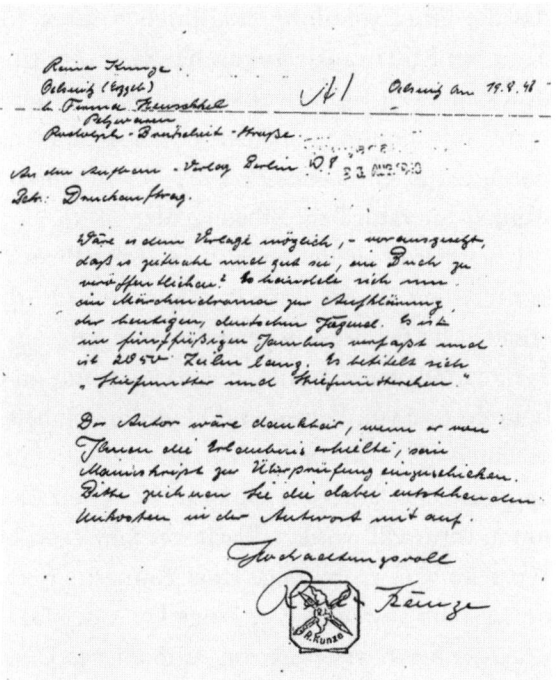

längere Zeit in einem fortschrittlichen Betrieb verbracht habe, ernteten sie ein ebenso vielsagendes wie betretenes Schweigen.

Die jüngeren Autoren stolperten zudem oft über die Hürde, gleich ein großes, geschlossenes Werk vorzulegen. Bei Aufbau griff man deswegen auf ein bewährtes Mittel zurück, um jüngere Autoren ins Verlagsprogramm aufzunehmen: Man brachte sie in Sammelbänden unter. 1951 erschienen zwei Anthologien, in denen *Neue deutsche Erzähler* und *Neue deutsche Lyrik* vorgestellt wurden, herausgegeben von Michael Tschesno-Hell, dem Mitbegründer und ehemaligen Leiter des Verlags Volk und Welt. Vor allem der Prosa-Band war mit Autoren wie Heinar Kipphardt, Benno Pludra, Christa Reinig und Erwin Strittmatter durchaus ein ästhetisches Versprechen. Auch im Lyrik-Band gab es einige viel versprechende Gedichte von Hanns Cibulka, Paul Wiens und anderen. Die beiden Anthologien galten sogar als so vorbildlich, dass sie 1952 in die BFDS aufgenommen wurden. Allerdings mussten dafür einige Korrekturen vorgenommen werden. Aus dem Erzählband flog beispielsweise das Erzähldebüt Christa Reinigs mit dem Titel *Ein Fischerdorf* heraus, das die Prosasammlung ursprünglich sogar eingeleitet hatte, weil die Texte der Mittzwanzigerin nach dem Verbot eines Zeitungsfortsetzungsdrucks unisono als bedenklich galten. An ihrer statt wurden Franz Fühmann aufgenommen und der *Aufbau*-Redakteur Dieter Noll, dessen Reportageband *Die Dame Perlon* 1953 zu einem der wenigen Werke der Aufbau-Literatur bei Aufbau werden sollte.

Noch härter als Reinig hatte es Horst Bienek getroffen, der 1948 zusammen mit ihr den Literaturpreis des Kulturbunds für junge Autoren erhalten hatte und nun gemeinsam mit ihr aus der BFDS-Ausgabe des Lyrikbands getilgt wurde. Bienek, geschult an den französischen Symbolisten und von Becher und Hermlin bejubelt, war kurz nach dem Erscheinen der *Neuen deutschen Lyrik* verhaftet und im April 1952 wegen Spionage und Staatszersetzung zu 25 Jahren Zwangsarbeit in der Sowjetunion verurteilt worden. Nach vier Jahren im berüchtigten Arbeitslager Workuta kam er im Zuge einer Amnestie frei und konnte in die Bundesrepublik ausreisen. Die junge Lyrik der DDR sollte anstelle des verurteilten Staatszersetzers von Autoren wie Uwe Berger (Jg. 1928) oder Günther Deicke (Jg. 1922) repräsentiert werden, die 1951 als Lektoren im Schroeder-Lektorat untergekommen waren. Was die beiden umtrieb, zeigte sich in den Gedichtsammlungen *Begeistert von Berlin* (1952), einer Hymne auf das gerade ausgerufene Nationale Aufbauwerk, und in dem Kollektivierungsgesang *Geliebtes Land* (1954).

Zweifelsohne ließen sich die BFDS-Bände der *Neuen deutschen Erzähler* und der *Neuen deutschen Lyrik* genauso wie die schmalen Lyriksammlungen von und mit Berger und Deicke gut ins politische Schaufenster stellen. Doch waren die Anthologien in Anbetracht des umfangreichen Förderprogramms, das der Talentscout Schroeder Anfang der 1950er initiiert und systematisiert hatte, als Output etwas mager. Zudem verliefen zwei Preisausschreiben des Verlags enttäuschend. Die Aufbau-Lektoren, die zu den vom Schriftstellerverband angeleiteten Arbeitskreisen junger Autoren in die Bezirke reisten, kehrten meist ernüchtert nach Berlin zurück. Derweil beklagte sich die im Verlag installierte »Kommission zur Förderung der Jungen« (Schroeder, Berger, Deicke und Helmut Hauptmann), dass sie durch andere Lektoratspflichten gebunden sei. Um den Umgang mit den vielen Textproben etwas zu erleichtern, war

In der *Aufbau*-Redaktion: Chefredakteur Bodo Uhse mit seinem
Mitarbeiter Dieter Noll, 1954

im Aufbau-Verlag ein Gutachtenvordruck entwickelt worden, mit dem
die Manuskripte in »Völlig unbrauchbar«, »Wahrscheinlich unbrauchbar«, »Vielleicht brauchbar« und »Wahrscheinlich brauchbar« unterteilt
wurden. Und die Urteile waren in der Regel vernichtend. Über ein Manuskript mit dem unübertrefflichen Titel *Achtung, Achtung! Spionage!
Sabotage! im Stahlglaskombinat*, das es als »Wahrscheinlich unbrauchbar«
immerhin in eine zweite Begutachtungsrunde geschafft hatte, hieß es abschließend: »Übelster Groschenromanstil. Das Ganze auf ›fortschrittlich‹
poliert, daß es einem die Stiefel auszieht.« Selbst als Aufbau nach einem
Sekretariatsbeschluss des Kulturbunds Anfang 1952 offiziell ein Lektorat für den literarischen Nachwuchs ins Leben rief, das von Bodo Uhse
geleitet wurde, war das Ergebnis ähnlich unbefriedigend wie in den Jahren zuvor. Viele Tausend Mark versickerten ergebnislos in Stipendien,
Beraterverträge oder in die Organisation von Arbeitstagungen für die
wenig talentierten Talente. Ein Ausreißer in vielerlei Hinsicht war der
ebenso begabte wie eigenwillige Günter Kunert, dessen Debüt *Wegschil-
der und Mauerinschriften* 1950 bei Aufbau erschien. Doch sprach sich
Schroeder im Oktober 1952 gegen eine Verlängerung der Förderung aus,

weil der Autor nicht imstande sei, »die Grundfehler zu überwinden, die bei ihm sehr tief liegen, nämlich in der ganzen Einstellung zu unserer Theorie und Praxis«.

An einem Großteil der Autoren verzweifelte das Nachwuchslektorat aber eher aus literarischen Gründen. Uwe Berger urteilte 1955 beispielsweise über den Autor eines Manuskripts voller »Kitsch, Schwulst, Schematismus«, der vom Verlag betreut und gefördert worden war: »Ein Fall wie seiner gehört nun schon, so hart es klingt, nicht mehr in unsre, sondern eher in die Hände eines Psychiaters.« Selbst der »Konsalik des Ostens«, Harry Thürk, schien trotz jahrelanger Manuskriptarbeit nicht gut genug für das Aufbau-Programm. Andere wiederum scheiterten an Schroeders traditionellem Literaturverständnis: Während der Cheflektor Margarete Neumanns bieder-sozialistischen Dorfroman *Der Weg über den Acker* 1955 zum Druck beförderte und die Ex-Neubäuerin damit zu einem Stammgast im Programm des Vorzeigeverlags wurde, lehnte er ein Manuskript mit dem Titel *Ingrid Babendererde. Reifeprüfung 1953* als »verkrampft in Avantgardismus« ab. Der Autor dieser »Talentprobe nicht von besonderem Belang«, Uwe Johnson, hatte bereits einige Gutachten für Aufbau verfasst und sollte 1971 den Büchner-Preis erhalten. Für die junge Lektorengeneration, die mehr und mehr in die Französische Straße einzog, war das Schroeder'sche Literaturverständnis ein Erbe, das sie nicht ausschlagen konnte. Sie waren Suchende, und der Cheflektor war der Wissende.

Aus der Reihe tanzte lediglich ein Jungspund, der 1950 als freier Mitarbeiter zu Aufbau gekommen war: Wolfgang Harich, geboren 1923 in Königsberg. In den Nachkriegsjahren war der junge Tausendsassa, der sich irgendwie durch die NS-Zeit geschlängelt hatte, zu einem der wichtigsten Literatur- und Theaterrezensenten Berlins aufgestiegen. Die Schärfe seiner Kritiken hatte ihn in kurzer Zeit ebenso berühmt wie berüchtigt gemacht. 1946 hatte Käthe Dorsch, die Grande Dame der Berliner Bühnen, Harich im Ost-Berliner Künstlerclub »Die Möwe« sogar zweimal geohrfeigt, nachdem sich der 22-Jährige im französisch lizenzierten *Kurier* über sie lustig gemacht hatte. Dass Harich keinen allzu großen Respekt vor Autoritäten besaß, hatte sich auch 1949 gezeigt, als er Brecht nach der berühmten Inszenierung von dessen *Mutter Courage und ihre Kinder* am Deutschen Theater vehement gegen den Vorwurf der

»Sanft lenkt den Aufbau er, und sanft im Stil / kost er die Zeit mit sanftem Federkiel« (Paul Wiens): Bodo Uhse, *Aufbau*-Chefredakteur und Leiter des Nachwuchslektorats

»volksfremden Dekadenz« verteidigte, den kein Geringerer als Fritz Erpenbeck, einer der wichtigsten Bühnenmenschen der frühen DDR, geäußert hatte. Der theoretische Überbau, mit dem Harich dabei argumentierte, war beachtlich. Mit 24 Jahren hatte er Vorlesungen in Marxistischer Philosophie gehalten. Auch in der Französischen Straße, wo er die »Sammlung Klassisches Erbe« vorantreiben sollte, lehnte er sich weit aus dem Fenster: Für die Arbeit an einer achtbändigen Schiller-Ausgabe, die qua Autorität Alexander Abusch zufiel, schlug er dem Verlagsleiter Wendt 1952 – letztlich erfolglos – den »hochtalentierten, von Professoren und Studenten sehr empfohlenen Nachwuchsdozenten« Hans Kaufmann vor. Auch der Erz-Antiformalist Girnus bekam sein Fett weg. In einer von Harichs Vorlesungen soll gar der Satz gefallen sein, dass es »in einer leninistischen Partei keine absolute Autorität« gebe.

Der Aufbau-Verlag schien dem Jungintellektuellen eine viel versprechendere Spielwiese zu sein als die ideologisch umhegte philosophische Fakultät oder die Zeitungsredaktionen. Er genoss vor allem die Arbeit mit seinen Referenzdenkern Bloch und Lukács, die er als Lektor und Famulus mit Bewunderung und Rigorosität vertrat. Lukács galt ihm als literaturtheoretischer Maßstab schlechthin. Als die *neue deutsche literatur*, mittlerweile vom Schriftstellerverband im Aufbau-Verlag herausgegeben und damit doppelt repräsentativ, 1954 wegen eines Vorabdrucks aus Lukács' *Historischem Roman* anfragte, ließ Harich über Janka ausrichten, dass er sein einziges Manuskript, ein »Heiligtum«, nur ungern aus der Hand gebe, die ndl-Redakteure könnten sich ja eine Passage abschreiben. Er für sein Teil finde die Zeitschrift ohnehin »immer noch etwas zu poplig für so was Kostbares wie Lukács-Vorabdrucke«.

So groß wie Harichs Selbst- und Sendungsbewusstsein war auch sein Arbeitspensum. Doch stellten sich bald schon erste Fehlschläge ein. So musste er eingestehen, dass er die Arbeit an einer Ausgabe von Herders Schriften *Zur Philosophie der Geschichte* nicht bewältigen konnte, obwohl er über das »halbtheologisch-halbmaterialistische Ungetüm« promoviert hatte. Die von ihm 1951 in Windeseile herausgegebene sechsbändige Heine-Ausgabe wurde vom verdienten Philologen Bruno Kaiser scharf kritisiert. Trotz aller Rückschläge hielt Harich an seiner Arbeitsweise fest: 1955 bearbeitete er Janka hinsichtlich einer repräsentativen Goethe-Ausgabe, die in 24 Bänden zwischen 1956 und 1959 erscheinen sollte. Das Vorhaben war eigentlich schon in Anbetracht des Papierkontingents kaum zu realisieren. Doch gab es berechtigte Hoffnungen, die nötigen Extratonnen zu bekommen. Denn erstens blieb das literarische Erbe ohne eine große Goethe-Ausgabe immer unvollkommen. Und zweitens sollte sich um die Papierzuteilung ein Minister kümmern, der dem Verlag besonders zugetan war: Johannes R. Becher.

Auf neuem Kurs:
Räsoneure und Reformer

Am Morgen des 6. März 1953 rief Walter Janka die Aufbau-Mannschaft im Klubraum zusammen. Der wolkenverhangene Himmel über dem Glaskuppeldach passte zur bedrückten Stimmung. Janka blickte in etli-

Titelseite des *Neuen Deutschland* vom 7. März 1953

che verheulte Gesichter. Mit den Aufbau-Mitarbeitern weinte die ganze DDR. Sie weinte um den Unbeugsamen, den Generalissimus, den Vater der Völker, den das *Neue Deutschland* am folgenden Tag, einem Sonn-

abend, pathetisch verabschiedete. Über einem Porträt des Schnurrbart-
trägers stand in großen Lettern: »Das Herz des größten Menschen
unserer Epoche, des Genossen J. W. STALIN, hat aufgehört zu schlagen.« Ein Gelöbnis zu Ehren des Verstorbenen hatte das ZK der SED in
ihrem mit Superlativen aufgeblasenen Trauertelegramm auf Seite drei
veröffentlicht. Die »Sozialistische Einheitspartei Deutschlands«, so war
dort zu lesen, »wird der siegreichen Lehre J. W. Stalins stets die Treue
wahren; die Sozialistische Einheitspartei Deutschlands wird auf Grundlage der Stalinschen Lehre ihre Reihen ideologisch und organisatorisch
festigen«. Die Botschaft dahinter war klar: Für Häretiker hatte die SED
die Scheiterhaufen aufgeschichtet.

Der Erste, der das in der Französischen Straße 32 zu spüren bekam,
war Heinrich Goeres. Der Chefredakteur des *Sonntags* hatte seinen Mitarbeitern die Möglichkeit gegeben, die Trauerfeier zu schwänzen, indem
er sie gleichzeitig zu einer Redaktionssitzung zusammengetrommelt hatte.
Wenige Tage zuvor hatte er die Direktive kritisiert, eine Pressemitteilung
über die Erkrankung Stalins als Leitartikel abzudrucken. Mit einer Selbstkritik und einer strengen Parteirüge, die Lucie Pflug, mittlerweile Parteisekretärin des Verlags, durchsetzte, war es im Fall Goeres nicht getan.
Mitte April verfügte Abusch die Abberufung des Chefredakteurs.

Eine Gnadenfrist wurde Goeres dennoch gewährt, weil andere Fronten im Frühjahr 1953 vordringlicher schienen. So war beispielsweise der
seit Längerem gärende Konflikt mit der evangelischen Jungen Gemeinde
eskaliert, gegen die die FDJ in Stellung gebracht worden war. Gleichzeitig förderte eine »Intelligenz-Befragung« des Kulturbunds erschreckende
Ergebnisse zutage. Die Furcht vor Repressionen, so berichteten die Geistesschaffenden, war allgegenwärtig, die Angst vor der Staatssicherheit
lähmte die Gedanken. Mit der Kritik an den Arbeits- und Lebensbedin-
gungen stand die Intelligenz freilich nicht allein. Als das Politbüro Mitte
Mai Normerhöhungen von mindestens zehn Prozent verkündete, regte
sich in den Betrieben und auf den Großbaustellen des Sozialismus Widerstand. Auch der am 11. Juni 1953 eilig verkündete »Neue Kurs«, mit
dem die unfehlbare Parteiführung auf Anordnung Moskaus ihre Welt-
klugheit infrage stellte, konnte den Druck nicht mehr vom Kessel nehmen. Einige Bauarbeiter in der Stalinallee und an der Baustelle Betten-

haus Friedrichshain wagten in den folgenden Tagen sogar, die Mau-
rerkellen beiseitezulegen und Streikkomitees zu bilden. Die Nachricht
verbreitete sich in der Republik wie ein Lauffeuer, unterstützt von einer
Nachrichtenschleife über die beispiellose Entwicklung im West-Berliner
RIAS. Prompt zog man woanders nach. Am 17. Juni 1953, als sich die
kritische Masse der Arbeiter und Bürger in vielen Städten der DDR auf
die Straße traute, einige Handelsorganisationsläden verwüstete und Ge-
fangene befreite, kam es schließlich zum großen Knall: Die Sowjetarmee
schlug den Aufstand gewaltsam nieder.

Am Aufbau-Verlag war der 17. Juni, im Osten als faschistischer Putsch-
versuch verurteilt, im Westen als Volksaufstand gefeiert, im Großen und
Ganzen vorbeigezogen. Verlagsleiter Janka und Parteisekretärin Pflug erstatteten pflichtgemäß Bericht, dass lediglich einige Mitarbeiter »aufgrund der Verkehrsschwierigkeiten« zu spät zur Arbeit erschienen waren
und vier in West-Berlin wohnhafte Kollegen wegen der Sperrung des
Sektorenübergangs erst am 23. Juni ihre Arbeit wieder aufnehmen konnten. Insgesamt habe sich die Belegschaft angemessen verhalten. Erich
Wendt lobte im Kulturbund-Blättchen *Aussprache* die Intellektuellen
umgehend für ihre Parteitreue. Doch unterm Dach der Französischen
Straße 32 brodelte es leise weiter. Während sich Max Schroeder in seine
Manuskriptberge stürzte, äußerten andere ihr politisches Unbehagen an
der Art und Weise, wie die Partei mit dem Aufstand umging. Janka beispielsweise beschwerte sich bei Johannes R. Becher massiv über die Phra-
sendrescherei und Schönfärberei, mit der die Kreisaktivtagung von Berlin-Mitte das Ereignis abgetan hatte.

Damit lag er auf einer Linie mit Wolfgang Harich. Bereits unmittelbar vor dem Aufstand hatte sich der Senkrechtstarter bei Janka über die
Stimmung im Lektorat beklagt, die vor allem unter der »sogenannten
›Arbeitsdisziplin‹« und den »sogenannten ›gesellschaftlichen Erziehungs-
maßnahmen‹« gelitten habe. Die Leiterin der Kaderabteilung, Johanna
Klückmann, die erst im April vom unmittelbar zuvor durch die SED geschlossenen VVN-Verlag gekommen war, hatte er gar »einen Krebsscha-
den« genannt. Den 17. Juni selbst hatte Harich dann mit einem Magen-
geschwür auf dem Krankenbett verbracht. Kaum aus dem Krankenhaus
entlassen, ging er wieder in die Vollen: Gut einen Monat nach den Er-

eignissen erschien in der *Berliner Zeitung* ein bissiger Aufsatz, in dem er die Notwendigkeit eines neuen kulturpolitischen Kurses betonte. Zeitgleich versuchten der Geheimdienstchef Wilhelm Zaisser und der *ND*-Chefredakteur Rudolf Herrnstadt, das Politbüro gegen Ulbricht in Stellung zu bringen. Doch der Spitzbart setzte sich wieder einmal durch: Mit Rückendeckung des SU-Ministerpräsidenten Georgi Malenkow und des zukünftigen ersten Mannes in der UdSSR, Nikita Chruschtschow, entmachtete er die »Herrnstadt-Zaisser-Fraktion« wegen »Sozialdemokratismus« und »kapitulantenhafter Haltung«.

Harich traf die politische Reaktion – abgesehen von einer scharfen Kritik Abuschs an seinem Artikel im *Sonntag* – (noch) nicht. Denn ein bisschen Zuckerbrot wollte die neue, alte SED-Führung auch verteilen. So konnte Harich, mittlerweile als fester Lektor angestellt, 1954 in kleiner Auflage endlich den ersten Teil des Bloch'schen Hauptwerks *Prinzip Hoffnung* veröffentlichen, das seit Jahren durch das Lektorat spukte. Zudem brachte die SED-Führung nach dem 17. Juni ein Bauernopfer, das Harich mit vielen anderen Intellektuellen gefordert hatte: Die verhasste Staatliche Kommission für Kunstangelegenheiten mit ihrem Vorsitzenden Helmuth Holtzhauer, der mit scharfem Schwert für die administrative Durchsetzung des sozialistischen Realismus gekämpft hatte, wurde aufgelöst. Stattdessen entstand ein Ministerium für Kultur (MfK), das ein alter Bekannter des Aufbau-Verlags leiten sollte: Seit dem 7. Januar 1954 war der Dichter Johannes R. Becher Kulturminister in der DDR. Das »Ministerium der offenen Türen«, das Becher etablieren wollte, passte zu der Hoffnung, die der Aufbau-Verlag und viele andere Akteure in ihn setzten. Schließlich war Becher der persönliche Umgang stets wichtiger gewesen als die Bürokratie. Er war zwar kein Ketzer unter den Rechtgläubigen, handelte mitunter aber unorthodox. Doch hatte Ministerpräsident Otto Grotewohl, bis heute immer wieder als musisches Gegengewicht zu Ulbricht apostrophiert, schon bei der Amtseinführung erklärt, in welche Richtung der Hase im Ministerium laufen sollte: Das MfK habe die Aufgabe, die deutsche Kultur vor Dekadenz und Kosmopolitismus zu schützen. Dass das Papierkontingent des Aufbau-Verlags für 1954 von 800 auf 700 Tonnen gekürzt wurde, passte da ins Bild. In diesem Fall aber war der Hintergrund wohl nicht politisch, sondern höhere Gewalt: Ein Hochwasser in den sächsischen Flüssen hatte zu Ausfällen in den Papierfabriken geführt.

Dessen ungeachtet war das Jahr 1954 ein Jahr des Aufbruchs. Janka, mittlerweile auch de jure Verlagsleiter, engagierte sich mehr und mehr in kulturpolitischen Themen, dachte über neue Zeitschriften nach und war bereit, den *Sonntag* zu einem kritischen, offenen Blatt umzugestalten. Aufbau emanzipierte sich im Rahmen der Möglichkeiten. Janka spielte sogar mit dem geradezu titoistischen Gedanken, den Verlag von einem Leitungskollektiv lenken zu lassen. Dass sich der Verlagsleiter das erlauben konnte, hatte zwei Gründe: Zum einen galt das intellektuelle Feld bei der SED-Führung mittlerweile als Nebenkampfplatz. Schließlich hatten sich die Geistesschaffenden während des Aufstands größtenteils loyal verhalten, im Gegensatz, ausgerechnet, zu den Arbeitern und Bauern. Zum anderen war das Selbstbewusstsein, das in der Französischen Straße 32 greifbar in den Räumen lag, durchaus berechtigt. Aufbau war ein politisch ernst zu nehmender Akteur geworden. Der Klubraum des Verlags hatte sich nach dem 17. Juni zur Diskursarena entwickelt, in der sich viele reformorientierte Geister aus Deutschland und dem sozialistischen Ausland trafen. Aufbau stand für ein Netzwerk kluger, verdienter Kommunisten wie Janka, Harich, Schroeder, Bloch, Becher, Lukács und Hans Mayer, die alle ihre Schüler gefunden hatten, und genauso für einen Riege namhafter Exilautoren. Auch Dogmatiker wie Abusch und Alfred Kurella waren eng mit dem Verlag verbunden. Der Aufbau-Verlag konnte, wenn er denn wollte, Politik machen.

Westbesuche:
Devisen und Sachwerte

Die Verbindung in den Westen war für den selbstbewussten Aufbau-Verlag in den beginnenden 1950er Jahren stets ein Stachel im Fleisch. Als Janka im April 1952 zu einer großen Ost-West-Verlegerbesprechung einlud, sagte aus der Bundesrepublik lediglich Ernst Rowohlt zu – und auch der sprang ab, als er erfuhr, dass seine Westkollegen die Einladung aus Ost-Berlin höflich abgelehnt oder den Brief gleich im Papierkorb versenkt hatten. Auch das leere Devisenportemonnaie bereitete nach wie vor Sorgen. Die Manuskriptangebote unbekannter, verlagsheimatloser Autoren, die Aufbau aus der Bundesrepublik erreichten, waren im besten Fall politisch relevant. Eine Ausnahmeerscheinung war allenfalls Gotthold Gloger, der aus dem hessischen Büdigheim an Aufbau herantrat, ins Förderprogramm für junge Autoren aufgenommen wurde, 1953 sein Debüt *Philomena Kleespieß trug die Fahne* veröffentlichte und 1954 als Heinrich-Mann-Preisträger in die DDR übersiedelte. Es folgten Adolf Endler, Peter Hacks und einige andere. Der Mainstream in der Bundesrepublik verurteilte die DDR nach dem 17. Juni jedoch noch entschiedener als zuvor. Bezeichnend war der Umgang mit den Ost-Verlagen auf der Frankfurter Buchmesse: Zwar waren Aufbau, Volk und Welt und Co. 1954 erstmals wieder in der Mainmetropole vertreten, doch durften sie ihre Stände nicht auf dem Messegelände aufbauen. Sie kamen im »Haus der Kochkunst« unter. Immerhin versuchten Ernst Rowohlt und Peter Suhrkamp, den Strom der Messebesucher zu den DDR-Verlagen zu lenken.

Ein Zeichen der Systemkonfrontation war auch die zweite Programmerklärung des Ministeriums für Kultur, die zeitgleich veröffentlicht wurde. Nachdem Becher im März 1954 noch die Devise »Deutsche an einen Tisch« als Handlungsmaxime ausgegeben hatte, war nun vom »Aufbau einer Volkskultur« in der DDR die Rede. Parallel wurden die Ressourcen des umtriebigen Referats für Gesamtdeutsche Arbeit im Schriftstellerverband massiv gekürzt. Literarische Aufklärungs- und Entzauberungsarbeit sollte nun beispielsweise über Reisereportagen aus dem Wirtschaftswunderland geleistet werden. Stellvertretend dafür stand *Paradies ohne Seligkeit* von Eduard Claudius, das nach einem Vorabdruck im *ND* 1955 bei Aufbau erschien. Im deutsch-deutschen Kontext aufschlussreich war auch ein weiteres angebotenes Westmanuskript. Der Mühlheimer Hans Arlt hatte sein Manuskript *Gehetzte und Gejagte* mit dem Kommentar eingereicht, dass ein westdeutscher Verlag ihm eine »Riesenauflage« angeboten habe, wenn er behaupte, sein Roman über eine Erziehungsanstalt spiele in der DDR. Schroeder leitete den Text mit der Einstufung »Wahrscheinlich brauchbar« nach Leipzig an den List

Ernst Rowohlt an seinem Stand auf der Frankfurter Buchmesse 1954 mit Bruno Hen-
schel und Walter Janka, die mit ihren Verlagen nicht auf dem Messegelände, sondern
lediglich im »Haus der Kochkunst« ausstellen durften

Verlag weiter. Er erschien letztlich im Verlag Neues Leben, dem Verlag
der FDJ.

Für den Partisan Janka war das alles aber nicht genug. Er setzte auf den
literarischen Austausch mit dem Westen, der für ihn, von der moralischen und kulturellen Überlegenheit des Sozialismus überzeugt, auch ein
Mittel im Klassenkampf war. Für einen Großteil des Lesepublikums in
der Bundesrepublik blieb die DDR weiterhin ein weißer Fleck. Zwar
hatten Huchel und Hermlin Gastauftritte bei der Gruppe 47, aber ge-
nerell galt: Wer sich zum Sozialismus bekannte, bekam im westdeutschen
literarischen Feld keinen Fuß auf den Boden. Das unausgesprochene Verdikt betraf die in der DDR wohnhaften Autoren, westdeutsche Linke
wie Leonhard Frank, Aufbau-Autoren aus dem kapitalistischen Ausland
wie Jorge Amado oder Howard Fast und natürlich die Literatur aus der
Sowjetunion. Die großen Bühnen im Westen boykottierten den großen
Brecht. Selbst Heinrich Mann galt bei den westdeutschen Verlegern als
sozialistisch kontaminiert. Der Antikommunismus war teilweise sogar

justiziabel: Die Einfuhr von Büchern aus der DDR konnte im Wirtschaftswunderland als staatsgefährdende Straftat verfolgt werden.

Der Aufbau-Verlagsleiter war überzeugt, über das passende Gegenrezept zu verfügen. Schon 1951 hatte Janka auf eine Nachfrage Ulbrichts, wie es mit der Verbreitung von Bechers Werken in der Bundesrepublik aussehe, vorgeschlagen, in Anbetracht der Mutlosigkeit der westdeutschen Verlage einen eigenen Verlag in der Bundesrepublik zu gründen. Mit dem neuen, etwas liberaleren West-Kurs im Rücken nahm er die Gedankenspiele nach dem 17. Juni wieder auf. Ernst Rowohlt, so berichtete Janka im September 1953 dem designierten Kulturminister Becher, sei bereit, für einen Bankkredit zu bürgen, sollte sich Aufbau zu der Gründung einer Filiale auf bundesrepublikanischem Boden entschließen. Ende 1954 schlug Janka dann streng vertraulich Becher vor, den Zürcher Steinberg-Verlag zu übernehmen oder zunächst mit dessen Unterstützung eine Filiale zu gründen, die die Steinberg-Produktion mitvertreibt. Das namengebende Geschwisterpaar Selma und Lili wollte das progressive Verlagsprogramm gerne in guten, sozialistischen Händen wissen. In ein bis zwei Jahren, so war sich Janka sicher, könne man auf diese Weise »ein ernst zu nehmendes linkes literarisches Zentrum schaffen«. Abschreckend wirkte vor allem der Investitionsbedarf: Für die Buchproduktion und die Einzahlung auf das Stammkapital seien rund 250 000 Westmark bzw. Schweizer Franken erforderlich. Das SED-Zentralkomitee spielte den Ball zum Kulturbund zurück, der sich gegen das finanzielle Risiko entschied, das freilich auch ein politisches war – immerhin war zu befürchten, dass Aufbau/Steinberg als kommunistisches Tarnunternehmen verboten werden könnte. In diesem Zusammenhang reiste Janka im September 1955 in Begleitung des jungen Lektors Günter Caspar nach Hamburg, um mit der Senatsverwaltung für Kultur über die offizielle Gründung einer Aufbau-Filiale zu reden, die perspektivisch auch als Literaturagentur die Interessen der anderen DDR-Verlage und wenn möglich sogar des gesamten Ostblocks vertreten sollte. Und das Aufbau-Duo hatte Erfolg: Neben der Senatsverwaltung gab der Börsenverein, vertreten durch den Vorsitzenden des Landesverbands, ebenfalls grünes Licht. Auch Platzhirsch Rowohlt sprach sich für die Filialgründung aus.

So viel Zuspruch vom Klassenfeind war Walter Ulbricht wohl suspekt. Er legte sein Veto ein. Wahrscheinlich fürchtete er, einen Präzedenzfall zu schaffen. Immerhin hatten die Rowohlt-Verleger während der Gespräche laut darüber nachgedacht, ob sie im Gegenzug nicht eine Filiale in Ost-Berlin eröffnen könnten. Es gab aber noch einen anderen Punkt, der gegen die Zweigstelle sprach: Aufbau war am 5. Mai 1955 ins Handelsregister C umgetragen worden, in dem die volks- und organisationseigenen Unternehmen versammelt waren. Janka, der sich schon vorher mit dem Argument dagegen gewehrt hatte, dass die Umtragung den Westverkehr erschwere, forderte im Oktober gegenüber dem SED-eigenen Druckerei- und Verlagskontor (DVK), das seit 1952 die ökonomische Aufsicht über die partei- und organisationseigenen Verlage hatte, erfolglos eine Rückübertragung und die »gleichzeitige Rückumwandlung in eine GmbH«. Die GmbH war im Zuge der Umtragung allerdings gar nicht aufgelöst worden. Aufbau blieb also eine GmbH des Kulturbunds und wurde gleichzeitig im Handelsregister als einem volkseigenen Unternehmen gleichgestellt definiert. Von dem Chaos, das aus dieser »juristischen Mehrdeutigkeit« (Carsten Wurm) erwachsen sollte, ahnte damals niemand etwas.

Während der Durchreißer Janka bei der Filialgründung an die deutschdeutschen Grenzen stieß, erzielte er in der Programmpolitik beachtliche Erfolge, für die vor allem zwei bekannte Namen standen: Leonhard Frank und Thomas Mann.

Frank gehörte zweifellos zu den Autoren, für die das Aufbau-Programm der natürliche Ort im literarischen Feld zu sein schien – und das nicht nur wegen seiner langen Bekanntschaft mit Becher. 1882 in Würzburg geboren, galt er seit der Publikation seines tragikomischen Bildungsromans *Die Räuberbande* (1914) als begnadeter Erzähler und seit seiner Ohrfeige für einen sozialdemokratischen Journalisten, der 1915 die Versenkung eines britischen Passagierschiffs durch ein deutsches U-Boot als »größte Heldentat der Menschheitsgeschichte« gefeiert hatte, als glühender Pazifist. 1933 hatten die Nazis seine Bücher verbrannt, 1934 hatten sie ihm die Staatsbürgerschaft entzogen. Zuflucht hatte er zunächst in Frankreich gesucht. Nach mehrfacher Internierung war ihm 1940 eine abenteuerliche Flucht in die USA gelungen. Aber auch dort war er als

»Von unseren achtzehn Millionen, alle acht und zehn, / möchten Dich für immer bei uns sehn!« (Paul Wiens): Leonhard Frank, 1950 aus dem amerikanischen Exil nach München zurückgekehrt und in der DDR hochverehrt

»violently pacifist« nicht willkommen. Dass bei seiner Rückkehr nach Deutschland im Jahre 1950 noch kein Buch von ihm bei Aufbau erschienen war, hatte vor allem lizenzrechtliche Gründe. Seinen Nachkriegsroman *Die Jünger Jesu*, der das Fortleben der Nazi-Ideologie in den Nachkriegsruinen und das blinde rechte Auge der Nachkriegsjustiz beschreibt, hatte Frank bei Querido in Amsterdam untergebracht. Für viele Deutsche, die von Schuld nichts hören wollten, war der Roman ohnehin unerträglich. Nicht als aufrechter Linksdemokrat, sondern als Nestbeschmutzer kehrte Frank zurück.

Auch deswegen stieß die Entscheidung des fränkischen Querkopfs, sich im bajuwarischen München niederzulassen, in Ost-Berlin auf Unverständnis. Man hielt sich in der DDR für zuständig. Und man bearbeitete den Autor, damit er seine Entscheidung vielleicht noch einmal überdachte. So erhielt Frank zu seinem 70. Geburtstag reichlich Post von alten Weggefährten aus der DDR, die Janka persönlich gebeten hatte, sich doch bei dem Autor zu melden. Gleichzeitig klingelte der Aufbau-

Empfang im Aufbau-Verlag zu Ehren des Nationalpreisträgers mit Karl Gossow, Max Schroeder, Charlott und Leonhard Frank sowie Walter Janka

Verleger an Franks Münchner Tür und überzeugte ihn, in kürzester Frist die *Räuberbande* und *Das Ochsenfurter Männerquartett* in Ost-Berlin verlegen zu dürfen. Bei der Devisenfrage war man erfinderisch: Frank sollte mit einem Eisenacher BMW ausgezahlt werden. Allerdings sperrte sich die Bundesrepublik gegen die Einfuhr. Nachdem der aufbrausende Autor von einer nahenden »Katastrophe« gesprochen hatte, »die ich Euch nie vergeben werde«, kam es doch noch zu einer gütlichen Einigung: Die lizenzgebende Nymphenburger Verlagshandlung durfte in der DDR drucken, und Frank selbst konnte sein Sperrkonto bei den häufigen Reisen in die DDR plündern. Im Hotel Newa war der Autor, ausgestattet mit Maßanzügen aus dem Volkseigenen Betrieb (VEB) Bekleidungswerk Fortschritt, wegen seiner Trinkgelder geschätzt. Seine Frau Charlott durfte sich über ein »Pelzchen« freuen, und als Frank bei einem seiner Aufenthalte einen Lederkoffer kaufen wollte, baute Janka sogar eigens ein Potemkinsches Dorf in der Karl-Marx-Allee auf: Er ließ über persönliche Kontakte drei der raren Exemplare in einem Geschäft deponieren, von denen Frank eins auswählen sollte. Frank, so die Legende, war so begeistert, dass er gleich zwei mitnahm. Es wurde ihm verziehen: 1955 erhielt er den Nationalpreis I. Klasse, und 1956 schloss er über eine sechs-bändige Werkausgabe ab, die, besorgt von Günter Caspar, ihn ein Jahr später in der DDR endgültig zum modernen Klassiker machte.

Mit Ost-Pelzen ausgestattet war derweil auch die Familie Mann in Person von »Frau Thomas Mann«, Katia, und Tochter Erika. Mitte 1954 wartete in der »Hütte zu Erlenbach« einzig Thomas noch auf einen warmen Mantel für den Schweizer Winter. Es sollte Jankas Meisterstück bei der Begleichung von Honoraren mit Sachwerten werden: Er trieb Nerz aus der Sowjetunion auf, besorgte Biberkragen im Westen und ließ ein Atelier Unter den Linden nach den überlieferten Maßen einen Mantel für den Autor schneidern. Um nicht wieder in das Einfuhrdilemma zu geraten, klemmte Janka den Mantel in der Maihitze 1954 einfach unter den Arm, als er am Zürcher Flughafen den Schweizer Zoll passierte. Thomas Mann, so erinnerte sich Janka, sprach bei der Anprobe vom »schönsten Mantel, den ich je besessen habe«. Der stattliche Preis von 54 000 Mark war in Anbetracht des vollen Sperrkontos des Autors, der zwischen 1952 und 1954 mit neun Titeln bei Aufbau erschienen war, ein Klacks. Auch die Devisensituation schien sich etwas entspannt zu haben. Vereinzelt konnte Janka bei seinen Reisen ein paar tausend Westmark aus der DDR mitnehmen und an westdeutsche Empfänger auszahlen. Doch hinter den Kulissen arbeiteten die Kulturfunktionäre noch einen anderen Lösungsansatz aus: »Zwecks Einsparung von Devisen« rechnete Aufbau einige Nachauflagen von Lizenzautoren einfach nicht ab. Der Zweck, die Leser in der DDR mit West-Texten zu versorgen, heiligte die Mittel.

Von diesem fortgesetzten Betrug ahnten die Lizenzpartner viele Jahre nichts. Derweil nutzte Janka, mittlerweile ein gern gesehener Gast in der gediegenen Villa am Kilchberg, die persönliche Sympathie, um einen Vertrag über Klaus Manns umstrittenen Roman *Mephisto* abzuschließen und ein weiteres Projekt auf den Weg zu bringen: Gemeinsam mit Hans Mayer schlug er der Familie Mann vor, den »Zauberer« zum 80. Geburtstag im Juni 1955 mit einer Werkausgabe zu beschenken. Thomas Mann, begeistert von der Idee, setzte Bermann Fischer in Kenntnis. Insgeheim, so schrieb er seinem Verleger im Juni 1954, hatte er mit dessen »Antrag«

Thomas Manns *Gesammelte Werke in zwölf Bänden* (1955), herausgegeben von Hans Mayer

gerechnet, »sich an dem Unternehmen irgendwie zu beteiligen«, weil »diese Ausgabe (›letzter Hand‹, sozusagen) für meinen ›eigentlichen‹ deutschen Verleger doch etwas schwer Erträgliches, gewissermaßen doch Beschämendes« haben müsse. Doch Bermann stellte sich quer. Nachdem es in den Verhandlungen der Verlage zu Streitigkeiten gekommen war, teilte ihm Thomas Mann seine »aufrichtige *Empörung*« mit, mehr noch: Er erklärte seinem langjährigen Verleger, »daß Sie unsere Freundschaft aufs Spiel setzen«. Wenige Tage später entschuldigte sich der Nobelpreisträger bei dem tief verletzten Bermann und verwies auf sein Nervenkostüm. Nachdem er in einem ostdeutschen Sender aus dem *Krull* gelesen hatte, war er von der »Adenauer-Presse für diese Harmlosigkeit wie für ein gemeines Verbrechen« beschimpft worden. Letztlich stimmte Bermann zähneknirschend zu.

Für den Aufbau-Verlag war die zwölfbändige Ausgabe ein Meilenstein. Die Vorzugsausgabe in Halbpergament, gedruckt in 1000 Exemplaren auf einem gelblich getönten Papier, wurde als »Schönstes Buch der DDR« ausgezeichnet. Auch auf der Geburtstagsfeier des »Zauberers«, so berichtete Janka stolz dem Kulturminister Becher, war die Ausgabe »Mittelpunkt des Gesprächs und fand einen echten Beifall«. Es sollte tatsächlich die Ausgabe letzter Hand werden. Zwei Monate später starb Thomas Mann im Zürcher Kantonsspital.

Der Prozess:
Ein Trauerspiel im Tauwetter

Der Aufbau-Verlag feierte sich gerne selbst. 1955 gab es wieder einen geeigneten Anlass: Zum 10. Gründungstag beschenkte sich der Verlag erneut mit einem Almanach, diesmal mit dem Titel *Zehn Jahre*, der trotz seiner fast 700 Seiten mit Texten, Faksimiles, Illustrationen und einer Bibliographie auffallend elegant daherkam. Das sah auch Bechers Kulturministerium so: Neben der Thomas-Mann-Ausgabe wurde auch selbiger Almanach als eines der jährlich ausgezeichneten »Schönsten Bücher der DDR« geehrt.

In der Französischen Straße nutzte man das Jubiläum erneut, um Bilanz zu ziehen. Seit August 1945 waren bei Aufbau ca. 1500 Titel von 400 Autorinnen und Autoren erschienen. Die Gesamtauflage belief sich auf 20 Millionen Exemplare. Mittlerweile arbeiteten 22 Lektoren im Verlag, von denen nur fünf Genossen waren. Das Programmprofil ließ sich aus den Namen der 116 Verlagsautoren ablesen, die der Almanach versammelte. Neben der ersten Reihe, in der die deutschsprachige und internationale Klassik, die Exilanten, einige wenige Im-Land-Gebliebene und der literarische Nachwuchs aus der DDR standen, fiel die große Anzahl sowjetischer Autoren auf. Das war auch ein politisches Statement. Der Prinzipal Janka wollte nicht einsehen, dass sein Verlag, immerhin der Vorzeigeverlag der DDR, ausgerechnet im Bereich der politisch hochgeschätzten SU-Literatur von Volk und Welt ausgestochen wurde. Einen weiteren literaturpolitischen Markstein platzierte der Verlagsleiter im Vorwort des Almanachs, für das er gemeinsam mit Max Schroeder verantwortlich zeichnete. »In seiner Arbeit«, so erklärte das Führungsduo, »manifestiert der Verlag die Unteilbarkeit der deutschen Literatur. Wo der Dichter beheimatet ist, wo er heute lebt, ist kein Maßstab. Im gemeinsamen Ziel einer humanistischen Literatur treffen wir uns.« Das Inhaltsverzeichnis von *Zehn Jahre* zeigte allerdings, dass der Wohnort doch nicht so ganz irrelevant war: Mit dem Münchner Leonhard Frank, dem Hamburger Günther Weisenborn, den »Amerikanern« Oskar Maria Graf und Lion Feuchtwanger sowie dem mit Erscheinen des Bands verstorbenen »Schweizer« Thomas Mann waren unter den 116 Almanach-Autoren nur fünf deutschsprachige aus westlichen Ländern.

Ohnehin war der Westen in weiten Teilen noch Terra incognita auf der literarischen Landkarte sämtlicher DDR-Verlage. Auf dem IV. Schriftstellerkongress im Januar 1956 beanstandete Stephan Hermlin beispielsweise das Fehlen der modernen französischen Literatur im Programm. Wenigstens hier konnte Aufbau bald einen kleinen Erfolg verbuchen. Nachdem Volk und Welt mit der Veröffentlichung von Jean-Paul Sartres kommentierter Dokumentation über den verurteilten kommunistischen Matrosen Henri Martin unter dem Titel *Wider das Unrecht* den Startschuss gegeben hatte, wagte es Janka im August 1955, Sartre im Namen des Aufbau-Verlags zu kontaktieren. Das war nicht selbstverständlich, schließlich hatte der Paradeintellektuelle lange als Paradefeind des Kommunismus gegolten. Bereits 1947 hatte der Aufbau-Autor Ernst Niekisch Sartres Existenzialismus in der *Täglichen Rundschau*, die bis zu ihrer Einstellung 1955 von der Sowjetarmee herausgegeben wurde und als wichtige politische Stichwortgeberin galt, als »neofaschistische Nachkriegsmethode« gebrandmarkt. Und Sartre war auch einer derjenigen, die Alexander Fadejew gemeint hatte, als er 1948 auf dem Weltkongress der Intellektuellen in Wrocław formulierte: »Wenn Hyänen maschineschreiben und Schakale einen Füllhalter gebrauchen könnten, würden sie so schreiben wie jene!« Doch hatten sich die Zeiten geändert. 1956 erschien im Aufbau-Verlag der Sartre-Sammelband *Die Fliegen. Die ehrbare Dirne. Nekrassow.* Auch andere Autoren, an deren Publikation Mitte der 1950er Jahre erfolgreich (Hemingway, Merle, Moravia) oder nicht erfolgreich (Hofmannsthal, Kafka, Proust) gearbeitet wurde, schienen nicht unbedingt als Gutenachtlektüre für die sozialistischen Realisten im Politbüro geeignet.

All diese Namen standen für die Grunddialektik des Aufbau-Programms, die sich Mitte der 1950er Jahre immer deutlicher abzeichnete. Denn parallel zum anspruchsvollen literarischen Kurs, für den die selbstbewusste Verlagsmannschaft, der Einfluss der Leipzig-Connection um Ernst Bloch und Hans Mayer als Paratext-Autoren und Berater, der fulminante Start der 14-bändigen Ausgabe von Brechts Stücken 1955 oder das grenzüberschreitende Engagement des Verlags standen, verlief weiterhin die heteronome, am Offizialdiskurs orientierte Linie. Mehr noch als literarische Sammlungen mit so abschreckenden Titeln wie *Das neue Profil. Erzählungen, Reportagen und Skizzen über die Großbauten des Kommunismus* (1953) standen dafür die Gratulationsbände für Politiker wie Grotewohl (zum 60. Geburtstag 1954) oder Pieck (zum 80. Geburtstag 1956). Negativer Höhepunkt der Huldigungsschriften war der postum zum 75. Geburtstag des Generalissimus erschienene Band *Du Welt im Licht. J. W. Stalin im Werk deutscher Schriftsteller* (1954), eingeleitet mit einem pathostriefenden Vorwort des ansonsten wenig pathetischen Günter Caspar. Die Geschichte hatte das Buch bald überholt: Auf dem XX. Parteitag der KPdSU im Februar 1956 übte Chruschtschow in einer Geheimrede eine ebenso unverhohlene wie massive Kritik an Stalins Politik und seinem Personenkult. Ulbricht, der anlässlich des Parteitags mit drei weiteren Spitzengenossen in Moskau weilte, kehrte taumelnd nach Ost-Berlin zurück, fing sich aber rasch wieder. Am 4. März, also unmittelbar vor dem dritten Todestag des bisher gottgleich behandelten Stählernen, erklärte er im *Neuen Deutschland*: »Zu den Klassikern des Marxismus kann man Stalin nicht rechnen.« Damit sägte Ulbricht auch an seinem eigenen Denkmal. Doch musste er schnell reagieren, bevor seine Felle davonschwammen. Es kündigte sich Tauwetter an.

Auch in der Französischen Straße schien der Frühling einzuziehen. Im Mai 1955 hatte der verehrte Georg Lukács bei einem seiner zahlreichen Verlagsbesuche feststellen müssen, dass sich junge Lektoren wie Elga Abramowitz, Wolf Düwel, Herbert Placzek und Benno Slupianek nicht nur gegen das Schdanow'sche Formalismusdogma, sondern auch gegen seine Dekadenzpolemik stemmten. Harich legte im September den Plan für eine 20-bändige Bloch-Ausgabe vor. Der missliebigen Kaderleiterin Klückmann, die der Belegschaft bis in die Westkinos hinterhergeschnüffelt hatte, wurde im März 1956 die rechtsgültige Kündigung zugestellt.

Das einzige Buch, »für dessen Herausgabe ich mich wirklich schäme« (Walter Janka): *Du Welt im Licht* (1954)

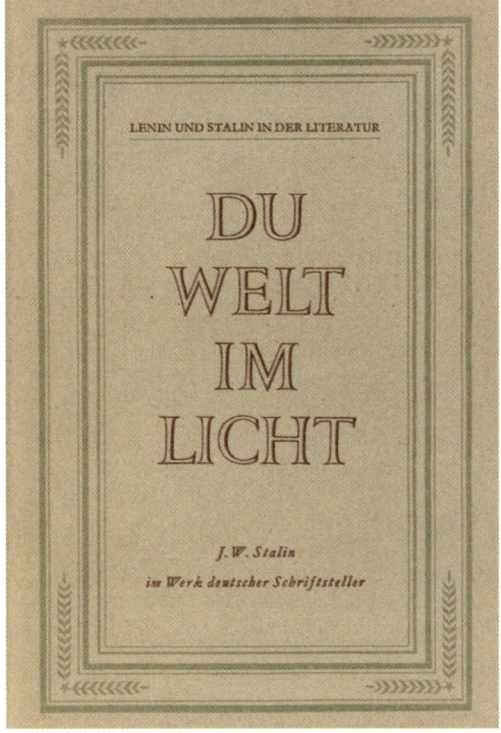

Wenig später agitierte Janka für die Abschaffung der Zensur. Im Juni kehrte Wolfgang Harich begeistert von einer Reise mit Ernst Bloch aus dem vibrierenden Polen zurück, in dem sich immer deutlicher politische Emanzipationstendenzen abzeichneten. Einen Monat zuvor hatte er im *Sonntag*, der vom couragierten neuen Chefredakteur Heinz Zöger und dessen Stellvertreter Gustav Just mehr und mehr zu einem offenen Diskussionsforum umgebaut wurde, gegen die »bornierte Ausschließlichkeit« und die »anmaßende Ignoranz« des Dogmatismus gewettert und einen »breiten Spielraum« für einen schöpferischen Marxismus gefordert. Dass er dafür vom *ND* gleich einen Rüffel bekommen hatte, störte das selbstbewusste Wunderkind kaum: Im Juli sprach sich Harich auf einer Mitgliederversammlung der Parteiorganisation für eine Dezentralisierung der Wirtschaft und des Staatsapparats aus, forderte zudem eine Auflösung der Landwirtschaftlichen Produktionsgenossenschaften (LPGs) und der Handwerkergenossenschaften. Einzig Max Schroeder, der dem jungen Lektor prinzipiell wohl gesonnen war, widersprach. Seine

Heinz Zöger, Chefredakteur des *Sonntag*, im Mai 1955 mit Walter Janka, Georg Lukács und dessen Frau

Positionen formulierte Harich nicht nur hinter verschlossenen Türen, sondern auch im Club der Kulturschaffenden, wo sich die Nachwuchsintellektuellen um den Aufbau-Lektor und seinen Kollegen von Volk und Welt, den stellvertretenden Cheflektor Fritz J. Raddatz, jeden Donnerstag trafen. Sie diskutierten dort auch über Ungarn, wo sich Harichs Lehrmeister Lukács zu einem der Wortführer einer antistalinistischen Debatte aufschwang. Der Petőfi-Kreis trug sie ins Land. Worum es den Ungarn ging, ließ sich im Septemberheft des *Aufbaus* nachlesen, in dem Lukács' Rede über den *Kampf des Fortschritts und die Reaktion in der heutigen Kultur* veröffentlicht wurde. Das Tauwetter, dessen namengebender Roman von Ilja Ehrenburg einen Monat zuvor ausschnittsweise in der Zeitschrift des Kulturbunds erschienen war, schien in einen heißen Herbst zu führen.

Tatsächlich überschlugen sich bald die Ereignisse. Am 21. Oktober 1956 wurde Władysław Gomułka, gegen den 1952 noch ein stalinistischer Schauprozeß vorbereitet worden war, gegen den Willen der

KPdSU zum Ersten Sekretär der Polnischen Vereinigten Arbeiterpartei gewählt. Als zwei Tage später in Budapest Studenten für eine Solidaritätsdemo auf die Straße gingen, erklärten sich viele Budapester wiederum mit den Studenten solidarisch. Am Abend demonstrierten 200 000 Menschen vor dem Parlamentsgebäude. Noch in derselben Nacht wurde eine ihrer zentralen Forderungen erfüllt: Das ZK der ungarischen KP ernannte den Reformer Imre Nagy zum Ministerpräsidenten. Aus der DDR wurde eine Vielzahl kleinerer Streiks gemeldet. Die Peripherie des Sowjetkosmos rebellierte.

Für Wolfgang Harich war das das Signal, noch weiter vorzupreschen. Am 25. Oktober wurde er beim sowjetischen Berater Puschkin vorstellig, um ihm »im Namen vieler junger Intellektueller aus der DDR« die Idee einer marxistischen Reform-Plattform vorzustellen. Wenig später sprach er bei Ulbricht vor. Der erste Mann der DDR war bereits bestens informiert und warnte Harich eindringlich, dass ein Petőfi-Kreis in der DDR im Keime erstickt würde. Dass das keine leere Drohung war, muss Harich bewusst gewesen sein, zumal die Rote Armee mittlerweile in Ungarn zum Gegenschlag ausgeholt hatte und die Koalitionsregierung Nagys durch die prosowjetische »Ungarische Revolutionäre Arbeiter- und Bauernregierung« unter Ministerpräsident János Kádár ersetzt worden war. Doch wollte sich Harich die historische Chance nicht entgehen lassen. Trotz der Warnung stürzte er sich in die Ausarbeitung seines Plattform-Konzepts.

Als sich die Aufbau-Belegschaft am 15. November, also gut eine Woche nach Harichs Gespräch mit Ulbricht, wieder einmal im Aufbau-Klubraum zusammenfand, war auch die politische Prominenz vertreten. Der Kulturminister Johannes R. Becher gab sich mitsamt seiner Ehefrau Lilly die Ehre. Während Lilly Becher offen ihre Begeisterung über das von Walter Janka empfohlene Modell der Arbeiterräte nach jugoslawischem Vorbild äußerte, hielt sich ihr Mann vornehm zurück und schlug nach Harichs Radikalkritik am System bürokratischer Parteienherrschaft lediglich vor, die Ideen in einem größeren Kreis zu diskutieren. Der lavierende Kulturminister hatte andere Sorgen. Ungarn schien verloren, obwohl einzelne Gruppen noch Widerstand leisteten. Neben dem Kurzzeit-Ministerpräsidenten hatte auch Georg Lukács, der als Erziehungs-

und Kulturminister in die Nagy-Regierung eingetreten war, in der jugoslawischen Botschaft in Budapest Zuflucht gefunden. Und Lukács war für Becher nicht irgendjemand: Noch ein Jahr zuvor hatte er für den Aufbau-Gratulationsband zum 70. Geburtstag des Philosophen das Gedicht *G. L.* mit den klassischen Becher-Versen »Du lehrtest uns Durch-Sicht und Über-Sicht / wir wurden mündig erst in Deiner Lehre« geschrieben. Den reformistischen Lukács-Aufsatz im Septemberheft des *Aufbaus* hatte der Kulturminister als Redaktionsbeirat nicht nur abgesegnet, sondern im Präsidialrat des Kulturbunds sogar verteidigt. Mehr noch: Er verkaufte die Position von Lukács, die auf die friedliche Koexistenz der Systeme herauslief, als seine eigene. Diesen seinen Lehrmeister hatte Becher nach Absprache mit Anna Seghers kurz nach dem Aufstand unbedingt aus Ungarn herausholen wollen, wofür er den kampferprobten Janka auserkor und mit einem West-Berliner Chauffeur nach Ungarn schicken wollte. Doch Ulbricht untersagte die Aktion und verwies auf die Handlungshoheit der sowjetischen Genossen. Er wollte den Leitwolf der Konterrevolution nicht in sein Revier lassen.

Während sich Becher nach der missglückten Aktion in den Drogenrausch flüchtete, machten Janka und Harich mit großem Engagement weiter. Am 21. November kam es zu einem Treffen im Privathaus des Aufbau-Verlagsleiters, auf dem Harich ein Diskussionspapier vorstellen sollte und zu dessen handverlesenen Teilnehmern Paul Merker gehörte, der noch im März 1955 in einem Geheimprozess als »zionistischer Agent« verurteilt und erst Anfang 1956 aus der Untersuchungshaft entlassen worden war. Ein weiterer prominenter Abweichler, der als Titoist aus der Partei ausgeschlossene Historiker Walter Markov, war ebenfalls eingeladen, hatte das Treffen aber absagen müssen. Es machte den Anschein, als würden die Ulbricht-Erzfeinde mit den Aufbau-Machern eine Fraktion bilden. Und sie wurden immer mutiger. Während Janka den Aufbau eines souveränen Verlagsrats forderte, erarbeitete Harich zwischen dem 22. und 25. November die endgültige Fassung seiner »Plattform für einen besonderen deutschen Weg zum Sozialismus« und reiste nach Hamburg, wo er dem *Spiegel*-Chef Rudolf Augstein seine Konzeption vortrug. Die aufmerksame Stasi wusste natürlich längst Bescheid. Sie verhaftete Harich nach dessen Rückkehr am 29. November. Dass er sich dem *Spiegel* offenbart hatte, der am 19. Dezember eine 11-seitige Harich-Titelstory unter der Überschrift *Die Zelle ist geheizt* veröffentlichen sollte, war schlimm genug; schlimmer noch wog der Vorwurf, dass Harich seine Ideen Anfang November ins Ost-Büro der SPD getragen habe, dessen Ruf als Diversionszentrale zur Zersetzung der DDR durchaus dem Selbstbild entsprach.

In der Französischen Straße lag die Spannung nach der Festsetzung des Lektors buchstäblich in der Luft. Sie alle, die ihm nicht widersprochen hatten, waren der Mittäterschaft verdächtig. Das *Neue Deutschland*, als Zentralorgan der SED das Sprachrohr der Parteispitze, schürte die Ängste, indem es unmittelbar nach der Verhaftung eine deutliche Warnung veröffentlichte, dass man mit den Konterrevolutionären noch nicht fertig sei. Harich, der mit seinen knapp 33 Jahren den guten Ruf des Feuilletons der *Täglichen Rundschau* in der SBZ mitgeprägt, es zu einer Professur gebracht und das Verlagsparadepferd Aufbau neu gesattelt hatte, wurde als Journalist »westberliner Hetzblätter« diffamiert und als Anführer einer staatsfeindlichen Gruppe gebrandmarkt, deren Ziel die »Restaurierung der kapitalistischen Ordnung in der DDR« sei. Am 6. Dezember war es schließlich so weit: Mit großer Mannschaft zog die Staatssicherheit ins Verlagshaus ein und verhaftete Walter Janka. Die Aufbau-Belegschaft stand schweigend Spalier. Dass die ungebetenen Gäste bei ihrem Hausputz ausgerechnet die vierte Etage ausließen, in der die rebellischen Redaktionen von *Sonntag* und *Aufbau* saßen, lässt sich kaum erklären. Vielleicht hatten sie den Eindruck, schon genug belastendes Material gesammelt zu haben.

Der Homunculus DDR aber war noch nicht fertig mit dem Verlagsriesen. Während sich der provisorische erste Mann in der Französischen Straße, Günter Caspar, gegenüber der Janka-Freundin Erika Mann im Dezember noch optimistisch zeigte, »daß sich die Angelegenheit rasch erledigen läßt«, wurden alle vermeintlichen Mitglieder und Sympathisanten der »konterrevolutionären Aufbau-Gruppierung« akribisch aufgelistet. Kurz darauf gingen die Lampen in den Verhörzimmern des Ministerium für Staatssicherheit (MfS) und der Zentralen Parteikontrollkommission an. Günter Schubert, der erst im September 1955 in den Aufbau-Verlag gekommen war und im Dezember Günter Caspar als

Parteisekretär abgelöst hatte, musste sich vorwerfen lassen, in der Parteiorganisation »einen günstigen Entwicklungsboden für das Entstehen der konterrevolutionären Gruppe« geboten zu haben. Hart rangenommen wurden gerade die jüngeren Lektoren wie Wolf Düwel, Peter Goldammer, Fritz Hofmann, Jürgen Jahn, Gerhard Seidel, Fritz-Georg Voigt oder Annie Voigtländer. Sie schlugen sich, einige von Caspar auf die Verhöre vorbereitet, größtenteils tapfer. Wolfgang Harich hingegen belastete während seines Prozesses im März 1957 vor Gericht seine Mitstreiter und sich selbst in massiver Art und Weise. Er sei »wie so ein durchgebranntes Pferd gewesen, daß man nicht mehr durch Zurufe aufhält«. Der Staatssicherheit dankte er, dass sie »unseren Staat vor größerem Schaden bewahrt« habe. Seinen ehemaligen Chef lieferte er unversehens ans Messer der Justiz.

Für den verhörerfahrenen Walter Janka war Harichs Auftritt als Kronzeuge schlicht und ergreifend Verrat. Er verneinte bei seinem Prozess im Juli entschieden, dass er irgendwelche konspirativen, konterrevolutionären Pläne gehabt hätte. Eher ließe er sich in Stücke reißen, »als daß ich Konzessionen machen würde und dem Kapitalismus jemals die Hand reichen würde«. Auch der Vorwurf, er habe »bürgerliche Dekadenz« verlegt, traf ihn nicht. Das half Janka indes wenig, weil die Bühne längst für einen Schauprozess vorbereitet war. Die Anklage vertrat der gefürchtete Generalstaatsanwalt und ehemalige NS-Richter Ernst Melsheimer, der sich bei der Verurteilung des Leib-und-Seele-Kommunisten, Spanienkämpfers und Exilanten auf den Artikel 6 der DDR-Verfassung stützte, in dem von »Boykotthetze gegen demokratische Einrichtungen und Organisationen, Mordhetze gegen demokratische Politiker, Bekundung von Glaubens-, Rassen-, Völkerhass, militärischer Propaganda sowie Kriegshetze« die Rede war. Gänzlich ungehört blieben die zahlreichen prominenten Stimmen aus dem Westen, die sich, allerdings eher im Sinne einer Geheimdiplomatie als mittels der gefürchteten Öffentlichkeit, für Janka einsetzten. Leonhard Frank, Johannes von Guenther, Erika Mann und Günther Weisenborn hatten sich als Entlastungszeugen angeboten. Protest kam auch von Lion Feuchtwanger und Hermann Hesse. Peter Suhrkamp wollte »nicht fatalistisch zusehen« und wandte sich an Erich Wendt. Der Isländer Halldór Laxness, den der Aufbau-Verlagsleiter 1955 zur Verleihung des Literaturnobelpreises nach Stockholm begleitet hatte, schrieb an den DDR-Präsidenten Wilhelm Pieck und forderte die sofortige Freilassung Jankas, seines einzigen Freundes in Deutschland. Katia Mann warf das ganze Renommee ihres verstorbenen Gatten in die Waagschale und forderte sogar Chruschtschow in einem Brief auf zu intervenieren. Auch die Fürsprache von Erich und Katja Arendt, Hanns Eisler und Arnold Zweig in der DDR blieb ungehört. Der listige und einflussreiche Brecht war im August 1956 gestorben. Becher blieb dem Schauprozess fern, distanzierte sich aber offiziell von der »Harich-Clique« – ein Verrat, mit dem er, so sein Biograph Jens-Fietje Dwars, sich selbst getötet habe. Anna Seghers, die noch am Tag der Verhaftung mit Janka zu Mittag gegessen hatte, bat Ulbricht als Präsidentin des Schriftstellerverbands um ein Gespräch in der Sache, schwieg im Gerichtssaal aber beharrlich. Sie hatte auch die Verhaftung der als Zeugen geladenen Gustav Just und Heinz Zöger während des Harich-Prozesses, die zu vier bzw. zweieinhalb Jahren Zuchthaus verurteilt wurden, nach außen hin kommentarlos ertragen. Janka wurde zu fünf Jahren Haft verurteilt. Das höchste Strafmaß erhielt Wolfgang Harich, er sollte für zehn Jahre hinter Gitter. Auch dafür war er dankbar. Hätte man ihn nicht frühzeitig festgenommen, so hatte er erklärt, dann wäre er heute reif »für den Galgen«. Noch Jahre später schockierte er gerne mit der Bemerkung: »Wär ich der Ulbricht gewesen, ich hätt' den Harich auch eingesperrt.«

Fortan, so viel war klar, musste alles anders werden. Der Aufbau-Verlag, bisher eher ein Seismograph des politischen Geschehens, war im Jahr 1956 zum Epizentrum eines politischen Erdbebens geworden. Die Erschütterungen, die das bittere Ende der hoffnungsvollen Monate ausgelöst hatte, vibrierten noch viele Jahre, Jahrzehnte nach, in der Französischen Straße und in der gesamten DDR. Direkt nach der Verhaftung Jankas hatte der IM »Kant« alias Fritz-Georg Voigt von einer »Angstpsychose« im Verlag gesprochen. Und er hatte recht: Die Chiffre 1956 wuchs sich zu einem Trauma aus, das sich tief in die Verlags-DNA einbrannte.

1957–1964

Linie reinbringen:
Reinemachen in der Französischen Straße

Das Telefon auf Horst Sindermanns Schreibtisch im Zentralhaus der Einheit, dem Sitz des ZK der SED, klingelte am 11. März 1957 fast ununterbrochen. Als Chefagitator der Partei lag es schließlich an ihm, die Deutungslinie in der Harich/Janka-Affäre zu ziehen, die mit dem Ende des ersten Prozesses unlängst in den Fokus der Öffentlichkeit gerückt war. Unter den Anrufern war auch Fritz Beyling, Leiter des Presseamts der DDR, der seinem Genossen Ungeheuerliches berichtete: Am Vortag, dem 10. März, war im Kreuzworträtsel der *Bild-BZ* in der senkrechten Suchfolge unter Nr. 72 nach einem »sozialistischen Schriftsteller, Heinrich-Mann-Preisträger 1953« gefragt worden. Des Rätsels Lösung war ein Autor, der einen Tag vor dessen Veröffentlichung zu zehn Jahren Zuchthaus verurteilt worden war: Harich. Offenbar wurden die Methoden der Konterrevolutionäre immer perfider. Beyling schlug Sindermann vor, sich den »unbekannten verantwortlichen Redakteur« einmal »näher anzusehen«.

Die Kreuzworträtsel-Anekdote lässt sich als groteske Episode lesen, hat aber einen dreifach tragischen Kern. Denn sie verdeutlicht erstens, dass die SED tatsächlich jene »tausend Augen« hatte, die Brecht ihren KP-Vorgängern in seinem *Lob der Partei* einst angedichtet hatte. Zweitens zeigt sie, dass das mächtige Zentralkomitee nicht nur die »richtige« Lesart in das kollektive Gedächtnis zu implementieren versuchte, sondern noch einen Schritt weiter ging: Die Figuren Harich und Janka sollten aus der Geschichte verschwinden. Drittens war die Kreuzworträtsel-Anekdote ein weiterer Beleg dafür, dass die SED-Führung an ihrem Meinungsmonopol nicht rütteln ließ und sich dabei in ihre hermetische Pseudologik flüchtete. Mit dem *Neuen Deutschland* vom 17. Mai 1957 gesprochen: Jede Opposition in der DDR könnte doch nur »gegen die Politik unserer Regierung gerichtet sein: Sie müßte für den Einsatz von Faschisten und Militaristen in hohen Machtpositionen [...] und für die Vorbereitung eines Atomkrieges sein. Solche Opposition zu dulden wäre verbrecherisch.«

Der Aufbau-Verlag, so war der logische Schluss aus diesem Oppositionsverständnis, war im Laufe des Jahres 1956 zum Zentrum einer Gruppe krimineller Staatsgefährder geworden. Harich hatte bei den Vernehmungen von einem »wahren Hexenkessel an Oppositionsgeist« gesprochen. Und diesen Kessel galt es nun zu reinigen. Zum ideologischen Kehrbesen wurde Klaus Gysi bestimmt, der im Februar 1957 als Verlagsleiter in die erste Etage der Französischen Straße 32 einzog. Gysi, dessen Karriere nach einer kurzzeitigen Funktionsbeschränkung im Juni 1951 wegen angeblicher Unklarheiten in seiner Vergangenheit ein kleiner Makel anhaftete, war ab 1952 im Verlag Volk und Wissen als stellvertretender Abteilungsleiter tätig und hatte sich anschließend, Anfang November 1956, als kommissarischer Chefredakteur des *Sonntags* Meriten verdient, indem er die von Zöger und Just gezogene Blattlinie ebenso unauffällig wie energisch korrigierte. Ihm war es zu verdanken, dass Ernst Blochs Protestartikel gegen den Umgang der DDR-Kulturfunktionäre mit Lukács und gegen die Verhaftung Harichs nicht erschienen waren. Nun fegte der »hochkultivierte Zyniker« (Christoph Dieckmann) durch die Aufbau-Büros und wurde dabei von zwei ehemaligen Verlagsmitarbeitern unterstützt, von der Ex-Parteisekretärin Lucie Pflug, die mittlerweile zur Leiterin des Sektors Verlage im ZK-Apparat der SED aufgestiegen war, und von seinem Vorvorgänger Erich Wendt, der im Präsidialrat des Kulturbunds bereits gefordert hatte, »daß zur Sicherung der politischen Linie sofort einige personelle Veränderungen und Neubesetzungen vorgenommen werden müssen«.

Und so geschah es: Günter Schubert kam zwar gerade noch mit einer Parteirüge davon, musste aber als Geheimer Informant (GI) »Albert Richter« seine »Verfehlungen« durch Berichte an die Stasi wiedergutmachen. Das galt auch für Alfred Antkowiak, der – offiziell wegen eines kritischen Artikels, tatsächlich aber wohl, weil er sich im Aufbau-Verlag an den von Harich und Janka angestoßenen Diskussionen beteiligt hatte – im Januar 1958 verhaftet wurde und das Zuchthaus nach zweieinhalb Jahren als GI »Michael Roiber« verließ. Gekündigt wurde Jankas Sekretärin Gaby Bernhardt, die zum Rowohlt-Verlag »rübermachte«. Auch Herbert Placzek, der es einst vom Bauarbeiter über die Arbeiter-und-Bauern-Fakultät (ABF) zum Lektor und schließlich zum Werbeleiter des Verlags gebracht hatte, ging zu Beginn des Jahres 1958 in den Westen, nachdem er entlassen worden war. Seine Frau, die Lektorin Hannelore Placzek, folgte ihm bald. Benno Slupianek ging ins neu geschaffene Brecht-Archiv, wo ihm Helene Weigel Asyl anbot. Für Gerhard Seidel galt das Gleiche. Einen Schlussstrich unter sein Kapitel in der Französischen Straße wollte auch der *Aufbau*-Chefredakteur Bodo Uhse ziehen: Er hatte nach der Verhaftung seines Freundes Janka angeblich gemeinsam mit Caspar beim Kulturminister Becher die Nacht durchgezecht, kam anschließend noch einige Male betrunken in den Verlag, ergab sich dem Ritual der Selbstkritik und bat den Kulturbund schließlich um Ablösung. Die Apparatschiks ließen ihn ziehen.

Gysi, der neue Aufbau-Chef, hielt sich im Verlagsalltag auffallend zurück. Im Gegensatz zu seinem Vorgänger war er kein Leib-und-Seele-Verleger, sondern blieb Funktionär. Das wirtschaftliche Tagesgeschäft überließ er Erhard Hähn, der 1956 vom Druckerei- und Verlagskontor zu Aufbau gekommen war und 1960 Ökonomischer Direktor wurde. Wenn es ums Programm ging, griff Gysi nur in problematischen Einzelfällen ein und konzentrierte sich ansonsten darauf, ein paar Schlagworte und Namen in die Lektorate zu streuen. Kurz nach seinem Dienstantritt hatte er beispielsweise verkündet, dass fortan wieder eine »Grundliteratur« im Fokus der Verlags- und Vertriebsarbeit stehen solle. Denn sonst käme es zu dem untragbaren Zustand, dass die »heutige Generation« mit Modernisten wie Hemingway, Werfel und Thomas Wolfe statt mit Abusch, Becher, Seghers und Friedrich Wolf aufwachse. Das passte zum Kurs seiner Partei, die zeitgleich eine massive Kampagne gegen außerliterarische Dekadenzerscheinungen des Halbstarkentums einleitete, gegen Niethosen und den verhassten Rock 'n' Roll. Der neue Verlagsleiter wirkte auch hinter den Kulissen: Im Mai 1956 hatte sich Gysi als GI »Kurt« beim MfS verpflichtet, leitete nun Kaderakten an die Stasi weiter und lieferte Berichte über Verlagsinterna, bis er sich 1964 schließlich dekonspirierte.

Das Wirken des neuen Verlagsleiters, das der offiziellen Kurskorrektur des Kulturministeriums entsprach, hatte für Aufbau natürlich Folgen. Es stand eine Programmbereinigung an. Zwangsläufig betroffen waren die beiden Periodika, die die Reformstimmung 1956 maßgeblich getragen hatten. Den *Sonntag* krempelte Bernt von Kügelgen um, der in sowjetischer Kriegsgefangenschaft zum Antifaschisten geworden war, sich zuletzt als Chefredakteur der auflagenstarken *Neuen Berliner Illustrierten* bewährt und das Urteil gegen Janka im Gerichtssaal beklatscht hatte. Den *Aufbau* hingegen überließ man zur Überraschung aller dem ganz und gar nicht linientreuen Redakteur Rolf Schneider, der mit seinem Versuch, der wichtigen Nachkriegszeitschrift neues Leben einzuhauchen, aber an der Konkurrenz (*ndl, Sinn und Form*), der miesen wirtschaftlichen Bilanz und den politischen Vorbehalten scheiterte. Bis die Zeitschrift 1959 endgültig eingestellt wurde, sorgte ihr unregelmäßiges Erscheinen für Irritationen. Während ein Leser aus dem brandenburgischen Drebkau die Redaktion aufforderte, doch wenigstens die Post vom »Eingehen der Zeitschrift« zu unterrichten, damit sie nicht fortlaufend das Bezugsgeld einziehe, ohne zu liefern, flüchtete sich ein Abonnent aus dem sächsischen Rochlitz im September 1958 in Ironie: »Wenn der sozialistische Aufbau in demselben Tempo vor sich geht wie das Erscheinen der Zeitschrift, die den Namen ›Aufbau‹ trägt«, so schrieb er an die Redaktion, »sehe ich schwarz für die Zukunft.«

Auffallende Veränderungen gab es natürlich auch im Buchprogramm. Die *Philosophische Bücherei* wurde eingestellt, der in der Reihe erschienene Schopenhauer-Band ebenso wie Harichs Arbeit über Rudolf Haym aus dem Vertrieb genommen. Bei anderen Titeln machte sich bemerkbar, dass die Mitglieder des ZK nach dem ideologischen Katastrophenjahr 1956 immer öfter Manuskripte mitlesen wollten, um nach der Lektüre ihre Daumen zu heben oder zu senken. Das betraf auch vermeintlich sichere Kandidaten. Bevor beispielsweise Bredels Roman *Ein neues Kapitel* 1959 erscheinen konnte, lasen Kurella und Kurt Hager gegen. Als besonders problematisch galt die Schilderung eines Fahrraddiebstahls durch einen Angehörigen des sowjetischen Militärs. Rutschte den vielbeschäftigten Funktionären doch einmal ein Buch durch die Finger, spielten sie sich in ihren Reden als Kunstrichter auf. So agitierte beispielsweise der Hardliner Hermann Matern, Mitglied des Politbüros und als Chef der Zentralen Parteikontrollkommission für die »Säuberungen« zuständig, 1957 gegen *Die Kindheit eines Chefs* von Sartre und nannte das »pornographische Buch« als Beispiel für den »Einfluß der westlichen Afterkultur«. Etwas überraschend konnte im selben Jahr der Jugoslawe Ivo Andrić mit seinem Epos *Die Brücke über die Drina* erscheinen. Vier Jahre später wurde Aufbau indirekt dafür belohnt, dass man sich in diesem Fall ums Titoismus-Verdikt geschlängelt hatte: Andrić wurde mit dem Literaturnobelpreis ausgezeichnet.

Problematisch blieb hingegen das Thema Ungarn: Die drei bei Aufbau erschienenen Bücher von Julius Hay, einem der Wortführer der aufständischen Magyaren und mittlerweile inhaftiert, wurden nicht mehr vertrieben. Erst gar nicht veröffentlicht wurde eine bereits gesetzte Untersuchung mit dem Titel *Satire und Wirklichkeit* des Lukács-Schülers István Mészáros, der nach Italien geflüchtet war. Während bei diesen beiden Autoren die politische Einschätzung unzweifelhaft war, war sie in anderen Fällen so schwierig, dass selbst das SED-Zentralorgan *Neues Deutschland* über seine eigenen Druckmaschinen stolperte: 1958 folgte einer positiven Besprechung von Péter Veres' *Die Liebe der Armen* durch Álmos Csongár eine Erwiderung aus der Feder des *ND*-Auslandskorrespondenten Werner Kolmar, der Veres als Mitglied der reaktionären Volkstümler brandmarkte.

Zum Erzschurken unter den Aufbau-Ungarn, zum Revisionisten und Konterrevolutionär wurde Georg Lukács abgestempelt. Unmittelbar nach den Ereignissen in Budapest hatte Ulbricht die Funktionärskaste in einer – so der *Spiegel* – »Haut-den-Lukács‹-Rede« aufs »Zusammenschießen« des Intellektuellen und seiner Anhänger eingeschworen. Daraus konnte Gysi seinen Auftrag ableiten. Die besondere Herausforderung dabei war, den bis dato omnipräsenten Autor aus den Köpfen der Lektoren zu bekommen, die, wie eine ganze Generation von Literaturwissenschaftlern und Schriftstellern in der DDR, maßgeblich von ihm geprägt worden waren. Hinzu kam, dass der ungarische Philosoph es Gysi nicht allzu leicht machen wollte: Er ignorierte die Kampagne zunächst geflissentlich, pflegte seine persönlichen Kontakte, fragte im Verlag unentwegt nach Neuauflagen und ließ sich Bücherpakete nach Budapest schicken, wo ihn die Kádár-Regierung unter strenger Aufsicht duldete. Für ideologische Verwirrung sorgte die Tatsache, dass seine Werke weiter ausgeliefert wurden. Als ein Buchhändler in Frankfurt/ Oder Ende 1957 das Schelmenstück wagte, den 1955 erschienen Huldigungsband *Georg Lukács zum siebzigsten Geburtstag* in sein Schaufenster zu stellen, empfahl Erich Wendt, von der Partei mittlerweile auf den

Stuhl des stellvertretenden Kulturministers gesetzt, Gysi nachdrücklich, das Buch endlich aus dem Handel zu nehmen.

Spätestens 1960 musste Lukács dann schließlich einsehen, dass er in dem Verlag, der ihm mit 18 Titeln in 46 Auflagen und unzähligen Zeitschriftenbeiträgen die Tribüne für seinen Triumphzug durchs intellektuelle Leben der DDR geschaffen hatte, keinen Fuß mehr auf den Boden bekommen sollte. In diesem, in *seinem* Verlag erschien nun eine von Hans Koch herausgegebene Aufsatzsammlung mit dem Titel *Georg Lukács und der Revisionismus*. Koch, Jahrgang 1927, war für die Abrechnung prädestiniert: Er war nicht als Trittbrettfahrer auf den Anti-Lukács-Zug aufgesprungen, sondern hatte bereits in seiner Doktorarbeit über den Historiker und Marx-Biographen Franz Mehring den ungarischen Gelehrten angegriffen. Nach dem Ungarn-Aufstand hatte er mit zwei Aufsätzen in der *Einheit*, dem theoretischen Organ der SED, die neue Rezeptionslinie vorgegeben. Diese beiden Aufsätze versammelte Koch nun mit einigen anderen in dem Band. Sein Vorwort ließ keinen Zweifel aufkommen, dass er nicht gegen irgendeinen Intellektuellen, sondern gegen den Teufel höchstpersönlich agitierte: Koch warf Lukács »Fehler und Irrtümer in *allen* Teilen seiner weitverzweigten wissenschaftlichen Tätigkeit« vor, sprach von einer »besonders gefährlichen, weil mit scharfem Intellekt und teilweise in sorgsamer Verbrämung vorgetragenen Spielart des modernen Revisionismus«, ja von »einem *ausgearbeiteten System* revisionistischer Anschauungen« und einer »ideologischen Vorbereitung der Konterrevolution«. Der verfemte Philosoph flüchtete daraufhin mit seinem Werk in den westdeutschen Luchterhand-Verlag, wo sich der marxistische Lektor Frank Benseler seiner annahm. Während Lukács in der DDR ans Kreuz genagelt wurde, erlebte er ausgerechnet im Land des Klassenfeinds eine nachhaltige Renaissance.

Ähnlich verhielt es sich bei Ernst Bloch, der wie Lukács und Hans Mayer die Reform des Verlagsprogramms in den Mittfünfzigern aus dem Hinterland geprägt hatte. Auch der Leipziger Philosoph hatte als zynisches Abschiedsgeschenk zur Zwangsemeritierung 1957 »seinen« Degradationsband bekommen, der mit dem Titel *Ernst Blochs Revision des Marxismus* im Deutschen Verlag der Wissenschaften erschienen war. Harich hatte Bloch zudem in seinen Zeugenaussagen als wesentlich für sein Denken und Handeln genannt. Weil sich auch der neue Aufbau-Parteisekretär Joachim Schreck ausdrücklich gegen den »bürgerlichen Philosophen mit marxistischen Ansprüchen« aussprach, hielten Caspar und Co. trotz bestehender Verträge und vorliegender Druckgenehmigungen Bloch mit kruden Ausreden hin. 1959 erschien schließlich doch der dritte Band von *Prinzip Hoffnung* im Aufbau-Verlag, dem im folgenden Jahr sogar noch eine Nachauflage des ersten Bandes und Blochs *Thomas Müntzer*-Buch folgten. Hintergrund der Publikation war die deutsch-deutsche Konkurrenz. Suhrkamp hatte sich nämlich entschieden, Blochs Hauptwerk im Westen zu verlegen und damit seinen Stammverlag zum Handeln gezwungen, weil der marxistische Philosoph weder als Autor des Klassenfeinds noch als Opfer der DDR-Zensur gelten durfte. Eine subtile Form der Nachzensur, mit der man unliebsame Autoren gleichzeitig erscheinen und verschwinden lassen konnte, hatte Gysi allerdings noch in der Hinterhand: Auf der Leipziger Messe suchte man *Das Prinzip Hoffnung. Dritter Band*, ohnehin nur in einer kleinen Auflage erschienen, ebenso vergebens wie im Verlagskatalog. SED, MfS und Aufbau machten es dem Philosophen ungemütlich. Im April 1961 kündigte er schließlich alle Verträge mit dem Verlag und kehrte wenige Monate später von einer Westreise nicht zurück.

Hans Mayer hielt – ebenso wie Bloch auf Schritt und Tritt von der Stasi verfolgt – noch zwei Jahre die Stellung, hatte seine Professur in Leipzig behalten dürfen, mokierte sich über die »rotgestrichenen Gartenlauben« der sozialistisch-realistischen DDR-Literatur und richtete seinen Blick zur Verärgerung seiner Gegenspieler wie Abusch und Kurella nach Westdeutschland. Auch im Aufbau-Verlag bekam die neue Führung Mayer nicht so richtig zu fassen. Symptomatisch dafür war der Umgang mit der Aufsatzsammlung *Zur deutschen Klassik und Romantik*, die mit einem positiven Gutachten des jungen Lektors Jürgen Jahn, der 1954 in den Verlag gekommen war, eigentlich schon auf dem Weg in die Druckerei war, bevor Peter Goldammer und Klaus Gysi in stalinistischer Manier die Streichung von zwei positiv erwähnten Namen forderten, nämlich von Lukács und Bloch. Mayer war dazu nicht bereit. Verärgert schrieb Gysi an Lucie Pflug: »Er betreibt uns gegenüber eine ausgesprochene Politik des ›Friß Vogel, oder stirb‹. Denn praktisch kann er nie etwas ändern, weil alle seine Sachen irgendwie, irgendwann und irgendwo schon erschienen sind.« In diesem konkreten Fall wollte Gysi die verfemten Namen aber nicht fressen und überließ die Veröffentlichung Neske im schwäbischen Pfullingen. Für Mayer war das ein weiteres Signal, dass es an der Zeit war, die Koffer zu packen. 1963 übersiedelte er in den Westen. Dass zwei Jahre später noch der Sartre-Band *Die Wörter* in seiner Übersetzung bei Aufbau erschien, gehört zu den vielen Paradoxien in der wankelmütigen DDR-Literaturgeschichte. Einige ihrer wichtigsten Wegbegleiter und -bereiter – neben Bloch, Mayer und Lukács beispielsweise auch Kantorowicz – hatten sich zu diesem Zeitpunkt längst aus ihr verabschiedet.

Umbau allerorten: Caspar und die Kollektivierung

Max Schroeder, die Lektorenlegende, verfolgte den personellen und programmatischen Wandel des Jahres 1957 vom Tbc-Krankenbett aus. Nach Jankas Verhaftung hatte er, gerade operiert und vollends kraftlos, ein Schreiben an seine Kollegen aufgesetzt, in dem er sie zur Loyalität mit dem verhafteten Verlagsleiter ermunterte, bis »in nicht allzuferner Zukunft alle Mißverständnisse aufgeklärt sein werden«. Er selbst hatte sich in der Aufbau-Diskussionsarena eher defensiv verhalten, hatte dem mitreißenden Harich, der in seinem Kronzeugeneifer nun auch ihn des schädlichen Einflusses bezichtigte, mitunter widersprochen. Um öffentlich klarzustellen, auf welcher Seite Schroeder im Kampf zwischen Reaktion (Harich/Janka) und Fortschritt (ZK der SED) stand, hatte sich das Ministerium für Kultur eilig eine Strategie zurechtgelegt: Im Januar 1957 verlieh es dem schwerkranken Lektor in einer skurrilen Krankenhauszeremonie den renommierten Lessing-Preis der DDR. Seine Vernehmung als Zeuge in der Harich/Janka-Affäre wurde ausgesetzt, und Schroeder nahm auch nicht an den Prozessen teil. Er starb im Januar 1958.

Seinen Nachfolger hatte sich der Cheflektor vorher selbst ausgesucht: Günter Caspar. 1924 in Berlin geboren, war Caspar 18-jährig als Obergefreiter der Wehrmacht in den Krieg gezogen. Nach seiner Gefangennahme 1944 war er als Lagerbibliothekar in Italien, Nordfrankreich, den USA und England vom Gelegenheitsleser zum Bibliophagen geworden, zum Bücherfresser, der jeden Flecken der Weltliteratur kennengelernt hatte. Nach einem Intermezzo bei der *Täglichen Rundschau* und drei Semestern Geschichtsstudium hatte er 1950 als Redakteur beim *Aufbau* angefangen. Schroeder, mit dem er seit Jahren engen Kontakt pflegte, lockte ihn 1955 just in dem Moment als seinen Stellvertreter ins Lektorat, als sich Caspar doch noch um einen akademischen Abschluss bemühen wollte. Die Entscheidung war schnell getroffen: Für den Autodidakten war die Anziehungskraft der Schroeder'schen Manuskripthöhle ungleich größer als diejenige der heiligen universitären Hallen. Dass er nur zu gerne in die titanischen Landstreicherfußstapfen seines Lehrmeisters treten wollte, unterstrich Caspar in dem Band *Max Schroeder zum Gedenken* (1959). »Wer durch seine Schule gegangen ist«, so der neue zweite Mann, »hat ein gut Teil seiner Art der Arbeit aufgenommen, im Urteilen, im Redigieren, in der Akribie, als musischer wie politischer Mensch.« Die Verehrung ging so weit, dass Caspar, seit 1948 Mitglied der SED, selbst den Habitus Schroeders zu imitieren versuchte. Auch der Alkoholkonsum nahm bald ähnliche Ausmaße an. Nur in einem Punkt unterschieden sich die beiden grundsätzlich: Mit Caspar zog Ordnung ins Cheflektorat ein. Unter Schroeders Manuskriptbergen kam ein Schreibtisch zum Vorschein, der stets aufgeräumt sein sollte.

Seine Partei hatte Caspar nun im Nachgang der Harich/Janka-Affäre eine Rüge wegen »mangelnder Wachsamkeit« verpasst. Nicht nur deswegen begegnete ihm sein neuer Chef Gysi, der in dem Lektor einen ernst zu nehmenden, mitunter kauzigen Sturkopf sah, mit Antipathie. Gysi setzte ihm auch gleich einen Bewährungshelfer an die Seite, Joachim Schreck, dem seine neuen Kollegen anmerken sollten und konnten, dass er vorher als Germanist in der Abteilung Wissenschaften und Propaganda beim ZK der SED tätig gewesen war. Ideologisch festigen sollte Schreck in erster Linie das Lektorat Zeitgenössische deutsche Literatur und die Parteigruppe des Verlags.

Auf Linie gebracht werden sollten natürlich auch die Autoren, vor allem die jungen, bei denen Förderungsaufwand und Ertrag nach wie vor in keinem Verhältnis standen. Mitte 1957 regte Caspar deswegen einen internen Ideenwettbewerb an, um Impulse für eine Neuaufstellung zu sammeln. Das Ergebnis war eine »Experimentalreihe« für etwas, was er

Lektorenlegende Max Schroeder, skiz-
ziert von Gustav Seitz

selbst »Tagesliteratur« nannte. »Wir müßten damit erreichen«, so Caspar in seinem Reihenexposé, »daß nicht jedes Buch, nicht jede Broschüre, die wir veröffentlichen, auf den Stelzen einherkommt, unbedingt in die Literaturgeschichte eingehen zu müssen.« Die Bände sollten in »billigerer und anziehenderer Form« erscheinen als das bei den Nachwuchsautoren bisher der Fall war. Finanzielle Verluste waren bei einem Preis von 1,95 Mark und Maximalauflagen von 10 000 Exemplaren einkalkuliert.

Schon der erste Band zeigte allerdings, dass das Aufbau-Lektorat seine Fahne auch nach der Harich/Janka-Affäre keineswegs nach Belieben in den Wind hängen wollte. Der Druckgenehmigungsantrag für die Parodien *Aus zweiter Hand* vom *Aufbau*-Redakteur Rolf Schneider wurde in der zuständigen Behörde, die seit Mitte 1956 nicht mehr Amt für Literatur und Verlagswesen, sondern Hauptverwaltung Verlagswesen im Ministerium für Kultur hieß, um den Jahreswechsel 1957/58 fleißig herumgereicht. Die Literaturwächter befürchteten, dass die Texte »unsere Autoren diffamieren und die bei uns nicht erschienenen bürgerlichen Autoren ›interessant‹ machen« könnten. Schneider hatte nämlich nicht nur Becher, Brecht, Hermlin und Arnold Zweig parodiert, sondern auch literaturpolitische Unpersonen wie Gottfried Benn, Franz Kafka oder Ernst Jünger. Schreck, der verantwortliche Lektor, hatte die Kritik in seinem Gutachten antizipatorisch zu entkräften versucht, indem er die Texte als »Waffenhilfe«

gegen »ästhetisierende und dekadente Einflüsse« zu verkaufen versuchte. Dennoch musste der neue Verlagsleiter Gysi persönlich bei Wendt und Kurella in Erscheinung treten, um *Aus zweiter Hand* duchzuboxen. Monate nach dem Erscheinen wurde er für den Band sogar noch vom stellvertretenden Kulturminister Karl Hagemann zusammengefaltet. Zu diesem Zeitpunkt war das Experiment bereits zur Reihe geworden und hieß nun nicht, wie ursprünglich geplant, *Proben*, sondern schlicht *Die Reihe*.

Nach dem viel versprechenden Start versuchte Aufbau in der Experimentalreihe, die Raum für ungewöhnliche Genres und formale Spielereien vorsah, einige heikle Texte unterzubringen. Der Grat war freilich schmal. Während der Dramatiker Peter Hacks, von dem 1957 *Theaterstücke* erschienen waren, einen avisierten Band mit Vermischtem an einem einzigen Gedicht scheitern ließ, auf das er nicht verzichten wollte, tauschte man im Fall von Gert Ledig, einem westdeutschen KPD-Mitglied, nach dem Einspruch der HV Verlagswesen kurzerhand den Titel aus: Anstelle von *Faustrecht*, einem harten Schwarzmarktkrimi, der das Elend und die Gewalt der unmittelbaren Nachkriegszeit schildert, erschien nun ein Hörspiel, *Das Duell*, in dem Ledig den Fall der ermordeten Edelprostituierten Rosemarie Nitribitt erzählt. Für Tumulte sorgte auch das Gedichtmanuskript *Echos* des notorisch umstrittenen Günter Kunert. Obwohl Kunert, Aufbau-Autor seit 1950, einigen Änderungswünschen der Zensoren zugestimmt, Schreck das Manuskript in Satz gegeben hatte und eine Anzeige im *Börsenblatt* erschienen war, zog der Verlag plötzlich die Notbremse. Verlagsleiter Gysi berichtete als IM »Kurt« seinem Führungsoffizier, dass der Gedichtband nicht verlegt werden könne, weil das Buch »eine Verneinung der Zukunft dar[stelle], wo im Grunde alles gleich bleibt und nicht vorwärts geht«. Davor wollte er seinen Vorwärts-immer-Staat natürlich schützen. Kunerts Fernsehspiel *Der Kaiser von Hondu*, das stattdessen als Nummer 9 in der *Reihe* veröffentlicht wurde, war zwar intern kaum weniger umstritten, hatte mit Caspar, Schreck, Fritz Hofmann und Peter Goldammer aber einflussreiche Fürsprecher.

Durch die zahlreichen Konflikte um einzelne Bücher geriet *Die Reihe* auch als Ganzes unter Druck. Sie war ein Post-Ungarn-Produkt, also zu einer Zeit entstanden, als der Spielraum streng eingehegt war. Den Rahmen setzte die Partei, die auf dem 7. Plenum des Zentralkomitees im De-

Günter Kunert, Aufbau-Autor seit
1950

zember 1959 mit großem Getöse eine neue Etappe der landwirtschaftlichen Umgestaltung einleitete: die Zwangskollektivierung. Bereits im April
1960 erklärte man den »Weg vom Ich zum Wir« für vollendet. Eine halbe
Million Bauern war von Agitationstrupps, die mit Handzetteln, Lautspre-
chern und notfalls mit den Fäusten durch die Dörfer zogen, zum Eintritt
in die Genossenschaften bewegt worden. Da von Freiwilligkeit in vielen
Fällen keine Rede sein konnte, waren nun die Verlage gefragt, die Agitati-
onskampagne fortzuführen. Mitte 1960 strich Gysi 13 Titel, um Papier für
außerplanmäßig erscheinende »Kollektivierungstitel« und Nachauflagen
lockerzumachen. Nicht zu kurz kommen sollte dabei auch die Fischerei,
schließlich wollte die SED mit dem Werbespruch »Fisch auf jeden Tisch«,
getragen von einer populären Kochsendung und Fischtagen in Restaurants,
in der 1959 eskalierten Versorgungskrise den Fleischverbrauch reduzieren.
Aufbau hatte mit dem Fischersohn Herbert Nachbar einen literarischen
Spezialisten für das Thema in den eigenen Reihen, der auch gleich lieferte.
Nachbar, der erste Verlagsautor, der in den 1930er Jahren geboren war und

Die Taschenbuchreihe bb Ende der 1950er Jahre im Straßenverkauf

seit seinem Debüt *Der Mond hat einen Hof* (1956) ein Publikumsliebling, schrieb mit seiner *Hochzeit von Länneken* (1960) eine Liebesgeschichte auf einer Boddenbühne, auf der ein Kampf zwischen »anachronistischen Lebensformen« und den neuen Menschen aus den Fischereigenossenschaften tobt. Mit der Geschichte traf der Autor derart den Zahn der Zeit, dass die planmäßige Erstauflage von 15 000 Exemplaren durch eine Ausgabe im 1958 gegründeten Taschenbuchprogramm bb von 30 000 ergänzt wurde. 1961 sollten noch zwei weitere Hardcoverauflagen folgen.

Die Landwirtschaft nahm fortan auch in der *Reihe* viel Platz ein. Neben Titeln von Gotthold Gloger, Wolfgang Karalus, Werner Lindemann und Martha Weber geisterte Franz Fühmanns *Spuk* (1961), eine simpel gestrickte Agitationsgeschichte über die Vollkollektivierung eines Dorfs, durch die Buchläden. Während die Literaturkritiker die Kollektivierungstitel in der Regel pflichtgemäß lobten, legten die Leser die Bücher allerdings schnell wieder zur Seite, wenn sie sie denn überhaupt in die Hände nahmen. Auch das Lektorat, das die Titel oft mit auffallend halbherzigen Gutachten zum Druck brachte, musste zugeben, dass aus seiner Experimentalreihe peu à peu eine Agitationsreihe geworden war. Symptomatisch war der letzte Titel, der in der Reihe erschien: Die *Brautkutsche von Einsick*, eine Episodenerzählung über die Entwicklung zu einem vollgenossenschaftlichen Dorf, hatte ein Vorzeigethema und mit Rudolf Meyer, einem schreibenden Arbeiter aus dem berühmten Gaskombinat Schwarze Pumpe, einen Vorzeigeautor. Schreck hatte das Buch in seinem Gutachten mühevoll als »überraschend gut gelungen in Sprache, Stil und poetischer Gedankenführung« verteidigt. Doch verschwand der Titel quasi mit seinem Erscheinen. Und in diesem Fall hatte niemand politisch nachhelfen müssen. Für Bücher wie dieses wollte der Aufbau-Verlag mit seiner stolzen Tradition nicht stehen. Und so war für *Die Reihe* Ende 1961, nach 65 Bänden, Schluss.

Kumpel und Kollektive: Bitterfelder Abzweigung

Zu den besonders seltsamen Blüten der SED-Politik gehörte der Umgang mit der Religion. Sie war, so das Dogma der Marx-Jünger, das »Opium des Volkes«, das für den entfremdeten Menschen eine Kompensationsfunktion erfüllte. Das hielt Becher und Konsorten aber nicht davon ab, sich in der religiösen Metaphorik zu bewegen wie Pastoren auf der Kanzel.

Nun musste aber der neue Mensch in der real existierenden DDR, der »neue Adam«, wie es bezeichnenderweise häufig hieß, natürlich nichts mehr kompensieren. Er brauchte kein Opium mehr. Folgerichtig hatte die Glaskugel des dialektischen Materialismus das Absterben der Religion vorausgesagt, und da sie ausschließlich Gesetzmäßigkeiten abbildete, objektive Wahrheiten, warteten die Hellseher nun darauf, dass die Religion verschwand. Doch sie verschwand nicht, allen Kampagnen zum Trotz.

Mitte der 1950er Jahre tendierte die SED-Führung schließlich zu einer Art feindseliger Koexistenz, die einen besonderen Kniff beinhaltete: Man versuchte, die kirchlichen Rituale, die für die Bürger offensichtlich einen hohen Stellenwert hatten, durch sozialistische zu ersetzen, durch eine sozialistische Jugendweihe beispielsweise, eine sozialistische Eheschließung oder eine sozialistische Namensweihe. Für die sozialistische Kulturrevolution, die die SED seit einiger Zeit predigte und auf ihrem V. Parteitag im Juli 1958 offiziell ausrief, hatten sich die Ideologen zudem noch etwas Neues einfallen lassen: Die »Zehn Gebote der sozialistischen Moral und Ethik«. »Du sollst das Volkseigentum schützen und mehren«, lautete beispielsweise das neue sechste Gebot. »Du sollst Deine Kinder im Geiste des Friedens und des Sozialismus zu allseitig gebildeten, charakterfesten und körperlich gestählten Menschen erziehen«, das achte.

Die ideologische Offensive, für die diese zehn Gebote die Stichworte lieferten, sollte sich laut Parteitagsbericht vor allem auf ein besonders wirksames Mittel der politischen Massenarbeit stützen, nämlich auf die sozialistische Kunst und Kultur. Und da sich die DDR als Leseland begriff und zu einer »Diktatur der Texte« (Stefan Wolle) entwickelte, bedeutete das zuvorderst: auf die sozialistische Literatur. Während in den Verlagen noch gegrübelt wurde, wie die zugeschriebene Rolle ausgefüllt werden könnte, landeten bei den Autoren und Kulturpolitikern Einladungen in den Briefkästen. Der Mitteldeutsche Verlag empfing im April 1959 zu einer Autorenkonferenz im Kulturpalast des Elektrochemischen Kombinats in Bitterfeld.

Dass die Autorenkonferenz des MDV eigentlich nur die Kulisse eines literaturpolitischen Schauspiels war, ließ der Blick auf die Rednerliste erahnen. Ulbricht, Kurella und Co. erklärten die Aufgaben der Literatur. Über ihren Köpfen prangte ein Banner, für das der ehemalige Wismut-Kumpel Werner Bräunig, mittlerweile Student am Leipziger Literaturinstitut, einen einprägsamen Slogan verfasst hatte: »Greif zur Feder, Kumpel! Die sozialistische Nationalliteratur braucht dich!« In seiner Abschlussrede legte Ulbricht den Anwesenden seine Interpretation von Bräunigs Losung nahe: Die Arbeiter waren angehalten, selbst schöpferisch tätig zu werden, die Höhen der Kultur zu erstürmen und gleichzeitig den professionellen Schriftstellern als Modelle zu dienen. Das erste

Vorbildwerk für den Bitterfelder Weg war bereits im Gewerkschaftsverlag Tribüne in Vorbereitung. Die Autorin Regina Hastedt war mit einem »Verdienten Bergmann des Volkes« unter Tage gefahren und hatte die Begegnung in *Die Tage mit Sepp Zach* zu Papier gebracht. Die Transition zum neuen Menschen, der in seiner neuen sozialen Identität aufging, ließ sich hier gleich dreifach nachvollziehen: Sie betraf den fiktiven Helden, sein reales Vorbild und die Autorin gleichermaßen.

In der Französischen Straße nahm die neu aufgestellte Verlagsmannschaft die Bitterfelder Devisen eher zurückhaltend auf. Schnell wurde aber deutlich, dass man sich der lautstark eingeläuteten neuen Etappe auf dem Weg zur sozialistischen Nationalkultur nicht gänzlich entziehen konnte. Als Lilly Becher vier Tage nach der Konferenz forderte, eine Broschüre mit der Gedenkrede Ulbrichts für ihren im Oktober 1958 verstorbenen Mann um die Bitterfelder Ausführungen des mächtigsten Manns im Staate zu ergänzen, konnte Caspar zwar noch mit dem Hinweis auf die drucktechnischen Einschränkungen das Ansinnen abwehren. Die zum zehnten Jahrestag der DDR erschienenen Sammlungen *Wir unsere Zeit*, herausgegeben von einem jungen Ehepaar mit dem Nachnamen Wolf, hatten aber schon einen Bitterfelder Einschlag. Zeitgleich erschien die Anthologie *Des Sieges Gewißheit* mit 800 Seiten sozialistischer Prosa von Jung und Alt, die von den Bitterfelder Redebeiträgen Regina Hastedts und Sepp Zachs abgeschlossen wurde. Jüngster Beiträger des Bandes war Werner Bräunig, gefolgt von Reiner Kunze.

Im Jahr darauf, 1960, erschien dann sogar ein paradigmatischer Bitterfeld-Band bei Aufbau. Die Idee zu *Wir – groß geschrieben. Reportagen und Skizzen von Volkskorrespondenten*, so kolportierte das Vorwort, war »unter dem unmittelbaren Eindruck der Beratungen und Empfehlungen« in einer Konferenzpause im Bitterfelder Kulturpalast entstanden. Das verantwortliche Lektorat Zeitgenössische deutsche Literatur hatte den Band sogar ganz im Bitterfelder Sinn betreut, nämlich als Kollektiv, das sich um den neu geschaffenen Titel »Brigade der sozialistischen Arbeit« bewarb und sich damit verpflichtete, »sozialistisch zu arbeiten, zu lernen und zu leben«. Brigadier, also Vorsitzender der Brigade, war Caspar selbst. Allerdings musste das Redaktionskollektiv eingestehen, dass das »künstlerische Niveau« der Beiträge »sehr unterschiedlich« sei. Die

Produkt des Bitterfelder Weges: Die Anthologie *Wir – groß geschrieben* (1960)

Hoffnung, »den einen oder anderen Autor des Bandes in absehbarer Zeit
mit einer größeren literarischen Arbeit seinen, den neuen Lesern vorstellen zu können«, erfüllte sich nicht. Einzig der Jüngste im Band, der 1937
geborene Rotationsdrucker Gerd Bieker, machte später noch beim FDJ-
Verlag Neues Leben von sich reden. Auch die knappe Handvoll Bitterfelder Bücher, die in der *Reihe* erschien, so zum Beispiel das Hörspiel *Ein
Mann steht vor der Tür* (1960) von Brigitte Reimann und Siegfried
Pitschmann, passte weder zum Selbstbild noch zum Anspruch des Verlags. Irmtraud Morgner, 1933 in Chemnitz geboren und mit Joachim
Schreck verheiratet, bespöttelte ihr Debüt *Das Signal steht auf Fahrt*
(1959) später selbst als »undialektisch und autoritär didaktisch«. Ähnlich wie in den beginnenden 1950er Jahren ächzte Aufbau unter seinen
literaturpolitischen Pflichten. Geradezu kurios wirkte die Idee, den eigenen Nachwuchsautoren auf einer Verlagskonferenz im Oktober 1960
den Schlosser Günter Glante, der mit seinem kolportagehaften *Tagebuch
eines Brigadiers* als idealtypisches Beispiel eines schreibenden Arbeiters
durch die Republik gereicht wurde, als Vorbild vorzuführen.

Mit Büchern und Zigaretten: Günter Caspar, 1971 von Harald Kretzschmar karikiert

Weil Aufbau missmutig und allenfalls pflichtbewusst ein paar Schritte auf dem Bitterfelder Weg lief, in der *Reihe* und noch seltener im Hauptprogramm, wuchs der Mitteldeutsche Verlag langsam, aber sicher in die Rolle des Leitverlags für DDR-Gegenwartsliteratur hinein. Für die Hallenser zahlte sich die Kooperation mit dem 1955 in der Nachbarstadt Leipzig gegründeten Literaturinstitut aus, das ab 1959 unter dem Namen Literaturinstitut »Johannes R. Becher« firmierte. In der Französischen Straße war man darüber nicht böse, weil der Bitterfelder Weg genau wie die Kollektivierungskampagne im Verlag als Wechselbalg galt, als Kind, das Aufbau von der Politik untergeschoben worden war, das man gepflegt und gewindelt und das dann deutliche Spuren im Programm hinterlassen hatte, auf die man mit etwas Abstand alles andere als stolz war. Öffentlich verstoßen konnte man es freilich nicht. Stattdessen bemühte man sich, den literarischen Anspruch wieder in den Vordergrund zu rücken. Den Mitteldeutschen erklärte man intern zum »Mittelmäßigen Verlag«. Trotzdem hätte die Aufbau-Mannschaft wahrscheinlich den einen oder anderen Titel lieber in Ost-Berlin als in Halle gesehen. Christa Wolfs *Der geteilte Himmel* (1963) war beispielsweise der Beweis, dass der Bitterfelder Weg nicht nur der bittere Feldweg war, als der er oft verspottet wurde. Vorausgesetzt, die Schreibenden waren bereit, auf eigenen Beinen zu laufen.

Aufbau konzentrierte sich stattdessen auf etablierte Autoren und deren sozialistische Vergangenheit. Traditionslinien wurden beispielsweise mit dem von Hasso Grabner zum 40. Jahrestag der Novemberrevolution herausgegebenen Band *Die Zeit trägt einen roten Stern* oder einem Widmungsband für Ludwig Renn zum 70. Geburtstag gezogen. Günter Caspar führte als »Cotta von 1960« Werkausgaben weiter und brachte neue auf den Weg, mit denen Leonhard Frank und Arnold Zweig (ab 1957), Herbert Ihering (ab 1958), Feuchtwanger (ab 1959), Kisch (ab 1960), Bredel, Scharrer und Friedrich Wolf (alle ab 1961) auf den Olymp der sozialistischen Literaturgeschichte gehoben wurden. Die Auswahlausgabe Falladas (ab 1962) besorgte Caspar gleich selbst. Zum Ereignis wurde indes Anna Seghers' Roman *Die Entscheidung* hochstilisiert, für den der Antrag auf Druckgenehmigung am 30. September 1959 mit dem Wunsch eingereicht wurde, man möge doch bitte »bis übermorgen« den positiven Bescheid erhalten. Caspar feierte den Roman, der auf 600 Seiten über 80 handelnde Figuren vorstellt und größtenteils in einem fiktiven Stahl- und Walzwerk spielt, als großen Wurf und als eine Art Aufbau-Abzweigung vom Bitterfelder Weg. »Im Gegensatz zu vielen der älteren Schriftsteller, die nur um ihr Thema, um das für sie zentrale, gleiche Thema kreisen und dadurch nicht (oder noch nicht) über die Gestaltung einer so oder so weit zurückliegenden Zeit hinausgelangt sind«, so der Aufbau-Cheflektor, »ist Anna Seghers die Gestaltung unseres neuen Lebens, die Zeichnung von Helden unserer Zeit überzeugend gelungen.« Sein 22-seitiges Gutachten schloss Caspar wie folgt: »›Die Entscheidung‹ ist ein politisch hochwichtiges, durch und durch parteiliches Buch von großer künstlerischer Gewalt und Schönheit. Man muß ihm stärkste Verbreitung wünschen.« Die 30 000 gedruckten Exemplare waren auch prompt vergriffen, so dass Gysi wieder einmal Papier aus dem Plan abzog, um die Erstauflage um weitere 10 000 Exemplare zu erhöhen. Den politisierten Preis als »Schönstes Buch« räumte die von Karl Gossow besorgte und von Kurt Zimmermann illustrierte Ausgabe auch noch ab.

Über so viel Euphorie konnte Marcel Reich-Ranicki nur den Kopf schütteln. Der angehende Literaturpapst schrieb in der Hamburger *Welt*: »Die ›Entscheidung‹ ist das erschütternde Dokument der Kapitulation des Intellekts, des Zusammenbruchs eines Talents, der Zerstörung einer Persönlichkeit.« Aus der Exilautorin, die er sehr schätzte, war in seinen Augen eine Literaturfunktionärin geworden, eine Stalinpreis- und Nationalpreisträgerin, deren sozialistisch-realistische Schablonenliteratur künstlerisch kaum mehr ernst zu nehmen sei.

Antihelden überall: Ost-West-Geschichten

Klaus Gysis Chauffeur war ein viel beschäftigter Mann. Der Verlagsleiter war ständig unterwegs, wurde bei der politischen Nomenklatura vorstellig, vertrat Aufbau in diversen Gremien, bewies bei Redeanlässen seine Eloquenz und ließ sich mitunter auch zu privaten Terminen kutschieren, bei denen er auffallend oft mit jungen Frauen zusammenkam. Eine von ihnen, so munkelte man in der Französischen Straße, hatte dem klein gewachsenen Gysi sogar ein Sitzkissen fürs Auto genäht, damit er durch die Scheibe größer wirkte. Im Juni 1959 stand für ihn eine Reise in die Bundesrepublik auf dem Programm: Als Aufbau-Verlagsleiter und Vorsitzender der Kommission für gesamtdeutsche und Auslandsfragen im Leipziger Börsenverein besuchte er die westdeutschen Kollegen, um mit ihnen über die Bedingungen des Buchexports zu verhandeln und darüber, ob die ostdeutschen Verlage in Frankfurt unter der Bezeichnung »Bücher aus der DDR« ausstellen dürften. Die Westdeutschen schlugen einen Deal vor: Wenn sich der Leipziger Börsenverein für eine Steigerung der Buchbezüge aus der Bundesrepublik einsetzte, könnten die Verlage unter den gefürchteten drei Buchstaben in Frankfurt einlaufen. Tatsächlich war der Import westlicher Literatur in die DDR aus politischen und wirtschaftlichen Gründen 1958 derart gedrosselt worden, dass man von einer »Nullpunktsituation« (Siegfried Lokatis) sprechen kann. Der Kompromiss misslang allerdings: Weil die Messeleitung zum Messestart doch nur die alte Bezeichnung »Bücher aus dem innerdeutschen Handel« zuließ, landete die Namensfrage schließlich vor dem Oberlandesgericht der Mainmetropole.

Auf der Messe selbst hatte Gysi dann aber andere Sorgen. Am Aufbau-

Stand war nicht viel Betrieb. Kaum jemand wollte über den Bitterfelder Weg und über Seghers' *Entscheidung* sprechen. Denn im Fokus der Besucher stand die neue westdeutsche Literatur, Heinrich Bölls *Billard um halbzehn* oder *Die Blechtrommel*, das erste Prosawerk von Günter Grass. Das dritte Buch, das in Frankfurt von sich reden machte, Uwe Johnsons *Mutmassungen über Jakob*, hielt ein vor Tatkraft strotzender Hüne dann ausgerechnet Gysi schelmisch vor die Nase: Der 35-jährige Siegfried Unseld hatte gerade seinen verstorbenen Ziehvater Peter Suhrkamp als Verleger beerbt und Johnsons verzögertes Debüt in einer kleinen, aber viel diskutierten Auflage auf den Markt gebracht.

Dass die *Mutmassungen* bei Aufbau nicht erscheinen konnten, stand außer Frage. Das Buch handelte vom Spätherbst 1956 in der DDR, von demokratischen Reformen, Ost und West, von der Stasi und von Selbstmord, es verzichtete auf parteiliche Eindeutigkeit, formte aus Dialogfragmenten und inneren Monologen ein Mutmaßungsgeflecht und hatte einen Verfasser, der gerade nach West-Berlin übergesiedelt und damit offiziell republikflüchtig war. Doch Unseld, eine Spielernatur, hatte sich von Johnson eine Klausel in den Vertrag diktieren lassen, nach der Suhrkamp verpflichtet war, das Buch bei Aufbau ins Gespräch zu bringen. Unmittelbar nach der Messe setzte er deshalb einen Brief auf, in dem er Gysi offiziell die Lizenz anbot. »Uwe Johnson«, so schrieb er darin, »liegt wirklich und ernsthaft viel daran, daß das Buch in der DDR erscheint. Ich wäre Ihnen dankbar, wenn Sie die Möglichkeit prüfen.« Das war eine sanfte Provokation und gleichzeitig der aufrichtige Wunsch, im Gespräch zu bleiben. Suhrkamp und Aufbau wechselten oft mehrmals die Woche Briefe. Zudem füllte der bibliophile Unseld seine Regale gerne mit Aufbau-Büchern wie der »sehr schönen« Gogol-Ausgabe. »Zu Gegendiensten«, so schrieb er Ende 1959, sei er »stets bereit«. Zu Verstimmungen auf beiden Seiten führte allerdings immer wieder der Fall Bert Brecht. Der Großmeister hatte seine Rechte an Suhrkamp gegeben, so dass Aufbau in den meisten Fällen nur die Rolle des Lizenzverlags blieb. Für die Ost-Berliner, die Brecht natürlich für sich beanspruchten, war das kaum zu ertragen. In Prospekten und Ankündigungen wurde der Name des Lizenzgebers deswegen geflissentlich vergessen.

Für das deutsch-deutsche Buchgespräch um 1960 war der Umgang Aufbau/Suhrkamp bezeichnend. Zwar knisterte es häufig und krachte mitunter, doch hielt man sich in der immer wilder tobenden Propagandaschlacht zwischen den beiden deutschen Staaten merklich zurück, ließ sich Titel aus den jeweiligen Verlagsprogrammen zuschicken und unterstützte sich in anderen Angelegenheiten. Als der Münchner Verleger Willi Weismann beispielsweise vom Staatsanwalt angeklagt wurde, weil er zehn Exemplare des Aufbau-Titels *Der Irrweg einer Nation* von Alexander Abusch, das vor allem wegen seines neuen Nachworts in der Auflage von 1960 als staatsgefährdend galt, auf der Leipziger Messe 1960 bestellt und sich in die Bundesrepublik hatte schicken lassen, trat Klaus Gysi als Entlastungszeuge auf. Auch im Lizenzhandel gab es einige kleine Erfolge: 1961 erschien bei Aufbau mit Claassen-Lizenz *Anfrage*, das fulminante Debüt Christian Geisslers, in dem sich der unorthodoxe westdeutsche Linksaußen mit der Vätergeneration auseinandersetzte. Geissler hatte sich vorher energisch gegen einen Vorwortentwurf des Aufbau-Verlags gewehrt, weil er der Meinung war, dass »die offensichtlichen Aggressionen gegen die Bundesrepublik ebenso fehlen sollten wie in seinem Vorwort solche gegen die DDR«. Auf das letzte Wort zur Textgestalt bestand der Verlag hingegen im Fall von *Das große Los*, der Lebensgeschichte des Wahlbayern Richard Scheringer, der sich 1931 in Festungshaft vom Nationalsozialisten zum Kommunisten gewandelt hatte. Die Aufbau-Ausgabe mit Rowohlt-Lizenz, an einigen Stellen merklich umgearbeitet und von Ulbrichts Sekretär Gotsche höchstselbst abgesegnet, musste Scheringer übrigens in die Haftanstalt Landsberg/Lech nachgeschickt werden. Nachdem ihm im Juli 1956 seine bürgerlichen Ehrenrechte aberkannt worden waren und er eine Haftstrafe wegen seines Engagements in der kurz darauf verbotenen KPD nur wegen Krankheit nicht hatte antreten müssen, wurde er im Frühsommer 1961 aus politischen Gründen für fünf Wochen inhaftiert und im November wegen einiger Verstöße während seiner »Bewährungsfrist« schließlich erneut verurteilt.

Unbeirrbar unterwegs im deutsch-deutschen literarischen Feld war Hans Mayer. Der Leipziger Professor war zwar als Aufbau-Ratgeber in den Hintergrund gedrängt worden, nutzte aber den berühmten Hörsaal 40 seiner Universität für seine Interessen und lud 1960/61 reihenweise westdeutsche Gäste ein, darunter Enzensberger und Grass, der es sich, von Mayer ahnungsvoll als »sehr scharfer Polemiker« angekündigt, nicht nehmen ließ, dem Auditorium Grüße von Johnson auszurichten. Im April 1961 reiste der Großgermanist mit anderen Vertretern aus der DDR auf Einladung des *Zeit*-Verlegers Gerd Bucerius zu einem öffentlichen Streitgespräch nach Hamburg, nachdem die Senatsverwaltung und die Polizei der Hansestadt nach einer Kampagne der *Bild*-Zeitung vorher eine vom DDR-dominierten PEN-Zentrum Ost und West geplante Veranstaltung abgesagt hatten. Einen Monat nach dem Hamburger Treffen sorgte dann wieder Grass für Tumulte: Als einer von zwanzig westdeutschen Autoren, die nach Einschätzung der Abteilung Kultur des ZK der SED in »Opposition zur Adenauerschen Kriegspolitik« standen und damit als potenzielle Bündnispartner galten, nahm er im Mai 1961 am V. Schriftstellerkongress in Ost-Berlin teil. Nachdem der *Blechtrommel*-Autor vehement sein Rederecht eingefordert hatte, holte er zum Rundumschlag aus, an dessen Ende eine unmissverständliche Kritik an der Zensur in der DDR stand. Mit Erwin Strittmatter vereinbarte er zudem per Handschlag, dass *Die Blechtrommel* in der DDR erscheinen könne, falls Strittmatters *Ochsenkutscher*, 1954 erstmalig bei Aufbau erschienen, einen West-Verlag finde. Das *ND* bezeichnete den Buch-für-Buch-Deal unmittelbar nach dem Kongress sogar als »vereinbart«. Beinahe wäre Grass also auf informellem Weg zum Aufbau-Autor geworden.

Drei Monate später war die Vereinbarung aber wieder vergessen. Am 13. August 1961 – exakt eine Woche nachdem dem Ostblock mit der Erdumrundung durch den sowjetischen Kosmonauten German Titow ein Propagandaerfolg allererster Güte gelungen war – baute die SED in Berlin an ihrer größten Niederlage, der Mauer, die sie als »antifaschistischen Schutzwall« feierte und die im Westen als »Schandmauer« galt. Berlin war bis dahin eine deutsch-deutsche Stadt, in der die S-Bahnen im Minutentakt über die Sektorengrenzen ratterten und jeden Morgen an die 60 000 Arbeitnehmer, Schüler und Studenten von Ost nach West brachten. Fortan war die deutsch-deutsche Grenze auch in Berlin dicht. Die Mauer war für die Regierung Walter Ulbrichts notwendig geworden, weil die Republikfluchtzahlen trotz aller Restriktionsmaßnahmen bedrohliche Ausmaße angenommen hatten. Insgesamt waren in den letzten zehn Jahren 2,7 Millionen Menschen aus der DDR gen Westen getürmt. Auch das Aufbau-Lektorat hatte einige Verluste hinnehmen müssen. Noch am Tag des Mauerbaus verließ der Polonist Wolfgang Grycz die DDR.

Der Mauerbau veränderte das Klima im deutsch-deutschen literarischen Leben merklich. Viele Intellektuelle nutzten ihre Kreativität lieber für beleidigende Leitartikel als für literarische Texte. Während beispielsweise der bekennende Antikommunist Rudolf Krämer-Badoni die DDR-Literaten als »SED-Spruchbanddichter«, »Kolchosenbilanzreimer« und »Chruschtschows Stallburschen« diffamierte, feierte Bodo Uhse den 13. August als Triumph über das »glotzäugige vieltausendarmige Polypengebilde schmarotzender Spionagedienste aus aller westlichen Herren Länder«. Zu den Zeitungen, die schweres Geschütz auffuhren, gehörte auch der *Sonntag*: Nachdem Grass und sein Kollege Wolfdietrich Schnurre einen offenen Brief an ihre ostdeutschen Kollegen gerichtet hatten, in dem sie zum Protest gegen den Mauerbau aufriefen, ließ Chefredakteur von Kügelgen einige der angesprochenen Autoren mit ihren parteilichen Antworten aufmarschieren und stellte ihnen eine redaktionelle Anmerkung voran. Aus dem »ehrlich Suchenden« Grass war ein »suchender Unehrlicher« geworden, ein Trommler »nicht nur des kalten, sondern sogar eines heißen Krieges«.

Andere prominente Autoren hielten sich im Mauerstreit merklich zurück. Unter ihnen war, wieder einmal, Anna Seghers, die Grand Old Lady der DDR-Literatur und Vorsitzende des Schriftstellerverbands, an deren ältere Werke man sich zeitgleich im Grass-Verlag Luchterhand erinnerte. Die Logik des Westverlags war simpel: Ein großer antifaschistischer Roman wie *Das siebte Kreuz*, bei Aufbau mittlerweile 28-fach aufgelegt, musste vor politischen Angriffen gefeit sein und Anklang beim Lesepublikum finden. Doch als der Luchterhand-Verleger Eduard Reifferscheid am 1. August 1962 die *Welt* aufschlug, wurde er eines Besseren belehrt: In einem offenen Brief forderte ihn der Schriftsteller und DDR-Flüchtling Peter Jokostra auf, auf die angekündigte Veröffentlichung des Seghers-Romans zu verzichten, weil die Autorin den Mauerbau »schweigend hinnahm, […] billigte und forcierte«. Jokostra, selbst Luchterhand-Autor, fürchtete die Veröffentlichung vor allem als folgenreiches Signal: Schon jetzt sah er »die Meute der gelehrigen Nacheiferer der so erfolgreichen Seghers« durch das Tor drängen, das mit der Veröffentlichung in die Mauer gesprengt werden würde. Gegen einen der »Nacheiferer«, seinen Jugendfreund Strittmatter, war Jokostra bereits ein Jahr zuvor ins verlegerische Feld gezogen. Er hatte einen Lektor des Frankfurter S. Fischer Verlags mit Material über den »Zonenfunktionär« versorgt.

Vom Luchterhand-Verleger Reifferscheid forderte Jokostra nun den gleichen Mut, den der Fischer Verlag gezeigt habe. Dort hatte man sich entschlossen, den bereits gedruckten *Wundertäter* wieder einzustampfen. Ähnlich erging es Strittmatters Aufbau-Kollegen Stephan Hermlin und Franz Fühmann, die ihre Zustimmung zu den Mauerbau-Maßnahmen der Ulbricht-Regierung mit der Konsequenz bezahlen mussten, dass Fischer die geschlossenen Lizenzverträge aufkündigte. Doch Luchterhand blieb in der Debatte, in die sich viele Autoren, Verlagsleute und Publizisten aus beiden deutschen Staaten einmischten, standhaft. Das sollte sich für den westdeutschen Verlag vielfach lohnen: Mit dem *Siebten Kreuz* kaufte er einen Longseller ein und gewann das Vertrauen der DDR-Autoren und -Verlage, die, allen voran Aufbau, ihre Titel gerne in Neuwied unterbrachten.

Für das deutsch-deutsche literarische Leben hatte die Publikation des Seghers-Romans bei Luchterhand Signalfunktion. Ein Abbruch der kulturellen Kontakte war offensichtlich weder logische Konsequenz noch einvernehmliches Ziel. Das galt insbesondere für die beteiligten Akteure, die Schriftsteller und Verlagsmitarbeiter, die ihre Treffen in Wohnzimmern, Verlagshäusern und mitunter sogar auf Lesebühnen wie dem West-Berliner Waitzkeller, dem Münchner Komma-Klub oder dem Club Voltaire in Frankfurt am Main fortsetzten. Zwei westdeutsche Kollegen fielen den Aufbau-Lektoren dabei als außerordentlich umtriebige Grenzgänger auf, nämlich der Luchterhändler Franz Schonauer sowie Klaus Wagenbach vom S. Fischer Verlag. Beide waren im Februar 1962 bei einer deutsch-deutschen Lesung im Erholungsheim des ostdeutschen Schriftstellerverbands am Schwielowsee zu Gast, auf der es zwischen den Autoren, Kritikern und Lektoren ähnlich zuzugehen schien wie auf den Tagungen der Gruppe 47. Auf Caspars Schreibtisch landete ein begeisterter Brief Wagenbachs. Der westdeutsche Lektor berichtete, »dass diesmal ein Autor aus der DDR den Vogel abgeschossen hat: Manfred Bieler«.

Der junge Autor, der nicht nur Wagenbach fasziniert hatte, galt zu diesem Zeitpunkt längst als Enfant terrible der DDR-Literatur. 1955 hatte Bieler kurz nach seinem 21. Geburtstag den Preis der V. Weltfestspiele der Jugend und Studenten in Warschau mit der Erzählung *Der Vogelherd* gewonnen und war wenig später als wissenschaftlicher Mitarbeiter im Schriftstellerverband angestellt worden, allerdings nur für kurze Zeit: Nachdem er am 25. Oktober 1957 im *Neuen Deutschland* als Mitglied einer subversiven Gruppe Intellektueller denunziert worden war, wurde er entlassen. Ins Visier der Stasi war Bieler schon vorher geraten, weil er im Herbst 1956 Stammgast bei Harichs Donnerstagskreisen gewesen war. 1960 war er schließlich einem Leitsatz der Bitterfelder Konferenz auf ungewöhnliche Art gefolgt und hatte Erfahrungen in der Produktion gesammelt: Er war auf dem Fang- und Verarbeitungsschiff *Bertolt Brecht* bis nach Neufundland gereist.

Die »wirklich hochtalentierte Arbeit« (Klaus Wagenbach), aus der Bieler bei der Zusammenkunft am Schwielowsee vorgetragen hatte, war nun zwar keine literarische Schilderung dieser Arbeitsexpedition; aber immerhin war ihre Hauptfigur Matrose – ein auf dem Festland vagabundierender Matrose allerdings, der sich auf eine pikareske Reise durchs Kriegs- und Nachkriegsdeutschland macht und dabei zu einer politischen Grundhaltung gezwungen ist, die in der DDR Misstrauen wecken musste: Bonifaz, so der Name der titelgebenden Figur, ist nach einem Kriegsgefangenenaustausch zur Neutralität verpflichtet. Dass der Weg zur Drucklegung des Manuskripts steinig werden würde, war angesichts der Reputation des Autors abzusehen. Auch die satirische Erzählhaltung erweckte prinzipiellen Argwohn in einem Literatursystem, das sozialistische Eindeutigkeit forderte.

Als sich der Aufbau-Verlag nach langen internen Diskussionen im April 1962 endlich durchgerungen hatte, den Druckgenehmigungsantrag vorzubereiten, stand prompt Wagenbach auf der Matte und meldete das Interesse seines Verlags an einer Lizenz an. Er wurde allerdings enttäuscht. Der Luchterhändler Schonauer hatte sich bereits per Anruf die Option gesichert. Während man in Neuwied diskutierte, wie viele *Bonifaz*-Exemplare man an die Westleser bringen könne, war auch im Aufbau-Verlag eine Diskussion über die angemessene Auflagenhöhe in Gang. Am Interesse des Publikums hegte man in der Französischen Straße keine Zweifel – wohl aber an dessen Fähigkeit zur »richtigen« Rezeption. Schon im Verlagsgutachten, das im August 1962 mit dem Druckgenehmigungsantrag bei der mittlerweile zuständigen Abteilung Literatur und Buchwesen im Ministerium für Kultur eingegangen war, hatte Joachim Schreck betont, dass *Bonifaz* für die Leser eine besondere Herausforderung sei. Der Text »verlangt Mitdenken, Verständnis für bei uns weitgehend ungenutzte literarische Mittel wie verschlüsselte Aussage, doppelter Boden, Ironie, Parodie, satirische Kritik«. Dass der Lektor und Parteisekretär die literaturpolitische Angriffsfläche damit deutlich markierte, war Teil einer wohldurchdachten Strategie. Erstens konnte dem Aufbau-Verlag keine Fahrlässigkeit vorgeworfen werden, schließlich hatte man die Problematik selbst benannt. Die Antizipation der Kritikpunkte öffnete zudem die Türen für eine nicht öffentliche, aber offene Debatte. Zweitens wurde das Manuskript mit Schrecks Gutachten als Randerscheinung in der literarischen Entwicklung gekennzeichnet, später explizit als »Nebenzweig der Literatur«.

Der Behörde reichte das aber noch nicht. In Absprache mit dem Aufbau-Verlag bestellte sie ein »neutrales Gutachten« bei Max Walter Schulz. Der Autor, gerade durch seinen Debütroman *Wir sind nicht Staub im Wind* zu Ansehen gekommen, machte einen Kompromissvorschlag: Absegnen der Veröffentlichung, aber nur in einer kleinen Auflage. Und diese kleine Auflage, so entschied die Ideologische Kommission des Aufbau-Verlags nach entsprechenden Hinweisen aus der Zensurbehörde, sollte durch lancierte Kritiken »den richtigen Lesern in die Hände gegeben werden«. Im November 1962 wurde die Druckgenehmigung daraufhin erteilt.

Doch als Aufbau seinen Themenplan für 1963 vorstellte, tauchte Bielers *Bonifaz* plötzlich nicht mehr auf. Die Druckgenehmigung war zurückgezogen worden. Vor allem die Heldenwahl stand in der Kritik. Bonifaz, so schrieb Bruno Haid, Leiter der zum 1. Januar 1963 als Nachfolgeinstitution der Abteilung Literatur und Buchwesen gegründeten HV Verlage und Buchhandel, im März an den Kulturminister Hans Bentzien, vertrete die »Weltanschauung eines extremen Individualismus«, sei subjektivistisch, genusssüchtig und eben nicht volkstümlich, wie es sich für einen pikaresken Helden eigentlich gehöre. Der Autor sollte deswegen von weiteren Änderungen überzeugt werden.

Doch Bieler erwies sich als nicht kompromissbereit und berührte dabei genüsslich einen wunden Punkt im DDR-Literatursystem: Er drohte einfach, im Fall der Nichtveröffentlichung das Manuskript ins Ausland zu geben. Das war natürlich eine Provokation, weshalb Haid verlangte, dass der Schriftstellerverband »besonders erzieherisch« auf den Autor einwirken sollte. Eine vom DSV anberaumte Aussprache wurde nach Intervention Klaus Gysis letztlich abgesagt. Gysi war der Meinung, dass das Problem verlagsintern gelöst werden und die Ideologische Kommission den Autor von den notwendigen Strichen überzeugen sollte. Am 30. Mai ersuchte Aufbau schließlich um eine neue Druckgenehmigung – allerdings nur für 5000 Exemplare. Rentabel machte das Buch erst ein Mitdruckauftrag des Luchterhand-Verlags. Man freute sich über einen positiven Nebeneffekt: Da der westdeutsche Lizenznehmer für die harte Westmark holzfreies Papier verlangte, profitierte die komplette Auflage von der qualitativen Aufwertung. So erschien *Bonifaz oder Der Matrose in der Flasche* im September 1963 holzfrei gleichzeitig in Ost und West. Die Mühen der Ebenen lohnten sich mitunter also doch.

Tumulte gab es zeitgleich auch um Erwin Strittmatter. Der Autor aus Schulzenhof, der trotz seiner fünfzig Jahre immer noch als eine Art Nachwuchsstar der DDR-Literatur galt, hatte mit *Ole Bienkopp* einen Helden geschaffen, der der Kollektivierung der Landwirtschaft mit einer prototypischen Bauerngenossenschaft zuvorgekommen war. Doch auch hier hatte der »vierte Zensor« (Erich Loest) in den Veröffentlichungsprozess eingegriffen, der, nicht greifbar, zur politischen Führung gehörte und sich nur dann zu Wort meldete, wenn die drei anderen »Zensoren« – der Autor selbst, der Verlag und die Zensurbehörde – in seinen Augen ihrer Verantwortung nicht gerecht wurden. Die wesentliche Publikationshürde war neben der Darstellung der Parteifunktionäre das Ende des Romans: Nachdem schwedische Importkühe, die der Protagonist Bienkopp gar nicht haben wollte, im Offenstall verhungert und erfroren sind, macht man ihn als Vorsitzenden der LPG dafür verantwortlich. Bienkopp verliert daraufhin den Verstand und gräbt sich mit einer Schaufel buchstäblich sein eigenes Grab, weil er einen Bagger zu ersetzen versucht, der nicht geliefert worden ist. Der Held war also nicht nur verrückt geworden, sondern auch noch als »Opfer der Übergangsperiode«, wie Cheflektor Caspar bemerkte, gestorben. Dass die Rinderoffenställe ein persönliches Lieblingsprojekt von Chruschtschow waren, der sich für einen großen Agrarökonomen hielt, wurde in der Debatte sorgsam verschwiegen.

»Gewährt sei mir zum Schluß die Bitte / daß Strittmatter niemals matter stritte« (Paul Wiens): Erwin Strittmatter, Chronist des Landlebens in der DDR

Aufbau, vom Autor ebenso überzeugt wie von dem Buch, boxte den Titel trotz etlicher Einwände letztendlich durch. Doch *Bienkopp* hallte nach, auch im eigenen Haus. Im *Sonntag* machte Herbert Paul deutlich, dass gerade das Ende gar nicht zur SED-Agenda passe. Bienkopps Tod, so der Rezensent, »entspricht verständlicherweise nicht dem Wunsch des Lesers und auch nicht den Verhältnissen unserer Republik«. Strittmatters Protagonist hätte sich mit Unterstützung der Partei weiterentwickeln können. Der Autor aber hatte seinen Bienkopp zum Antihelden werden lassen, der wie Bonifaz oder Rita aus Christa Wolfs *Geteiltem Himmel* als nicht identifikationswürdig verdammt wurde. Die Leser jedoch fanden Gefallen an den Figuren, die nicht übermenschlich, sondern allzu menschlich waren. Sie standen für eine andere, weniger dogmatische, auch formal innovative Literatur.

Die kniffligen Publikations- und Rezeptionsprozesse der 1963er-Titel fanden ihre Entsprechung in der politischen Großwetterlage. Nach dem XXII. Parteitag der KPdSU im Oktober 1961, in dessen Folge Ulbricht offen von den »unter Führung Stalins begangenen ›Verbrechen‹« sprach,

Umstrittener Roman: Erwin Strittmatters *Ole Bienkopp* (1963)

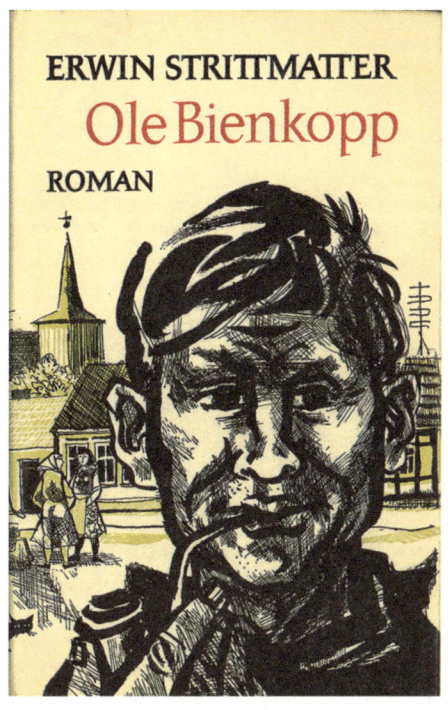

lag wieder Tauwetter in der Luft. Ein kulturpolitisch liberaler Kurs ließ sich auch aus dem ersten Parteiprogramm der SED ablesen, das auf dem VI. Parteitag der SED im Januar 1963 verabschiedet wurde. In seiner Grundsatzrede hatte Ulbricht allerdings auch eine deutliche Warnung an die Künstler ausgesprochen. Die Überwindung des Personenkults und das Zurückdrängen des Dogmatismus dürfe nicht für den Kampf gegen den sozialistischen Realismus ausgenutzt werden. Einige Schriftsteller hätten versucht, kleinbürgerliche Ideologie in ihre Texte zu schmuggeln, sich auf die Gestaltung des Negativen zu beschränken und sich in Formalismus zu flüchten. Der Staatsratsvorsitzende forderte zwar explizit »künstlerische Individualität als Ausdruck der Mannigfaltigkeit unserer Kunst«, fing aber im gleichen Atemzug seine eigenen Worte wieder ein, indem er als weitere Voraussetzungen für ein gutes Buch Parteilichkeit und Volkstümlichkeit nannte.

Einige Monate später, im Juni, feierte Ulbricht seinen 70. Geburtstag. Dass er kurz zuvor noch den Personenkult verurteilt hatte, war da offenbar vergessen. Obwohl die Gratulationscour neun Stunden dauerte und Ul-

Diskussion über *Ole Bienkopp* im Club der Kulturschaffenden am 22. Januar 1964
u. a. mit Eva Strittmatter, Fritz-Georg Voigt, Klaus Gysi und Erwin Strittmatter

brichts Frau Lotte, Abusch und andere Parteigrößen stellvertretend Glückwünsche annahmen, kamen längst nicht alle Gratulanten zum Zug, die in
der strahlenden Geburtstagssonne warteten. Nachdem Ulbricht allerhand
Titel verliehen und Medaillen ans Revers gesteckt worden waren, durfte er
sich außerdem als Ehrenbürger ins Goldene Buch der Stadt Berlin eintra-
gen. Die Freundschaftskundgebung zwei Tage nach seinem Geburtstag mit
Chruschtschow, Kádár, dem langjährigen bulgarischen Staatschef Todor
Schiwkow und anderen hohen Repräsentanten des sozialistischen Lagers in
der Werner-Seelenbinder-Halle wurde von Rund- und Fernsehfunk übertragen. Und auch der Aufbau-Verlag stimmte in die Glückwunschgesänge
ein: Er veröffentlichte als Schwerpunkttitel einen Geburtstagsalmanach in
einer Auflage von 20 000 Stück, in dem Schriftsteller, Künstler und Wissenschaftler von ihren Begegnungen mit Ulbricht erzählten. Die verantwortliche Lektorin, Annie Voigtländer, berichtete, dass man einen großen
Teil der Beiträge »bis an die Grenzen des Möglichen bearbeitet« und einige
der schwächsten gar nicht erst aufgenommen habe. Dennoch musste Voigtländer eingestehen, »daß der Band nicht in allem dem entspricht, was man
von einem Geburtstagsband für Walter Ulbricht erwarten und verlangen
sollte«. Ulbricht war mittlerweile unantastbar. Vorläufig zumindest.

1964-1971

Die Profilierung:
Mitgift und Erbe

Anfang der 1960er Jahre hatte die SED sich und ihren Staat nahezu perfekt durchhierarchisiert. Vom sozialistischen Olymp, dem Politbüro des Zentralkomitees, regierte die mächtige Funktionärskaste mit gut einem Dutzend Mitgliedern unter dem Vorsitz des Ersten Sekretärs Walter Ulbricht. Das Politbüro kam jeden Dienstagvormittag im Haus am Werderschen Markt zusammen, in dem sich auch das höchste Organ der Partei, das ZK der SED mit seinen ca. 120 Mitgliedern und 60 Kandidaten 1959 traf. Um die praktische Arbeit kümmerten sich die rund 40 ZK-Abteilungen mit ihren einflussreichen Abteilungs- und Sektorenleitern, deren Aufträge auf untergeordneter Ebene von den Bezirks- und Kreisleitungen der SED umgesetzt werden sollten. Politisch weitgehend einflusslos war das Parlament, die Volkskammer, die als »Volksvertretung neuen Typs« die Einheit zwischen politischer Führung und Bevölkerung herstellen sollte. Auch die offizielle Regierung der DDR, der Ministerrat, dessen Vorsitzende Otto Grotewohl und Willi Stoph zugleich Mitglieder des Politbüros waren, setzte vor allem um, was auf dem Olymp entschieden wurde.

Während der »demokratische Zentralismus« im politischen Feld gut funktionierte, gab es im Verlagsfeld der DDR noch Defizite. Das ließ sich schon aus der Institutionengeschichte der Zensur ablesen: Als Nachfolger des Kulturellen Beirats war 1951 das Amt für Literatur und Verlagswesen gegründet worden, das 1956 dem Ministerium für Kultur einverleibt worden war. Dort hatte man die Behörde bis zum Sommer 1958 unter dem Namen Hauptverwaltung Verlagswesen weitergeführt, bis sie mit der Hauptabteilung Schöne Literatur, zuständig für literaturpolitische Fördermaßnahmen, zur Abteilung Literatur und Buchwesen zusammengelegt worden war. Während die Verlagsleiter irgendwo in diesem

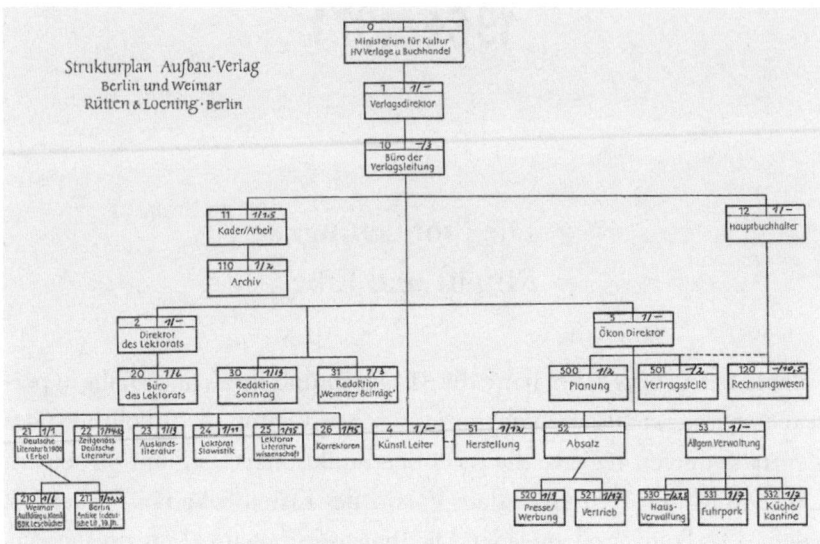

Im Rahmen der »Profilierung« entstandener Strukturplan

Behördendschungel aus wechselnden Namen und Zuständigkeiten die Instanzen für die Begutachtung der Manuskripte und für die Diskussionen über Themenpläne fanden, saßen die Ansprechpartner für ökonomische Fragen in den meisten Fällen im Druckerei- und Verlagskontor (DVK) oder bei der Vereinigung organisationseigener Betriebe Zentrale Druckerei-, Einkaufs- und Revisionsgesellschaft (ZENTRAG). Die SED sah hier noch Zentralisierungsbedarf. Um Verlagsbelange programmatischer, ideologischer und wirtschaftlicher Art sollte sich ab dem 1. Januar 1963 eine neue Superbehörde kümmern, die Hauptverwaltung Verlage und Buchhandel, wiederum angesiedelt im Ministerium für Kultur.

Die »Einheit von Kulturpolitik und Ökonomie« sollte in der HV ein Stab mit 123 Planstellen gewährleisten, der in einem »alten häßlichen Haus« (Christa Wolf) in der Clara-Zetkin-Straße untergebracht war. Das Leitungsbüro bezog Bruno Haid, ein 1912 in Berlin geborener Funktionär, aus dessen Kaderakte die Parteikontrollkommission der SED noch flugs eine Rüge gelöscht hatte. Diese hatte Haid, Frankreich-Emigrant und Résistance-Kämpfer, als stellvertretender Generalstaatsanwalt infolge der Harich/Janka-Prozesse erhalten, weil er, mit spürbarer Distanz zur Inszenierung, »den notwendigen Kampf gegen Feinde der DDR vernachlässigt«

habe. Haid prägte eine doppelköpfige Behörde: Während der eine HV-Kopf pflichtbewusst nach problematischen Texten schnappte, war der andere zum Gespräch bereit – und das oft genug in informeller Runde, beispielsweise bei einem Spaziergang in Wiepersdorf oder am Schwielowsee, wo die HV-Mitarbeiter mit den Leitern und Cheflektoren »ihrer« Verlage für Tagungen zusammenkamen. Die Verlage gaben die Forderungen der Behörde wiederum an die Autoren weiter. Im Idealfall machten sie – HV, Verlage und Autoren – den Druckgenehmigungsprozess damit zur Gemeinschaftsarbeit, an deren Ende literarisch *und* politisch vertretbare Texte standen, die ein breites Echo hervorriefen. Das passte zu der von Haid ausgegebenen Devise, die auf die unzählbaren unverkauften Regalmeter an Bitterfelder Literatur zielte: »Nicht derjenige ist ein kluger Kulturpolitiker, dessen Bücher im LKG [Leipziger Kommissions- und Großbuchhandel] oder im Volksbuchhandel lagern.« Aufbau war der HV-Leiter als Mitglied des prominent besetzten Beirats verbunden, der 1964 als beratendes Organ gegründet und vom Präsidium des Kulturbunds berufen wurde.

Im Verlagsfeld selbst wurde im Rahmen einer Mitte 1962 vom Politbüro beschlossenen »Profilierung« jeder Stein kulturpolitisch umgedreht. Fortan sollte es für jeden Themenbereich nur noch einen spezialisierten Verlag geben, der konkurrenzlos mit großen Ausgaben wirtschaften konnte. Ausnahmen gab es lediglich bei der Belletristik, wo mit Aufbau ein »Querschnittsverlag« geschaffen werden sollte, um den Eindruck von Monopolen zu vermeiden. Anfang 1963 wurde Aufbau zunächst Komplementär bei der Philipp Reclam jun. KG in Leipzig, einem der verbliebenen Privatverlage in der DDR. Kurz vorher hatte die SED das organisatorische Verhältnis von Verlag und Kulturbund überdacht und die Abführung der Gewinne neu geregelt. Ein gänzlich neuer Aufbau-Verlag entstand dann zum 1. Januar 1964, als im Zuge der Profilierung der Verlag Rütten & Loening unters Aufbau-Dach zog. Während Rütten im Rahmen einer »sozialistischen Wirtschaftsgemeinschaft« weiterexistierte und in »Personalunion« geführt wurde, obwohl er rechtlich selbständig blieb, schluckte Aufbau den Weimarer Volksverlag einschließlich der Produktionsgruppe Arion Verlag gleich mit Programm *und* Namen. Aus anderen Häusern kamen zudem noch einzelne Autoren hinzu. Vom Parteiverlag Dietz übernahm Aufbau beispielsweise die Pflege des Werks von

Louis Fürnberg, F. C. Weiskopf und Martin Andersen Nexö, vom Gewerkschaftsverlag Tribüne kam Hans Marchwitza.

Aufbau, seit der Gründung ein großer, ein prägender Verlag in SBZ und DDR, wuchs mit der verordneten Verlagsreform ins Riesenhafte. Der Stellenplan sah 230 Arbeitskräfte vor. Allein Küche und Fuhrpark waren mit je achtköpfigen Mannschaften besetzt. Der Hauptbuchhaltung, die jährlich 2,5 Millionen Mark »Gewinnanteil« über die HV an den Kulturbund abführen sollte, waren 10,5 Stellen im Rechnungswesen zugeordnet. Auf 16 Plätze kam die Korrektoratsabteilung. Sie stand im Strukturplan auf einer Ebene mit den fünf relativ selbstständig arbeitenden Lektoraten für Zeitgenössische deutsche Literatur (ZDL), Auslandsliteratur, Slawistik, Literaturwissenschaft und Deutsches Erbe, in denen ca. 65 Lektorinnen und Lektoren Platz fanden. Als Cheflektor stand ihnen Fritz-Georg Voigt vor, der seit 1952 zur Belegschaft gehörte. Caspar, der fachlich hohes Ansehen genoss, im Umgang aber alles dafür tat, nicht zum Everybody's Darling zu werden, stieg eine Stufe auf der Hierarchietreppe herab und übernahm die Leitung des ZDL-Lektorats, dessen Autorenstamm beispielsweise um die viel gelesene Rütten-Autorin Rosemarie Schuder oder ihren jungen Kollegen Hermann Kant gewachsen war. Zu den Neuzugängen bei den Zeitgenossen gehörte auch Herbert Otto, dem mit der Erzählung *Zeit der Störche* (1966), vom Gutachter Joachim Schreck als literarisch allenfalls passable »Liebesgeschichte mit moralischen Ambitionen« belächelt, bald ein Bestseller gelingen sollte. Aus seinem Stammverlag, Volk und Welt, der 1964 mit Kultur und Fortschritt fusionierte, war Otto gleichsam herausprofiliert worden.

Volk und Welt, der zweite Belletristik-Riese der DDR, war kleiner als der Aufbau-Verlag, warf aber als Leitverlag für ausländische Literatur seinen Schatten von der fußläufig entfernten Glinkastraße auf das Aufbau-Auslandslektorat, das nach der Profilierung zunächst von Ruth Glatzer geleitet wurde. Glatzer, Jahrgang 1928, war mit Rütten & Loening in die Französische Straße gekommen. Ihr bisheriger Arbeitgeber brachte eine große Geschichte mit: 1844 als »Literarische Anstalt« gegründet, war bei Rütten & Loening neben dem *Struwwelpeter* Heinrich Hoffmanns *Die heilige Familie* von Friedrich Engels und Karl Marx erschienen. Die Urväter des Kommunismus hatten den Verlag, der auch für Namen wie Karl

Gutzkow und Ludwig Börne stand, Anfang der 1950er Jahre postum gerettet, als die SED die komplexe juristische Situation – Rütten & Loening existierte als Parallelverlag auch in der Bundesrepublik – durch Aufgabe des alten Firmennamens zu lösen gedachte. Doch einen Marx/Engels-Verlag verschwinden zu lassen, brachten die Genossen nicht übers Herz.

Die Verlagsgeschichte war aber nicht die einzige Mitgift, die Rütten & Loening in die Französische Straße einbrachte. Für Aufsehen über die Grenzen der DDR hinaus hatten die Neuübersetzungen russischer und französischer Klassiker gesorgt, darunter Werkausgaben von Nikolai Leskow, Lew Tolstoi, Anton Tschechow, Guy de Maupassant, Romain Rolland und Émile Zola. Durch diese Rütten-Substanz gewann insbesondere das Lektorat Auslandsliteratur des neuen Aufbau-Verlags an Kontur. Das war schon deswegen eine interessante Fußnote, weil Rütten seit den beginnenden 1950er Jahren organisatorisch an Volk und Welt gebunden war – ausgerechnet, ließe sich hinzufügen. Der kulturpolitische Plan lautete wie folgt: Die Aufgabenverteilung zwischen Aufbau und VW sollte im Rahmen der Profilierung zwar definiert, gleichzeitig aber »ein echtes Wettbewerbsverhältnis« gesichert werden, das es wiederum durch eine enge Abstimmung der Themenpläne und durch gemeinsame Projekte einzufrieden galt. So war zum Beispiel 1962 in mittelbarer Nachfolge der 1957 eingestellten Reihe *Romane der Weltliteratur* die *Bibliothek der Weltliteratur* (BDW) angelaufen, in der bis 1990 weit über 100 deutsch- und fremdsprachige Klassiker aus den Programmen von Aufbau, Rütten & Loening und Volk und Welt erschienen. Dass dem Lektorat Auslandsliteratur (zunächst) ein eigenständiges Lektorat Slawistik mit mehr als zehn Planstellen zur Seite gestellt wurde, war der kulturpolitischen Aufgabenstellung geschuldet, die die klassische russische Literatur als »Schwerpunkt der Arbeit« definierte. Eva Kosing, die 1960 über sowjetische Literatur am Institut für Gesellschaftswissenschaften des ZK der SED promoviert hatte, übernahm die Leitung, bis die Slawistik wenig später als ein Fachgebiet ins Auslandslektorat integriert wurde.

Der vierte Bereich in der neuen Struktur war das Lektorat Literaturwissenschaft. Ihm stand der Schroeder-Schüler Jürgen Jahn vor, der in seinen zehn Jahren Verlagszugehörigkeit als akribischer Allround-Lektor die Aufbau-Stilschule mitgeprägt hatte. Auch hier profitierte man maßgeblich von der Rütten-&-Loening-Substanz, die die bisher gepflegte Aufbau-Tradition einer essayistischen Wissenschaftskultur, für die die Namen Lukács, Bloch und Abusch standen, spürbar erweiterte und gleichzeitig einschränkte, weil fortan der Fokus eher auf einem repräsentativen breiten Querschnitt als auf provokativen Themen und Spitzenleistungen lag. Das zeigte sich nicht nur bei den *Weimarer Beiträgen* (WB), einer Zeitschrift für Literaturwissenschaft, deren Redaktion nun offiziell zum Aufbau-Verlag gehörte, sondern auch bei zwei Rütten-Reihen, die zwei verschiedene Schulen der DDR-Literaturwissenschaft repräsentierten: In den *Neuen Beiträgen zur Literaturwissenschaft* (seit 1955) hatten sich viele Schüler der Reihengründer Werner Krauss und Hans Mayer versammelt, deren Literaturbegriff sich an der Aufklärung orientierte. Die Begrenzungen der Vorklassik hoben hingegen die von Hans Kaufmann und Hans-Günther Thalheim herausgegebenen *Germanistischen Studien* (seit 1959) hervor, wegen ihres Einbands als »Tapetenreihe« bezeichnet. Wie die Herausgeber kamen viele Autoren der Tapetenreihe aus dem akademischen Umfeld von Gerhard Scholz, einem Schweden-Emigranten, der an der HU in Berlin lehrte.

Mitunter wirkten die beiden literaturwissenschaftlichen Reihen auch gemeinsam. So waren Anfang der 1960er die Kafka-Monographien des ehemaligen Kantorowicz-Assistenten Klaus Hermsdorf (*Germanistische Studien*) und des Mayer-Schülers Helmut Richter (*Neue Beiträge zur Literaturwissenschaft*) erschienen und hatten den Startschuss für eine Neudeutung des umstrittenen Autors gegeben. Rütten hatte die Texte über Kafka zum Anlass genommen, die maßgeblichen Stellen auch hinsichtlich einer Herausgabe der Texte *von* Kafka zu bearbeiten und für 1963 sogar einen Erzählungsband in den Themenplan aufgenommen. Nachdem die DDR-Delegation auf der legendären internationalen Kafka-Konferenz im tschechoslowakischen Liblice im Mai 1963 erklärt hatte, dass die Bücher des Pragerdeutschen im Sozialismus höchstens als historisches Dokument Relevanz hätten und vor allem Kurella und Abusch in Ost-Berlin das Dogma verteidigt hatten, nach dem Kafka als Prototyp der Dekadenz galt, war der Titel aber wieder aus dem Plan verschwunden. Mit dem gewachsenen Prestige nahm die Verlagsgruppe Aufbau/Rütten die Idee nun wieder auf und beförderte 1965 einen neu konzipierten Kafka-Band zum Druck. Die Leser freuten sich über 800 Seiten in einer Auflage von 5000

Exemplaren, die vor dem Erscheinen um ein Zehnfaches überzeichnet war, das heißt, es gab zehnmal mehr Vorbestellungen als gedruckte Bücher.

Der fünfte Bereich, das Lektorat Deutsches Erbe, wurde von Peter Goldammer geleitet. Goldammer, ein ausgewiesener Spezialist für die Literatur des 18. und 19. Jahrhunderts, dessen Säulenheilige die großen Realisten waren, musste sich zwangsläufig mit einem neuen Erbebegriff arrangieren, der nicht nur Teile der literarischen Moderne einschloss, sondern schleichend um die sozialistischen Klassiker wie Becher, Fürnberg oder Friedrich Wolf erweitert wurde. Diese Neudefinition führte in einigen Fällen – wie bei Bredel – dazu, dass in den Lektoraten Unsicherheit herrschte, wer überhaupt für welchen Autor zuständig war. Wesentlich eindeutiger war die Verantwortlichkeit bei den »klassischen Klassikern«, die seit der Publikation von Heines *Wintermärchen* 1945 zu einem Programmschwerpunkt im Aufbau-Verlag geworden waren und deren Bestand nun weiter wuchs. So kam mit dem einverleibten Thüringer Volksverlag die *Bibliothek deutscher Klassiker* (BDK), die von den Nationalen Forschungs- und Gedenkstätten unter Leitung Helmut Holtzhauers herausgegeben wurde, zu Aufbau. Mit den populären, hochwertig ausgestatteten Leseausgaben von Hans Sachs bis Fontane war die Reihe ein Sammelobjekt im Leseland und ein Exportschlager, weil sie in der Bundesrepublik kaum oder gar nicht gepflegte Autoren wie Börne, Schubart oder Weerth in sorgsam edierten, günstigen Sammlungen veröffentlichte. Ein weiteres Erbe-Erbe war die 1962 gegründete *Bibliothek der Antike* mit einer *Griechischen* und einer *Römischen Reihe*. Mit dem Thüringer Volksverlag wurden außerdem die *Lesebücher für unsere Zeit* einverleibt, die ausgewählte Autoren für eine breite Leserschaft aufbereiteten, die die Überblicksausgaben ungeachtet ihrer ideologisch verbrämten Kurzvorworte gerne kaufte. Das erste Buch der Reihe, das Goethe-*Lesebuch*, war bis 1964 beispielsweise schon zwanzigmal aufgelegt worden und sollte bis zur Wende auf 38 Auflagen mit knapp 500 000 Exemplaren kommen. Allerdings knirschte es zwischen dem Herausgeber der *Lesebücher*, dem West-Emigranten und Nationalpreisträger Walther Victor, und dem Aufbau-Verlag gewaltig, weil sich Victor und seine mitunter als »sozialdemokratische Häppchenkost« bespöttelte Reihe schäbig behandelt fühlte. Auch Holtzhauer war alles andere als begeistert davon, mit dem selbstbe-

Sammelobjekt und Exportschlager:
Die *Bibliothek deutscher Klassiker*

wussten Verlag kooperieren zu müssen. Goldammer wiederum, in dessen Zuständigkeitsbereich die *Lesebücher* und die BDK fielen, war im Zuge der Profilierung mit Glatzer aneinandergeraten. Sanfter ging die Wachablösung in der künstlerischen Leitung vonstatten, wo der 1935 geborene Heinz Hellmis, früh als buchgestalterisches Wunderkind gefeiert und mit 19 Jahren für ein Schiller-Buch bei Aufbau verantwortlich gewesen, das »Interregnum« (Lothar Lang) beendete, das nach dem Tod von Karl Gossow seit 1962 geherrscht hatte. Auch Hellmis, der die Aufbau-Optik sichtbar erneuerte, kam mit Rütten & Loening zu Aufbau.

Weil die gewachsene Verlagsmannschaft nicht mehr ins Haus in der Französischen Straße passte, musste sich der Verlag im Zuge der Profilierung räumlich erweitern. Werbung, Vertrieb und die zwanzigköpfige Redaktion des *Sonntags* zogen in die Niederwallstraße 39, nur einen Steinwurf vom Sitz des ZK der SED am Werderschen Markt entfernt. Arbeitsräume gab es auch in Leipzig. Vor allem aber bezog Aufbau eine Zweigstelle in der Weimarer Puschkinstraße, in der ein Teil des Lektorats Deutsches Erbe unterkam. Zuständig für die Dependance war Herbert Greiner-Mai, ehemaliger Cheflektor des Thüringer Volksverlags, unterstützt von Gotthard Erler, der von Berlin aus pendelte. Dass Weimar fortan der zweite Verlagsstandort war und auch im Impressum aufgeführt wurde, war eine logische Entscheidung. Aufbau konnte in der Klassikstadt an die Tradition des Volksverlags anknüpfen, der mit den Institutionen vor Ort bestens vernetzt war. Darüber hinaus hatte der Aufbau-Sitz eine politische Funktion: Das Lektorat sollte im »bürgerlich zurückgebliebenen« Weimar ein sozialistisches Gegengewicht zum privat geführten Verlag Hermann Böhlaus Nachfolger schaffen, der unter Leitung der selbstbewussten Grande Dame Leiva Petersen beispielsweise die Schiller-Nationalausgabe und die Luther-Gesamtausgabe verantwortete. Bei den Neueinstellungen, die in Weimar anstanden, wurde aber offensichtlich nicht in erster Linie nach politischen Kriterien ausgewählt. So begann 1965 ein Lektor namens Wulf Kirsten in der Puschkinstraße. Kirsten, Jahrgang 1934 und auf Umwegen zur Literatur gekommen, hatte sich mit einem Probeverriss Paul Heyses empfohlen und durfte fortan Autoren wie Joseph Roth und Ernst Weiß betreuen. Dafür war er auch bereit, die Betreuung des Becher-Werkes, das ihm deutlich weniger lag, als bittere Pille zu schlucken.

Das Klassikprogramm beschäftigte mitunter auch Klaus Gysi. So war Wolfgang Harich Ende 1964 nach acht Jahren Haft vorzeitig freigekommen und hatte Goldammer gleich ein Exposé für eine »vielbändige Volksausgabe von Jean Pauls gesammelten Werken« geschickt, das »eigentlich ohne Begründung« abgelehnt worden sei, wie Harich dem Verlagsleiter aufgebracht schrieb. Bei anderen Verlagen hatte er die Auskunft erhalten, dass für eine Werkausgabe nach der Verlagsprofilierung einzig Aufbau infrage komme. Doch auch der Verlagsleiter ließ sich nicht erweichen. Klingelten im Aufbau-Verlag schon beim Namen Jean Paul die politischen Alarmglocken, schlugen sie beim Namen Harich wie verrückt.

Ein weiterer gefährlicher Freund, den Gysi freundlich auf Distanz halten wollte, war der Suhrkamp-Verleger Siegfried Unseld. Nachdem 1965 dessen Plan eines bibliophil gestalteten Goethe-Bildbands gescheitert war, trieb die Idee einer gemeinsam herausgegebenen Jahresanthologie *Ost und West* den Aufbau-Verlagsleiter an den Rand der Verzweiflung. Resigniert schrieb er Voigt und Caspar im Juli 1965 bezüglich des Unseld'schen »Lieblingsplans«: »Ich habe versucht, ihm einige Grundbegriffe von möglich und unmöglich bzw. realistisch beizubringen, ohne seinen großen Schwung merklich bremsen zu können.«

Integrationsprobleme:
Lyrikwelle und Westproleten

Auch dreißig Jahre nach seinem Verschwinden ist das literarische Feld der DDR ein Feld voller Legenden. Eine davon ist die Legende vom unermesslichen Lesehunger im selbst erklärten Leseland.

Wie die meisten Legenden hat auch die vom Lesehunger einen wahren Kern. Das Lesen von schöner Literatur genoss in der DDR ein hohes Prestige. Mitte der 1970er Jahre, als das erste Mal verlässliche Zahlen erhoben wurden, nutzte knapp die Hälfte der Bevölkerung ihren Freizeitfonds fürs Lesen. Hinzu kam, dass die Auflagen der Durchschnittstitel – gerade im Vergleich mit der Bundesrepublik – verhältnismäßig hoch waren. In jedem Jahr gab es zudem Titel, die schon vor dem Erscheinen massiv überzeichnet waren. Ein Appetitanreger war dabei zweifellos, wenn der Veröffentlichungsprozess holprig verlaufen war und einem Buch der Ruf vorauseilte, es schmuggle zwischen den Zeilen Konterbande in den SED-Staat.

Doch obwohl die Bücher stapelweise über die Ladentische gingen, waren die Regale der Buchhandlungen in der Regel genauso gut gefüllt wie das Lager des Leipziger Kommissions- und Großbuchhandels. Und es war keineswegs nur die gesellschaftswissenschaftliche Literatur à la Dietz-Verlag, die stehenblieb. Fast jedes Haus hatte ein paar Sorgenkinder. Im Aufbau-Verlag war es oft Lyrik, die sich, von einigen Ausnahmen wie Brechts *Hundert Gedichten* abgesehen, eher mäßig verkaufte. Das galt für symbolisch wichtige Titel von Peter Huchel oder Nelly Sachs genauso wie für die pathetisch-parteiliche Dichtung Bechers. Auch die Gedichtbände von Neuentdeckungen wie Günther Deicke oder Margarete Neumann gingen in der Regel schlecht. Über Uwe Berger ging sogar ein Spottgedicht durchs Lektorat, das wie folgt lautete: »Ich bin klein, / mein Vers ist unrein, / mag keiner ihn lesen / als nur ich allein.« Wenn die Buchhandlungen von seinen Gedichtbänden bei einer 3000er Auflage mehr als ein Zehntel vorbestellten, waren Berger und Aufbau noch gut bedient.

Um den wachsenden Lagerbeständen etwas entgegenzusetzen, hatte der Aufbau-Verlag 1953 den *Bienenstock* entwickelt, eine Werbezeitschrift, die zunächst monatlich und bald vierteljährlich alle wichtigen Titel ankündigte, Waschzettel, Kurzkritiken, Interviews und Autorenfotos veröffentlichte. Im Herbst 1964, ein Dreivierteljahr nach der Umstrukturierung des Verlagsfelds also, stellte ein schmaler Ankündigungstext auf der *Bienenstock*-Titelseite einen jungen Lyriker namens Rolf Biermann vor. Daneben war Biermanns Gedicht *Die grüne Schwemme* abgedruckt, das auf die Neuerscheinung einer Anthologie mit dem Titel *Nachricht von den Liebenden* verwies. Liebeslyrik war politisch zwar keineswegs unverfänglich, weil dem moralischen Verfall, der aus dem Westen drohte, auch literarisch mit Tugend, Anstand und Sauberkeit begegnet werden sollte. Doch hatte die SED ein Jahr zuvor in ihrem Jugendkommuniqué erklärt, dass »echte Liebe« zur Jugend gehöre. In diesem Sinne hatten die Sittenwächter der HV Verlage und Buchhandel in *Nachricht von den Liebenden* einen Frauenakt durchgewinkt, ohne mit der stets griffbereiten Pornographie-Keule um sich zu schlagen. Ein Ausrufezeichen setzte die Anthologie aber weniger wegen ihrer relativen Freizügigkeit, sondern vor allem wegen ihrer Beiträger: *Nachricht von den Liebenden* versammelte neben politischen Proporzautoren wie Kurella allerhand junge, relativ unbekannte, auffallend stilsichere und selbstbewusste Lyriker, neben dem mehrfach vertretenen Wolf – nicht Rolf – Biermann beispielsweise Volker Braun, Uwe Greßmann, Rainer und Sarah Kirsch, Bernd Jentzsch und den großen Monolithen Johannes Bobrowski. Sie alle standen für eine kleine Revolution im literarischen Feld der DDR, deren Urknall eine Veranstaltung in der Akademie der Künste gewesen war, zu der Stephan Hermlin am 12. Dezember 1962 geladen hatte.

Hermlin, 1915 als Rudolf Leder in Chemnitz geboren und 1936 in die Emigration gegangen, war seit 1951 selbst Aufbau-Autor. Einflussreich war der frankophile Homme de lettres aber weniger als Schriftsteller, sondern mehr als Vermittler und Netzwerker, der seinen Habitus des Öfteren einsetzte, um den Mächtigen leise Kritik an der Kulturpolitik in die Ohren zu flüstern oder sie in Essays und Reden auch offen zu äußern. Für Aufbau war er damit ein wichtiger Anker im literarischen Feld. Nach der Akademie-Lesung, auf der Hermlin selbst Texte der unbekannten Poeten vorgetragen, die Bühne für Biermann und Co. geöffnet und sich schließlich eine heftige Auseinandersetzung mit dem *ND*-Redakteur Willi Köhler geliefert hatte, war aber Vorsicht geboten. Alexander Abusch, in der Französischen Straße noch deutlich einflussreicher als Hermlin, hatte nämlich zum Feldzug gegen die junge Lyrik geblasen und dessen Förderer zur Selbstkritik gezwungen. Hermlin lieferte. Doch war der Geist, der den SED-Oberen in einem unachtsamen Moment aus der Flasche geschlüpft war, nicht mehr einzufangen. Mit ihrer handwerklich gekonnten, subjektiven und temperamentvollen Dichtung füllten die jungen Wilden nämlich nicht nur Anthologien und eigene Bücher, sondern auch allerlei Veranstaltungsräume. Volk und Welt punktete mit der beliebten Veranstaltungsreihe Jazz und Lyrik. Die Lyrikwelle schwappte durchs Land.

Mit den jungen Dichtern zog eine besondere Spielart der kritischen Moderne in die DDR-Lyrik ein, die zwar Partei für den Sozialismus nahm, Spannungen und Widersprüche aber nicht aussparte. Einige der Protagonisten scheuten sich zudem nicht, Namen zu nennen. Im April 1964 hatte Biermann beispielsweise auf einem Liederabend im Haus der tschechoslowakischen Kultur vor allerhand anwesenden Kulturfunktionären in seinen Gesängen Bredel, Hermlin, Kurella, Wiens und andere namentlich verspottet. Unmittelbar bevor sein Gedicht die *Bienenstock*-Titelseite zierte, war zudem ein ketzerisches Interview mit ihm im deutschsprachigen Programm des tschechischen Rundfunks gesendet worden. Auch in der Bundesrepublik, in der die Lyrik aus der DDR bisher größtenteils als idyllische, ästhetisch konservative Parteidichtung abgetan worden war, spitzte man aufmerksam die Ohren. Dass die *FAZ*-Kritikerin Sabine Brandt, die einst auch für den *Sonntag* geschrieben hatte, Biermann gegenüber der »Rabiatenlyrik der SED-Protegés« absetzen wollte, für die ihrer Meinung nach Braun und Rainer Kirsch standen, blieb die Ausnahme.

Im Aufbau-Verlag stellte sich die Frage, wie man sich zu den jungen Dichtern verhalten sollte. Das Interesse war zweifellos groß, doch waren Konflikte vorprogrammiert. Schon mit den Etablierten gab es so allerhand Probleme. Während Hermlin zur »großen Aussprache« vor die Scharfrichter des ZK am Werderschen Markt geladen war, arbeitete sich Aufbau beispielsweise wieder einmal an Günter Kunert ab. Der Verlag hatte mit positiven Gutachten von Gerhard Wolf und Joachim Schreck im August 1962 einen Druckgenehmigungsantrag für einen Gedichtband eingereicht. Nachdem die neu gegründete HV Verlage und Buch-

Stephan Hermlin, Aufbau-Autor
und Literaturvermittler

handel den Fall übernommen hatte, wurden im Februar 1963 Fritz-Georg Voigt – noch Parteisekretär – und Günter Caspar – noch Cheflektor – zu einer »kurzen Beratung« ins Sekretariat des Kulturbunds gebeten und bekamen nach fast dreistündiger Debatte die (bindende) Empfehlung, den Band nicht zu veröffentlichen. Die darin enthaltenen Gedichte wurden mit einem ganzen Kübel der berüchtigten Schlagworte überschüttet: Sie seien »in ihrer Tendenz pessimistisch«, entsprächen »in keiner Weise unserem sozialistischen Lebensgefühl und -inhalt«, könnten »vom Leser und Hörer zweideutig ausgelegt werden«, richteten »sich gegen die DDR und sind dem Inhalt nach konterrevolutionäre«. Zeitgleich erinnerte Uwe Berger das Lektorat, was der SED-Chefideologe Kurt Hager über Kunert kürzlich gesagt hatte – und das war nichts Gutes.

Klaus Gysi, der sich in einem Sondergutachten noch ausdrücklich »für die Veröffentlichung des Bandes« ausgesprochen hatte, brachte sich daraufhin mit einem außergewöhnlichen Schritt in Sicherheit. Der Verlagsleiter, gerade in ärztlicher Behandlung, bestellte Kunert ans Krankenbett und gab ihm die Buchrechte zurück, ausdrücklich (und wohl auch ausschließlich) die für die Bundesrepublik. Gysi wollte das »Kuckucksei in seinem Verlagsnest« keineswegs loswerden, wie der Autor selbst später vermutete. Er wollte es nur woanders ausbrüten lassen, damit er selbst nicht zum Ziel der politischen Jäger wurde. Hanser griff zu und veröffentlichte noch 1963 *Erinnerung an einen Planeten* mit vielen Gedichten Kunerts, die in der DDR unveröffentlicht waren. Das setzte wiederum die Institutionen im Leseland unter Druck, weil sich die Publikation trotz Einfuhrverbot nicht geheim halten ließ. Zwei Jahre später wurde schließlich eine ganze Gedichtserie aus *Erinnerung an einen Planeten* in den Aufbau-Band *Der ungebetene Gast* aufgenommen, trotz »starker Bedenken« seitens der HV. Ein Band mit »Kompromißcharakter«, so hieß es aus der zerknirschten Zensurbehörde, war schlichtweg notwendig geworden. Und Kunert war kein Einzelfall. Auch der im Westen hoch geschätzte Peter Huchel, ein Lieblingsgast der Gruppe 47, stand zeitgleich immer wieder bei Gysi auf der Matte. Streit zwischen Autor, HV und Verlag gab es zudem im Fall von Paul Wiens, der wie ein Löwe um jedes einzelne seiner Gedichte kämpfte.

Die Lyrikdebüts der jüngeren Generation überließ Aufbau hingegen dem Mitteldeutschen Verlag (Braun, Czechowski, Greßmann, Jentzsch, Mickel) und dem Verlag Neues Leben (Rainer und Sarah Kirsch). Kontakte zu den jungen Wilden wurden aber durch Anthologien wie *Nachricht von den Liebenden* und den 1962 zum ersten Mal erschienenen Almanach *Neue Texte* aufrechterhalten. Außerdem geisterte der literarisch und politisch heikelste Fall, Wolf Biermann, in der ersten Hälfte der 1960er Jahre durchs Lektorat Zeitgenössische deutsche Literatur – der Luchterhand-Verlag fragte sogar schon wegen der Lizenzrechte an –, bis sich die SED entschloss, dem Spuk ein Ende zu machen: Sie belegte Biermann im Zuge des berühmt-berüchtigten Kahlschlagplenums mit einem Auftritts- und Veröffentlichungsverbot. Dem gröbsten Ärger ging Aufbau dadurch (unfreiwillig) aus dem Weg, bis 1968 zumindest. Für die junge Lyrik stand in der Französischen Straße vorerst eher Heinz Kahlau, der im Rahmen der Neuprofilierung von Volk und Welt zu Aufbau gekommen war. Der Brecht-Schüler war 1956 zwar schon einmal politisch gestolpert, galt aber mittlerweile als ideologisch zuverlässig. Nun sollte er sich mit seiner keineswegs kunstlosen Agitprop-Lyrik und vor allem

Paul Wiens an Klaus Gysi, 31. August 1964: Protest gegen »die (offensichtlich unwissenschaftlichen, subjektivistischen, sachlich falschen und daher kulturpolitisch schädlichen) Methoden des ideologischen und administrativen Einwirkens auf Schriftsteller und literarische Produktion«

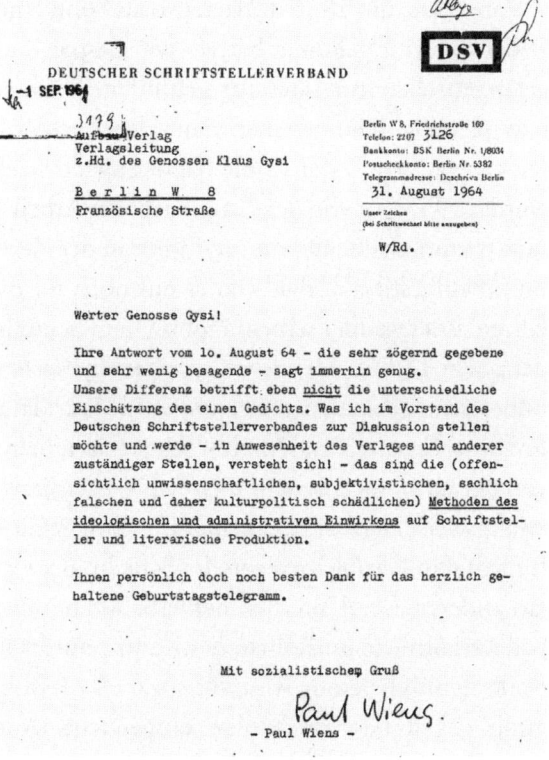

DEUTSCHER SCHRIFTSTELLERVERBAND

DSV

Aufbau-Verlag
Verlagsleitung
z.Hd. des Genossen Klaus Gysi

B e r l i n W 8
Französische Straße

Berlin W 8, Friedrichstraße 169
Telefon: 2207 3126
Bankkonto: BSK Berlin Nr. 1/8034
Postscheckkonto: Berlin Nr. 5382
Telegrammadresse: Deschriva Berlin

31. August 1964

Unser Zeichen
(bei Schriftwechsel bitte anzugeben)

W/Rd.

Werter Genosse Gysi!

Ihre Antwort vom 1o. August 64 - die sehr zögernd gegebene
und sehr wenig besagende - sagt immerhin genug.
Unsere Differenz betrifft eben nicht die unterschiedliche
Einschätzung des einen Gedichts. Was ich im Vorstand des
Deutschen Schriftstellerverbandes zur Diskussion stellen
möchte und werde - in Anwesenheit des Verlages und anderer
zuständiger Stellen, versteht sich! - das sind die (offensichtlich unwissenschaftlichen, subjektivistischen, sachlich
falschen und daher kulturpolitisch schädlichen) Methoden des
ideologischen und administrativen Einwirkens auf Schriftsteller und literarische Produktion.

Ihnen persönlich doch noch besten Dank für das herzlich ge-
haltene Geburtstagstelegramm.

Mit sozialistischem Gruß

Paul Wiens.
- Paul Wiens -

mit seinen Liebesgedichten zum meistverkauften deutschsprachigen Gegenwartslyriker entwickeln.

Relativ vorsichtig agierte das Zeitgenossen-Lektorat unmittelbar nach der Neustrukturierung auch im Bereich der erzählenden Literatur. Pflichtschuldig machte man sich im Jahr 1964 mit einem Preisausschreiben auf die Suche nach »Schicksalen und Entwicklungen von Menschen des ersten Arbeiter-und-Bauern-Staates« und reiste im April mit einer namhaften Delegation zur II. Bitterfelder Konferenz an. Dort lauschte unter anderen Caspar dem phrasendreschenden Ulbricht, der den Schriftstellern ihr Versagen vorwarf. In seinem sächsischen Singsang kritisierte der Staatsratsvorsitzende, dass es manchen Künstlern nach wie vor am »Verständnis für die Größe und die Schönheit unseres Lebens, für den Heroismus der friedlichen Arbeit« mangele. Ein Autor, den Ulbricht als positives Beispiel erwähnte, war der Arbeiterschriftsteller Max von der Grün. Ein Bitterfelder Junge war aber auch von der Grün nicht. Er kam aus Westdeutschland.

Von der Grün, 1926 in Bayreuth als Sohn einer Dienstmagd und eines Bauernknechts geboren, hatte – wie Caspar – in amerikanischer Kriegsgefangenschaft zur Literatur gefunden. Nach seiner Rückkehr in seine bayrische Heimat und einer Maurerlehre war er 1951 ins Ruhrgebiet weitergezogen, wo in der Kohle händeringend nach Arbeitskräften gesucht wurde. 1955 war von der Grün nach vier Arbeitsjahren als Schlepper und Hauer zum Grubenlokomotivführer in der Zeche Königsborn bei Dortmund aufgestiegen. Bald war er nur noch für die Nachtschichten eingefahren, um tagsüber seinem Hobby, dem Schreiben, nachzugehen. Nachdem sein Debüt *Männer in zweifacher Nacht* 1962 noch weitgehend unbeachtet geblieben war, hatte er im Jahr darauf mit dem Roman *Irrlicht und Feuer* seinen Durchbruch gefeiert. Seinen Beruf unter Tage übte von der Grün fortan nicht mehr aus – allerdings nicht freiwillig, sondern zwangsweise, weil die Zechenleitung ihm gekündigt hatte. Als Anlass dafür galt sein Fernbleiben von der Schicht, der eigentliche Grund aber war ein anderer: Die Unternehmerverbände hatten die Darstellung der Arbeitsverhältnisse im Roman des Kumpelautors heftig kritisiert, der Bergwerkstechniklieferant Westfalia sogar eine (erfolglose) einstweilige Verfügung gegen das Erscheinen eingereicht. Auch die Gewerkschaften protestierten gegen das Bild, das von ihnen gezeichnet wurde. Das Ansinnen der Kampagne schlug allerdings ins Gegenteil um: Es war ebendiese Kontroverse, die eine breite Öffentlichkeit auf *Irrlicht und Feuer*, erschienen in dem kleinen katholischen Paulus-Verlag in Recklinghausen, aufmerksam machte. Für die DDR war der Prozess ein gefundenes Fressen. Während Ulbricht in Bitterfeld auf die gerichtlichen Verfolgungen und die öffentlichen Beschimpfungen hinwies, druckte die *neue deutsche literatur* in ihrem Aprilheft 1964 die von Westfalia inkriminierte Passage, in der ein Panzerförderer einem Arbeiter den Kopf abreißt, und wies in einem redaktionellen Vorwort genüsslich auf die »heftige gerichtliche Auseinandersetzung des Verfassers mit der Zechenleitung« hin.

Nach dem Veröffentlichungsspektakel war das Interesse an dem Buch in der DDR natürlich groß. Zuständig war der Aufbau-Verlag, dem im Zuge der Profilierung schließlich die Hauptverantwortung für die Publikation westdeutscher Literatur zugeteilt worden war. Wegen der politischen Dimension hatte eine Lizenzausgabe von *Irrlicht und Feuer* höchste

Lizenzausgabe von Max von der Grüns *Irrlicht und Feuer* (1964)

Priorität. Der Lektor Günter Schubert überzeugte die Leitung der HV Verlage und Buchhandel sogar, dass das Buch den Lesern in der DDR ohne ein kommentierendes Nachwort zugemutet werden konnte, weil ein solches den Erscheinungstermin aufs nächste Jahr verschoben hätte. Parallel zu der Veröffentlichung von *Irrlicht und Feuer* eröffnete Annie Voigtländer im *Sonntag* eine Serie über die Dortmunder Gruppe 61, die sich um Max von der Grün, den Bibliothekar Fritz Hüser und den Gewerkschaftsfunktionär Walter Köpping gesammelt und sich die künstlerische Auseinandersetzung mit der industriellen Arbeitswelt auf die Fahnen geschrieben hatte. Als zusätzliches Produkt ihrer zahlreichen Reisen ins Ruhrgebiet gab die Aufbau-Lektorin 1967 die Gruppen-Anthologie *Seilfahrt* heraus, die sich in ihrer Konzeption auffallend von der westdeutschen Vorlage, dem im Luchterhand-Verlag erschienenen *Almanach der Gruppe 61 und ihrer Gäste* mit dem Titel *Aus der Welt der Arbeit*, unterschied. Voigtländer konzentrierte sich bei ihrer Auswahl nämlich auf diejenigen Kernmitglieder der Gruppe, die sie einer internen Opposition zu-

143

rechnete und deren Texte, so heißt es im Verlagsgutachten, primär auf »eine aufklärende oder sogar aktivierende Wirkung« zielten. Auf diese Weise wollte die verantwortliche Lektorin ein Gegengewicht zur Luchterhand-Anthologie schaffen, in der die Herausgeber »Texte ausgespart haben, die Kritik an den bestehenden Verhältnissen üben«.

In die Jubelgesänge auf die westdeutsche Arbeiterliteratur hatte sich allerdings schnell das strenge Geraune der literarischen Normenwächter gemischt. Auch der Vorzeige-61er von der Grün war davon betroffen. Er, der als schreibender Arbeiter gefeiert wurde, hatte in Interviews den Bitterfelder Weg abgelehnt, nannte ihn eine billige Umschmeichelung und weigerte sich expressis verbis, »zum Wohle des Sozialismus« zu schreiben. Während von der Grün auf Einladung des Aufbau-Verlags im November 1964 durch die DDR tourte und die Lesereise zum medial begleiteten Großereignis wurde, mahnte Eberhard Röhner im *Neuen Deutschland*, dass der Autor zwar eine »humanistische Kampfposition« einnehme, gleichzeitig aber eine »echte Gegenposition« vermissen lasse. Die DDR stand vor einem Rezeptionsdilemma. Doch die Hoffnung auf den Partner im Klassenkampf überwog gegenüber der Skepsis. Ohne langen Vorlauf schob Aufbau noch eine zweite und dritte Auflage von *Irrlicht und Feuer* nach. Auch der Buchclub 65, zum 1. Januar 1965 als Gemeinschaftsprojekt von fünf Verlagen (darunter Aufbau samt Rütten & Loening) gegründet, nahm den Titel prompt ins Programm.

Das Lesepublikum, bei dem Bücher mit Westlizenz ohnehin oft hoch im Kurs standen, dankte es dem Verlag. Auf der inoffiziellen Bestsellerliste der DDR, ermittelt aus einer Umfrage unter Buchhändlern von Rostock bis Suhl, gehörten im Herbst 1966 neben Max Frischs *Mein Name sei Gantenbein* (Volk und Welt) – die Publikation von *Stiller* war 1962/63 trotz Vorankündigung noch an einem Veto aus Hagers Ideologischer Kommission beim ZK der SED gescheitert – auch zwei literaturgeschichtlich bedeutende Aufbau-Titel westdeutscher Provenienz, nämlich Christian Geisslers *Kalte Zeiten*, die avantgardistische Erzählung eines Tags im Leben eines jungen Arbeiterpärchens, und eben *Irrlicht und Feuer*, das mittlerweile als erstes bundesdeutsches Buch überhaupt von der DEFA verfilmt worden war. Der Drehbuchautor Gerhard Bengsch und der Hauptdarsteller Günther Simon hatten von der Grün im Ruhrpott besucht, um Requisiten für den Film zu sammeln, der hauptsächlich in den Babelsberger Studios und in einem Zwickauer Lehrstreb abgedreht wurde. Der Aufwand war groß, doch immerhin ließen sich die westdeutschen Arbeiter leicht charakterisieren: Im Stammlokal des Autors, so geht die Legende, hatten sich die ostdeutschen Besucher leere Schnaps- und Bierflaschen mitgeben lassen.

Frust und Feste: Kahlschlag, Frühling, Voigt

Eine DDR-Geschichte aus SED-Sicht ließe sich ausgezeichnet über die Titelseiten des *Neuen Deutschlands* erzählen. Die erste Seite des Zentralorgans, gedruckt auf dem besten verfügbaren Zeitungspapier, gab die wichtigsten Themen vor und lieferte die Deutung gleich mit. Die Schlagzeilen dominierte im Februar 1965 neben dem Tod des Politbüro-Mitglieds Bruno Leuschner und dessen öffentlicher Aufbahrung auf dem Marx-Engels-Platz, geheimen Waffenlieferungen der Bundesrepublik an Israel und dem »Bombenterror« der »USA-Piraten« im Vietnamkrieg eine Reise Walter Ulbrichts nach Ägypten. Auf 20 Titelseiten in Folge feierte die *ND*-Redaktion das Ereignis als außenpolitischen Ritterschlag. Schließlich empfing der ägyptische Präsident Gamal Abdel Nasser, als Vorsitzender der blockfreien Staaten kein Mitglied des sozialistischen Lagers, das Staatsoberhaupt der DDR mit allen offiziellen Ehren – und das, obwohl die 1955 in Westdeutschland formulierte Hallstein-Doktrin die Aufnahme diplomatischer Beziehungen von Drittstaaten mit der DDR als »unfreundlichen Akt« einstufte, um den Alleinvertretungsanspruch der Bundesrepublik zu unterstreichen und die DDR international zu isolieren. Zur Fußnote verkam beinah, dass Ulbricht noch einen kurzen Zwischenstopp in Titos Jugoslawien gemacht hatte, bevor es von Dubrovnik an Bord der »Völkerfreundschaft« weiterging. Wenige Monate später, im Juni 1965, wurde der einstige Erzfeind sogar als Staatsgast in Ost-Berlin empfangen. Passend zum Tito-Besuch führte Ivo Andrić mit seiner *Brücke über die Drina*, in der Reihe *Bibliothek der Weltliteratur* und im Buchclub 65 neu aufgelegt, die DDR-Bestsellerliste an.

Die außenpolitischen Erfolge waren Balsam für die arg geschundenen Funktionärsseelen. Immerhin war die eigene Bevölkerung jahrelang und massenhaft in das Sündenbabel Bundesrepublik geflüchtet. Zudem hatten die SED-Oberen wieder und wieder zu spüren bekommen, dass der große Bruder in der Sowjetunion die Fäden fest in der Hand hielt und seinen Homunculus dorthin tanzen ließ, wo er es für richtig hielt. Doch mit der Mauer im Rücken und den folgenden wirtschaftlichen und kulturpolitischen Strukturreformen wähnte man sich nun auf dem richtigen Weg. Auch moralisch konnte man im Juli 1965 punkten: Albert Norden stellte auf einer internationalen Pressekonferenz das *Braunbuch* vor, das die NS-Vergangenheit von 1800 aktuellen westdeutschen Würdenträgern in Staat, Wirtschaft, Armee, Verwaltung, Justiz und Wissenschaft offenlegte. Was im Westen als billige Lügenpropaganda denunziert wurde, war mit einer Irrtumsquote von unter einem Prozent schlichtweg die bittere Wahrheit. Ins Bild von den fröhlichen Urständ des Nazismus passte, dass es zeitgleich in West-Berlin eine Brandanschlagsserie auf Wohnungen linker Journalisten und Intellektueller gab. Betroffen war unter anderem Joachim Seyppel, dessen satirische Erinnerungen *Als der Führer den Krieg gewann oder Wir sagen Ja zur Bundesrepublik* der Aufbau-Verlag gerade veröffentlicht hatte. Die westdeutschen Verlage hatten allesamt abgelehnt.

In diesem glorreichen Sommer des Jahres 1965 feierte der Aufbau-Verlag sein 20. Jubiläum. 3600 Titel mit einer Gesamtauflage von 43,6 Millionen Exemplaren waren bisher erschienen. Die meistverkauften Titel waren *Das siebte Kreuz* von Anna Seghers und der Abreißkalender *Jahresweiser durch alte und neue Kunst*. Mit über 500 000 Exemplaren wurden außerdem noch Willi Bredels Trilogie *Verwandte und Bekannte* und Arnold Zweigs *Grischa*-Zyklus, der aus sechs Büchern bestand, aufgeführt. In Anbetracht der vielstimmigen Glückwunscharien – das Zentralkomitee sprach beispielsweise vom »größten und bedeutendsten Verlag für schöngeistige Literatur« – ging beinahe unter, dass der Parteiverlag Dietz zeitgleich ebenfalls seinen 20. Geburtstag feierte und auf eine viermal so hohe Gesamtauflage verweisen konnte. Doch während die 1955 abgebrochene Stalin-Ausgabe genauso wie etliche andere Dietz-Bücher in den Regalen verstaubte, wanderten viele Aufbau-Bücher von Hand zu Hand.

»Für Thälmanns Sache steht er, /
merkt's euch, ihr Söhne und Vä-
ter!« (Paul Wiens): Willi Bredel

In der Französischen Straße hatte man mit literarischem Eifer und politischer Vorsicht an einem repräsentativen Jubiläumsprogramm gearbeitet: Neben dem neuen Seghers-Erzählungsband *Die Kraft der Schwachen*,
einem als Fragment veröffentlichten zweiten Teil von Bodo Uhses *Patri-
oten* und einem Briefwechsel zwischen Heinrich und Thomas Mann, neben Becher, Fallada und Marchwitza, erschienen Titel vom viel gelesenen
Nachbar und dem künftig viel gelesenen Otto, vom ewig umstrittenen
Kunert und dem – Zitat HV Verlage – »emigrierten Westdeutschen« Jens
Gerlach, der sich in seinen *okzidentalen snapshots* an Kollegen aus der
Bundesrepublik abarbeitete und von der Zensurbehörde als linksradikal
gefürchtet wurde. Für den Spätherbst war bei Rütten & Loening zudem
Hermann Kants Roman *Die Aula* angekündigt, der den Arbeiter-und-
Bauern-Fakultäten ein Denkmal setzen sollte und von den gestrengen
Gralshütern des sozialistischen Realismus wegen seiner Montagetechnik,
der inneren Monologe, des ironischen Erzählgestus und des offenen Um-
gangs mit unbequemen Themen als modernistisches Teufelszeug hätte

verurteilt werden können, wenn das Bekenntnis zur Partei nicht ganz so überzeugt und überzeugend gewesen wäre. Die Leser fanden Gefallen daran: *Die Aula* kam bis zur Wende auf über 25 Auflagen und wurde auch in der Bundesrepublik mehr als 200 000-mal verkauft.

Mit gleich zwei Büchern, die ebenfalls unter dem Rütten-Label erschienen, wagte man sich in der Französischen Straße an den deutsch-schwedischen Autor Peter Weiss, der mit *Die Ermittlung*, seinem Stück über die Auschwitzprozesse, gerade in aller Munde war. Auch von Martin Walser erschien nach reichlichem Antichambrieren ein Band mit drei Stücken. Den größten Coup landete das Lektorat Auslandsliteratur: Neben Maxim Gorki, Jack London, Martin Anderson Nexö und dem im Vatikan verhassten Kleine-Leute-Chronisten Alberto Moravia erschien nach längerer Pause wieder ein Sartre-Buch, *Die Wörter*, mit Rowohlt-Lizenz – und das ausgerechnet in einer Übersetzung von Hans Mayer, der mittlerweile nicht mehr in Leipzig, sondern in Hannover lehrte. Erstaunliches geschah parallel auch im musikalischen Feld, wo die oft geschmähte Beat-Musik einen kurzen Siegeszug durch die DDR antreten durfte. Im April 1965 erschien bei Amiga sogar eine Lizenz-LP der Beatles, die das FDJ-Magazin *Neues Leben* als Protest von vier Liverpooler Arbeiterjungen gegen den Kapitalismus feierte. Das alles passte zum liberalen Kurs, den die SED in ihrem Jugendkommuniqué 1963 mit einem Kalauer eingeleitet hatte, der an die Wortspielereien Hermann Kants erinnerte. »Welchen Takt die Jugend wählt, ist ihr überlassen: Hauptsache, sie bleibt taktvoll.«

Doch so langsam brach im ZK wieder einmal die Furcht vor der eigenen Courage aus. Als ein Konzert der Rolling Stones auf der West-Berliner Waldbühne im September 1965 völlig aus dem Ruder gelaufen war, läuteten die Kulturstalinisten eine Kampagne gegen die Beat-Bewegung in der DDR ein, erteilten den populären Butlers und anderen Bands Auftrittsverbot und nutzten die darauf folgende Leipziger Beatdemo vom 31. Oktober, um die gefürchteten Gammler und Rowdys die harte Hand der Staatsmacht spüren zu lassen. Doch das ZK war noch nicht fertig. An einem nasskalten Dezembertag kamen die Politfunktionäre zum 11. Plenum zusammen. Eigentlich sollte der Wirtschaftsplan im Zentrum der Debatte stehen. Doch die Regie plante kurzfristig um und inszenierte im Haus am Werderschen Markt eine Generalabrechnung mit Musik, Film und Literatur. Das *ND* veröffentlichte eine sechsseitige Sonderbeilage mit Auszügen aus den Reden von Paul Fröhlich, Alfred Kurella, Helmut Sakowski, Horst Sindermann und anderen, die gegen »konterrevolutionäre Machwerke« geiferten und etliche Dichter und Filmemacher namentlich angriffen. Ganz unten auf der letzten Seite der Ausgabe vom 19. Dezember 1965 fand sich indes ein eindrucksvoller Widerspruch: Christa Wolf, damals Kandidatin des ZK, hatte sich vor dem versammelten Funktionärszirkel zu einer improvisierten Verteidigung des angegriffenen Werner Bräunig erhoben. Der Literaturwissenschaftler Wolfgang Emmerich nannte die von ständigen Zwischenrufen unterbrochene Rede später ein »bemerkenswertes Manifest«, in dem sich einerseits die ungebrochene Bindung vieler DDR-Autoren an den Staat und andererseits die beginnende Abkehr »von der menschenfeindlichen Praxis dieses Systems« erkennen ließen.

Das 11. Plenum, als Kahlschlagplenum in die Kulturgeschichte eingegangen, hinterließ tiefe Spuren im literarischen Feld der DDR. Der Aufbau-Verlag stand nicht im Zentrum der Kritik, kam aber auch nicht ungeschoren davon. So musste der Verlagsalmanach *Neue Texte* mit Gedichten von den Kirschs, Kunze, Mickel und anderen eingestampft werden. Der Nachfolgeband erschien 1967 erst, nachdem Gedichte von Bernd Jentzsch und Axel Schulze gestrichen worden waren. Keine Chance bestand mehr für Fritz Rudolf Fries' Beatroman *Der Weg nach Oobliadooh*, der 1966 bei Suhrkamp erschien. Gerade diese Westveröffentlichungen, die fortan nur noch über das Büro für Urheberrechte laufen sollten, waren für die Kulturfunktionäre ein Ärgernis. Für Zornfurchen auf den Betonstirnen hatten beispielsweise Robert Havemanns *Dialektik ohne Dogma*, erschienen 1964 in der rororo-Reihe, und Biermanns *Drahtharfe* (1965) gesorgt, mit der Klaus Wagenbach seine Verlagsneugründung in West-Berlin schlagartig bekannt gemacht hatte. Dass die SED zu noch härteren Maßnahmen als im Fall Wagenbach greifen konnte, der nach dem 11. Plenum ein Einreiseverbot erhielt, musste die Havemann-Liebhaberin und Biermann-Freundin Helga M. Novak erfahren: Die weit gereiste Dichterin, deren Debüt *Die Ballade von der reisenden Anna* 1965 bei Luchterhand erschienen und auch bei Aufbau im Gespräch gewesen war, wurde nach dem Kahlschlagplenum vom Literaturinstitut »Johannes R. Becher« exmatrikuliert und kurz darauf ausgebürgert. Sie alle – Havemann, Biermann und

Novak – standen für eine systemimmanente Opposition gegen den SED-Sozialismus. Ihr Dissens enthielt immer auch einen Rest Identifikation mit demjenigen deutschen Staat, der sich als antifaschistisch und sozialistisch verstand. Die Parteiorthodoxen bemerkten schnell, dass die linken Intellektuellen, von denen sie mit Marx- und Luxemburg-Zitaten angegriffen wurden, für ihre Herrschaft, insbesondere für ihre Diskurshoheit, eine größere Gefahr darstellten als die Antikommunisten aus dem Westen.

Ein großer verlagsgeschichtlicher Einschnitt war das 11. Plenum für Aufbau auch aus personellen Gründen. Klaus Gysi sollte mit seinem eisernen Besen nun woanders kehren und wurde als Nachfolger des geschassten Hans Bentzien zum Kulturminister berufen. In der Französischen Straße räumte er nicht einmal mehr seinen Schreibtisch aus. Seine Nachfolge übernahm Fritz-Georg Voigt, der innerhalb von knapp 15 Jahren die Verlagsleiter bis zur höchsten Stufe emporgestiegen war. Voigt, 1925 in Magdeburg geboren, hatte 1952 im Lektorat Klassisches Erbe angefangen, war 1958 als Leiter ins Lektorat Auslandsliteratur gewechselt und 1963 zum Cheflektor berufen worden. Sein Lebenslauf hatte aber schon vor dem Eintritt in den Verlag einen Knick bekommen: Bei der landesweiten Überprüfung aller SED-Mitglieder im Herbst 1951 war Voigt, Parteimitglied seit 1946 und gerade mit einer Arbeit über den französischen Nobelpreisträger André Gide promoviert, kritisiert worden, unter anderem weil er während des Studiums als Pianist mit einer Beat-und-Swing-Band aufgetreten war. Nachdem er einen Rehabilitierungslehrgang an der Kreisparteischule in Jena erfolgreich absolviert hatte, suchte er sein Glück in Ost-Berlin. Doch unmittelbar bevor er am 1. April 1952 die Lektoratsstelle in der Französischen Straße antreten konnte, war er von der Staatssicherheit in Gewahrsam genommen worden und hatte sich als Geheimer Mitarbeiter (GM) mit dem Decknamen »Kant« verpflichtet.

Die Kaderpolitiker hatten ihren neuen Mann an der Aufbau-Spitze mit Bedacht gewählt. Sie hatten auch nach der Abberufung Gysis ein Ohr in der Verlagsleitung. Zudem galt Voigt zwar als qualifizierter Lektor und Übersetzer – Meriten hatte er sich 1954/55 mit der zehnbändigen Lessing-Ausgabe erworben, und seine zwanzigbändige Balzac-Ausgabe war gerade im Entstehen –, doch war er als musischer, feinfühliger Gelehrter, der in einer geheimen Wahl einst zum höflichsten Mitarbeiter des Hauses gekürt

Der ehemalige Verlagsleiter Klaus Gysi mit seinem Nachfolger Fritz-Georg Voigt 1968 am Aufbau-Messestand

worden war, nicht der Richtige, um den machtbewussten Funktionären Paroli zu bieten, wie es alle seine Vorgänger mehr (Wilhelm und Janka) oder weniger (Wendt und Gysi) getan hatten. Sein Neckname im Verlag stammte aus einem berühmten Kinderbuch: Alfons Zitterbacke. Voigts Nachfolgerin auf dem Cheflektorposten, Ruth Glatzer, 1928 in Leipzig geboren und seit 1952 Lektorin bei Rütten & Loening, hatte einen deutlich anderen Habitus. Sie galt als kompetente, strenge und durchsetzungsstarke Genossin, die politische Querelen vermeiden wollte, sich bei Konflikten aber oft genug als Prellbock vor ihr Lektorat stellte. SED-Mitglied war sie seit 1953.

Die erste große Aufgabe, die das neue Leitungsduo bewältigen musste, war das Programm zum 50. Jahrestag der Oktoberrevolution 1967, die in der jahrestagssüchtigen DDR landauf, landab gefeiert werden sollte. Während Nyota Thun, die einige Jahre für den *Sonntag* in Moskau gearbeitet hatte, in der Anthologie *Zeitenwende* die Spuren der Oktoberrevolution in der frühen sowjetischen Prosa verfolgte, stellten Alexander Abusch und Werner Baum unter der Überschrift *Licht des großen Okto-*

ber die Sowjetunion im Werk von 99 deutschsprachigen Schriftstellern vor. Gemeinsam mit dem VEB Deutsche Schallplatten lud Aufbau außerdem zu einer Festveranstaltung in die Kongresshalle am Alexanderplatz, auf der vor den Augen von Ulbricht-Sekretär Otto Gotsche, dem neuen Kulturminister Gysi und Arno Hochmuth, Leiter der Abteilung Kultur beim ZK, Gisela May, Helene Weigel und andere Texte aus dem *Oktober*-Band von Becher und Brecht, Bredel und Maurer, Wiens und Hacks interpretierten. Die Kurve zum zeitgenössischen Klassenkampf schlug der Festredner Abusch, indem er Arnold Zweig »herzliche Grüße und gute Wünsche« ausrichtete. Der 80-jährige Autor war nämlich gerade Gegenstand einer heftigen Auseinandersetzung geworden: Kurz nachdem sich Zweig geweigert hatte, eine lancierte Stellungnahme jüdischer Bürger aus der DDR gegen »das Komplott Israel – Washington – Bonn« zu unterschreiben, hatte die antikommunistische Presseagentur Tarantel-Press aus angeblichen Briefen Zweigs zitiert, in denen er das Leben in der DDR als »Hölle« bezeichnet habe. Der Staat sei ein »russischer Satrap«. Einige Springer-Zeitungen waren auf den Zug aufgesprungen und hatten von einem »Verleumdungsfeldzug« gegen Zweig in der Zone berichtet. Nachdem sich die Zitate als Fälschung herausgestellt hatten, drehte das Politbüro den Spieß nun genüsslich um.

Während die Auseinandersetzung um Zweig noch köchelte, plante man in der DDR die Feierlichkeiten für das nächste Jubiläum, den 20. Staatsgeburtstag. Aufbau veranstaltete aus diesem Anlass – wieder einmal – ein Preisausschreiben für Texte, »deren Themen und Stoffe sinnfällig Wesen und Charakter des ersten Arbeiter-und-Bauern-Staates auf deutschem Boden darstellen«. Allerdings kam ein Ereignis dazwischen, dass die DDR ähnlich durchrüttelte wie der Ungarn-Aufstand und seine Folgen in den Jahren 1956/57.

In der Tschechoslowakei hatte sich im Frühjahr 1968 eine reformkommunistische Gruppe um den neuen ersten Sekretär der KPČ, Alexander Dubček, daran gemacht, einen »Sozialismus mit menschlichem Antlitz« aufzubauen. Wie in Ungarn 1956 spielten die Intellektuellen dabei eine tragende Rolle. Als der Schriftsteller Ludvík Vaculík im Juni 1968 das *Manifest der 2000 Worte* veröffentlichte und sich wenig später fast 90 Prozent der Bevölkerung für die Beibehaltung eines Sozialismus aussprachen, der allerdings nach den reformerischen Vorstellungen umgestaltet werden sollte, sah sich Moskau zum Handeln gezwungen und belegte die Entwicklung in Prag mit dem Verdikt der Konterrevolution. Wenig später, in der Nacht zum 21. August, marschierte schließlich eine halbe Million Soldaten aus den Heeren der Sowjetunion, Bulgariens, Polens und Ungarns Richtung Prag. Dass die Nationale Volksarmee (NVA) nicht beteiligt war, traf nicht bei allen in der SED-Führung auf Zustimmung.

Auch im eigenen Land sahen sich die Altfunktionäre genötigt, die gefürchteten konterrevolutionären Umtriebe im Keim zu ersticken. Der 23-jährige Thomas Brasch musste sich wegen des Verteilens von Flugblättern, auf denen gegen den Einmarsch der Warschauer-Pakt-Truppen argumentiert wurde, vor Gericht verantworten. Auffliegen lassen hatte ihn sein eigener Vater Horst, der stellvertretende Kulturminister, der seine Nomenklatura-Karriere trotz der Denunziation nicht mehr retten konnte. Dieses familiäre Trauerspiel ließ sich auf die gesamte DDR beziehen: Für einen Großteil der ostdeutschen Bevölkerung war die Niederschlagung des Prager Frühlings keineswegs ein Triumph, sondern eher ein verheerendes Signal, weil die Panzer »nicht gegen den Feind, sondern gegen die eigenen Ideale« (Stefan Wolle) rollten. Offiziell suspekt war nun auch die Außerparlamentarische Opposition, die bis Mitte 1968 als hoffnungsvoller Verbündeter im antiimperialistischen Kampf gegolten hatte: Die langhaarigen Parkaträger galten mit ihrer antiautoritären Grundhaltung plötzlich als Voluntaristen, die sowohl von Gruppen »maoistisch-kulturrevolutionärer Observanz, aber auch von Bonn höchst programmatisch gefördert und theoretisch begründet werden«. Einen Beleg für eine derart steile These musste Heinz Plavius, stellvertretender Chefredakteur der *ndl*, nicht liefern. Es reichte, dass er sich im Rahmen des Deutungsdogmas geäußert hatte.

Im Aufbau-Verlag war die Niederschlagung des Prager Frühlings deutlich am Programm abzulesen. Ein Essayband des Schweizer Marxisten Konrad Farner, der bereits gesetzt war, wurde gestrichen. Das dritte und vorerst letzte Buch von Ludvík Aškenazy, der sich 1968 nach München abgesetzt hatte, blieb *Die schwarze Schatulle* (1965). Das war auch deshalb problematisch, weil mit dem Autor dessen Frau Leonie Mann-

Aškenazy emigrierte, Rechtserbin ihres Vaters Heinrich Mann. Die schwerste Erschütterung in der Französischen Straße aber war die Entlassung von Joachim Schreck, der intern gegen die Niederschlagung des Prager Frühlings protestiert hatte. Der Lektor, der nach der Harich/Janka-Affäre als parteilicher Aufräumer in den Verlag gekommen war, hatte sich peu à peu emanzipiert und war ein Meister im Gutachtenspiel mit der HV Verlage geworden. Als verdächtig galt er vor allem wegen seines Einsatzes für die jungen Dichter. So hatte er sich seit 1965 vehement für eine Publikation eines Manuskripts von Reiner Kunze stark gemacht, das er dem Lyriker, enttäuscht über die kulturpolitische Entwicklung, 1967 in Greiz persönlich zurückgegeben und eine Schnecke in Kunzes Gästebuch gemalt hatte, weil man, wenn überhaupt, eben nur im Schneckentempo vorankam. Mit Unterstützung des externen Gutachters Gerhard Wolf und seines Vorgesetzten Günter Caspar, der das »enthusiasmierte« Gutachten Schrecks mit einer kritischen Anmerkung abgefedert hatte, hatte Schreck aber immerhin Karl Mickels *Vita nova mea* (1966) durchgeboxt. Dasselbe war ihm 1967 mit Sarah Kirschs *landaufenthalt* und 1968 mit Kurt Bartschs *zugluft* gelungen. Ebenfalls 1968 setzte er den jungen Autoren mit der Anthologie *Saison für Lyrik* in der Taschenbuchreihe *bb* ein Denkmal. Schreck wollte die Anthologie als Experimentierfeld nutzen und zeigen, dass die junge Dichtung aus dem Umfeld der von Adolf Endler getauften »Sächsischen Dichterschule« längst als repräsentativ für die Entwicklung der DDR-Lyrik angesehen werden konnte. Und die HV spielte mit: Nachdem ein eigener Außengutachter die Konzeption des Bandes angezweifelt hatte, widersprach der Verantwortliche HV-Mitarbeiter Frank Beer vehement. Er könne, so der Mayer-Schüler, »die Unsicherheit unseres Außengutachters einfach nicht begreifen«. Für eine Druckgenehmigung sehe er »gar keine Hinderungsgründe«. In der DDR wurde der Band, in einer Auflage von 25 000 Exemplaren erschienen, schnell als epochemachend angesehen und schaffte es in die Schaufenster vieler Buchhandlungen.

Nachdem Schreck rausgeschmissen worden war, wurde *Saison für Lyrik* eilig zum Corpus delicti erklärt und öffentlich abgeurteilt. Im Leitmedium *ND* ließ im März 1969 ausgerechnet jener Frank Beer, der das Buch als HV-Gutachter durchgewinkt hatte, das literaturpolitische Fallbeil fallen – es ging schließlich auch um seinen eigenen Kopf. »Der Zug zu einer elitären Selbstverständigung«, so bekrittelte er, »hat in unserer Lyrik zugenommen, und in gleichem Maße gehen Verständlichkeit und Massenverbindung verloren.« Zwei Monate später trat Helmut Preißler auf dem VI. Schriftstellerkongress heftig nach: Mit Blick auf die Aufbau-Anthologie sprach er von der Tatsache, »daß zunehmend schwächlichere, blutarme und indifferente Lyrik in hohen Auflagen mit großer Reklame bei uns erscheint«. Gemeinsame Sache müsste es nun sein, »nicht länger zuzulassen, daß in der Lyrik bei uns die Impotenten und ihre Jünger die Geburtenregelung übernehmen«. Das ging selbst denjenigen zu weit, die seine Kritik im Prinzip teilten. So erklärte Günther Deicke in seinem Redebeitrag, dass Preißlers Referat in den Pausengesprächen als »ein bißchen schöngefärbt« bezeichnet wurde, was wiederum ein bisschen schöngefärbt gewesen sein dürfte. Obwohl auch einige Prosabände des Aufbau-Verlags auf dem Schriftstellerkongress namentlich kritisiert wurden, Rudolf Bartschs *Zerreißprobe*, Kunerts *Kramen in Fächern* und Alfred Wellms *Pause für Wanzka*, dessen Veröffentlichung Margot Honecker jahrelang zu verhindern versucht hatte, da die Handlung im Bereich der Volksbildung spielt, war die Dichtung offensichtlich zum Stolperstrick in der Französischen Straße geworden. Auch die Stasi hatte kurz vor dem Kongress festgestellt: »Außer bei der Lyrik […] hat der Aufbau-Verlag augenblicklich keine größeren Sorgen mit den Schriftstellern.« Das Erbe-Lektorat hatte zeitgleich einbändige Auswahlausgaben der avantgardistischen Expressionisten Else Lasker-Schüler (1968) und Georg Heym (1969) durchgebracht. Auch das war längst nicht jedem recht.

Zur Buße trat das Lektorat für zeitgenössische Literatur schließlich 1970 an: Deicke und Berger, der sich als IM »Uwe« gerade bei der Stasi verpflichtet hatte, gaben den knapp 400 Seiten starken Band *Lyrik der DDR* heraus, dessen Titel Repräsentativität versprechen sollte. In der Bundesrepublik war man mit dem Urteil schnell zur Hand. So bezeichnete Jürgen P. Wallmann die Gedichte in den *Neuen deutschen Heften* bis auf wenige Ausnahmen als »sozialistische Schmuckpoesie, Bestätigungsliteratur, Nachschriften von Vorschriften«. Die im Westen weit verbreiteten Biermann und Huchel fehlten.

Rote Tuchfühlung:
Deutsch-deutsche Kontroversen

Es war viel Verkehr am geteilten deutschen Himmel in den Sechzigern: Immer wieder, wenn der Westwind blies, trieben Schwärme von Ballons über die Grenze zwischen der Bundesrepublik und der DDR. An den Ballons hingen allerdings keine Brieffreundschaftsanfragen von Lübecker, Braunschweiger oder Kasseler Kindergeburtstagen, sondern Bündel mit »politisch-ideologischer Diversion«: Die Zeugen Jehovas schickten Bibelverse in den entfrommten Osten, die SPD versorgte die Genossen in der Zone mit dem Parteiorgan *Vorwärts*, und die Bundeswehr warb auf Flugblättern mit dem westdeutschen Wirtschaftswunder, um die DDR-Volksarmisten zum Desertieren zu bewegen. Manchmal baumelten auch Bücher an den Ballons. So flogen 1969 etliche tausend Exemplare des antistalinistischen Erinnerungsbuchs *Marschroute eines Lebens* von Jewgenija Ginsburg über die deutsch-deutsche Grenze.

Obwohl im Ballonbuch – Dünndruck, Kleinstformat, wasserdicht verpackt – statt eines Verlagsimpressums ein Revers mit Scheinadresse gedruckt war, landete eines der Exemplare im Rowohlt-Lektorat, das den Titel 1967 in deutscher Übersetzung verlegt hatte. Als die Lektoren die Verlagsleitung mit dem Büchlein konfrontierten, gab diese zu, der Bundeswehr ihr Placet für die Aktion erteilt zu haben, wobei einzig der Vertriebschef Karl Hans Hintermeier in die Details eingeweiht war. In der DDR kommentierte ein junger ND-Redakteur namens Klaus Höpcke, der später als Bücherminister in die Geschichte eingehen sollte, die Ballonaffäre und fragte, ob der Rowohlt-Verlag in Anbetracht der »Teilnahme an den Diversionsbombenaktionen des Bonner Ultrarechtsblocks« noch tiefer sinken könne. Unmittelbar darauf schied Fritz J. Raddatz, der als stellvertretender Cheflektor von Volk und Welt 1958 in die Bundesrepublik übergesiedelt war und seit 1960 das Rowohlt-Lektorat mit einer Mischung aus Arbeitswut, Autorität und Virtuosität leitete, im Streit mit dem Verleger Heinrich Maria Ledig-Rowohlt aus dem Verlag aus. Mit ihm beendete ein linker Autorentross die Zusammenarbeit mit Rowohlt.

Die Ballonbücher-Episode ist ein sinnfälliges Beispiel für das literarische Leben, das sich im Schatten der gerade von Willy Brandt eingeleiteten Neuen Ostpolitik entwickelte. Die Aggression, so fürchtete Außenminister Otto Winzer, schleiche sich nun auf Filzlatschen in die DDR. Verdächtig war natürlich auch die Literatur, die zwischen den Zeilen politisch-ideologische Diversion transportieren konnte. Gleichzeitig hoffte die SED-Führung auf neue Bündnispartner im Kampf für die sozialistische Sache. Im Theorieorgan *Einheit* verwies Ulbricht 1969 auf die »Leninsche Lehre von den zwei Kulturen in der antagonistischen Klassengesellschaft«. Gutachten zu westdeutschen Autoren wurden damit zum Vabanquespiel, verlief doch die vermeintliche Grenze zwischen der »herrschenden« und der »fortschrittlichen« Literatur oftmals quer durch das Werk eines Verfassers. Dementsprechend war die Lizenzpolitik von Zurückhaltung geprägt. Im Aufbau-Programm tauchten in den Endsechzigern lediglich zwei neue Namen aus der Bundesrepublik auf, nämlich der des Enthüllungsjournalisten Günter Wallraff (1967/68) und der des West-Berliner Kneipenkünstlers Robert Wolfgang Schnell, der als »Feind der kapitalistisch-bürgerlichen Gesellschaft« wie ein Borkenkäfer in ihr herumkriechen wollte, um »sie in ihren Schwächen aufzuspüren«. Günter Caspar konnte im Druckgenehmigungsvorgang zu Schnells 1919er Revolutionsgeschichte *Erziehung durch Dienstmädchen* (1969) nicht nur darauf verweisen, dass Aufbau den Autor im 1968 erschienenen Sammelband *Der Mörderbock* eingeführt hatte, sondern auch, dass er Schnell persönlich kannte. Gegenüber der HV prahlte er, dass er sogar Einfluss auf das Manuskript gehabt habe. Doch das war die Ausnahme. Das Westprogramm blieb in dieser Zeit auffallend schmal.

Deutlich mehr Betrieb war in der entgegengesetzten Richtung. Nachdem Mitte der 1960er Jahre bis auf einige literarische Ausnahmefälle wie Johannes Bobrowskis Roman *Levins Mühle* oder Fries' *Weg nach Oobliadooh* vor allem die Lyrik von Biermann, Braun und Sarah Kirsch Beifall im Westen gefunden hatte, stieß Ende des Jahrzehnts auch die Prosa auf ein immer größeres Interesse der bundesdeutschen Verlage und Leser. Bei Hanser erschien 1968 Kunerts *Im Namen der Hüte*, das vorher von Aufbau abgelehnt worden war. Für große Tumulte sorgte Christa Wolfs *Nachdenken über Christa T.*, das 1968 im Mitteldeutschen Verlag und 1969 in Lizenz bei Luchterhand erschien. Ebenfalls mit Mitteldeutscher-Lizenz erschien im selben Jahr Günter de Bruyns *Buridans Esel* bei Kindler in München. Der Aufbau-Verlag brachte Alfred Wellms *Pause für Wanzka* 1970 in der Nymphenburger Verlagsbuchhandlung unter. Sie alle standen für eine kritische sozialistische Literatur, die von der westdeutschen Neuen Linken, die sich unter der Chiffre 68er Bewegung sammelte, »als Projektionsfläche für eigene (utopische) Entwürfe einer nichtkapitalistischen Gesellschaft gelesen« wurde, wie Wolfgang Emmerich feststellte.

Etwas aus dieser Reihe fiel lediglich Jurek Becker, dessen Romandebüt *Jakob der Lügner* 1970 in Lizenz bei Luchterhand erschien, nachdem es ein Jahr zuvor von Aufbau verlegt worden war. Die öffentliche Resonanz in der DDR war eher gering gewesen, obwohl Werner Neubert das Buch im *ND* als »poetisches Gleichnis besonderer Art« geadelt hatte. Dass sich dem einflussreichen Chefredakteur der Verbandszeitschrift *neue deutsche literatur* zunächst keine Kritikerkollegen angeschlossen hatten, hing, erstens, mit der Person des Verfassers zusammen. Der nämlich war in der literarischen Öffentlichkeit weitgehend unbekannt, obwohl er schon seit 1960 erfolgreich als freier Schriftsteller firmierte. Allerdings hatte sich der Autor, 1937 als Jerzy Bekker in Polen geboren und bis 1945 im Ghetto von Łódź und verschiedenen Konzentrationslagern aufgewachsen, bis dato ausschließlich mit Film- und Fernsehdrehbüchern befasst und war deshalb kein Gegenstand der literaturkritischen Diskussionen gewesen. Auch *Jakob der Lügner* war im Ursprung ein Filmskript.

Zweitens ließ sich *Jakob der Lügner* kaum in die zeitgleich erschienenen, viel diskutierten und aufstörenden Texte einreihen, die vom Hier und Jetzt in der DDR erzählen. Denn die Geschichte des »Lügners« Jakob Heym beschreibt das Leben in einem polnischen Ghetto, die alltäglichen Gräuel in der NS-Besatzungszeit und den Funken Hoffnung, den der Protagonist bei der jüdischen Bevölkerung durch fingierte Radiomeldungen über das Vorrücken der Roten Armee entfacht.

Drittens gehörte *Jakob der Lügner* nicht zur sozialistischen Vorbildliteratur. Das galt sowohl formal – die ironische Erzählhaltung entsprach ebenso wenig der herrschenden Literaturdoktrin wie die Montage der Geschichte aus bruchstückhaften, vom Erzähler mehrfach als fiktiv ent-

Jurek Beckers Roman *Jakob der Lügner* (1969)

larvten Erinnerungen – als auch inhaltlich. *Jakob der Lügner* war nämlich keine kommunistische Heldenerzählung, ja, es fehlte überhaupt an eindeutiger Parteilichkeit. Bezeichnenderweise hatte sich die Aufbau-Lektorin Ursula Emmerich in ihrem Gutachten bemüht, wenigstens am Rande zu erwähnen, Becker würde »[m]it Gestalten wie dem Herzspezialisten Kirschbaum und dem Rechtsanwalt Schmidt [...] die Klassenfrage« andeuten.

Viertens entsprach der Roman nicht dem heroischen Widerstandsnarrativ, das im DDR-Gedächtnis einen zentralen Platz hatte und beispielsweise über den viel gelesenen und verfilmten Roman *Nackt unter Wölfen* von Bruno Apitz, im MDV mit weit über einer halben Million Exemplaren erschienen und 1960 auch von Aufbau in der *bb*-Reihe verlegt, vermittelt wurde. Während im Apitz-Text organisierte kommunistische Widerständler im KZ Buchenwald der Folter durch SS und Gestapo trotzen, heißt es in *Jakob der Lügner* unmissverständlich: »Und der Widerstand, wird man fragen, wo bleibt der Widerstand? [...] Es hat dort, wo ich war, keinen Widerstand gegeben.« Die Angriffsfläche, die eine solche Darstellung bot, versuchte der im Umgang mit der Zensur erfahrene Wolfgang Joho, der nach dem Kahlschlagplenum seinen Posten als Chefredakteur der *ndl* verloren hatte, in seinem Außengutachten zu glätten, indem er den Apitz-Text herbeizitierte und erklärte, man werde durch einen Vergleich von Beckers Roman mit *Nackt unter Wölfen* »der Eigenständigkeit und Besonderheit dieses Buches nicht gerecht«. So konnte der Roman schließlich ohne viel Widerrede erscheinen, sollte aber nicht ins Zentrum der kulturpolitischen Bemühungen gerückt werden.

Für den Luchterhand-Verlag hatte die Lektorin Elisabeth Borchers bereits nach einem Vorabdruck aus Beckers Roman im Almanach *Neue Texte 7* im Dezember 1968 eine Option bei Günter Caspar erbeten. Dass sich die Lizenzverhandlungen in die Länge zogen und sich sogar fortsetzten, nachdem im Januar 1970 der Vertrag von beiden Seiten unterzeichnet worden war, hing mit dem Ziel des Luchterhand-Verlags zusammen, sich die Exklusivrechte für das gesamte westliche Ausland zu sichern. Das wiederum passte dem Aufbau-Chef Fritz-Georg Voigt gar nicht. Ihm ging es dabei nicht nur um wirtschaftliche Aspekte, sondern auch um die verlegerische Ehre. »Die Kontakte des Aufbau-Verlags zu den bedeutenden Verlagen der westlichen Welt« seien derart, so schrieb er an Borchers, »daß wir genügend Gewicht haben, unsere Autoren dort bekanntzumachen«. Voigt folgte mit seiner Verhandlungstaktik einer kulturpolitischen Richtlinie, die wenige Monate später in einer Exportkonferenz des Aufbau-Verlags bestätigt wurde. Politisches Ziel war demzufolge, die westdeutsche Bevölkerung »noch mehr als bisher anhand unserer zeitgenössischen Literatur über die gesellschaftliche Entwicklung in der DDR zu informieren«. Vor allem aber sollte »aus handelspolitischen Gründen« der Spielraum der westdeutschen Lizenznehmer durch die Befristung der Lizenzrechte oder Einschränkungen bezüglich des Verbreitungsgebiets begrenzt werden. Dass Beckers Roman im westlichen Ausland zu einem großen Erfolg wurde, hing allerdings weniger mit dem Einfluss des Aufbau-Verlags, sondern eher mit dem Autorenmarketing des Luchterhand-Verlags zusammen, der den Roman zur Nr. 1 seiner Taschenbuchreihe *Sammlung Luchterhand* gemacht hatte. Nachdem das

Zeitschriftenredakteur und Vielschreiber Wolfgang Joho

Buch daraufhin von zwei Schwergewichten des westdeutschen Feuilletons, von Marcel Reich-Ranicki und Fritz J. Raddatz, gelobt worden war,
wurde Becker die Anerkennung etwas suspekt. Warum, zeigte sich wenig später bei einer Besprechung von Rolf Michaelis, der sich für die *FAZ*
auf Kassibersuche gemacht hatte. Michaelis bemerkte, »[d]aß Beckers
Buch, in dem ein durch Stacheldraht und Wachtürme von der Umwelt
isoliertes Volk sich (Über)Lebenskraft aus den (nur imaginierten) elek-
ronischen Medien der Nachrichtentechnik saugt, und in dem ein unhel-
discher Held am Schluß im Drahtverhau verblutet, mit anderen Augen
gelesen wird dort, wo es geschrieben und zuerst erschienen ist, in der
DDR«. Ein ähnlicher literaturpolitischer Tumult wie im Fall von Christa
Wolf, die im Mai 1969 für eine Reich-Ranicki-Rezension zur Rechenschaft gezogen worden war, blieb im Fall Beckers jedoch aus. Vielmehr
versuchten die DDR-Literaturfunktionäre den westlichen Applaus zu
übertönen: Dem Autor wurde von der Ost-Berliner Akademie der Künste
1971 der Heinrich-Mann-Preis verliehen, den er sich, wahrscheinlich

nach Intervention von Abusch, mit Herbert Otto und Erik Neutsch teilen musste.

Für den großen deutsch-deutschen Knall war in der Französischen Straße ein anderer Autor verantwortlich: Hermann Kant. Das ist insofern überraschend, als dass Kant als Prototyp des machtnahen und machthungrigen Literaturfunktionärs gilt, als »Muster und Inbegriff des ebenso wendigen wie windigen Kompromissliteraten« (Helmut Fuhrmann). Zu diesem (Kurz-)Schluss verführt Kants »Funktionärsbiographie«: Nachdem er 1944 als 18-Jähriger in Kriegsgefangenschaft geraten war, gründete er im Arbeitslager mit anderen ein Antifa-Komitee, ging 1949 in die DDR, holte an der Arbeiter-und-Bauern-Fakultät in Greifswald sein Abitur nach, studierte in Berlin Germanistik, wurde dort wissenschaftlicher Assistent und wirkte ab 1959 schließlich als freier Schriftsteller. Mit seinem literarischen Ruhm, in der DDR seit den Mittsechzigern durch zahlreiche Literaturpreise gefördert, ging eine kulturpolitische Laufbahn einher, an deren Ende die Präsidentschaft im ostdeutschen Schriftstellerverband und die Mitgliedschaft im ZK der SED standen.

Bereits Kants Durchbruch-Buch *Die Aula* war im Westen erschienen – und zwar ebenfalls unter dem Label Rütten & Loening, weil die Lizenzpublikation in eine kurze Phase der Zusammenarbeit der Parallelverlage gefallen war. Doch da Rütten-West zur Verlagsgruppe des kapitalistischen Medienriesen Bertelsmann gehörte, versuchte Kant, einen Lizenzverlagswechsel voranzutreiben. Im März 1969 bestätigte Fritz-Georg Voigt, dass Kants Wunsch, in einem »literarisch angenehmeren Verlag« zu erscheinen, »in der Endkonsequenz« einzig zu Luchterhand führen konnte, weil der Neuwieder Verlag, inzwischen mit Zweigstelle in Berlin, großes Interesse an der DDR-Literatur zeigte und ein progressives literarisches und soziologisches Programm aufgebaut hatte. Dass der Aufbau-Verlagsleiter die Entscheidung mit Lucie Pflug, der Leiterin der Sektion Verlage im ZK der SED, und Bruno Haid, dem Leiter der HV Verlage und Buchhandel, abstimmte, demonstriert die Bedeutung, die der »richtigen« Lizenzverlagswahl beigemessen wurde.

Während der Lizenzvertrag aufgesetzt wurde, stand Aufbau bei der Publikation der Originalausgabe von *Das Impressum* allerdings noch vor einigen politischen Hürden. Als im August 1969 der Druckgenehmigungs-antrag in der Zensurbehörde einging, waren offensichtlich noch nicht alle davon übersprungen. Im beiliegenden Außengutachten würdigte die ehemalige HV-Sektorenleiterin Anneliese Große, mittlerweile als Chef-redakteurin der *Weimarer Beiträge* zur Aufbau-Mannschaft gehörend, zwar die Manuskriptarbeit, notierte aber auch die problematischen Sze-nen und Sätze, auf denen Kant in der ersten Überarbeitung bestanden hatte. Der Kritikkatalog Großes enthält einige Mosaiksteinchen für die Rekonstruktion des Zensurdiskurses in der Endsechziger-DDR: Ein ein-geschobener Gedanke an »gesamtdeutsche Illusionen oder so«, der auf die verkrampften deutsch-deutschen Diskussionen in den 1950er Jah-ren anspielte, provozierte genauso den – letztlich erfolglosen – Wider-spruch der orthodox-parteilichen Literaturwissenschaftlerin wie das ver-mittelte Stalin-Bild und die Bezeichnung des berühmten XX. Parteitags der KPdSU als »ungeheuerlichen Vorgang«. Dass die FDJ als »Preußens Gloria diesmal in Blau und im Inhalt fortschrittlich« beschrieben wurde, war selbstredend ein taktloser Vergleich. Genauso unangebracht schien die Verwendung des Ausdrucks »Konterrevolution« im Zusammenhang mit einer schmuggelnden Rentnerbande; Gleiches galt für die Bagatelli-sierung des Begriffs »Klassenkampf« in einer Auseinandersetzung zwi-schen dem Protagonisten und seiner Frau. Große kritisierte auch eine Episode, in der es, den Diskurs über Franz Kafka in der DDR persiflie-rend, hieß: »Die Verwandlung eines Menschen in einen Käfer ist für uns keine annehmbare Lösung.« Das Gutachten zeigt deutlich, dass sich Kants Text als Erinnerungsroman zur jungen DDR-Geschichte an die Grenzen des Sagbaren herantastete und diese bisweilen überschritt. Den Zensoren waren allerdings die Hände gebunden: Von April bis Juli 1969 war der erste Teil des *Impressums* in der viel gelesenen FDJ-Zeitschrift *Forum* erschienen, so dass die Leser im Leseland jede Änderung der Text-gestalt als politisch motivierten Eingriff hätten deuten können. Für Auf-merksamkeit war ohnehin gesorgt, weil der Fortsetzungsdruck unvermit-telt abgebrochen wurde. Das übrigens geschah auf Voigts Initiative: Der Aufbau-Verlagsleiter hatte die HV Verlage und Buchhandel aufgefordert, eine »einstweilige Zurückstellung« zu erwirken, welche, so berichtete er als IM »Kant« der Stasi, Hermann Kant »sehr erbost« habe. Im Gespräch zwischen Verlagsleiter und Autor war sogar das sonst so sorgsam gemiedene Wort Zensur gefallen.

Im Herbst 1969 entstand mit einer längst geplanten und explizit als »Dennoch-Reise« charakterisierten Lesetour des Autors durch die Bundesrepublik schließlich eine paradoxe Situation. Während das Manuskript in der DDR noch im Giftschrank lag, las Kant auf Einladung seines künftigen Lizenzverlags aus dem Text. Am Rande der Reise erwischte er einen politischen Stolperdraht: Ausgerechnet in einem Interview mit dem sozialdemokratischen *Vorwärts* äußerte er sich unverblümt über den unterbrochenen Druckprozess seines *Impressums* und bezeichnete zudem den Regierungswechsel in Bonn, wo gerade eine sozialliberale Koalition unter Kanzler Willy Brandt in die Verantwortung getreten war, als »einen Fortschritt […] zugunsten des Friedens, der Entspannung und zugunsten der Arbeiter«, hoffte außerdem auf Gespräche zwischen den beiden deutschen Staaten noch vor der völkerrechtlichen Anerkennung der DDR. Dass er sich damit zu weit aus dem Fenster gelehnt hatte, bekam er nach seiner Rückkehr zu spüren. Kant musste sich vor dem SED-Chefideologen Hager und anderen Funktionären für sein Interview rechtfertigen und sah sich mit einer weiteren Konsequenz konfrontiert: Die Veröffentlichung des *Impressums* wurde auf unbestimmte Zeit verschoben.

Erst anderthalb Jahre später, im August 1971, wurde schließlich die Genehmigung für den Druck von 40 000 Exemplaren erteilt. Der Text war zwar »kein prinzipiell anderer, aber ein im Vergleich zur ersten Fassung besserer Roman geworden, mit weniger politischen und auch literarischen Angriffsflächen«, wie Günter Schubert im neuen Kurzgutachten des Aufbau-Verlags erklärt hatte. Wichtigstes Ziel war nun, der Rezeption den richtigen Weg zu bahnen und zu betonen, dass es sich bei Kants *Impressum*, so Werner Neubert in der *neuen deutschen literatur*, um ein »parteiliches Buch von unzweifelhaft sozialistischer Position« handele. Damit hatte Neubert die Signalworte für die Kunstschaffenden zitiert, die der neue erste Mann im Staat, Erich Honecker, auf dem 4. ZK-Plenum im Dezember 1971 ausgegeben hatte. Mit Honecker brach auch für den Aufbau-Verlag eine neue Zeit an.

1971–1977

»Keine Tabus«:
Rochaden im Verlagsfeld

Walter Ulbricht ist als Witzfigur in die Geschichte eingegangen, im wahrsten Sinne des Wortes. Die Pointen auf Kosten des sächselnden, steifen, täppisch wirkenden Spitzbarts waren Legion, Karikaturen des Staatsoberhaupts schmückten en masse die Türen der Bahnhofstoiletten, und in vielen Freundeskreisen sorgten Ulbricht-Imitatoren für ausgelassene Stimmung. Einer der harmloseren Witze, der in den Endsechzigern von Ohr zu Ohr geflüstert wurde, fragte nach dem wichtigsten Buchstaben der DDR. Es war das W. Was wären schließlich Waffenbrüderschaft, Warschauer Pakt und Walter Ulbricht ohne ihren Anfangsbuchstaben.

Der Witz hatte allerdings einen wahren Kern: Ulbricht, der »deutsche Arbeitersohn«, als den ihn Becher einst besungen hatte, war mittlerweile ein »alter Ulbricht«. Im aufwühlenden Jahr 1968 feierte er seinen 75. Geburtstag. Wenig kreativ bei der obligatorischen Geschenksuche war man in der Französischen Straße 32: Auf den prall gefüllten Gabentisch legte die Aufbau-Mannschaft dem Jubilar eine erweiterte Neuauflage der Sammlung *Walter Ulbricht*, mit der man das Staatsoberhaupt fünf Jahre zuvor bedacht hatte. Sogar die »Mängel und Schwächen«, die die HV Verlage und Buchhandel seinerzeit im Druckgenehmigungsverfahren bemerkt hatte, waren noch dieselben. Die Publikationsgeschichte fügte sich also irgendwie ins Bild vom Schafskopf mit Ziegenbart an der Staatsspitze.

Der Inhalt der Sammlung stand freilich für einen anderen Ulbricht. Denn Ulbricht war keineswegs nur Witzfigur, er war auch das Gesicht der DDR, ihr Lenker und Leiter. »Nachdenken über die DDR«, so erklärte Hans Mayer noch kurz nach der Wende, »ist Nachdenken über Walter Ulbricht.« Jede vermeintliche oder reale Fraktionsbildung hatte der hellhörige Machtpolitiker erstickt. Ende der 1960er Jahre wurden aber kleine Risse am lebendigen Denkmal sichtbar. Langsam gelang es Erich Honecker, mit seiner Kritik an der reformerischen Wirtschafts- und Deutschlandpolitik des Staatsoberhaupts eine Mehrheit des Politbüros hinter sich zu bringen. Gleichzeitig sicherte er sich beim großen Bruder Breschnew ab, dass es an der Zeit sei, das sozialistische Zepter in der DDR weiterzugeben. Am 3. Mai 1971 erklärte Ulbricht schließlich aus »Altersgründen« seinen Rücktritt. Der Thronsturz war als Abdankung inszeniert.

Obwohl der biedere Ulbricht mit seinem funktionalen, provinziellen Literaturverständnis gegenüber allen Modernisierungsimpulsen taub geblieben war und die Akteure im literarischen Feld oft genug gemaßregelt hatte, brach man im Aufbau-Verlag nach dem Machtwechsel nicht in Jubel aus. Denn auch Honecker, einer der lautesten Geiferer auf dem Kahlschlagplenum, galt keineswegs als Liberaler. Was aber schnell auffiel, war, dass er seine Rolle anders interpretierte. Für Honecker war Literatur nur im Notfall Chefsache. Er setzte auf seinen Apparat, in dem das Wort des orthodoxen Kurt Hager noch mehr Gewicht bekam. Einflussreich blieb zunächst auch die Ex-Aufbau-Parteisekretärin Lucie Pflug in der Kulturabteilung des ZK. Für den Kulturminister und Ex-Aufbau-Leiter Gysi hatte Honecker hingegen keine Verwendung mehr. Er schickte ihn als Botschafter nach Italien. Gysis Nachfolger wurde Hans-Joachim Hoffmann, vorher Abteilungsleiter im ZK der SED. Hoffmanns Stellvertreter und Leiter der HV Verlage und Buchhandel wurde Klaus Höpcke, der Bruno Haid ablöste. Die teilerneuerte Führungsriege stand gleich vor einer schwierigen Aufgabe: Sie war für die Auslegung von Honeckers berühmtem Statement verantwortlich, nach dem es »auf dem Gebiet von Kunst und Literatur keine Tabus geben [kann]. Das betrifft«, so hatte der neue erste Mann der DDR im Dezember 1971 verkündet, »sowohl Fragen der inhaltlichen Gestaltung als auch des Stils.« Nicht ganz unwesentlich war die Einleitung des Satzes. Tabulos durfte es nur dann zugehen, »[w]enn man von der festen Position des Sozialismus ausgeht«.

Diesen willkürlich einsetzbaren Fallstrick hatten die Akteure des literarischen Lebens natürlich schnell entdeckt. Doch trotzdem schien dem Honecker-Anfang ein Zauber innezuwohnen, der Schreibtischschubladen öffnete und viele neue Texte in die Verlage spülte, aus denen sich der Wunsch nach formalästhetischer Autonomisierung ablesen ließ. Aufbau gab der neuen Literatur mit einer neuen Reihe Raum, der *Edition Neue Texte* (ENT), die mit ihrem Fokus auf kleine Formen an *Die Reihe* und mit ihrem Namen an die Almanachserie *Neue Texte* anknüpfte. Richtungweisend war der Eröffnungsjahrgang der ENT: Mit Kunert und Strittmatter waren etablierte, stets umstrittene Autoren dabei, mit Helga Schütz eine viel versprechende Debütantin, mit Heinz Kahlau ein viel gelesener und mit Uwe Berger ein politisch einflussreicher Lyriker, mit Günter Bruno Fuchs und Thomas Valentin zwei westdeutsche Schriftsteller, mit Clive Barker und Velso Mucci zwei kaum bekannte Autoren aus dem West- und mit Soja Boguslawskaja eine kaum bekannte Autorin aus dem Ostblock.

Von herausragender Bedeutung war die ENT insbesondere für die DDR-Literatur. Das ZDL-Lektorat, das 1971 auf Weisung offiziell als Lektorat für DDR-Literatur weitergeführt wurde, intern aber seinen Namen behielt, sorgte gleich doppelt dafür, dass deren Quantität und Qualität in den beginnenden 1970er Jahren anstieg. Denn erstens kamen Caspar und sein Team dem Auftrag, sich mehr noch als zuvor auf die »Entwicklungsarbeit« zu konzentrieren, mit viel Engagement nach. Sie betreuten die Manuskripte der jungen Autoren, boten ihnen im Donnerstags-Club Möglichkeiten zu Diskussionen und luden in jedem Jahr zu einer Werkstattwoche nach Bad Saarow, wo auf der Veranda des Eibenhofs auch diejenigen Manuskripte besprochen werden konnten, die das Lektorat als problematisch einschätzte. Zur Diskussion standen dort beispielsweise die Texte Martin Stephans, der den Eibenhofer Gesprächen mit der charmant-ironischen Erzählung *Entschuldigen Sie, sind Sie auch Dichter …?*, erschienen in seinem Buchdebüt *Schiffe gehen gelegentlich unter* (1975), ein kleines literarisches Denkmal setzte.

Zweitens betrat eine neue Generation schreibender Lektoren aus den Aufbau-Reihen die literarische Bühne. Nachdem 1970 Wulf Kirsten sein Schriftstellerdebüt (*satzanfang*) gegeben hatte, folgten in der ENT Fritz Hofmann (*Die Erbschaft des Generals*), Wolfgang Trampe (*Biographie*) und Christine Wolter (*Meine italienische Reise*). Andere ENT-Debütanten wie der Wehrpflichtverweigerer und Vagabund Harald Gerlach oder Klaus Bourquain, der als Mitglied der französischen Fremdenlegion einst einen Kameraden erschossen hatte, als er zur Nationalen Befreiungsfront Algeriens hatte überlaufen wollen, waren mit sehr kurvenreichen Lebensläufen

Günter Kunert, Franz Fühmann und Alfred Kurella im Club am Donnerstag, 17. Oktober 1968

in der Französischen Straße gelandet. Mit diesem freisinnigen Katalog stieß die *Edition Neue Texte* bald schon auf Kritik: In der HV Verlage und Buchhandel ärgerten sich die Literaturwächter über die »elitäre Literaturauswahl« der Reihe, in der zu viele Texte aus »zu enger subjektiver Sicht und mit zu geringer Einbeziehung gesellschaftlicher Zusammenhänge« geschrieben seien. Die Konzeption, so die HV, müsse überdacht werden. Eine größere Rolle bei der Autoren- und Heldenwahl sollten die Arbeiter spielen.

Konsequenzen hatte der sachte, gleichsam ritualisierte Protest der Zensurbehörde nicht. Das hing vielleicht auch damit zusammen, dass die HV-Mitarbeiter selbst unsicher waren, wie sie sich in der komplizierten literaturpolitischen Situation verhalten sollten, die aus der politischen Großwetterlage entstanden war. Denn einerseits warb die DDR massiv (und erfolgreich) um internationale Anerkennung und bemühte sich, als der bessere der beiden deutschen Staaten dazustehen. Das Narrativ dazu sollte die Literatur transportieren, die allerdings, das hatten die ersten beiden DDR-Jahrzehnte gezeigt, vor allem dann ins kapitalistische Ausland ausstrahlen konnte, wenn sie inhaltlich kritisch und formal modern war.

Nun fürchteten viele Literaturfunktionäre andererseits, dass ein kulturpolitisch liberalerer Kurs, der den kritischen Stimmen Raum gab, das Feld für
politisch-ideologische Diversion bestellen könnte. Insbesondere für Hager
war alles, was sich mit dem Schlagwort Modernismus verbinden ließ, weiterhin Teufelszeug. Der SED-Chefideologe bemühte sich deswegen, Entspannung und Abgrenzung als konstitutive Elemente ein und desselben
Prozesses zu definieren. Innenpolitisch galt das auch für die Polarität von
Freiheit und Kontrolle. Nicht zufällig bekam die Stasi Anfang der 1970er
Jahre den Auftrag, mit ihren Krakenarmen vermehrt im literarischen Feld
zu wühlen, um möglichst frühzeitig und unauffällig eingreifen zu können.

Ihren Niederschlag fand diese zweischneidige Literaturpolitik beispielsweise in der Publikationsgeschichte der Anthologie *Fünfzig Erzähler der
DDR*, die der Aufbau-Verlag 1974 als Gegenstück zur repräsentativen
Sammlung *Lyrik der DDR* und als Beitrag zum 25. Staatsgründungstag
veröffentlichte. Sie sollte, so das Vorwort, die »Geschichte unserer sozialistischen Literatur« präsentieren. Mit der Auswahl der Herausgeber Richard
Christ und Manfred Wolter war die HV allerdings nicht ganz zufrieden,
weil neben den kommunistischen Grandes Dames und Grandseigneurs
auch Kunert, Bräunig und Fries vertreten waren. Besonders umstritten war
der Beitrag Stefan Heyms, mit dem Aufbau klugerweise vor dem Einreichen des Druckgenehmigungsantrags einen Vertrag abgeschlossen hatte.
Die HV gab schließlich nach, »um den Vorgang nicht zu verzögern und
die Herausgeber, die nicht einsichtig sind, nicht unnötig zu erregen«. Diese
Begründung war ebenso erstaunlich wie bezeichnend, weil sich Kompro-
misse in der ersten Hälfte der 1970er Jahre leichter rechtfertigen ließen als
jemals zuvor. Die Zensurbehörde störte sich auch nicht an Kurt Bartschs
ENT-Band *Kalte Küche*, in dem der Autor zahlreiche Schriftstellerkolle-
gen parodierte, von denen einige deutlich humorloser reagierten als die
Zensoren. Uwe Berger fühlte sich von dem ihm gewidmeten Gedicht *Die
Reparatur* derart beleidigt, dass er Bartsch bei der Stasi anschwärzte. Die
Parodien, so IM »Uwe«, seien »von politischem Gift erfüllt«.

Dass die HV im Fall des Aufbau-Verlags zurückhaltend agierte, hing
auch damit zusammen, dass sich die großen literaturpolitischen Skan-
dale in den ersten Jahren der Honecker-Ära an der Peripherie ereigne-
ten. In Rostock hatte sich der Hinstorff-Verlag mit dem kongenialen

Duo von Verlagsleiter Konrad Reich und Cheflektor Kurt Batt, der auch im literaturwissenschaftlichen Beirat des Aufbau-Verlags saß, zu einem Anziehungspunkt für die Autoren der DDR entwickelt. Aus der Französischen Straße wechselten beispielsweise Jurek Becker und Franz Fühmann nach Rostock. Für ein Beben sorgte schließlich Ulrich Plenzdorfs *Die neuen Leiden des jungen W.*, 1972 als Bühnenstück und 1973 in einer Prosa-Fassung bei Hinstorff erschienen. Die Erschütterungen waren bis in den Aufbau-Verlag zu spüren. Friedrich Karl Kaul, Staranwalt der DDR, schrieb erbost über Plenzdorfs »Kloakensprache« an den *Sonntag* und verlangte den Abdruck seines Leserbriefs, was der Chefredakteur von Kügelgen in Abstimmung mit der Kulturabteilung des ZK und dem scheidenden Kulturminister Gysi allerdings verweigerte. Als sich der Wirbel um *Die neuen Leiden* gerade gelegt hatte, sorgte *Die Reise nach Jarosław* von Rolf Schneider – für den *Spiegel* ein »neuer DDR-Ausflipper-Roman« – für heftige Spannungen. Im Februar 1975 verlor Hinstorff durch Kurt Batts plötzlichen Herztod seine entscheidende Vermittlerfigur. Sein letztes eigenes Werk, ein Seghers-Almanach zum 75. Geburtstag der Autorin, stellte das Lektorat Literaturwissenschaft im Aufbau-Verlag fertig. Dass es um die Konzeption des Bands politischen Streit gegeben hatte, war vorher bis in den Westen gedrungen. In der Literaturzeitschrift *Die Horen* mutmaßte Jörg Bernhard Bilke, der einst selbst über Seghers promoviert hatte und nun mit breiter Streuung gegen die DDR polemisierte, dass die »heftigen Auseinandersetzungen mit Ost-Berliner Kulturfunktionären« Batts frühen Tod bewirkt hätten.

Aufbau, als Leitverlag für DDR-Literatur von Hinstorff kurzzeitig ernsthaft herausgefordert, feierte 1972 einen folgenreichen autorenpolitischen Erfolg: Mit *Lesen und Schreiben* wechselte Christa Wolf in die Französische Straße. Der Mitteldeutsche Verlag, Wolfs Stammverlag, hatte ihr Vertrauen vor allem durch die willfährige Selbstkritik des Verlagsleiters Heinz Sachs in der Debatte um *Nachdenken über Christa T.* verloren. Eine sanfte Konkurrenz entwickelte sich auch zwischen Aufbau und Reclam Leipzig, wo Hans Marquardt eine eigene, selbstbewusste Linie fuhr. Caspar, ein ausgezeichneter Lektor, aber mitunter mürrisch und mundfaul, konnte vor allem mit seinem Lektoratsteam und dem Verlagsnimbus punkten. Auch die internationale Nachbarschaft war den jungen, modernen Autoren zunehmend angenehm: 1974 erschienen bei Rütten & Loening Marcel Proust und Italo Svevo, 1975 bei Aufbau John Dos Passos.

Dass eine neue Zeit angebrochen war, bemerkte auch Alexander Abusch. Er fragte sich im Dezember 1974 »als einstiger Mitbegründer und Erfolgsautor des Aufbau-Verlages, ob ich endgültig den Verlag wechseln muß, um meine Zeit noch literarisch produktiv auch in Buchform zu nutzen«. Vor allem in der jüngeren Lektorengeneration war das Desinteresse an seinen Texten deutlich zu spüren. Wie Abusch ging es auch anderen Genossen: Die alten Hardliner verloren an Einfluss und Aura. Selbst aus Ulbricht, dem Gefürchteten, war bei der Bevölkerung schon in den letzten Jahren seiner Amtszeit das »Walterchen« geworden. Dass er nicht ganz freiwillig den Posten geräumt hatte, trug ein Witz weiter, in dem jemand mehrfach in Honeckers Arbeitszimmer anruft und auflegt, sobald dieser rangeht. Irgendwann reißt Honecker den Hörer hoch und ruft: »Also paß auf, Walter, wenn du mich hier weiter bei der Arbeit störst, dann lasse ich dir auch noch das Telefon abschalten!« So weit kam es nicht. Als Ulbricht im August 1973 starb, erhielt er ein Staatsbegräbnis. Die Gedenkansprache hielt sein Nachfolger Honecker, der ihn zwei Jahre zuvor gestürzt hatte.

Fiktionale Randgebiete: Die Emanzipation der Literatur

Dokumentarliteratur hatte in der DDR bis tief in die 1960er Jahre keinen guten Ruf. Das hing eng mit Georg Lukács zusammen, der seit dem Ungarn-Aufstand 1956 zwar nicht mehr verlegt wurde, aber noch längst nicht aus den Köpfen verschwunden war. Lukács hatte in seinen Texten wiederholt betont, dass die unkommentierte, dokumentarische Widerspiegelung im Widerspruch zur dialektisch-materialistischen Idee einer gestalteten, gedeuteten Wirklichkeit stehe. Alles, was sich unter den Begriffen Reportage-, Protokoll- oder Dokumentarliteratur sammelte, blieb seines Erachtens nur an der Oberfläche und konnte es deswegen nicht mit den klassischen Genres der fiktionalen Literatur aufnehmen.

Diese These wurde in der DDR um 1970 wieder auf den Prüfstand gestellt. Der wichtigste Grund dafür war die »dokumentarische Wende« in der westdeutschen Literatur, die von Erika Runges *Bottroper Protokollen* und den Büchern Günter Wallraffs ausgegangen war. Da von Letzterem zwischen 1967 und 1970 auch drei Lizenzbände bei Aufbau erschienen waren und sich zudem die westdeutschen »Werkkreise Literatur der Arbeitswelt« der Dokumentarliteratur verschrieben« hatten, schien es dringend notwendig, den Werkzeugkasten für die Rezeption der Texte nachzurüsten. Das allerdings war nicht so einfach: Es galt, die Möglichkeiten der Dokumentationstechniken beim Offenlegen der Klassenwirklichkeit zu loben, gleichzeitig aber den ziellosen Naturalismus einer »reinen Dokumentation« (Ursula Reinhold) zu verurteilen. Der Spagat wurde noch komplizierter, als parallel zur theoretischen Debatte, die sich hauptsächlich auf die westdeutsche Literatur bezog, Ende 1973 ein erstes dokumentarliterarisches Werk der DDR-Literatur erschien: Aufbau, der Verlag des Reportagengegners Lukács und des Reportagenmeisters Kisch, hatte mit Sarah Kirsch – 1935 als Ingrid Bernstein in Limlingerode am südlichen Harzrand geboren, in Halberstadt aufgewachsen und mittlerweile in Ost-Berlin wohnhaft – an einem Manuskript namens *Die Pantherfrau* gearbeitet, das, so der Untertitel, *Fünf unfrisierte Erzählungen aus dem Kassetten-Rekorder* versammelte. Genau genommen waren die »Erzählungen« Porträt-Protokolle von Interviews, die die Autorin mit Frauen geführt hatte. »Unfrisiert« waren sie insofern, als Sarah Kirsch Jargon und improvisierte Rede hatte stehen lassen und sich, so heißt es in den Nachbemerkungen, lediglich für den Schnitt zuständig fühlte. Aufstörungspotenzial hatte nicht nur die Form: *Die Pantherfrau* versammelte Porträts, bei denen nicht das Ideal des neuen Menschen Modell gesessen hatte, sondern »Durchschnittsfrauen« sich selbst hatten zeichnen dürfen. Auf diese Weise entstand en passant auch ein authentisches, alltägliches, nicht ideologisch gedecktes Bild des Staates, in dem die Frauen lebten. Diese tastende Emanzipation in Form und Inhalt hatte die schlafenden Hunde in der Zensurbehörde offenbar nicht geweckt. Dort hatte man sich damit zufrieden gegeben, kritisch anzumerken, dass der Verlag die Autorin nicht stärker zum Porträtieren von Arbeiterfrauen hatte anregen können.

Dass die Protokollprosaistin Kirsch durchrutschte, hing auch damit zusammen, dass die Lyrikerin Kirsch gerade rehabilitiert worden war. Wenige Monate vor der *Pantherfrau* waren nämlich ihre *Zaubersprüche* erschienen, die, von Heinz Hellmis extravagant gestaltet und von Dieter Goltzsche illustriert, ein Beleg dafür waren, dass die neue Zeit die alte im wahrsten Sinne ad absurdum führte. Exemplarisch ließ sich das an einem ihrer bekanntesten Gedichte nachvollziehen: Mit *Schwarze Bohnen* wurde auf dem VII. Schriftstellerkongress im November 1973 ausgerechnet der Text als Beispiel für eine besondere »Tiefe« der DDR-Dichtung zitiert, der viereinhalb Jahre zuvor auf dem VI. Schriftstellerkongress wegen seines düsteren Pessimismus noch als Negativbeispiel hatte herhalten müssen. Seitdem war kein Kirsch-Buch mehr erschienen. Aufbau hatte zwar durchaus versucht, das Feld wieder für eine Publikation zu bestellen, war dabei aber äußerst ungeschickt vorgegangen. So hatte Caspar 1970 ausgerechnet Uwe Berger um seine Einschätzung zu einem Manuskript der öffentlich kritisierten Autorin gebeten, weil er uneins mit dem Lektor Wolfgang Trampe war. Berger, freier Gutachter mit Festhonorar, hatte die Texte dann auch schnell geprüft – allerdings nicht für den Verlag, sondern für die Stasi, der er erklärt hatte, dass das Manuskript keinesfalls druckbar sei. Gleichzeitig hatte er Caspar in einem Brief mitgeteilt, dass er das Manuskript ablehne. Dann, sofern die Überlieferung in den Akten stimmt, hatte er Sarah Kirsch angerufen, um bei ihr Stimmung gegen den Aufbau-Verlag zu machen, der sie nicht richtig unterstütze, und außerdem gegen Caspar zu wettern, der die negative Einschätzung des Manuskripts auf ihn abwälze. Dabei sei er ein geeigneter Gesprächspartner, wenn es um Lyrik ginge, und bereit, Kirsch bei der Manuskriptarbeit zu unterstützen. Trampe hatte er derweil bei der Stasi als »intellektuelle[n] Spinner« angeschwärzt, »dem jegliches politisches Denken« fehle.

Der Kirsch-Blüte 1973 – neben den beiden literaturgeschichtlich wichtigen Aufbau-Titeln *Zaubersprüche* und *Die Pantherfrau* erschien im Eulenspiegel-Verlag ein Band namens *Die ungeheuren bergehohen Wellen auf See* – war eine konzertierte, publikationstaktisch durchkomponierte Verlagsaktion vorausgegangen. Im Fall der *Zaubersprüche* hatten der Lektor und Lyriker Trampe sowie die Autorin in Absprache mit Caspar noch einige Gedichte umgearbeitet, nachdem Kirschs Dichterkollege Paul Wiens in seinem Außengutachten sanfte Einwände gegen einzelne Verse geäu-

Irmtraud Morgner aus der Feder
Günter Kunerts

ßert hatte. Der Außengutachter für die dokumentarliterarische *Panther-frau*, der österreichische Altkommunist Eduard Zak, war dem Aufbau-Verlag als Übersetzer der Werke Robert Merles aufs Engste verbunden und mit Sarah Kirsch über seine Ehefrau, die Literaturkritikerin Annemarie Auer, bekannt. Das Verlagsgutachten schrieb auch hier Trampe. Im Fall des Eulenspiegel-Buches besorgte wiederum der Aufbau-Lektor Schubert, der über gute Kontakte zu Eulenspiegel verfügte und zwei Jahre später als Cheflektor dorthin wechselte, das Außengutachten. Man kannte sich, man besprach sich, man half sich. Und man kam voran. Dass das literaturwissenschaftliche Lektorat parallel die einflussreiche rezeptionstheoretische Studie *Gesellschaft – Literatur – Lesen* herausbrachte, deren Gesamtredaktion bei Manfred Naumann [u. a.] lag, passte zum Befund.

Beachtenswert war der kleine Kirsch-Boom 1973/74 auch aus einem anderen Grund: Er war Sinnbild für den »Eintritt der Frau in die Historie«. Diese oft zitierte Formel stammte von Irmtraud Morgner, die in der ästhetisch heterogenen Strömung der »DDR-Frauenliteratur« Leitfigur und Exotin zugleich war. Diese Doppelrolle hatte sie im Wesentlichen ihrem »operativen Montageroman« *Leben und Abenteuer der Trobadora Be-*

Umschlag des »operativen Montageromans« *Leben und Abenteuer der Trobadora Beatrix* (1974) von Irmtraud Morgner

atriz nach Zeugnissen ihrer Spielfrau Laura zu verdanken, 1974 bei Aufbau erschienen. Der Plot des Buches beruht auf einem märchenhaft-fantastischen Einfall: Beatriz de Dia, eine historisch verbürgte Trobairitz aus dem 12. Jahrhundert, wird 1968 nach über 800-jährigem Schlaf durch Bauarbeiten am Fuße ihrer überwucherten Burg Almaciz in Südfrankreich geweckt, erlebt den Pariser Mai in der Hauptstadt und zieht anschließend weiter in die DDR. Von diesem Handlungsgerüst bearbeitete Morgner das Kardinalthema des Buches: die Emanzipation der Frauen in Ost und West. Das war nicht ganz unproblematisch. Schließlich stand die Frau im real existierenden Sozialismus längst ihren Mann, wie ein gängiger Alltagsausdruck verriet, galt als gleichberechtigt und gleichgestellt. An diesem »Faktum« wurden auch die fiktionalen Wirklichkeiten gemessen.

Und die fiktionale Wirklichkeit in Morgners *Trobadora* hatte es in sich. Zensurmechanismen wurden thematisiert, Sexualität (und sexuelle Gewalt) drastisch dargestellt, Fortschrittszweifel geäußert und mit dem Patriarchat abgerechnet. Auch die Form sprengte jeden literaturpolitischen Rahmen, weil Morgner ihren Begriff des »operativen Montageromans« in die Tat umsetzte, sprung- und episodenhaft schrieb und dabei ver-

175

schiedene Textsorten wie kleinere Erzählungen, Märchen, Parabeln, Reiseberichte, Rollenprosa, Zeitungsartikel, Gedichte, Interviews, amtliche Statistiken, politische Reden und Parteilosungen vereinte. Der erfahrene Aufbau-Lektor Schubert versuchte in seinem Verlagsgutachten einen Balanceakt. Dass Morgner die DDR in ihrem Text mit spürbarer Ironie als »gelobtes Land« bezeichnete, sei deswegen ernst zu nehmen, weil der Staat »an Teilen der kapitalistischen Umgebung« gemessen werde. Die außergewöhnliche Form versuchte er den Zensoren als »Ensemble realistischer Literatur« zu verkaufen. So konnte man nach dem Gutachten zu dem Schluss kommen, dass Morgners Roman eigentlich eine Weiterentwicklung des sozialistischen Realismus sei.

Zum größten Schelmenstück des Aufbau-Verlags in der langen Reihe von Publikationskontroversen wurde Morgners *Trobadora* aber noch aus einem anderen Grund. Die Autorin hatte kurzerhand zwei Texte in den Roman montiert, über deren Erscheinen in selbstständiger Form negativ beschieden worden war, und zwar Teile des Prosastücks *Rumba auf einen Herbst*, das 1965 bereits genehmigt worden war, dann aber dem Kahlschlag des 11. Plenums zum Opfer fiel, sowie die *Gute Botschaft der Valeska, die Laura am Begräbnistag der Trobadora aus der Offenbarung liest*, von deren Herausnahme das Erscheinen einer seit 1970 umkämpften Anthologie mit Geschlechtertausch-Geschichten abhängig gemacht wurde und die schließlich, herausgegeben von der Schroeder-Witwe Edith Anderson, 1975 mit dem Titel *Blitz aus heiterm Himmel* bei Hinstorff erschien. Aus ihrer provokativen Montage machte Morgner keinen Hehl. Sie kennzeichnete ihr Zensurspiel sogar, indem sie die *Rumba*-Intermezzi mit einer Unterzeile markierte. Die HV drückte beide Augen zu und folgte der Argumentation des Verlags, was auch in dem veränderten kulturpolitischen Klima der Frühsiebziger nicht ganz ungefährlich war. Ohne viel Aufhebens erteilte man Mitte Dezember 1973 die Druckgenehmigung für 10 000 Exemplare.

Als das Buch einige Zeit auf dem Markt war, klopfte der Luchterhand-Verlag bezüglich einer Lizenzausgabe in der Französischen Straße an, obwohl der Verlagspatriarch Eduard Reifferscheid vor Absatzproblemen bei »einem solchen Bändchen DDRlicher Esoterik« warnte. Sein Programmmacher Otto F. Walter ging deswegen argumentativ in die Vollen. »Nach der Lektüre des Buchs«, so schrieb er seinem Chef, »kann ich nur sagen:

das ist mit absoluter Sicherheit der bisher bedeutendste Roman, der in der DDR geschrieben wurde, eines der 10 gewichtigsten Bücher der deutschen Nachkriegsliteratur überhaupt.« Sekundiert wurde er von der für DDR-Literatur zuständigen Lektorin Ingrid Krüger, dem Geschäftsführer Hans Altenhein und vom westdeutschen Feuilleton. Unter den verzückten Rezensenten der Aufbau-Ausgabe hatte Wolfram Schütte in der *Frankfurter Rundschau* die griffigsten Worte gefunden und der *Trobadora* ihren zukünftigen Werbeslogan mitgegeben. Das Buch, so hatte Schütte unter seinem Pseudonym Nikolaus Markgraf geschrieben, sei »so etwas wie eine Bibel der aktuellen Frauenemanzipation«. Nachdem der Vertrag abgeschlossen worden war, lieferte der Aufbau-Verlag noch einmal einen Beleg für die Publikumswirksamkeit seiner charismatischen Autorin in Westdeutschland: Eine Morgner-Lesung auf der Frankfurter Buchmesse musste im Herbst 1975 wegen der Zuschauerströme spontan in einen größeren Saal verlegt werden – während zur gleichen Zeit Gerhard Holtz-Baumert, SED-Funktionär und im Osten hunderttausendfach verkaufter Kinderbuchautor, vor gerade einmal 20 Personen las, »wobei mindestens die Hälfte Mitglieder der DDR-Delegation waren«, wie die Stasi feststellen musste. Für Aufbau war das ein symbolischer Erfolg, ein wirtschaftlicher kaum. Denn die Lizenzgebühr kassierte in der Regel das Büro für Urheberrechte. Doch war immerhin die Jahresendprämie für die Mitarbeiter an die Deviseneinnahmen gekoppelt.

Für Luchterhand hingegen war der Lizenzvertrag für Morgners *Trobadora* symbolisch und wirtschaftlich ein phantastischer Deal. Aufbau druckte die westdeutsche Ausgabe nämlich bei der Produktion der eigenen Nachauflage 1976 einfach mit – und das für 3,25 DM pro Exemplar, was bei einem kalkulierten Ladenpreis von 32 DM eine reizvolle Marge bedeutete. Nachdrucken musste Luchterhand dann selbst, weil der Absatz die Erwartungen übertraf. 1977 folgte eine Taschenbuchausgabe, die in einer Dekade auf ca. 75 000 Exemplare kam. Auch Christa Wolf und Sarah Kirsch fanden ihre Leserinnen und Leser in Ost und West. *Die Pantherfrau* beispielsweise sollte sich zwischen 1978 und 1986 knapp 120 000-mal in der rororo-Reihe verkaufen. Noch erfolgreicher war in der Bundesrepublik sogar ein anderer DDR-Band mit Protokollrealität, nämlich Maxie Wanders *Guten Morgen, du Schöne*, der 1977 im Buchverlag Der Morgen und wenig später bei Luchterhand erschien. Sie alle stellten Honeckers Formel von der Tabulosigkeit auf eine harte Praxisprobe und standen für eine bemerkenswerte Tendenz: Der Emanzipationsdiskurs in der DDR war geprägt durch die Literatur. Das hing auch damit zusammen, dass die institutionalisierte Frauenforschung die »Frauenfrage« mit der rechtlichen Grundlage zur Gleichberechtigung als beantwortet betrachtete. Es blieb allenfalls noch ein Nebenwiderspruch, der sich durch das »Menschwerden« im Sozialismus in der realen lebensweltlichen Gleichstellung auflösen würde. Morgner und ihre literarischen Mitstreiterinnen hingegen markierten die Differenzen zwischen den offiziellen Verlautbarungen, der Utopie und der Wirklichkeit im real existierenden DDR-Sozialismus.

Legt man die *Pantherfrau* und die *Trobadora* nebeneinander, lässt sich noch ein anderer wichtiger Schluss ziehen: Das neue weibliche Schreiben suchte sich seine Freiräume gewissermaßen an beiden Enden der Fiktionalitätsskala, in der Dokumentar- und in der fantastischen Literatur. Diese Entwicklung auf den Punkt brachte das *Pariser Gespräch über die Prosa der DDR*, an dem Claude Prévost, Jean und Michèle Tailleur, Claude Sebisch und andere beteiligt waren und das Mitte 1976 in der Akademiezeitschrift *Sinn und Form* abgedruckt wurde. Das »traumgünstige Klima« in der DDR wurde dort auch als Reaktion auf das markiert, »was man giftige Niederschläge des Mythos von der technischen Revolution nennen könnte«. Hinter den Kulissen sorgte das Gespräch bzw. dessen Abdruck für ein literaturpolitisches Beben, das bis ins Politbüro zu spüren war. Parallel war auch im *Sonntag* allerhand Ketzerisches erschienen, weshalb die politische Führung beriet, wie die Redaktion wieder einmal einer »kadermäßigen und ideologischen Stärkung« zu unterziehen sei.

In der Französischen Straße rieb man sich hingegen die Hände. Dort hatte sich auch personell einiges getan: Während mit Helga Thron (1968), Sigrid Töpelmann, Helga Pankoke, Angela Drescher, Alice Uszkoreit (später Alice Berger) und Almut Giesecke in der ersten Hälfte der 1970er Jahre junge Lektorinnen das Lektorat Zeitgenössische deutsche Literatur bereicherten, wechselte Günter Schubert, der viele Verlagshöhen und -tiefen miterlebt und seit 1957 als IM »Albert Richter« der Stasi aus dem Verlag berichtet hatte, im Februar 1975 als Cheflektor in den Eulenspiegel-Verlag. Im Auslandslektorat stießen Marlies Juhnke, Wal-

DER AUFBAU-VERLAG Berlin und Weimar präsentiert im „Internationalen Jahr der Frau" folgende Neuerscheinungen und Neuauflagen seiner Autorinnen:

Elke Erb **Gutachten** Poesie und Prosa Edition Neue Texte Pappband etwa 5,40 M	Helga Schubert **Lauter Leben** Erzählungen Edition Neue Texte Pappband etwa 5,40 M	Anna Seghers **Gesammelte Werke** **in Einzelausgaben**
Sarah Kirsch **Zaubersprüche** Mit Illustrationen von Dieter Golzsche Pappband 7,20 M	Rosemarie Schuder **Der Gefesselte** Das Leben Michelangelos 1500—1527 Leinen 8,50 M (Verlag Rütten & Loening)	Eva Strittmatter **Mondschnee liegt auf den** **Wiesen** Gedichte Edition Neue Texte Pappband etwa 5,40 M
Irmtraud Morgner **Leben und Abenteuer der** **Trobadora Beatriz,** nach Zeugnissen ihrer **Spielfrau Laura** Roman in dreizehn Büchern und sieben Intermezzos Leinen 12,60 M	**Die zerschlagene Madonna** Das Leben Michelangelos 1512—1564 Leinen 8,40 M (Verlag Rütten & Loening)	Christa Wolf **Unter den Linden** Drei unwahrscheinliche Geschichten Leinen 7,20 M
Margarete Neumann **Am Abend vor der** **Heimreise** Erzählungen Edition Neue Texte Pappband 4,50 M	Sonja Schüler **Zwischen Donnerstag** **und März** Lyrisches Tagebuch Edition Neue Texte Pappband etwa 4,50 M	**Der geteilte Himmel** Roman Leinen 6,60 M **Nachdenken** **über Christa T.** Roman Leinen 6,50 M
Margarete Neumann **Die Webers** Roman Leinen etwa 8,10 M	Helga Schütz **Das Erdbeben bei Sanger-** **hausen** Leinen 7,80 M	Christine Wolter **Meine italienische Reise** Edition Neue Texte Pappband 4,50 M

traud Schwarze und andere hinzu. 1976 kam schließlich auch Brigitte Struzyk, die seit 1970 im Weimarer Lektorat tätig war, nach Ost-Berlin. Margit Stragies, die zwanzig Jahre zuvor als Sekretärin angefangen und sich im Abendstudium fortgebildet hatte, wechselte 1979 ins ZDL-Lektorat. Im Zuge dessen wurde auch das Programm immer weiblicher. Ab den Mittsiebzigern debütierten bei Aufbau Elke Erb, Helga Schubert (1975), Christa Müller (1975/79), Helga Königsdorf, Christiane Grosz (1978), Annerose Kirchner, Beate Morgenstern (1979) und Rosemarie Zeplin (1980). Auch Eva Strittmatter, Ehefrau des Bestsellerautors und Familienpatriarchen Erwin, wurde 1973 mit ihrem Gedichtband *Ich mach ein Lied aus Stille* zur Aufbau-Autorin.

Am Rande der Entwicklung standen die älteren und alten Damen aus dem Aufbau- und Rütten-Programm wie Rosemarie Schuder, Margarete Neumann und Anna Seghers. Sie wurden zwar auch mit ihren neuen Büchern noch fleißig verlegt – *Das Vertrauen* von Seghers hatte 1968 eine Erstauflage von 70 000 Exemplaren, die durch Nachauflagen schnell erhöht wurde –, doch richteten sie sich offensichtlich an ein anderes Publikum. Nachdem Aufbau 1975 mit den Gesammelten Werken in Einzelausgaben begonnen hatte, galt Seghers sogar eher als moderne Klassikerin denn als Gegenwartsautorin. Dass das nicht ganz unberechtigt war, zeigte sich gerade in den Frauenfiguren ihrer neuesten Texte, die gänzlich anders gestaltet waren als die ihrer jüngeren Kolleginnen. Mit de-

Eva Strittmatter mit Fritz-Georg Voigt

nen wiederum konnte die sozialistische Grande Dame nicht viel anfangen. Morgners *Leben und Abenteuer der Trobadora Beatriz*, einer der anspruchsvollsten Bestseller der Literaturgeschichte, war für sie lediglich eine wirre Zusammenstellung der »Frauenbeschlüsse der UNO«.

Friedliche Koexistenz: Die Westwelle

Die DDR war ein Land mit einer ebenso ausgeprägten wie aufschlussreichen Geburtstagskultur. Das betraf den Staat und seine Institutionen, aber auch seine prominenten Akteure, zu denen die Schriftsteller gehörten. Deren Position im literarischen Feld der DDR ließ sich an der Anzahl, dem Ton und den Urhebern der Glückwünsche ziemlich exakt bestimmen. Auch wenn die Geburtstagsartikel gänzlich oder beinahe ausblieben – wie beispielsweise im Fall von Ernst Blochs 75. Geburtstag 1960 oder Christa Wolfs 50. Geburtstag 1979 –, ließen sich Schlüsse

ziehen, ob und wie die Jubilare im kollektiven Gedächtnis bleiben sollten. Gerade in solchen Fällen fielen die Gratulationen aus der Bundesrepublik dafür umso herzlicher aus.

Besonders kompliziert wurde dieser kalte Geburtstagskrieg, wenn
beide Seiten die Jubilare an ihre Brust ziehen wollten. Ein Beispiel dafür
war der 75. Geburtstag von Anna Seghers im November 1975. Während
man in der DDR langsam die Geschenke verpackte – unter anderem die
ersten vier Aufbau-Bände der Gesammelten Werke, den vom Politbüro
und dem Ministerrat verliehenen Großen Stern der Völkerfreundschaft,
ein Glückwunschschreiben Honeckers und eine Ehrenbürgerurkunde
der Stadt Berlin –, plante die Stadt Mainz eine Ausstellung anlässlich des
Geburtstags ihrer berühmten Tochter. Die Meldung sorgte für Aufruhr
im Palais Schwerin am Molkenmarkt, wo das Ministerium für Kultur
seinen Sitz hatte. Fieberhaft überlegte man, wie man verhindern könne,
dass das Seghers-Bild im Westen zugunsten »gesamtdeutscher Interessen« verzogen werde. Die Lösung lag im wahrsten Sinne nahe: Man
wollte die Genossen der Deutschen Kommunistischen Partei auf die Sache ansetzen.

Die Hoffnung in die kulturpolitische Kraft der DKP, die 1968, also
zwölf Jahre nach dem KPD-Verbot durch das Bundesverfassungsgericht,
gegründet worden war, war in der DDR groß und schien nicht unbe-
gründet: Auch wenn die DKP bei Wahlen erfolglos blieb und nur auf
kommunaler Ebene zu parlamentarischer Repräsentanz kam, war ihre
Stimme im literarischen Leben der Bundesrepublik in der ersten Hälfte
der 1970er Jahre deutlich vernehmbar. Auf den Kulturforen der Partei
tummelten sich die linken Newcomer der Szene und etablierte Schriftsteller wie Martin Walser. Die Kulturfunktionäre und Literaturwissenschaftler in der DDR feierten die Polarisierung, Politisierung und Dif-
ferenzierung der westdeutschen Literatur als Indiz für die wachsende
Bedeutung der sozialistischen Kultur, die sich strukturell auszuwirken
schien. Belege dafür gab es insbesondere in den Verlagen mit linkem
Image: Im Wagenbach Verlag, 1971 nach der Veröffentlichung eines politischen Manifests der RAF und eines *Roten Kalenders für Lehrlinge und
Schüler* von schwer bewaffneten Polizeieinheiten durchsucht, eskalierte
1973 ein Konflikt zwischen Verlagsleitung und Lektorat, der zur Grün-

dung von Rotbuch führte. Auch bei Goldmann, Hanser, Suhrkamp und Luchterhand kam es zu heftigen Auseinandersetzungen um Verlagsprogramme und Mitbestimmungsmodelle.

Für die *Weimarer Beiträge*, deren Redaktion im Gegensatz zu den ebenfalls über den Verlag vertriebenen Zeitschriften *neue deutsche literatur* und *Sinn und Form* zu Aufbau gehörte, waren die im literarischen Leben wahrnehmbaren »Veränderungen im internationalen Kräfteverhältnis zugunsten des Sozialismus« (Hans Joachim Bernhard) ein willkommener Anlass, den Austausch mit den potenziellen Bündnispartnern zu forcieren. Ab 1971 erschienen vermehrt Rezensionen und Aufsätze über bundesdeutsche Schriftsteller – und zwar fast ausschließlich über solche, die DKP-Mitglieder waren oder zumindest als parteinah eingeschätzt wurden. Dieser Fokus ließ sich auch im Programm des Aufbau-Verlags erkennen, der plötzlich reihenweise westdeutsche Lizenztitel verlegte. So erschienen 1974/75 wichtige Bücher von Franz Josef Degenhardt (*Zündschnüre*), Gerd Fuchs (*Beringer und die lange Wut*) und Uwe Timm (*Heißer Sommer*). 1972 hatte das Lektorat zudem einen Liederband mit dem Titel *Und wenn der Mond dann rot ist …* mit Texten von Degenhardt, Hanns Dieter Hüsch und Dieter Süverkrüp auf den Weg gebracht, deren Lieder bereits ins Repertoire einiger Singeklubs in der DDR eingegangen waren. Martin Walser konnte 1975 mit dem Band *Fiction. Die Gallistl'sche Krankheit* nach zehnjähriger Pause wieder bei Aufbau erscheinen. Gleiches galt für das KPÖ-Mitglied Franz Kain, der seit zwölf Jahren nicht mehr verlegt worden war, bis 1974 *Der Weg zum Ödensee* auf den Markt kam. Sein junger österreichischer Genosse Michael Scharang, ein literarischer Avantgardist, erschien 1975 mit Lizenz des Luchterhand-Verlags im Verlag Volk und Welt. Sie alle profitierten von einer Gruppendynamik: Die Einordnung als linker oder kommunistischer, im Idealfall parteilich gebundener Autor, in der Bundesrepublik ein Kainsmal, bedeutete im literarischen Leben der DDR eine Aufwertung, die für die Druckgenehmigungsprozesse ausschlaggebend sein konnte.

Hauptverantwortlich für die »Gegenwartsliteratur aus dem deutschsprachigen Ausland« war im ZDL-Lektorat Annie Voigtländer. Das Verlagsurgestein wohnte lange Zeit in West-Berlin, wo sie ein Auge auf den Literaturbetrieb im Lager des Klassenfeinds haben sollte. Von ihren jun-

Bündnispartner: Lizenz-
ausgaben linker Autoren
aus Westdeutschland

gen Kolleginnen wurde Voigtländer, eine alte KPD-Genossin, persönlich geschätzt, ihren operativen Literaturbegriff hingegen teilte die jüngere Generation nicht. Während Voigtländer unter anderem für die
Degenhardt- und Wallraff-Titel, für Bücher wie die explosive »Fest-
schrift« *Unsere Siemenswelt* von F. C. Delius (1974) – der Siemens-Kon-
zern hatte sich von der »Dokumentarsatire« verleumdet gefühlt und
gegen Autor und Rotbuch-Verlag prozessiert – und die Werkkreis-An-
thologie *Hierzulande – heutzutage* (1975) zuständig war, wurden andere
westdeutsche Autoren von Angela Drescher, Helga Pankoke und Alice
Uszkoreit betreut, wobei Letztere des Öfteren mit Wolfgang Joho als Außengutachter zusammenarbeitete.

Das Duo Uszkoreit/Joho war auch für Günter Herburger zuständig.
Der Autor, Jahrgang 1932, galt seit seinem Debüt mit dem Titel *Eine
gleichmäßige Landschaft* (1964) als Pionier des Neuen Realismus der Kölner Schule um den Kiepenheuer-&-Witsch-Lektor, Schriftsteller und Li-
teraturtheoretiker Dieter Wellershoff. Die Kölner Schule war unter anderem von dem ZK-Abteilungsleiter Arno Hochmuth, der mit dem
sagenhaften Titel *Die Fäulnis des imperialistischen Systems als gesellschaftliche Grundlage der Apologetik der Dekadenzliteratur in Westdeutschland*
promoviert hatte, wegen des Verzichts auf alternative Entwürfe und der

Darstellung des Menschen als Triebwesen abgeurteilt worden. Bei letzterem Kritikpunkt hatte selbst Joho, der für seine positiven Stellungnah-
men zur westdeutschen Literatur bekannt war und Herburgers Roman
Die Messe 1969 im Auftrag des Aufbau-Verlags begutachtet hatte, dem
Dogmatiker zugestimmt. So hatte er zwar lobend eingeleitet, der Roman
habe »zweifellos seine Qualitäten« und zeuge »von einem starken Erzäh-
lertalent«, hatte aber anschließend die »naturalistischen Details, vor allem aus der Sphäre pervertierter Sexualität« kritisiert. »Offensichtlich«,
so folgerte Joho, »ist ein moderner Roman in Westdeutschland nicht
mehr salonfähig, wenn der Autor nicht dem Bedürfnis der Pornographie
seinen Tribut entrichtet.« Mit diesem prüden Blick ließ sich so allerhand
als Beleg für die kulturelle Agonie des Spätkapitalismus lesen.

Die folgenden Erzählungen Herburgers sprachen dann aber eine andere Sprache. Der Autor war sichtlich bemüht um Kritik an gesellschaftlichen und politischen Zuständen, um Gegenentwürfe zum Bestehenden, um eine utopische Dimension. Für seine Recherchen hatte er, nach
einigen Vagabundenjahren mittlerweile nahe der brodelnden Literatur-
meile von Berlin-Friedenau wohnhaft, Kontakt zu RAF-Häftlingen aufgenommen und war schließlich 1973 in die DKP eingetreten. Genau das
berücksichtigte auch Uszkoreit in ihrem Gutachten, mit dem sie die HV
Verlage und Buchhandel von dem Prosaband *Nüssen* überzeugen wollte.
Herburger gehöre zu den »gegenwärtig am weitesten links stehenden
Schriftstellern der Bundesrepublik«, deren »politisches und literarisches
Ziel […] erklärtermaßen der Kommunismus« sei. Diese politische Einschätzung reichte auch aus, um zwei ältere neorealistische Erzählungen
als Entwicklungsschritte zu rechtfertigen und die literarische Experimen-
tierfreudigkeit des Autors bei neueren Texten mitzutragen. So konnte
Aufbau 1975 10 000 Exemplare von *Nüssen* veröffentlichen.

Dass die westdeutsche Ecke im Leseland immer größer wurde, hatte
aber auch damit zu tun, dass das Aufbau-Lektorat im Schatten der kommunistischen Autoren weitere Pflänzchen heranzog – sehr vorsichtig
zwar, aber durchaus mit offizieller Legitimation. Denn während der dogmatische Kulturpapst Hager weiterhin eine orthodoxe Linie predigte,
hatte Honecker in seinem *Bericht des Politbüros an die 9. Tagung des Zentralkomitees*, am 29. Mai 1973 auf viereinhalb dicht bedruckten Seiten

im *ND* erschienen, augenscheinlich einen kleinen Interpretationsspalt gelassen. Zwar hatte er ohne Nennung von Namen und Titel Volker Brauns Theaterstück *Die Kipper*, 1972 als erstes Buch des Autors bei Aufbau erschienen, für den oft zitierten Satz, die DDR sei »das langweiligste Land der Welt«, angegriffen und gegen den »Realismus ohne Ufer«, die »Courths-Mahler-Ideologie« und die »Haschisch-›Kultur‹« des Westens gewettert, aber gleichzeitig erklärt, seine Partei wolle sich bei der Aufnahme »progressiver Werke der Kunst und Literatur« aus dem »nichtsozialistischen Teil der Erde, einschließlich der BRD«, weltoffen verhalten. Drei Wochen später trat der Grundlagenvertrag zwischen den beiden deutschen Staaten in Kraft, dessen erster Artikel die »Entwicklung gutnachbarlicher Beziehungen auf gleichberechtigter Basis« einforderte. Im November 1973 brachte der Aufbau-Verlag den Druckgenehmigungsantrag für Siegfried Lenz' 1968 erschienene *Deutschstunde* auf den Weg, der für den Plan 1974 genehmigt wurde. Die Publikation von Lenz war ein Zeichen, dass Aufbau bei seinen Vorstößen in Sachen Publikation in Einzelfällen weniger nach der Gesinnung der Westschriftsteller, sondern vermehrt nach dem literarischen Rang entscheiden konnte. Erschienen waren mittlerweile auch ein Erzählband Gabriele Wohmanns und ein Roman von Gudrun Pausewang. Christoph Meckel wurde 1975 sogar mit zwei Titeln zum Aufbau-Lizenzautor, obwohl ein Gutachten von Uszkoreit bestätigte, dass er »auch hier die für ihn typische bürgerlich-humanistische Ideen- und Anschauungswelt nicht durchbrochen« habe.

Selbstläufer waren die Bücher der Nichtkommunisten aus der Bundesrepublik aber noch lange nicht. Bevor beispielsweise Peter Härtlings Roman *Eine Frau*, der das 20. Jahrhundert mit seinen Kriegswirren, sozialen und politischen Konflikten anhand des Lebenslaufs der Protagonistin Katharina erzählt, 1976 zum ersten Buch des Autors in der DDR werden konnte, musste zunächst ein dickes politisches Brett gebohrt werden. Im Frühjahr 1973 hatte es bei Aufbau eine heftige verlagsinterne Diskussion über Härtlings autobiographisch inspirierten Roman *Zwettl* gegeben, nachdem der Außengutachter Joho erklärt hatte, es handle sich um ein Buch, »dessen Publizierung bei uns man wohl ins Auge fassen könnte«, obwohl die kritische Darstellung der Roten Armee, die in *Zwettl* zu finden war, nach wie vor zu den großen Tabuthemen gehörte. Helga

Pankoke hatte ein Gegengutachten aufgesetzt und dem Lektoratsleiter Caspar zukommen lassen, der wohl erkannte, dass ein Druckgenehmigungsantrag keine Aussicht auf Erfolg hatte. Im Fall von *Eine Frau* war das anders. Von der »akribischen Arbeit« seines Lizenz-Lektorats in der Französischen Straße war Härtling übrigens sehr angetan. Nachdem in der Aufbau-Ausgabe etliche Druck- und einige Sachfehler getilgt worden waren, wollte er fortan das Lizenzexemplar als Druckvorlage für Nachauflagen empfehlen.

Der Rest der Rest-Loyalität: Die Biermann-Ausbürgerung

Der Palast der Republik am Marx-Engels-Platz sammelte nach seiner Öffnung »für die Werktätigen Berlins und die Gäste der Hauptstadt der DDR« am 25. April 1976 schnell ein paar spöttische Spitznamen. Unter dem Licht der fast 10 000 Kugeleffektleuchten machten die flinken Berliner aus dem eindrucksvollen Foyer »Erichs Lampenladen«. Vom »Palazzo Prozzo« war die Rede, vom »Ballast der Republik«. Schon zu Beginn der 32-monatigen Bauzeit war gewitzelt worden, dass Sachsen auf der Baustelle nicht geduldet seien, weil sie das P wie ein B aussprechen.

In die Ironie mischte sich aber auch viel Anerkennung, schließlich hatte der in einer gigantischen Betonwanne auf der Spreeinsel errichtete Bau, einen halben Kilometer vom Aufbau-Sitz in der Französischen Straße entfernt, viel zu bieten: Während im Kleinen Saal die Volkskammer zusammenkam, konnte der multifunktionale Große Saal für Parteitage, aber auch für Konzerte, Tanzvorführungen oder Fernsehaufzeichnungen genutzt werden. In den Foyers und in den Galerien gab es Hoch- und Populärkultur. Die Speisekarten von den drei Restaurants, von Milch-, Espresso-, Mokka- und Foyerbar, von Bier- und Weinstube sowie vom beliebten Bowlingrestaurant löschten das Schlagwort Mangelwirtschaft zumindest für die Zeit des Palastbesuchs aus dem Wortschatz. Das Postamt, das selbst am Sonntag geöffnet war, führte sogar die begehrten Sonderbriefmarken. Es gab einen Jugendtreff und eine Diskothek, funktionierende Münzfernsprecher und die modernsten Toiletten der Republik.

Eine besondere Perle war im vierten Stock zu finden: Dort war das Theater im Palast untergekommen, kurz TiP, das mit seinen experimentierfreudigen Aufführungen, Lesungen und Jazzkonzerten bald ein Lieblingsort der kulturell interessierten DDR-Bürger wurde. Nachdem bei der zweiten Veranstaltung im TiP der Aufbau-Autor Erwin Strittmatter gelesen hatte, organisierte die Werbeabteilung des Verlags, bisher mit dem Vertrieb als Absatzabteilung zusammengefasst und gerade erst unter der Leitung von Helmut Reller eigenständig geworden, die dritte Veranstaltung am 30. April 1976 gleich selbst. Ludwig Renn, Anna Seghers, Stephan Hermlin, Hermann Kant, Uwe Berger, Sarah Kirsch und andere lasen im TiP aus der gerade erschienenen Anthologie *Berliner Schriftsteller erzählen*, die Aufbau gemeinsam mit dem Schriftstellerverband anlässlich des bevorstehenden IX. Parteitags der SED herausgegeben hatte. Unter den Zuhörern dieser »bewegenden Manifestation tiefer Verbundenheit der Schriftsteller mit der Partei der Arbeiterklasse«, von der das *ND* tags darauf berichtete, war auch Konrad Naumann, Erster Sekretär der SED-Bezirksleitung Berlins, Kandidat und kurz darauf Mitglied des Politbüros. Naumann sollte zum Stammgast werden: Er heiratete 1977 die TiP-Intendantin und Brecht-Interpretin Vera Oelschlegel, die bis 1976 in zweiter Ehe mit Hermann Kant liiert gewesen war.

Aufbau war fortan gerne bei den Nachbarn vom TiP zu Gast, das, genau wie der Verlag, auf dem schmalen Grat zwischen künstlerischem Freiraum und politischem Auftrag balancierte. Für Letzteres standen augenscheinlich die Gaben für Staat, Partei und Revolution, die regelmäßig zu den Jubiläen oder großen Veranstaltungen erschienen. Dem IX. Parteitag, auf dem sich die SED im Palast der Republik ein neues Parteiprogramm gab und sich eindeutig gegen die Ideen der westlichen Reformkommunisten positionierte, war neben *Berliner Schriftsteller erzählen* noch eine Anthologie mit dem Titel *Bekanntschaften* gewidmet, in der jüngere Verlagsautoren und anderem einen Bauarbeiter, einen S-Bahnfahrer und einen Dorfhandwerker porträtierten. Die Staatspar-

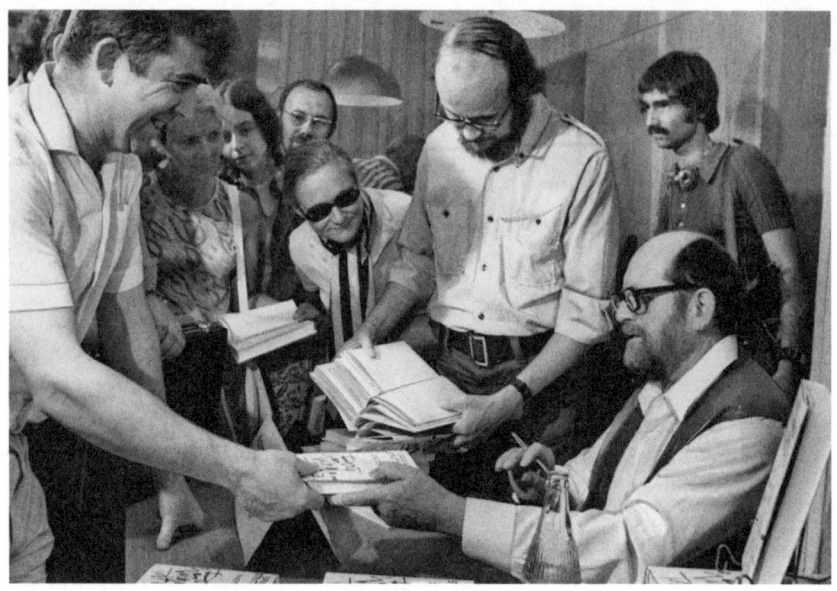

Erwin Strittmatter signiert den zweiten Band des *Wundertäters*

tei, die durch kostenintensive sozialpolitische Gratifikationen und internationale Anerkennung an Prestige gewonnen hatte, bedankte sich mit Auszeichnungen für den Vorzeigeverlag und seine Angestellten. Zu all den Nadeln und Medaillen kam pünktlich zum SED-Parteitag 1976 der Kunstpreis des VEB Petrolchemisches Kombinat Schwedt hinzu, dessen Schreibzirkel von Aufbau-Autoren betreut wurde und in dem jedes Jahr ein Verlagstag mit Lesungen stattfand. Ein Jahr zuvor hatte sich Aufbau zum 30. Jubiläum mit dem umfangreichsten Programm seit der Profilierung – 273 Titel in 306 Bänden – wieder einmal selbst gefeiert und das Jubiläum genutzt, um Bilanz zu ziehen: Gut 5000 Titel in rund 65 Millionen Exemplaren waren bisher bei Aufbau (und seit 1964 auch bei Rütten & Loening) erschienen.

Sobald sich der Dunst der (Selbst-)Beweihräucherung in der Französischen Straße verzogen hatte, zeigte sich immer wieder, dass der Verlag nach wie vor auch als Ort für einen kritischen, suböffentlichen Diskurs funktionierte. Ein Beispiel dafür waren die Veranstaltungen im Donnerstags-Club. Als Helmut Hanke vom Institut für Gesellschaftswissenschaften im Dezember 1975 beispielsweise einen Vortrag hielt, in dem er von der Herrschaft des Konsumdenkens in der DDR gesprochen hatte, vom Roboterleben in Arbeits-, Fahr- und Wohnzellen und von der Entpolitisierung der Gesellschaft, bekam er dafür reichlich Zustimmung von der Belegschaft und den anwesenden Autoren wie Richard Christ, Kahlau, Morgner und Seyppel, der im September 1973 aus der Bundesrepublik in die DDR gegangen war. Auch aufsehenerregende Ereignisse wurden intern diskutiert, so zum Beispiel die Selbstverbrennung des Pfarrers Oskar Brüsewitz aus Protest gegen die Kirchenpolitik der SED vor der Zeitzer Michaeliskirche im August 1976, die Günter Caspar angeblich dahingehend kommentierte, dass er die Aktion gut verstehen könne. Nachdem das *ND* eine Pressenotiz mit einer Distanzierung der Kirche von Brüsewitz veröffentlicht hatte, sprach selbst Annie Voigtländer, als zuverlässige Genossin bekannt, von einem »Witz«.

Über all das war das Ministerium für Staatssicherheit in der Regel bestens informiert. Während die verlagseigenen Informanten wie Fritz-Georg Voigt und Ruth Glatzer eher vorsichtig Bericht erstatteten, ging insbesondere Uwe Berger bei seinen zahlreichen Besuchen in der Französischen Straße als IM »Uwe« mit offenen Ohren durch den Verlag. Ohnehin stand der Literaturbetrieb gerade unter besonderer Beobachtung. 1974/75 hatte das MfS in der Hauptabteilung XX eine Operativgruppe geschaffen, die sich um eine ganze Reihe von Autoren, Musikern, Schauspielern und Journalisten aus Ost und West kümmern sollte. Die Angst vor der politisch-ideologischen Diversion, die den Staatswächtern seit Jahren den Schweiß auf die Betonstirnen trieb, erreichte ihren Höhepunkt, als im August 1975 die Unterzeichner der KSZE-Schlussakte von Helsinki nicht nur die Unverletzlichkeit der Grenzen und die Nichteinmischung in die inneren Angelegenheiten anderer Staaten garantierten, sondern darüber hinaus die Wahrung von Menschenrechten und Grundfreiheiten, auf die sich fortan gleichfalls die DDR-Bürger berufen konnten – auch wenn sie zunächst nicht gehört wurden.

Vor allem aber einen der sogenannten Hauptfeinde im Innern bekamen SED und MfS nicht in den Griff: Wolf Biermann. Bereits 1971 hatte sich der Liedermacher im *Spiegel* den »Status eines staatlich anerkannten Staatsfeindes« zugesprochen, der für die SED nicht allein deswegen bedrohlich wirkte, weil er trotz aller Repressionen, Auftritts- und

Veröffentlichungsverbote kein Blatt vor den Mund nahm, sondern auch weil er seine aus linker Perspektive gesungene Fundamentalkritik an der Partei mit einem schillernden Charme vortrug, der die grauen SED-Propagandisten gänzlich farblos werden ließ. Als Biermann am 13. November 1976 bei einem vom WDR-Hörfunk live übertragenen Konzert in der Kölner Sporthalle wieder einmal die Parteibonzen kritisiert hatte, griffen diese zum letzten Mittel: Sie bürgerten den Dichter aus und bemühten sich eilends, den Spieß propagandistisch umzudrehen. »Mit seinem feindseligen Auftreten«, so hieß es am 17. November im *Neuen Deutschland*, habe sich der Dichter »selbst den Boden für eine weitere Gewährung der Staatsbürgerschaft der DDR entzogen«.

Zum einschneidenden Ereignis, das einen zentralen Platz in der DDR-Geschichte einnimmt, wurde der Fall Biermann vor allem wegen seiner Folgen. Noch am Tag der Ausbürgerung traf sich eine Gruppe von Schriftstellern im Haus von Stephan Hermlin und verfasste »eingedenk des Wortes aus Marxens ›18. Brumaire‹, dem zufolge die proletarische Revolution sich unablässig selber kritisiert«, eine öffentliche Protesterklärung, die nicht nur dem *ND*, sondern auch der französischen Presseagentur AFP übergeben wurde. Zehn der zwölf prominenten und bestens vernetzten erstunterzeichnenden Autoren – neben Hermlin noch Sarah Kirsch, Günter Kunert, das Ehepaar Wolf, Franz Fühmann, Jurek Becker, Heiner Müller und Rolf Schneider – hatten schon Bücher im Aufbau-Verlag veröffentlicht. In den nächsten Tagen schlossen sich über 100 Kunst- und Kulturschaffende an. Damit war eine Lawine losgetreten, mit der das Politbüro bei seinem Ausbürgerungsbeschluss nicht gerechnet hatte. Und die SED bemühte sich gar nicht erst, den Loyalitätsschaden zu reparieren: Sie forderte die Schriftsteller auf, sich öffentlich ihrer Entscheidung anzuschließen, verteilte Parteistrafen und startete weitere restriktive Maßnahmen. Damit trieb sie einen Keil in das Feld der Intellektuellen, auf die sie sich, bei aller Kritik, bisher hatte stützen können. Der transzendentale Erlösungsglaube, den vor allem die älteren Genossen hatten, wurde endgültig vom Zweifel abgelöst. Die Verwerfungen im literarischen Feld deuteten einige Autoren aus der zweiten Reihe als Chance, so zum Beispiel Gisela Steineckert, die bei Aufbau Mitte der 1960er Jahre den Gedichtband *Nachricht von den Liebenden* mit vier Biermann-Gedichten herausgegeben hatte. Als ein Bedenken-träger im Schriftstellerverband den Umgang mit den wichtigsten Vertre-tern der DDR-Literatur rügte, konterte sie mit den vielsagenden Wor-ten: »Na und? Dann sind wir jetzt eben Weltliteratur!«

Doch natürlich gab es auch einige ernst zu nehmende Autorinnen und Autoren, die die Protesterklärung nicht unterschrieben hatten, darunter Anna Seghers, Irmtraud Morgner und Hermann Kant. Sie kritisierten vor allem den Weg über eine westliche Nachrichtenagentur. Offizielle Zustimmung gab es auch aus dem Aufbau-Verlag, wo Fritz-Georg Voigt, Ruth Glatzer, Parteisekretär Otto Brandstädter und Kaderleiterin Irm-gard Thomas die Maßnahme pflicht- und funktionsbewusst begrüßten. Unsichere Kandidaten wie Christine Wolter, die gerade als Lektorin ge-kündigt hatte, um als freie Autorin zu arbeiten, oder der Weimarer Lek-tor und Lyriker Wulf Kirsten wurden eiligst zu ihrer Haltung befragt. Besonders im Fokus von Partei und Stasi standen natürlich fortan die unterzeichnenden Autoren. Christa Wolf selbst rechnete beispielsweise schon unmittelbar nach ihrer Unterschrift mit Sanktionen: Einen Tag nach der Veröffentlichung des Protestschreibens rief sie in der Französi-schen Straße an und fragte, ob ihr autobiographischer Roman *Kindheits-muster* wie vorgesehen zum 30. November würde erscheinen können.

Dass das Buch, das die offizielle narrative Modellierung der Faschis-musgeschichte aufnahm und dekonstruierte, nicht nur erscheinen konnte, sondern noch Anfang Dezember eine Erhöhung der Erstauflage von 50 000 auf 60 000 Exemplare beschlossen wurde, lässt sich als Ver-such der SED-Führung verstehen, die Peitschenschläge mit etwas Zu-ckerbrot abzumildern. Doch hatte die Partei mit der Biermann-Aus-bürgerung und ihrem restriktiven Umgang mit den Protestlern das kulturpolitische Gleichgewicht verloren. Das Vertrauen, das sie jahrelang von den Autoren in der DDR eingefordert hatte, war endgültig aufge-braucht. Für viele angehende Schriftsteller aus der nachkommenden Ge-neration eröffnete sich damit eine gänzlich andere Situation als für ihre Vorgänger: Sie gingen den Loyalitätspakt mit der Staats- und Parteifüh-rung gar nicht erst ein.

1977–1983

Harte Fronten:
Ausreiser und Hineingeborene

Der Klubraum in der Französischen Straße 32 war in der Mittagszeit
stets gut besucht. Noch voller als gewöhnlich war es am 28. Oktober
1977, als gut 150 Aufbau-Mitarbeiter, die sich unter der Glaskuppel versammelt hatten, hohen Besuch erwarteten: Kulturminister Hans-Joachim Hoffmann war angereist, um den Verlag »für die beispielgebende
Erfüllung seiner kulturpolitischen und ökonomischen Aufgaben im
Wettbewerb zu Ehren des sechzigsten Jahrestages der Großen Sozialistischen Oktoberrevolution« mit dem Vaterländischen Verdienstorden in
Gold auszuzeichnen. Besonders hob Hoffmann in seiner Rede die große
Gorki-Ausgabe hervor, die nach zwölf Jahren Arbeit fast abgeschlossen
war. Zum Revolutionsjubiläum wurde ihr eine populäre vierbändige Auswahl zur Seite gestellt.

Obwohl Verlag und Mitarbeiter bereits etliche Orden, Nadeln, Medaillen und Ehrentitel der auszeichnungsfreudigen DDR am Revers hatten und Aufbau »nur« eine von 30 geehrten Institutionen war, hatte der
Vaterländische Verdienstorden große symbolische Bedeutung. Denn Aufbau, so viel war klar, stand als Vorzeigeverlag nach der Biermann-Ausbürgerung unter besonderer Beobachtung. Offensichtlich hatte man die
Erwartungen von staatlicher Seite bisher erfüllt. Ein halbes Jahr vor der
Ordensverleihung hatte schon Meta Borst, die in der Zensurbehörde HV
Verlage und Buchhandel für die Betreuung des Aufbau-Verlags abgestellt
war, ihre Kollegen wissen lassen, dass die Genossen der Betriebspartei-
organisation des Verlags »großes persönliches Engagement« gezeigt hätten, »als es darauf ankam, im November v. Js. die feindlichen Versuche
im Zusammenhang mit ›Biermann‹ zurückzuschlagen«. Ob die Parteigruppe tatsächlich so überzeugt und überzeugend aufgetreten war, sei

dahingestellt. Wie eine strenge Gouvernante, die hinter verschlossenen Türen mahnte und mitunter mauschelte, war Borst darauf bedacht, »ihren« Aufbau-Verlag nach außen ins rechte parteiliche Licht zu rücken.

Die Nachbeben der Causa Biermann waren derweil nicht nur bei Aufbau noch deutlich zu spüren. Günter Kunert, der das Publikationsgeschick des Verlags bei seinen 13 verlegten Titeln etliche Male auf die Probe gestellt hatte, wurde als uneinsichtiger Erstunterzeichner des Protests aus der SED ausgeschlossen, während er mit dem Aufbau gleich über drei Projekte im Gespräch war. Der Ausreiseantrag seiner Programmnachbarin Sarah Kirsch, vom Lesepublikum in Ost und West geschätzt, wurde im August 1977 genehmigt. Auch andere prominente Autoren wie Thomas Brasch, Reiner Kunze und Jurek Becker, die nicht oder nicht mehr bei Aufbau erschienen, übersiedelten unmittelbar nach der Biermann-Ausbürgerung. Es folgte im Dezember Hans-Joachim Schädlich, dessen Prosadebüt *Versuchte Nähe* einige Monate zuvor auf Vermittlung von Günter Grass bei Rowohlt veröffentlicht worden war, weil er im literarischen Feld der DDR kein Land gesehen hatte. Die Feuilletons und Verlage der Bundesrepublik empfingen die vermeintlichen Dissidenten in der Regel mit offenen Armen. Zumindest für die Editionshäuser war das allerdings nicht ganz ungefährlich. So hatte Luchterhand, wichtigster Aufbau-Partner in Westdeutschland, das Schädlich-Manuskript abgelehnt, weil die Verlagsleitung um ihre guten Kontakte in die DDR fürchtete. Als Rolf Schneider mit seinem Manuskript *November*, einer literarischen Aufarbeitung des Falls Biermann, ein ähnliches Schicksal zu drohen schien, sah der einstige Bloch-Schüler Günter Zehm, der in der Redaktion der konservativen *Welt* den rechten Rand besetzte, ein »klammheimliches Kartell zur Verhinderung von Dissidentenliteratur aus der ›DDR‹« entstehen, das von »den SED-Kulturbürokraten und den hiesigen linken Lektoraten« gebildet würde. In diesem Fall lag Zehm allerdings daneben: Das Luchterhand-Lektorat war von dem eilig getippten Manuskript literarisch nicht überzeugt. *November* erschien schließlich bei Knaus.

Die Autoren- und Manuskriptwanderung wurde im Aufbau-Lektorat mit zunehmender Sorge betrachtet. Stärker als zu Beginn der Ära Honecker wirkte die Dialektik von Kunst und Politik in die alltägliche Verlagsarbeit. Was das bedeuten konnte, hatte Kulturminister Hoffmann in

seiner Rede zur Verleihung des Vaterländischen Verdienstordens ange-
deutet, indem er neben Christa Wolfs aufwühlendem *Kindheitsmuster*
die schlichten Sowjetunion-Reisebücher von Richard Christ (*Um die
halbe Erde in 100 Tagen*) und Margarete Neumann (*Orenburger Tagebuch*), die auflagenstarken neuen Romane von Hermann Kant (*Der Auf-
enthalt*) und Herbert Otto (*Die Sache mit Maria*) sowie Prosa-Bände von
Uwe Berger, Anna Seghers und Erwin Strittmatter stellvertretend für die
Erfolge des Verlags im Bereich der DDR-Literatur genannt hatte. Die
Namen waren mit Bedacht gewählt. Hoffmann umriss mit ihnen ein
Feld kulturpolitisch gewünschter Literatur, zu dem trotz aller Kontroversen eben auch Christa Wolf gehörte.

Kaum in dieses Feld passten hingegen die jungen Dichter, die wie Pilze
aus den Böden der Großstädte schossen. Einer von ihnen war Frank-Wolf
Matthies, 1951 in Berlin geboren, dessen Gedichtmanuskript dem Aufbau-Verlag 1977/78 von Fühmann und Kahlau empfohlen, aber vom
Lektorat nicht für ein Druckgenehmigungsverfahren vorbereitet worden
war. Matthies suchte daraufhin sein Publikationsglück in Westdeutschland. Als er Aufbau nach der Veröffentlichung des Bandes *Morgen* im
Rowohlt-Verlag 1979 schließlich voller Sarkasmus die Vorzugslizenz für
die DDR und das sozialistische Ausland anbot, fiel es Caspar schwer, die
Contenance zu wahren. Von dem jungen Dichter provoziert fühlte sich
auch die Staatspartei: Nachdem seine Wohnung im Prenzlauer Berg immer wieder als Szenetreffpunkt gedient und Rowohlt 1980 einen zweiten Gedichtband vorgelegt hatte, wurde Matthies verhaftet und erst nach
dem Protest einiger prominenter Autoren wieder auf freien Fuß gesetzt.
Anfang 1981 reiste er schließlich in die Bundesrepublik aus.

Während auch andere Underground-Größen wie der zeitgleich bei
Aufbau gehandelte Bert Papenfuß zunächst keine Chance auf Buchpublikationen in der DDR hatten, tanzte ein enger Freund von Matthies,
mit dem er erstmalig 1975 im Haus der jungen Talente gelesen hatte,
aus der Reihe der buchlosen Autoren. Uwe Kolbe, Jahrgang 1957, wurde
1980 mit einem Lyrikband ins ehrwürdige, zunehmend sanierungsbe-
dürftige (und nach einer ernüchternden Hausbegehung bald notdürftig
instand gesetzte) Haus in der Französischen Straße aufgenommen. Mit
dem Titel seines Debüts gab er einer ganzen Generation ihren Namen:

Hineingeboren. Die Hineingeborenen, von denen fortan die Rede war, hatten den Sozialismus nicht mehr als Utopie, sondern als »deformierte Realität« (Heiner Müller) kennengelernt. Sie lebten in schäbigen Hinterhofwohnungen mit Ofenheizung und Außenklo, verweigerten sich dem gesellschaftlichen Auftrag und sehnten sich nach individueller Freiheit. Für den sauberen, ordentlichen, ja geradezu preußischen Staat der SED-Funktionäre hatten sie nur Spott übrig. All das zeigte sich auch in ihrer form- und wortspielerischen Lyrik, die vielleicht noch ein bisschen an Brecht erinnerte, aber mit dem Pathos Volker Brauns kaum etwas und mit dem vollkommen anderen Pathos Bechers gar nichts gemein hatte.

Kolbes Texte waren mit dem Einzugsgepäck von Günther Drommer, der im Juni 1978 von Hinstorff ins Aufbau-Lektorat wechselte, in den Verlag gekommen. Der Stasi war der selbstbewusste Lektor schon seit Längerem suspekt, weil er den Kontakt zu der aufmüpfigen Hinstorff-Autorenriege um Klaus Schlesinger, Rolf Schneider und Franz Fühmann pflegte. Dass Drommer sich zudem 1975 einer »aktiven, konspirativen Zusammenarbeit« mit dem Ministerium für Staatssicherheit verweigert hatte, machte ihn noch verdächtiger. Doch während die Stasi den Lektor fürchtete und überwachte, schätzte ihn der Parteiapparat. Im Dezember 1977 war Drommer in einer Beratung der Abteilung Kultur des ZK mit den Leitern der belletristischen Verlage als Perspektivkader für Leitungsfunktionen eingeschätzt worden. Mit dieser Empfehlung war er in die Französische Straße gekommen.

Mit Kolbes *Hineingeboren* legte Drommer, Jahrgang 1941, sein Gesellenstück im Aufbau-Verlag vor. Denn dass der junge Lyriker, der im titelgebenden Gedicht sein »Kleines grünes Land enges« als »Stacheldrahtlandschaft« bedichtete, von der Zensurbehörde nicht mal eben durchgewinkt werden konnte, stand außer Frage. Und die HV-Mitarbeiter legten sich ins Zeug: Sie eröffneten eine »Stellendiskussion«, die es in sich hatte, kämpften gegen einzelne Gedichte, gegen eine Widmung für Sarah Kirsch und gegen Verse wie »ich will anarchie gegen jede institution«. Da sich Verlag und Autor beim Feilschen um die Verhandlungsmasse durchaus entgegenkommend zeigten, kamen die Gespräche gut voran. Schließlich schickte Drommer der HV eine Notiz, in der er etliche Änderungen nannte und die Zensoren mit dem abschließenden Statement köderte,

Aufstörer: Lektor Günther Drommer und der 21-jährige Uwe Kolbe auf dem Verlagstag im Petrolchemischen Kombinat Schwedt, 1979

dass »die äußerlich reibungsfreie, wirklich schnelle Publikation [...] als nicht unbedeutender kulturpolitischer Erfolg gewertet werden« dürfte. Derartige Erfolge waren in der Post-Biermann-Zeit schließlich rar gesät, schien doch die Integration der Angry Young Men vom Prenzlauer Berg in den Literaturbetrieb in Anbetracht ihres selbstbewussten Auftretens und ihrer experimentierfreudigen Lyrik als beinahe unmöglich.

Hineingeboren, formal durchaus traditionsbewusst, bildete in diesem Kontext die große Ausnahme. Doch trotz des geglückten Einstands ahnte Fühmann in seinem berühmten Nachwort, dass Kolbe kein konfliktfreies Dichterleben in der DDR vor sich hatte: »Aus einem Alltag, der Epigonales züchtet und hätschelt, ragen diese Gedichte so heftig, daß man sich ihnen stellen soll. Bis dahin noch einmal: Ecce poeta! und willkommen soll er uns sein! Schwer genug wird er's noch haben; er macht sich's ja selbst schwer, denn leichter geht's nicht.« Der Kassandraruf sollte sich schnell bewahrheiten. Kurz nach der Veröffentlichung des Gedichtbands ging im Kulturministerium ein Schreiben aus dem thüringischen Saalfeld ein, in dem sich der Kulturrat des Orts bitterlich über »Provokation, Staatsverleumdung und Beleidigung unserer Werktätigen« be-

```
Betr.: Dr.G.enehmigung Lyr k-Ms.  Uwe  K o l b e
   "Hineingeboren" -   Gedichte 1975-1979
----------------------------------------------

Kollegein Malzahn/ Mitarbeiterin bei R.Glatzer heute telef.
gebeten:

Widmnung S. 55   (für S.K.)     und
Gedicht S.80   "und nichts geschieht"
           Zeile (S.83)       "ich will anarcnie gegen
                              jede Institution"


        beides bitte herausnehmen.

        Druckbeginn Termin nicht eingetragen im D.Antrag
                                            Bo./11.6.79
```

Notiz von Meta Borst zu einem Anruf im Aufbau-Verlag bezüglich des Druckgenehmigungsantrags von Uwe Kolbes *Hineingeboren* vom 11. Juni 1979

klagte, denen die Zuhörer einer Aufbau-Veranstaltung mit Kolbe, seinem Dichterkollegen Richard Pietraß und der Sängerin Barbara Thalheim ausgesetzt gewesen seien. Kolbe hatte nämlich die Schelmerei gewagt, Gedichte zu lesen, die aus seinem Debütband hinausgeflogen waren. Drommer versicherte daraufhin der HV im Namen des verantwortlichen Aufbau-Verlags, dass der Autor »eine solche Dummheit« nicht mehr begehen wolle. In der Tat war die folgende »Dummheit« deutlich subtiler: Kolbe veröffentlichte 1981 in der Anthologie *Bestandaufnahme 2*, einem Kooperationsprojekt, für das der Mitteldeutsche Verlag, Halle, verantwortlich zeichnete, einen Text mit dem Titel *Kern meines Romans*, bei dem nicht die Zensoren, sondern erst eine aufmerksame Leserin das Akrostichon entschlüsselte, das sich aus den großen Anfangsbuchstaben der Wortreihen bilden ließ. »Eure Maße sind elend« ließ sich auf diese Weise lesen, »Euren Forderungen genügen Schleimer«, »Eure ehmals blutige Fahne bläht sich träge zum Bauch«, »Eurem Heldentum den Opfern widme ich einen Orgasmus« und schließlich: »Euch mächtige Greise zerfetze die tägliche Revolution«. Doch noch hielten die »mächtigen Greise« die Fäden in der Hand: Die *Bestandsaufnahme* verschwand aus den Buchhandlungen, und es sollte bis 1986 dauern, ehe der nächste Kolbe-Band erschien. In der Französischen Straße blieb der Autor – sieht man von dem kaum in die Kohorte passenden Lothar Walsdorf ab, der 1981 mit dem Gedichtband *Der Wind ist auch ein Haus* debütierte – zunächst der einzige Hineingeborene auf weiter Flur. Bei anderen Verlagen sah es ähnlich aus. Die junge Generation wich deswegen zunehmend auf inoffizielle Zeitschriften und Grafik-Lyrik-Mappen in Kleinstauflagen aus.

Auch für viele der etablierten Autoren waren die unmittelbaren Post-Biermann-Jahre keine einfache Zeit. Die Klingen der Zensur waren geschärft worden, die Fronten im literarischen Feld verhärtet. Im Mai 1978 hatte sich Hermann Kant auf dem VIII. Schriftstellerkongress vor der versammelten Polit- und Literaturprominenz über *Die Verantwortung des Schriftstellers in den Kämpfen unserer Zeit* ausgelassen, die Übersiedlung von Autoren aus Ost- nach Westdeutschland als »Rückwärtsbewegung« aus dem »sozialistischen Leserland nach Bestseller-Country« bezeichnet und den bundesdeutschen Hype um den Lyriker Reiner Kunze mit der zynischen Sprichwortspielerei »kommt Zeit, vergeht Unrat« kommentiert, wie im Protokollband und bald zwanzigtausendfach in Kants Publizistikband *Zu den Unterlagen* (1981) nachzulesen war. Die SED legte zudem juristisch nach und brachte im Februar 1979 ein Gesetz auf den Weg, dem zufolge Publikationen in westdeutschen Verlagen, die nicht vom Büro für Urheberrechte genehmigt worden waren, ab dem 1. August 1979 als Devisenvergehen verfolgt werden konnten. Als Stefan Heym daraufhin wegen der Veröffentlichung seines Romans *Collin* beim Paradekapitalisten Bertelsmann zu einer Geldstrafe von 10 000 Mark verurteilt wurde, sorgte ein anderer viel gelesener Aufbau-Autor für die aggressive Begleitmusik. Dieter Noll, dessen *Abenteuer des Werner Holt* mittlerweile in der 32. (Band 1) bzw. in der 18. Auflage (Band 2) erschienen waren, nannte Heym, Seyppel und Rolf Schneider im *ND* »kaputte Typen«, die emsig mit dem Klassenfeind kooperierten und »gewiß nicht die Schriftsteller unserer Republik« repräsentierten. Kurz darauf stürzte sich die Berliner Sektion des Schriftstellerverbands in die Kampagne und schloss neun Autoren aus. Es folgte eine zweite Ausreisewelle. Neben Kunert verließ nun auch der »kaputte Typ« Seyppel, der erst im September 1973 in die DDR übergesiedelt war und mittlerweile

Bestsellerautor Dieter Noll beim Bücherbasar in der Karl-Marx-Allee, 1964

auf neun Titel im Aufbau-Verlag kam, seine zwischenzeitliche Wahlheimat.

Der tiefe Graben ließ sich fortan nicht mehr verfüllen. Etliche Autoren verziehen Kant und Noll ihre Polemiken nicht. Und die Partei, die immer recht zu haben meinte, ging nur selten einen Schritt auf die zahlreichen Kritiker im Lager der Intellektuellen zu. Stattdessen instrumentalisierte sie ihre Institutionen: Als Seyppel nach seiner Ausreise im Aufbau-Verlag anfragte, ob er ein neues Manuskript schicken solle, kritzelte der lavierende Verlagsleiter Voigt nach Rücksprache mit der HV lediglich ein »Wird nicht beantwortet« auf den Brief, informierte mit Arno Lange, Ursula Ragwitz und Klaus Höpcke drei hohe Kader über den Kontakt und besprach devisenrechtliche Fragen. Verhärtet wurden die neuen Fronten auch von westdeutscher Seite aus. Fritz J. Raddatz kommentierte die Situation im Mai 1979 beispielsweise so: »Es wird in Zukunft zwei scharf getrennte Gruppen von DDR-Autoren geben: denen man für hohl tönende Zeilen hohles Blech verlieh und die für Moral, Anstand und Widerstehen den Maulkorb erhielten.«

Traditionspflege: Editions(un)wesen im Erbe

Während im Zeitgenossen-Lektorat ab 1977 jeder Autor bezüglich seiner Haltung zum Fall Biermann geprüft werden musste, schien das Lektorat Deutsches Erbe mit Doppelsitz in Berlin und Weimar vom Trubel der Gegenwart weitgehend verschont. Die Stammautoren von Homer über Heine bis zu Heinrich Mann konnten ihren literaturgeschichtlichen Status in der DDR nicht mit politischen Kommentaren in Gefahr bringen. Heikle Fälle gab es mitunter trotzdem, vor allem wenn sich das Erbe-Lektorat auf Entdeckungsreise wagte. So war exakt einen Tag nach der Ausbürgerung Biermanns das erste Buch von einem der wenigen in die Sowjetunion exilierten Autoren fertiggestellt worden, der bisher im Verlagsprogramm fehlte: Ernst Ottwalt.

Um den Autor vorzustellen, hatte Aufbau Ottwalts Debütroman *Ruhe und Ordnung* ausgewählt, der 1929 in Wieland Herzfeldes sagenhaftem Malik-Verlag veröffentlicht worden war. Der Autor zeichnet darin als »wahrheitsgetreues Protokoll eigener Erlebnisse« seinen Lebensweg nach. Und der hatte es in sich: 1901 in einer Pfarrersfamilie geboren, hatte sich Ernst Gottwalt Nicolas, so sein bürgerlicher Name, als 17-jähriger Hallenser Oberschüler zu Spitzeldiensten für die Rechtsextremen verpflichtet, war dem Freikorps beigetreten und hatte sich am Kapp-Putsch beteiligt. Im Laufe der 1920er Jahre wechselte er dann die Seiten. Sein schriftstellerisches Engagement hatte ihn in den Bund proletarisch-revolutionärer Schriftsteller geführt. 1931 war er schließlich in die KPD eingetreten. Nachdem er 1932 eine hellsichtige *Geschichte des Nationalsozi-*

alismus mit dem Titel *Deutschland erwache!* veröffentlicht und gemeinsam mit Brecht am Drehbuch für den sozialistischen Filmklassiker *Kuhle Wampe* mitgewirkt hatte, war Ottwalt nach der Machtübernahme Hitlers gemeinsam mit seiner Frau über Dänemark und Prag nach Moskau geflohen. In der Hauptstadt der Sowjetunion war er unter den kommunistischen Exilanten bestens vernetzt, hatte im Redaktionskollegium der *Internationalen Literatur* gesessen und eine Seghers-Erzählung in der Verlagsgenossenschaft Ausländischer Arbeiter herausgebracht.

Dass Ottwalt bei der ersten literarischen Repatriierungswelle im Gründungsjahrzehnt des Aufbau-Verlags unberücksichtigt geblieben war, hing vor allem mit dem zweiten Teil seiner Exilbiographie zusammen. Im Spätherbst 1936 war er auf dem Roten Platz in Moskau von Stalins Häschern als vermeintlicher Spion verhaftet und später in den Gulag verbannt worden. Ottwalt war eines der ersten prominenten deutschen Opfer des Großen Terrors geworden – und damit buchstäblich aus der Geschichte verschwunden. Erst zwischen 1956 und 1958 konnte seine in Westdeutschland lebende Frau – mit Unterstützung von Bechers Kulturministerium übrigens – herausfinden, dass ihr Mann 1943 ums Leben gekommen war. Neben der Biographie war auch Ottwalts literarästhetische Position für die junge DDR ein kniffliges Thema gewesen. Anfang der 1930er Jahre hatte sich der Autor in der *Linkskurve* eine ästhetische Kontroverse mit Georg Lukács geliefert, der als Formtraditionalist gegen das Spiel mit fiktionalen Passagen und authentischen Materialien argumentiert hatte, das vor allem Ottwalts Justiz-Roman *Denn sie wissen, was sie tun* (1931) ausgezeichnet hatte. Zur Leitdoktrin des sozialistischen Realismus passte Ottwalts Schreibstil auf jeden Fall nicht.

Dieses Doppelverdikt hatte dazu geführt, dass der Autor in der DDR-Öffentlichkeit erst 1968 wieder auftauchte, als der Berliner Rundfunk Ottwalts 1932 entstandene *Kalifornische Ballade* zum 70. Geburtstag von Hanns Eisler gesendet hatte. Der Henschel-Verlag hatte das Stück zudem in der Sammlung *Hörspiele 8* untergebracht. Aufbau wiederum hatte im selben Jahr zwei Erzählungen in der Anthologie *Traum vom Rätedeutschland. Erzählungen deutscher Schriftsteller 1924–1936* neben Texten proletarischer Ahnherren wie Bredel, Gotsche, Marchwitza, Petersen und Ludwig Turek untergebracht. Ottwalt war also auf einem Nebengleis ins literarische Leben der DDR eingeführt worden. Ab 1973/74 wurde im Aufbau-Verlag dann ernsthaft über eine Buchpublikation nachgedacht. Im März 1977 war das Erbe-Lektorat schließlich so weit, auf der Leipziger Buchmesse die Publikation von *Ruhe und Ordnung* anzukündigen. Sogar das SED-Zentralorgan *Neues Deutschland* schrieb schon über die Neuausgabe und das Interesse des Verlags, »sich des Werks von Ottwalt auch weiterhin anzunehmen«.

Nachdem der Roman gedruckt worden war, nahm sich aber offenbar doch noch ein strenger Genosse das Buch genauer vor. Die Biographie des Verfassers war heikel, doch 20 Jahre nach dem XX. Parteitag der KPdSU kein hinreichender Grund mehr, eine Publikation auszuschließen. Weder ästhetisch noch inhaltlich problematisch war zudem der Text selbst. Das Impressum allerdings schon: Die Lizenz für *Ruhe und Ordnung* stammte vom Verlag Europäische Ideen aus Berlin-West, der vor allem für seine gleichnamige Zeitschrift bekannt war, in der auch die sozialistische Opposition der DDR vielfach zu Wort gekommen war. Nach der Biermann-Ausbürgerung war der Verleger Andreas W. Mytze deswegen ein gefragter Mann: Im Hörfunk berichtete er über den Fall, erläuterte außerdem die Thesen seines Autors Havemann und forderte zur Solidarisierung mit dem jungen Dichter Jürgen Fuchs auf, der unmittelbar nach der Ausbürgerung wegen »staatsfeindlicher Hetze« verhaftet worden war. Damit galt Mytze selbst als Staatsfeind der DDR. Ebendiesem Staatsfeind, der zugleich der Biograph Ottwalts war und in der ersten Hälfte der 1970er Jahre die DDR-Prominenz hartnäckig nach dem Autor befragt hatte, hatte Aufbau noch Ende März 1977 versprochen, dass das Büro für Urheberrechte in Kürze die erste Rate der Lizenzgebühr überweise. Die Literaturwächter grätschten eilig dazwischen. Das Ottwalt-Buch war in den Biermann-Strudel geraten.

Doch noch hatte Aufbau Hoffnung, den Titel freiboxen zu können. Im Juli 1977 machte sich Gotthard Erler auf den weiten Weg ins allgäuische Isny zu Ottwalts Schwägerin und Rechteerbin Ilse Bartels. Er versuchte, Bartels zu überreden, die Rechte – als »conditio sine qua non« für einen Abschluss – direkt an Aufbau zu vergeben. Bartels war durchaus beeindruckt vom Besuch aus Ost-Berlin, fühlte sich aber Mytze gegenüber zur Loyalität verpflichtet, weil sich dieser in den vergangenen

Jahren »so ziemlich als Einziger« dafür eingesetzt habe, dass »Ottwalts Werke nicht total vergessen werden«. Der schwarze Peter wurde damit wieder einmal Fritz-Georg Voigt zugeschoben: Auf ausdrückliche Weisung aus der HV übermittelte der Aufbau-Verlagsleiter Mytze die Kündigung mit der Begründung, seine »Aktivitäten gegen die Deutsche Demokratische Republik« seien der Beweis, dass er »den Schriftsteller Ernst Ottwalt vor allem als Vorwand für Verleumdungen und antisozialistische Hetze« benutze. Das Projekt war damit vorläufig gestorben, das Buch wurde eingestampft – und das wohl inklusive einer beträchtlichen Plusauflage, die zusätzlich zu den vertraglich vereinbarten 5000 Exemplaren gedruckt worden war.

Mehr Erfolg hatte das Erbe-Lektorat bei anderen weitgehend vergessenen Autoren, die im Exil gestorben waren. Bei Rütten & Loening erschien 1977 mit *Paradiese des Teufels* ein Band von Balder Olden, der sich 1949 in Montevideo das Leben genommen hatte. Ein Jahr zuvor hatte sich Aufbau mit dem Gedichtband *Die Häuser haben Augen aufgetan* an den 1946 in Buenos Aires gestorbenen Expressionisten Paul Zech gewagt, den der Rudolstädter Greifenverlag den DDR-Lesern bereits in den 1950er Jahren mit einigen Ausgaben vorgestellt hatte. In der bb-Reihe erschien *Ende und Anfang* (1976) der 1951 in England gestorbenen Hermynia Zur Mühlen, von der 1979 und 1983 zwei weitere Titel mit hohen Auflagen als Taschenbuch veröffentlicht werden sollten. Exilpflege wurde auch mit den äußerst arbeitsaufwändigen *Analytischen Bibliographien deutschsprachiger literarischer Zeitschriften* betrieben, die ab 1972 von der Akademie der Künste im Aufbau-Verlag herausgegeben wurden. In der Reihe erschienen bis 1975 Bände zu *Maß und Wert* (Zürich, 1937–1940), *Orient* (Haifa, 1942–1943), *Die Sammlung* (Amsterdam, 1933–1935), *Das Wort* (Moskau, 1936–1939), *Freies Deutschland* (Mexiko-Stadt, 1941–1946) und mit etwas Verzögerung 1985 zur *Internationalen Literatur* (Moskau, 1931–1945).

Dass sich bei der Ottwalt-Geschichte Vergangenheit und Gegenwart derart fatal kreuzten, blieb also eher die Ausnahme. Die literaturpolitischen Konfliktlagen waren in der Regel deutlich stärker im Lektorat Zeitgenössische deutsche Literatur zu spüren. Mitunter profitierten die Klassiker sogar davon, dass sich, wie es in Krisensituationen schon mehrfach passiert war, Freiräume in der Editionspraxis auftaten, weil die Argusaugen der Funktionäre auf die Gegenwart gerichtet waren. Dass das Erbe-Lektorat des Aufbau-Verlags nach der Biermann-Ausbürgerung regelrecht aufblühte, hatte aber auch interne Gründe: Peter Goldammer, der bisherige Lektoratsleiter, hatte 1975 den Verlag verlassen und war als stellvertretender Direktor zu den Nationalen Forschungs- und Gedenkstätten der klassischen deutschen Literatur in Weimar gegangen. Zu seinem Nachfolger stieg Gotthard Erler auf, der damit die höchste Stufe auf der Karriereleiter erklommen hatte, die er als Parteiloser erreichen konnte.

Der neue Erbe-Chef stand für Kontinuität und Aufbruch gleichermaßen. Denn Erler, seit 1964 Fachgebietsleiter des Erbe-Teils, war buchstäblich ein Schüler seines abgewanderten Vorgesetzten. Als Vierzehnjähriger war er 1947 in die Aufbau-Klasse einer Oberschule gekommen, in der Peter Goldammer, zurückgekehrt aus amerikanischer Kriegsgefangenschaft, als Neulehrer für Deutsch, Geschichte und Latein die Heranwachsenden für Literatur begeistert hatte. Während Goldammer bald darauf an die Arbeiter-und-Bauern-Fakultät nach Dresden gegangen war, hatte Erler nach dem Abitur 1951 in Leipzig Germanistik studiert und dabei die Vielfalt der Positionen genossen: Seminare bei Hans Mayer und Ernst Bloch, aber genauso Veranstaltungen der beiden Vorkriegskoryphäen Theodor Frings und Hermann August Korff. Bei Korff, dessen Hilfsassistent er gewesen war, hatte Erler schließlich kurz vor dessen Emeritierung 1954 seine Diplomarbeit über Fontane geschrieben – eine Lebensentscheidung, wie sich herausstellen sollte. Als er nach dem Studium beim Rundfunk untergekommen war, kreuzte sich sein Weg ein zweites Mal mit dem Goldammers, der nach seinem Studium eine Stelle im Aufbau-Lektorat bekommen hatte. Erler traf seinen ehemaligen Lehrer zufällig in der Deutschen Bücherei. Wenig später stellte Goldammer den Kontakt in die Französische Straße her, wo Erler 1957 als freier Mitarbeiter anfing.

Kontinuitätslinien ließen sich auch aus den literarischen Interessen der beiden Lektoren ableiten. Doch während sich in Goldammers Erbe-Bild die strenge Schule der Arbeiter-und-Bauern-Fakultäten abzeichnete, war der Blick des Mayer- und Korff-Schülers weiter. Auch der Umgang innerhalb des Lektorats wurde nun ein anderer, war freundlicher und vor allem selbstverantwortlicher, was die Dynamik deutlich erhöhte.

Erler selbst widmete sich neben der Leitungstätigkeit weiterhin seinem Lieblingsautor Fontane. Zwischen 1976 und 1979 erschienen beispielsweise die vierbändigen *Wanderungen durch die Mark Brandenburg*, die in der DDR bisher nur beschnitten hatten erscheinen können, weil sie immer im Verdacht gestanden hatten, das Junkertum zu verherrlichen. Dass der »ganze Fontane« mittlerweile rehabilitiert war, hatte Erler auch seinem Vorgänger zu verdanken: Als der 150. Geburtstag des großen realistischen Erzählers im Jahre 1969 in irgendeiner Art und Weise gefeiert werden musste, war Bruno Haid beauftragt worden, die Laudatio zu halten. Der stellvertretende Kulturminister hatte daraufhin Goldammer als Redenschreiber eingespannt, der die Gelegenheit nutzte, Haid eine vorsichtige Neudeutung Fontanes in den Mund zu legen, die in der Literaturwissenschaft bereits sachte vorbereitet worden war und beispielsweise den Fontane'schen »Alterskonservatismus« in die marxistische Deutung integrierte. Verbunden blieb Goldammer als Leiter der Weimarer Nationalen Forschungs- und Gedenkstätten (NFG) dem Aufbau-Verlag übrigens auch nach seinem Ausscheiden. Für Aufsehen sorgte 1978 beispielsweise die von Siegfried Streller herausgegebene vierbändige Kleist-Ausgabe, an der er tatkräftig mitgewirkt hatte.

In der zweiten Hälfte der 1970er Jahre fanden auch Kleists romantische Zeitgenossen, die in der Literaturgeschichtsschreibung der DDR bisher größtenteils als reaktionär abgestempelt worden waren, langsam im Aufbau-Verlag Platz. 1973 war eine schmale Auswahl aus den Werken von Brentano und Achim von Arnim in einem Band der *Bibliothek deutscher Klassiker* erschienen. Als die Reihe kurz darauf als abgeschlossen deklariert und eingestellt worden war, fehlten allerdings noch etliche wichtige Namen. Unter veränderten Vorzeichen startete der Verlag deswegen ein »Ergänzungsprogramm« der BDK, in dem 1980 zunächst eine zweibändige Auswahl aus den Schriften Friedrich Schlegels veröffentlicht wurde, 1982 schließlich ein selbstständiger Arnim-Band und sogar ein Band mit Novalis-Texten. In der Taschenbuchreihe *bb* erschien 1981 der weitgehend vergessene fabulierlustige Karl Wilhelm Salice-Contessa, ein Zeitgenosse und Freund E. T. A. Hoffmanns, mit einem Märchenband in einer Auflage von 60 000 Exemplaren. Hoffmann selbst – wie Eichendorff von Lukács als »Realist« und »Patriot« eingeschätzt und deswegen immer schon druckbar – war in der DDR ohnehin populär. 1976 hatte Aufbau die achtbändigen Gesammelten Werke in Einzelausgaben begonnen, die 1983 abgeschlossen werden sollten. Begleitet wurde der Rezeptionswandel von der ab 1978 erscheinenden Buchserie *Impulse. Aufsätze, Quellen, Berichte zur deutschen Klassik und Romantik*, die, besorgt von Walter Dietze und Peter Goldammer, im Auftrag der NFG von Aufbau herausgegeben wurde. Dietzes Richtlinienaufsatz *Klassisches literarisches Erbe und sozialistisches Literaturverständnis* im ersten Band sprach sich gegen jede »vulgärmaterialistische Simplifikation« aus und widmete sich ausführlich der gegenwärtigen Romantik-Diskussion.

Der Romantik-Anteil am Erbe-Programm blieb ungeachtet dieser beträchtlichen Publikationserfolge allerdings eher gering. Exemplarisch dafür ist ein Querschnitt durch das Jahr 1981, der musterhaft die Notwendigkeiten und Möglichkeiten des Lektorats Deutsches Erbe veranschaulicht. Nach 15 Jahren wurde die 18-bändige, längst zur Pflichtübung gewordene Werkausgabe Johannes R. Bechers mit dem vierten und letzten Band der Publizistik abgeschlossen. Den Ruf als Heimstatt der Exilanten pflegte Aufbau zeitgleich auch auf andere Art und Weise: Erstmalig erschien eine Ausgabe von F. C. Weiskopfs *Unter fremden Himmeln*, auf die sich fast jede Veröffentlichung zur Exilliteratur berief, die aber nach der SBZ-Publikation bei Dietz im Jahre 1948 längst vergriffen war. Nach zähem Kampf wurde zudem die *November*-Tetralogie von Alfred Döblin veröffentlicht, die eigentlich schon zum 100. Geburtstag des Dichters 1978 angedacht war. Ein 18-seitiges Gutachten des Herausgebers Manfred Beyer hatte zunächst nicht gereicht, die HV Verlage und Buchhandel davon zu überzeugen, dass die Liebknecht-und-Luxemburg-Rezeption Döblins dem Leseland zuzumuten wäre, weshalb ein knappes Dutzend weiterer Gutachten folgen musste. Eine Herkulesaufgabe war auch die dreibändige, über 2500 Seiten starke Anthologie *Deutschsprachige Erzählungen*, in der das findige Weimarer Lektorenduo Konrad Paul und Wulf Kirsten einen Überblick über die Prosa zwischen 1900 und 1945 gab und dafür neben 32 Tonnen Papier stolze 28 000 DM Valuta benötigte. Die Sammlung eignete sich als Schmuggelort, konnten doch im Schatten des Gesamtkonzepts Autoren wie Bernard von Brentano, Ernst Glaeser, Theodor Plievier oder Gustav Regler untergebracht werden. Sie fügten sich – ähnlich wie Döblin – als linke Exilanten zwar eigentlich in die antifaschistische Erbmasse, die der Aufbau-Verlag für sich beanspruchte, galten aber als Renegaten. Auch ein rundes Jubiläum ließ sich im Beispieljahr 1981 finden: Der 125. Todestag Heinrich Heines wurde mit dem Heine-Lesebuch in der 26. Auflage und der fünfbändigen BDK-Ausgabe in der 16. begleitet. Ein Jahr zuvor war die zehnbändige Heine-Werkausgabe von Hans Kaufmann in der dritten Auflage erschienen.

Die Ausgaben-Vielfalt spiegelte die Erbe-Politik des Aufbau-Verlags wider, der die unterschiedlichen Leseinteressen in einer Vielfalt bediente, die in der deutschsprachigen Verlagslandschaft einzigartig dasteht. Ermöglicht wurde das durch die enge Zusammenarbeit mit den gut ausgestatteten Institutionen der Berliner Akademie oder der Weimarer Forschungs- und Gedenkstätten und durch die komfortable Personalsituation im eigenen Haus. Etwa 15 Erbe-Lektoren standen in der Regel auf der Gehaltsliste, verstärkt durch einige Lektoratsmitarbeiter. Lektoratseigene Vorauskorrektoren übernahmen Vorarbeiten für das mittlerweile acht- bis zehnköpfige hauseigene Korrektorat. In der Weimarer Dependance waren drei eigene Typographen und außerdem eine Redakteurin beschäftigt, die ausschließlich für Anmerkungen zuständig war. Diese Sorgfalt sollte sich im deutsch-deutschen Kontext auszahlen, und zwar nicht nur symbolisch: Bei der Erfüllung des Valutaplans spielten die günstigen, sorgsam erarbeiteten Erbe-Ausgaben eine große Rolle. In der BDK kam es sogar des Öfteren vor, dass Nachauflagen (fast) ausschließlich für den Export angefertigt wurden. Die Vor- und Nachworte, die als ideologische Ablassbriefe viele Erbe-Texte begleiten mussten, wurden wohl auf beiden Seiten der Mauer in den meisten Fällen überblättert.

Unumstritten war die Editionsstrategie des Aufbau-Verlags freilich nicht immer. Das betraf vor allem die Lese- und BDK-Ausgaben, die des Öfteren für ihre Auswahl, mitunter auch wegen der Modernisierung von Orthographie und Interpunktion angegriffen wurden. Doch auch die Ausgaben mit historisch-kritischem Anspruch waren nicht vor Kritik gefeit. Das zeigte sich am Beispiel Friedrich Schiller. Jochen Golz, seit 1965 im Weimarer Lektorenteam, hatte bereits 1971 in einer Sitzung sein Konzept einer zehnbändigen Ausgabe vorgestellt, die auch Fragmente und

Übersetzungen enthalten sollte. Als knapp zehn Jahre später endlich der erste Band der Ausgabe vorlag, entwickelte sich in der Akademiezeitschrift *Sinn und Form* eine heftige Kontroverse, an der vor allem der Essayist Friedrich Dieckmann, der Textologe Siegfried Scheibe und Golz, mittlerweile von Aufbau zu den Nationalen Forschungs- und Gedenkstätten übergewechselt, beteiligt waren. Gegenstand war neben der Frage, ob und in welcher Form die Texte den Lesegewohnheiten der Gegenwart angepasst werden müssen, vor allem die Frage, ob nicht die Ausgabe letzter Hand die eigentlich gültige sei. Aufbau hatte im Fall Schiller anders entschieden, hatte die ersten bzw. frühen Versionen stärker berücksichtigt. Aus »Alle Menschen werden Brüder« war in dem berühmten Gedicht *An die Freude* auf diese Weise nun »Bettler werden Fürstenbrüder« geworden. Der zwei Jahre währende Editionsstreit sorgte auch lektoratsintern für Diskussionen, führte aber letztlich zu einem Bekenntnis zur bisherigen Praxis. Im Jahresbericht für 1982 mokierten sich die Aufbau-Mitarbeiter über die »unsachliche Haltung« Dieckmanns, der versucht habe, das Editionswesen im Verlag und in der DDR »als ein Unwesen darzustellen, dass die Klassikerbeine mit Jahrzehnteabstand voreinandersetzt und dazu alles falsch macht«. Abschließend hieß es: »In der (internen) Auseinandersetzung damit konnten wir unsere eigene Position festigen.« Bis zur Fertigstellung der Schiller-Ausgabe sollte aber trotzdem noch viel Geschichte ins Land ziehen. 1990 erschien der fünfte und vorläufig letzte Band der Ausgabe »Sämtlicher Werke«. Zur Wiederaufnahme des Projekts musste wieder einmal ein Jubiläum herhalten: der 200. Todestag Schillers im Jahr 2005.

Sehnsucht und Solidarität: Weltreisen per Buch

Die Reisesehnsucht der DDR-Bürger ist spätestens seit 1989 legendär. Auf den Montagsdemos streckten die Demonstranten Transparente mit Slogans wie »Ohne Visa bis nach Pisa« in den Leipziger Abendhimmel. Sie forderten »Reisefreiheit statt Massenflucht«. Als Günter Schabowski bei seinem zweiten öffentlichen Auftritt als ZK-Sekretär für Informationswesen am 9. November 1989 die neue Reiseregelung verlas, die Privatreisen ins Ausland »ohne Vorliegen von Voraussetzungen« versprach, überrannten die jubelnden Bürger die überforderten DDR-Grenzer und strömten für Stippvisiten, längere Aufenthalte oder Lebensreisen in den Westen. Die Gesellschaft war auch räumlich in Bewegung.

Gereist wurde in der DDR aber auch vorher schon viel. Allerdings lagen die Reiseziele fast ausschließlich im Inland und in den sozialistischen Bruderstaaten. Mit viel Glück, noch mehr Geduld, einer lupenreinen Kaderakte und guten Beziehungen zu den Ferienplanern im Freien Deutschen Gewerkschaftsbund konnten es die Urlauber auch auf ein Kreuzfahrtschiff in Rostock-Warnemünde schaffen, das in seltenen Fällen sogar einige Häfen des kapitalistischen Auslands ansteuerte. Die Wahrscheinlichkeit, dass der Kojennachbar bei der Stasi war, war in so einem Fall ausgesprochen hoch. Und auch sonst gab es einige gute Gründe für einen »Urlaub in der Heimat«: Die Ferienheime des FDGB und der Betriebe an der Ostseeküste oder im Thüringer Wald waren zwar nicht immer komfortabel, aber oft ebenso günstig wie schön gelegen.

Die Auslandslektoren im Aufbau-Verlag hatten berufsbedingt andere Möglichkeiten, in der Welt herumzukommen. Jährlich standen zwischen zehn und fünfzehn Arbeitsreisen auf dem Programm. Ungefähr die Hälfte lief unter der Überschrift »Reisen im devisenfreien Mitarbeiteraustausch«, bei denen sich Mitarbeiter der Partnerverlage in der Sowjetunion, in Polen, der ČSSR, Bulgarien und Ungarn um die Gäste aus der DDR kümmerten und ihrerseits Kollegen nach Ost-Berlin schickten. Da es unter den ca. 25 Lektoren des Auslandslektorats nicht für jeden Sprachraum mehrere Spezialisten gab, waren einige Reiseländer fest vergeben. Stand Bulgarien auf dem Plan, machte sich beispielsweise Ulrike Hirschberg auf den Weg. Ging es in die Tschechoslowakei, fuhr in der Regel Antje Pose. Die langjährigen Partnerschaften sorgten für entspannte Mienen in der Auslandsabteilung der HV Verlage und Buchhandel, die für die Genehmigung der Reisen zuständig war.

Bei der anderen Auslandsreisen-Kategorie, den »Valutareisen«, mussten die HV-Mitarbeiter wegen der permanenten Devisennot der DDR und aus politischen Gründen schon genauer hinschauen, bevor sie ihre

Stempel setzten. Ins blockfreie Jugoslawien hielten die Lektoren aus der Französischen Straße auch nach dem Tod des Nobelpreisträgers und Aufbau-Autors Ivo Andrić im März 1975 regen Kontakt, obwohl die Ergebnisse in Buchform überschaubar blieben. Ähnlich verhielt es sich im Fall von Rumänien, wo die Aufbau-Lektoren manchmal, aber nicht immer auf Einladung von kooperierenden Verlagen einreisen konnten. Zaharia Stancu wurde mittlerweile eher mit Volk und Welt in Verbindung gebracht, von Mihail Sadoveanu erschien lediglich 1976 *Ancuțas Herberge* bei Aufbau. Der 1961 verstorbene Leninpreisträger kam ansonsten bei VW, im Verlag der Nation oder bei Insel Leipzig unter.

Besonders knifflig waren indes die Valutareisen, die unter dem Unterpunkt »Reisen in das nichtsozialistische Wirtschaftsgebiet« firmierten. Dort lauerten die von der SED-Führung gefürchteten Eurokommunisten und andere Diversanten, kapitalistische Bündnispartner, die Devisen bringen sollten und mitunter welche kosteten, politische Voluntaristen und linke, aber formfixierte Autoren. Vorsicht war hier aus Funktionärssicht besser als Vertrauen. Im Oktober 1977, ein Dreivierteljahr nach den internationalen Tumulten um die Biermann-Affäre, flatterte eine sieben Seiten starke Neuregelung über »die Vorbereitung und Durchführung von Dienstreisen in das nichtsozialistische Ausland, nach der SFRJ [Sozialistische Föderative Republik Jugoslawien] und nach der Republik Kuba« in die Französische Straße, die die Verlage durch einen kafkaesken Formularwald aus Vor- und Nachbereitungen, Visa- und Valutazuteilung führen sollte. Nach England, wo vor allem James Aldrigde Besuch erwartete, schafften es die Aufbau-Lektoren – in der Regel Friedrich Baadke oder Klaus Schirrmeister – trotzdem noch einmal jährlich. Hoch im Kurs schien auch Frankreich zu stehen. Neben den romanistischen Lektorinnen wie Waltraud Schwarze machte sich sogar die Fachgebietsleiterin Slawistik, Margit Bräuer, mitunter auf Dienstreise nach Paris. Gründe dafür ließen sich finden, schließlich war Aufbau nicht nur der Verlag der großen französischen Erzähler des 19. Jahrhunderts, von Balzac, Flaubert (bei Rütten & Loening), Maupassant, Stendhal und Zola (ebenfalls bei Rütten & Loening), sondern hatte mit dem Romancier und Castro-Biographen Robert Merle auch einen zeitgenössischen Bestsellerautor aus Frankreich im Programm. Der direkte Kontakt nach

Italien wiederum nahm in der Post-Biermann-Zeit deutlich ab. Allerdings war der Grund dafür weniger in der großen Politik zu suchen: Christine Wolter hatte sich 1976, nach knapp 15 Jahren im Aufbau-Verlag, entschlossen, fortan als freie Schriftstellerin (und Übersetzerin) zu arbeiten. Mit Joachim Meinert, in der italienischen, spanischsprachigen und französischen Literatur zu Hause, konnte Aufbau 1978 einen Nachfolger von Volk und Welt verpflichten.

Hoch oben auf der internen Agenda stand die Literatur Lateinamerikas. War der Kontinent in den ersten 15 Jahren der Verlagsgeschichte vor allem durch das Werk der zurückgekehrten Exilanten wie Anna Seghers, Bodo Uhse oder Ludwig Renn und vereinzelte Übersetzungen bei Aufbau präsent gewesen, rückte er im Laufe der 1960er Jahre in der ideologischen Rangliste der Literaturfunktionäre einige Plätze nach vorn. Die zahlreichen linken Bewegungen hatten Hoffnung auf einen sozialistischen Kontinent gemacht. Als im folgenden Jahrzehnt – mit tatkräftiger Unterstützung der USA – die Ära der Juntas anbrach, stand die Verbundenheit mit den Unterdrückten im Vordergrund. Einige der chilenischen Autoren, die nach dem Sturz des sozialistischen Präsidenten Salvador Allende im September 1973 das Land verlassen hatten, konnten die Aufbau-Lektoren mittlerweile sogar ohne ein Reisevisum aufsuchen. So war die Anthologie *In deinem Schmerz seh ich den neuen Tag* (1978) fünf Exilanten gewidmet, von denen drei – Alfonso González Dagnino, Omar Saavedra und Carlos Cerda – nach dem Pinochet-Putsch in der DDR Zuflucht gefunden hatten. Antonio Skármeta, den Aufbau 1976 mit *Alles verliebt, nur ich nicht* erstmalig im deutschen Sprachraum vorstellte, lebte als Allende-Anhänger nur ein paar hundert Meter von der Französischen Straße entfernt, allerdings auf der anderen Seite der Mauer, in West-Berlin. Die sandinistische Revolution in Nicaragua war mit Ernesto Cardenals Gedichtband *In der Nacht leuchten die Wörter* (1979) und dem Roman *Die Spur des Caballeros* (1981) von Sergio Ramírez präsent.

Zum Lateinamerika-Programm gehörte auch der kolumbianische Erzähler Gabriel García Márquez, den Aufbau für den deutschen Sprachraum mit *Unter dem Stern des Bösen* (1966) und *Kein Brief für den Oberst* (1968) entdeckt hatte. Doch hatte sich der Verlag in seinem Fall über-

211

Fritz-Georg Voigt überreicht dem nicaraguanischen Priester, Revolutionär und Dichter Ernesto Cardenal auf der Frankfurter Buchmesse dessen Gedichtband *In der Nacht leuchten die Wörter*

holen lassen, ohne eingeholt worden zu sein: Die Ost-Berliner waren mit den ersten beiden Bänden des unbekannten Autors bei verschiedenen Westverlagen hausieren gegangen, um Lizenzen zu verkaufen, hatten sich unterdessen aber nicht an den voluminösen Roman *Cien años de soledad* gewagt, der 1967 in Buenos Aires veröffentlicht worden war – im Gegensatz zu Kiepenheuer & Witsch. 1970 erschien *Hundert Jahre Einsamkeit* deswegen in Köln statt in Ost-Berlin. Erst fünf Jahre später publizierte Aufbau den Welterfolg, allerdings als Lizenzausgabe. Die Aufbau-Entdeckung García Márquez, Nobelpreisträger von 1982, kostete fortan also Devisen, anstatt welche einzubringen. Ein paar Westmark spülte in den Mittsiebzigern immerhin die bei Suhrkamp erschienene Lizenzausgabe von Manuel Scorzas *Trommelwirbel für Rancas* zurück in die Devisenkasse, mit der der peruanische Erzähler als Chronist der indigenen Emanzipationsbewegungen vorgestellt wurde.

Der magische Realismus, in dem García Márquez, Scorza und andere Mythos, Zauber und Wirklichkeit verschmelzen ließen, war für die Leser und Autoren in der DDR eine willkommene Abwechslung, die neue Perspektiven öffnete und Lateinamerika zum Sehnsuchtsziel machte. Anna Seghers hatte eine positive Lesart vorbereitet, indem sie João Guimarães Rosas Roman *Grande Sertão* im Vorwort der 1969 mit KiWi-Lizenz erschienenen Aufbau-Ausgabe als »neuartig für uns, fremd bis zur Wildheit und bis zum Glück« gefeiert hatte. Das Aufbau-Lektorat teilte diese Begeisterung. Als Dienstreiseziel eignete sich der Kontinent wegen der Distanz allerdings kaum. Eine Ausnahme war das kommunistische Kuba, wo Ende der 1970er Jahre zwei Anthologien mit Lyrik und Erzählungen aus der DDR in Kooperation der Verlage Arte y Literatura und Aufbau erschienen, die bei einem Besuch der Cheflektorin Ruth Glatzer vorbereitet worden waren.

Deutlich einfacher als die Reisen nach Übersee waren natürlich die Reisen zu den Nachbarn im Osten, zumal 1972 die Visapflicht für die ČSSR und Polen aufgehoben worden war. Gerade zu Polen bestand in der Französischen Straße eine Art Hassliebe: Die zahlreichen kleinen und größeren Aufstände der rebellischen Nachbarn gegen die politische Führung wurden stets aufmerksam beobachtet und gleichzeitig gefürchtet, weil schon die Bekundung eines Interesses als Sympathie für konterrevolutionäre Tendenzen gedeutet werden konnte. Abschreckendes Beispiel war der Umgang mit der *Sonntag*-Redaktion, die 1956/57 nicht zuletzt wegen ihrer Anteilnahme an den polnischen Arbeitererhebungen mit dem ideologischen Kehrbesen gereinigt worden war. Diese knifflige Situation spiegelte sich auch im Umgang mit der polnischen Literatur wider, bei der besondere Vorsicht zu walten hatte.

Beispielhaft dafür war vor allem der Fall Jerzy Andrzejewski, der seit der Publikation von *Asche und Diamant* (1964, im Original 1948) neben Jarosław Iwaszkiewicz als wichtigster zeitgenössischer Aufbau-Autor aus dem Nachbarland galt. Schon sein Debüt in der Französischen Straße, das von den letzten Kriegstagen erzählt, war ungeachtet der internationalen Erfolge – die Verfilmung von Andrzej Wajda war 1959 mit

dem Kritikerpreis der Filmfestspiele von Venedig ausgezeichnet, woraufhin gleich drei westdeutsche Verlage den Roman in ihr Programm genommen hatten – nicht unumstritten gewesen. Das erste Gutachten mit
einer »wärmsten Empfehlung« war im Januar 1957 entstanden, als im
Aufbau-Verlag gerade das Harich/Janka-Tohuwabohu herrschte. Ein Gegengutachten hatte dem Autor zwei Jahre später dann aber vorgeworfen,
durch eine »Desorientierung der Gefühle [...] Mitleid mit Verbrechern«
zu wecken, mit einer »unparteimäßigen Darstellung« der Situation in
Polen zum Ende des Weltkriegs auf die falsche Spur zu geraten und die
Leser durch eine »Überbetonung des Negativen, Faulen, Absterbenden«
zu belasten. Fiele die Übersetzung den Werktätigen in der DDR in die
Hände, so fürchtete der Gutachter, könnte das »die Früchte unserer marxistisch-leninistischen politisch ideologischen Erziehungsarbeit« gefährden. Als der Roman in der zweiten Tauwetterphase 1964 schließlich doch
hatte erscheinen können, bot Andrzejewski pünktlich zur Veröffentlichung außerliterarische Angriffsflächen, die das Buch zu einem stritti-
gen Präzedenzfall für den Umgang mit der Literatur aus dem Nachbarland machten: Der Autor hatte den »Brief der 34« unterzeichnet, in dem
polnische Intellektuelle künstlerische Freiheit eingefordert hatten. Weil
zeitgleich mit *Asche und Diamant* aber auch die Anthologie *Moderne polnische Prosa* bei Volk und Welt die »Rezeptionsblockade« (Heinrich Ol-
schowsky) der SED-Funktionäre gegenüber den polnischen Autoren auf-
geweicht hatte, erschien 1966 immerhin noch Andrzejewskis *Warschauer
Karwoche* bei Aufbau.

Ein heißes Eisen blieb der Autor aber trotz der Publikationserfolge. So
geisterte seit 1967 ein repräsentativer Erzählungsband unter dem Arbeitstitel *Daß der Roggen gut gedeih* durchs Auslandslektorat, der schnell
in Druck befördert werden sollte, 1969 aber »wegen der persönlichen
Haltung« des Autors nicht erscheinen konnte. Dabei hatte das erste Gutachten Andrzejewski als »Nobelpreiskandidaten« bezeichnet und auf die
»immer dringlicheren kulturellen Verpflichtungen gegenüber unserem
Nachbarland« verwiesen. Die wogen, solange die »Haltungsfrage« akut
blieb, aber offensichtlich weniger als die politische Pflicht. 1975, als mit
reichlich Kompromissbereitschaft seitens der Herausgeber und seitens
der HV immerhin die Sammlung *Polnische Lyrik aus fünf Jahrzehnten*

erscheinen konnte, zog Aufbau die Andrzejewski-Sammlung »wegen der ideologischen Haltung« sogar ein zweites Mal zurück. Im Hintergrund bemühte sich der Verlag indessen weiterhin um eine Druckgenehmigung für den Band, der mittlerweile unter dem Arbeitstitel *Die fiktive Gattin* lief. Als die HV Verlage und Buchhandel im Mai 1976 dann endlich ihre Zustimmung erteilte, führte die Zeitgeschichte die Bemühungen wieder ad absurdum. Gut vier Wochen nachdem das Formular abgestempelt worden war, kam es in Polen nach einer massiven Preiserhöhung wichtiger Lebensmittel zu landesweiten Streiks und Protesten, die in Płock, Radom und dem Warschauer Stadtteil Ursus von den Ordnungskräften niedergeknüppelt wurden. Wieder einmal wurden die Protestler als Konterrevolutionäre gebrandmarkt. Daraufhin gründete sich das Komitet Obrony Robotników, das Komitee zur Verteidigung der Arbeiter, mit dem Intellektuelle den Proletariern gegen die staatliche Repression beistehen wollten. Weil Andrzejewski zu den Gründern des Komitees gehörte, wurde der Prosaband ein drittes Mal zurückgezogen. Gänzlich fallenlassen wollte Aufbau das heiße Eisen zwar noch nicht, doch war die Lektorin Sigrid Moser einigermaßen konsterniert, als sie im Juni 1977 von einer Dienstreise nach Ost-Berlin zurückkehrte. Sie hatte in Anbetracht der diversen umlaufenden Petitionen und Listen etwas den Überblick über die Warschauer »Petitionsbewegung« verloren. Allerdings, so viel war klar geworden, stand ausgerechnet Jerzy Andrzejewski an deren Spitze. Es sollten deswegen noch weitere fünf Jahre vergehen, ehe der Aufbau-Verlag den nächsten Vorstoß wagte. So konnte *Die fiktive Gattin* schließlich 1982 mit etwa 15-jähriger Verspätung erscheinen. Dass die tschechoslowakische Literatur in den Endsiebzigern etwas weniger Probleme machte, hing vor allem damit zusammen, dass die beiden großen tschechischen Namen im Aufbau-Programm, Karel Čapek und Jaroslav Hašek, als klassische Autoren liefen. Marie Majerová, die Anfang der 1950er Jahre viel gedruckt und viel gelesen worden war, spielte hingegen kaum noch eine Rolle.

Die meisten Arbeitsreisen des Auslandslektorats gingen in den späten 1970er Jahren freilich in die Sowjetunion. Zwei- bis dreimal pro Jahr reisten Vertreter der Aufbau-Mannschaft zu ihren großen Brüdern und Schwestern. Die Ergebnisse des regen Austauschs konnten sich sehen las-

Mit 15-jähriger Verzögerung: *Die fiktive Gattin* (1982) von Jerzy Andrzejewski

sen. Über 150 Autoren aus der russischen und sowjetischen Literatur waren bei Aufbau mit Einzelausgaben erschienen. Vor allem die Klassiker wie Gorki, Dostojewski, Makarenko, Turgenjew, Puschkin, Tolstoi sowie Tschechow und Leskow (bei Rütten & Loening) lagen auch in den verlagsinternen Verkaufsstatistiken weit vorn. In der *Taschenbibliothek der Weltliteratur*, die 1977 als Paperback-Reihe eröffnet wurde und bis 1990 auf miserablem Papier in hohen Auflagen durch die klassische Literatur aller Kontinente führte, konnte mit Genehmigung von Volk und Welt sogar Bulgakows *Der Meister und Margarita* (1983) erscheinen. Ein schmales Vorwort von Hermann Kant ermöglichte die Publikation der *Henkersknechte* des weißrussischen Partisanenschriftstellers Ales Adamowitsch. Bemerkenswert waren zudem immer wieder die Anthologien mit sowjetischer Literatur. 1978 stellte Fritz Mierau als Herausgeber in der zweibändigen Sammlung *Frühe sowjetische Prosa* beispielsweise etliche Erzähler vor, die bisher aus dem Kanon ausgeklammert waren. In die Peripherie des Sowjetkosmos führte wiederum die Anthologie *Als die Wale fortzogen* (1979) mit Texten des Tschuktschen Juri Rytchëu, des Esten Jaan Kross oder des Litauers Mykolas Sluckis, der von Aufbau in der zweiten Hälfte der 1960er Jahre erfolgreich eingeführt worden war.

Wie wichtig der Verlag die Vermittlung fremdsprachiger Literatur nahm, demonstrierten auch die 1978 aufgelegten Übersetzerpreise. Unter den fünf Preisträgern des ersten Jahres waren Gustav Just, der aus dem Tschechischen und Slowakischen, sowie Werner Creutziger, der aus dem Serbokroatischen und Russischen übersetzte. Genau wie ein anderer begnadeter Literaturvermittler, der in Katowice geborene Henryk Bereska, hatte Creutziger in den 1950er Jahren zur Aufbau-Belegschaft gehört und war aus politischen Gründen aus dem Verlag ausgeschieden. Gustav Just, in der gleichen Zeit stellvertretender Chefredakteur des *Sonntags*, war 1957 im Rahmen der Harich/Janka-Affäre zu vier Jahren Haft verurteilt worden. Aufbau konnte sich glücklich schätzen, dass sie als freie Übersetzer weiterhin für das Haus in der Französischen Straße arbeiteten. Dass ausgerechnet Bereska nicht ausgezeichnet wurde, hatte wohl auch politische Gründe: Er hatte seine Unterschrift unter die Biermann-Petition gesetzt.

Obwohl sich etliche weitere große Autorennamen nennen ließen, die das Auslandslektorat ins Leseland brachte – den »portugiesischen Zola« Eça de Queiroz, den Isländer Halldór Laxness oder eine ganze Reihe US-amerikanischer Autoren von Twain über Hemingway bis hin zu Albert Maltz –, stand es in der internen Hierarchie hinter dem Zeitgenossen-Lektorat und dem Lektorat Deutsches Erbe ein ganzes Stück zurück. Einer der Gründe dafür war sicherlich, dass Volk und Welt seit der Verlagsprofilierung 1964 in der Wahrnehmung der DDR-Bürger als »Fenster zur Welt« galt. Intern sorgten zudem immer wieder die Titelzahlen für Diskussionsstoff. Im Auslandslektorat kamen auf eine Lektoratsstelle in den Mittsiebzigern ca. zweieinhalb Titel pro Jahr, darunter einige Ausreißer nach oben, die aber den Schnitt nicht so weit anheben konnten, dass man sich der ca. vier Titeln näherte, die in der Gesamtstatistik pro Lektor standen. Daneben waren Sparzwänge beim Papier und Einschränkungen bei den Druckereikapazitäten oftmals zuerst im Auslandslektorat zu spüren. Beides – die geringe Produktivität und die Kürzungen – sorgte mitunter für (unausgesprochene) Missstimmungen zwischen den

Lektoraten. Vereinzelt agitierten Mitarbeiter sogar ziemlich übel gegen ihre Kollegen von der internationalen Literatur. Bei der Stasi lag beispielsweise ein böses Dossier über einen Finno-Ugristen, der lediglich alle zwei Jahre ein Buch herausgebe und dazwischen als »schöner Mann« durch den Verlag flaniere.

Die Weltreiselust der DDR-Leser wurde vom Aufbau-Verlag dennoch befriedigt. Neben dem umfangreichen internationalen Programm unterstützte auch das Zeitgenössische Lektorat den literarischen Eskapismus: Es legte ab Mitte der 1970er Jahre verstärkt literarische Reisereportagen in Anthologien oder als Einzeltitel vor. Neben den viel verkauften Büchern des populären Richard Christ, eines der bekanntesten Reiseautoren der DDR, erschienen beispielsweise auch *Ein englisches Tagebuch* von Günter Kunert (1978) und *Alle meine Hotel-Leben*, mit dem Fritz Rudolf Fries 1980 endlich zum Aufbau-Autor wurde. Bisher waren lediglich einige Übersetzungen aus dem Spanischen von ihm publiziert worden. 1983 konnte schließlich auch der wichtigste Roman des Argentiniers Julio Cortázar, *Rayuela*, in Fries' Übersetzung erscheinen. Aufbau hatte sich dem Hauptwerk des phantastisch-humorvollen Autors in kleinen Schritten genähert. Nach der Publikation seines Erzählbands *Der andere Himmel* in der *Edition Neue Texte* (1973) war sein Name im Dezember 1974 beispielsweise positiv in einem Gutachten zu Juan Carlos Onettis *La vida breve* aufgetaucht. Etwas zu langsam war das Vorantasten trotzdem gewesen: Die Fries-Übersetzung von *Rayuela* war 1981, gerade als Ursula Popp die Leitung des Auslandslektorats übernommen hatte, auf der anderen Seite der Mauer, nämlich bei Suhrkamp erschienen. Die Frankfurter hatten ihr Lateinamerika-Programm in den 1970er Jahren mit großem Aufwand ausgebaut und Cortázar zu einem der wichtigsten Autoren dieses Schwerpunktbereichs gemacht. Dass Luchterhand den Autor bereits 1963 auf Deutsch publiziert und Aufbau ihn in die DDR transportiert hatte, war schnell vergessen. Cortázar galt als Suhrkamp-Autor.

Auch die *Edition Neue Texte* wurde fleißig für Weltreisen in Buchform genutzt. Als im Februar 1979 der 125. Band der Reihe (bei insgesamt 1,5 Millionen Exemplaren) in der Vorzeige-Buchhandlung »Das internationale Buch« in der Spandauer Straße in Berlin vorgestellt wurde, bi-

Wolfgang Trampe und Günter Caspar während einer Lesung von Helga Königsdorf aus ihren Texten *Meine ungehörigen Träume*, Februar 1979

lanzierte Günter Caspar, dass 60 davon mit Übersetzungen aus diversen Sprachen gefüllt waren. Allein 40 ausländische Debütanten hatte man in der ENT vorgestellt. Der Jubiläumsband galt allerdings einer Debütantin aus der DDR: Die Mathematikerin Helga Königsdorf betrat mit *Meine ungehörigen Träume* die literarische Bühne. Und es sollte ungehörig weitergehen. Etliche eigenartige Figuren – Wundertäter, fremde Freunde, Hexen und Seherinnen – warteten auf ihren Auftritt.

Störgeräusche:
Zensurkämpfe um die DDR-Literatur

Als die SED im April 1981 ihren X. Parteitag abhielt, schien alles in bester sozialistischer Ordnung zu sein. Der erste Ofenwerker des Stahl- und Walzwerks Riesa berichtete den 2700 Delegierten im Palast der Republik, wie segensreich die Sozialpolitik der SED für Kinderreiche wie ihn sei. Nach ihm trat der gesundheitlich arg gebeutelte KPdSU-Ideologe Michail Suslow ans Rednerpult und gestand der DDR zu, die grundlegenden Prinzipien des Kommunismus den »nationalen und nationalstaatlichen Verschiedenheiten« anzupassen. Damit gab er Erich Honecker den Raum, in seinem fünfstündigen Rechenschaftsbericht die kostspielige Wachstumsstrategie vorzustellen, die die DDR in die Zukunft führen sollte. Auf dem Marx-Engels-Platz vor dem Palast stimmten derweil die Blauhemden der FDJ Fürnbergs *Lied der Partei* an und führten eine perfekt durchchoreographierte Massenmanifestation mit verschiedenfarbigen Winkelementen auf. Auch die Verlage sollten selbstverständlich für die Begleitmusik zur Parteitagsfeier sorgen. Bereits im Juni 1980 hatte das *Neue Deutschland* angekündigt, der Aufbau-Verlag werde seine repräsentative Prosaanthologie von 1974 erweitern und zu Ehren des X. Parteitags eine zweibändige Ausgabe mit *75 Erzählern der DDR* herausgeben.

Allerdings hatte die HV Verlage und Buchhandel schnell Zweifel angemeldet, ob die Anthologie tatsächlich den repräsentativen Ansprüchen genüge. Nach einer großen »Aussprache« der Zensoren mit Cheflektorin Ruth Glatzer und Verlagsleiter Fritz-Georg Voigt lenkte Aufbau vorsichtig ein. Es sei zweifelhaft geworden, so schrieb Voigt zusammenfassend an die Zuständigen in der Behörde, ob man die Anthologie tatsächlich den Büchern zurechnen wolle, »die dem Parteitag dediziert werden«. Immerhin seien darin eine Reihe von Autoren vertreten, »deren augenblickliche politische Haltung nicht die unsere ist«. Da Aufbau den Titel aber auf keinen Fall streichen wollte, sollte er lediglich seinen Status als Parteitagsgeschenk verlieren. Ganz zufrieden war die HV damit aber noch nicht. Nachdem der Verlag in vorauseilendem Gehorsam auf Texte von Sarah Kirsch und Bernd Jentzsch verzichtet hatte, die beide in der Vorgängeranthologie *50 Erzähler der DDR* vertreten waren, aber nicht mehr in der DDR lebten, flogen im Publikationsgeschacher nun auch Erich Loest und Klaus Schlesinger aus dem Manuskript. Bleiben durften dafür umstrittene Autoren wie Stefan Heym, Karl-Heinz Jakobs und der Quälgeist Günter Kunert, wegen dessen Erzählung die zuständige HV-Mitarbeiterin Meta Borst extra ihren Chef, den stellvertretenden Kulturminister Klaus Höpcke, konsultiert hatte.

Ärger gab es parallel auch um Erwin Strittmatter. Obwohl die HV dem beliebten Erzähler eine »insgesamt politisch zuverlässige Haltung« attestierte, hatte dessen dritter Band vom *Wundertäter* Stanislaus Büdner Ende 1979 für reichlich Getöse gesorgt. Die Erstauflage von 60 000 Exemplaren war 1980 nach einer ausführlichen Stellendiskussion durchgedrückt worden. Doch hatte die von der HV sorgsam dirigierte literaturkritische Begleitung des Buches nicht verhindern können, dass auch die Nachauflage zum Streitthema geworden war. Im Januar 1981, drei Monate vor dem Parteitag also, musste Voigt nach einer verfrühten Vorankündigung im *Börsenblatt* demütig zu Kreuze kriechen und beim ZK der SED um Vergebung bitten. Die Entscheidung über Irmtraud Morgners Hexenroman *Amanda* wurde unterdessen von vornherein auf die Zeit nach dem Parteitag vertagt. Das Führungstrio Voigt, Glatzer und Caspar war ohnehin unsicher und uneins, wie man mit dem zweiten gewaltigen Werk der populären Autorin umgehen sollte.

Die Publikationskonflikte passten zum leisen Rauschen, das hinter den Parteitagsreden zu hören war. Denn zwischen den Zeilen der Lobeshymnen deutete sich längst eine Gegenerzählung zum Erfolgsnarrativ der SED an. Die Idee, die Produktion mit Investitionen wettbewerbsfähig zu machen und über Exporte die dafür notwendigen Kredite zurückzuzahlen, sorgte selbst bei den Parteiökonomen für Sorgenfalten. Die Ölpreisentwicklung hatte in den letzten Jahren ein tiefes Loch in die Volkswirtschaftsbilanz geschlagen. Ohnehin wurde ständig in sozialpolitische Maßnahmen und den Konsumtionsfonds umgeschichtet, der jedoch auch nicht ausreichte, um auf die gestiegenen Weltmarktpreise zu reagieren, wie die »Kaffeekrise« 1977 gezeigt hatte, als die Bevölkerung gegen einen ungenießbaren Mischkaffee »Made in GDR« auf die Barrikaden gegangen war. Zudem war im Rüstungshaushalt von Entspannungspolitik keine Spur. Die gewachsene Kriegsgefahr durch die beidseitige Stationierung von neuen automaren Raketensystemen, für die als politische Chiffre der NATO-Doppelbeschluss vom Dezember 1979 stand, hatte im militarisierten »Friedensstaat« DDR sogar zur Bildung einer kleinen, in der Regel im kirchlichen Umfeld agierenden Friedensbewegung geführt. Und auch im literarischen Feld waren die kritischen Stimmen nach der Biermann-Ausbürgerung nicht verstummt, im Gegenteil. Ein halbes

Jahr nach dem Parteitag stellte der ZK-Kultursekretär Kurt Hager deshalb noch einmal klar, dass die Kunstschaffenden die Geduld seiner Partei nicht weiter strapazieren sollten. Er rügte in einem Beitrag für *Sinn und Form* jene Autoren, die die »Weite und Vielfalt der Kunst im Sozialismus« genutzt hätten, um »Kritik als das ausschließliche, einzige und entscheidende Element« zu betrachten. »Angriffe auf die Partei der Arbeiterklasse, den sozialistischen Staat, den realen Sozialismus stellen letzten Endes alles in Frage, was in Jahrzehnten harter Aufbauarbeit seit der Befreiung vom Hitlerfaschismus erreicht wurde.« Hager packte seine Drohung also ins antifaschistische Gründungsnarrativ der DDR. An der Diskurshoheit wollte er ebenso wenig Zweifel aufkommen lassen wie an der Macht seiner Partei. Doch es fiel auf, dass es der SED zunehmend schwerfiel, die Störgeräusche zu übertönen.

In dieser spannungsreichen Zeit betrat ein Schriftsteller die literarische Bühne, der in den 1980er Jahren zu den erfolgreichsten Aufbau-Autoren gehören sollte: Christoph Hein, geboren 1944 in Niederschlesien und als Pfarrerssohn in der Nähe von Leipzig aufgewachsen. Nach dem Abitur an der Abendschule hatte Hein in Leipzig Philosophie und Logik studiert und war danach an der Berliner Volksbühne untergekommen. Nachdem sein Lehrmeister Benno Besson und etliche Mitarbeiter das Theater verlassen hatten, gab auch Hein 1979 seine Dramaturgenstelle auf und klopfte mit einem derart großen Stapel von Manuskripten beim Aufbau-Verlag an, dass der Lektor Günther Drommer ernsthaft über ein Debüt in Form einer dreibändigen Ausgabe mit Stücken, Prosa und Essays nachdachte. Letztlich blieb von dem ambitionierten Plan nur ein Band übrig, der 1980 unter dem Titel *Einladung zum Lever Bourgeois* erschien. Er reichte aber als Beleg, dass hier ein Autor in Erscheinung getreten war, der, wie Peter Hacks anlässlich der Verleihung des Heinrich-Mann-Preises 1982 formulierte, »Gewalt über die Worte« hatte. Die Prosastücke führten zudem zu einem zentralen Thema Heins, das sein Werk in vielfältigen Variationen durchziehen würde: Figuren, die eher am Rand der »großen Geschichte« stehen, erzählen aus ihrem Leben, ihrem Alltag an der Peripherie, subjektiv und nicht von einer auktorialen Erzählinstanz bewertet.

Konkretisieren sollte sich diese Erzählweise in Heins zweitem Aufbau-

Buch mit dem Titel *Der fremde Freund*. Das Verstörende der Novelle lag vor allem darin, dass in den sachlichen, scheinbar selbstzufriedenen und selbstgewissen Berichten der Ich-Erzählerin und Protagonistin Claudia ihre massive persönliche und gesellschaftliche Entfremdung angelegt ist. Ein Gutachten vom 1. Februar 1982, das die HV Verlage und Buchhandel in Auftrag gegeben hatte, weil sie der positiven Darstellung der beiden eingereichten Verlagsgutachten und des vom Verlag bestellten Außengutachtens offenbar nicht folgen konnte, lieferte diesbezüglich einige Schlagwörter: Die »tiefe Resignation« im Lebensbericht der Erzählerin bestürze, genauso ihr »Desinteresse an gesellschaftlichen und politischen Ereignissen«, es ergebe sich das unkommentierte »Bild einer ›verlorenen Generation‹ […], sich und der Welt entfremdet«. Die vermeintliche Absicht Heins, »vor bestimmten Tendenzen in unserer gesellschaftlichen Entwicklung zu warnen«, gehe deshalb in »die falsche Richtung«. Die Druckgenehmigung wurde im März 1982 überraschenderweise trotzdem erteilt. Immerhin kam Hein der »Empfehlung« der Zensoren zu Textstellenänderungen in zwei Fällen nach. Während die Protagonistin in einem Gespräch mit einer Nachbarin aus ihrem Wohnblock im Manuskript noch erklärt hatte, »daß ich kein Spitzel sei«, erläuterte sie in der Druckfassung, nun ohne das Tabuwort, »daß ich anderen Leuten nicht nachspioniere«. Entschärft wurde auch eine Erinnerungssequenz über die Kampagne gegen die Junge Gemeinde.

Um die Prüfung für den mündigen Leser, von der das Außengutachten Klaus Hammers gesprochen hatte, nicht allzu schwierig ausfallen zu lassen, waren nun die Rezensenten an der Reihe. Der Aufbau-Verlag stellte ihnen reichlich Platz zur Verfügung. Nachdem die Novelle bereits im *Sonntag*, der *ndl* und in *Sinn und Form* besprochen worden war, kam es im Septemberheft der *Weimarer Beiträge* des Jahres 1983 in einem 20-seitigen *Für und Wider* von sechs Rezensenten zum literaturkritischen Showdown. Unter den Leseland-Bewohnern wurde *Der fremde Freund* ohnehin schon kontrovers diskutiert, weil die Novelle für die junge Generation schnell zu einem Kultbuch geworden war. Aufbau hatte eilig noch eine zweite Auflage nachgeschoben. Auch die Luchterhand-Lizenzausgabe, die aus titelrechtlichen Gründen als *Drachenblut* in die Buchhandlungen kam, wurde viel gekauft.

Verlagsgeschichtlich ist das Hein-Buch aber nicht nur als Rezeptions-erfolg wichtig: Mit *Der fremde Freund* hatte die Aufbau-Mannschaft ein weiteres Mal unter Beweis gestellt, wie findig sie war, wenn es darum ging, schwierige Texte durchzubringen. Neben der Arbeit mit »weißen Elefanten« – auffälligen Textstellen, die den Zensoren sofort ins Auge fie-len, um vom kritischem Subtext des Gesamtmanuskripts abzulenken – war dabei auch die Wahl der Gutachter entscheidend. Auch die Gut-achten selbst, häufig vom Lektor formuliert, vom Lektoratsleiter überarbeitet und vom Cheflektorat abgesegnet, enthielten oft Spielma-terial. Ein gewichtiges Argument für eine Druckgenehmigung waren zu-dem Mitdruckangebote westdeutscher Verlage, weil das Mitdruckverfah-ren, bei dem Bücher mit dem Impressum eines westdeutschen Verlags in den ostdeutschen Druckereien hergestellt wurden, als Idealform einer Kombination von Lizenz- und Exportpolitik galt. Der Druckgenehmi-gungsantrag für Morgners Hexenroman *Amanda* wurde im August 1982 beispielsweise erst eingereicht, als Luchterhand zugesichert hatte, die westdeutsche Ausgabe mit 40 000 Exemplaren in der DDR drucken zu lassen. Vorhersehbar aber waren die Zensurprozesse, in denen ästhetische, ideologische und tagespolitische Kriterien genauso eine Rolle spielten wie persönliche Animositäten oder politische Willkür, für die Verlagsakteure allerdings nicht. Ebenso komplex wie die Zensur war das Netz kulturpo-litischer Lenkung. Denn natürlich konnten auch noch die Auflagenpo-litik, Buchwerbemaßnahmen, eine Steuerung der Rezensionen oder Ein-schränkungen von Lesungen eine Rolle in den Kanonisierungskämpfen spielen.

Einen besonders aufschlussreichen Fall deutsch-deutscher Publikati-onsgeschichten lieferte parallel zum Hein-Erfolg Christa Wolf. Im Mai 1982 hatte die Autorin, seit 1980 Trägerin des renommierten bundes-deutschen Georg-Büchner-Preises, mit reichlich Verspätung die Frank-furter Poetik-Dozentur angetreten. Mit dem Alltag des akademischen Lehrbetriebs hatten ihre Vorlesungen nichts zu tun. Der Hörsaal war bei allen Veranstaltungen bis auf die letzte Treppenstufe besetzt. Lediglich für einige Kameras hatte man Platz gelassen, weil der Hessische Rund-funk die Vorlesungen für eine zeitversetzte Ausstrahlung mitschnitt. Wolf selbst war der Rummel etwas suspekt. Doch traf sie mit ihren Auftritten den Zeitgeist, indem sie ihren ästhetischen Entwurf, der sich als Würdigung und Verteidigung der literarischen Subjektivität verstehen ließ, mit den vibrierenden Themenkomplexen der frühen 1980er Jahre verknüpfte. Es ging ihr um die Machtlosigkeit und Unangemessenheit der Worte angesichts des bedrohlichen Status quo, gleichzeitig um die Möglichkeit einer fantastischen, utopischen Literatur als Hoffnungspol, um die Entmythisierung des Mythos durch das Freilegen seiner historisch-materialistischen Wurzeln, um Krieg und Geschlechterkampf, um die Degradierung der Frau zum Objekt, um weibliches Schreiben auf der Grundlage lebendiger Erfahrung und um Kritik am männlich-rationalistischen Leitdiskurs. Natürlich spielten auch der Sozialismus und der Kapitalismus eine Rolle, die UdSSR und die USA, Ostdeutschland und Westdeutschland. In der fünften und letzten Vorlesung ließ Wolf schließlich in einem Prosaentwurf die Seherin Kassandra zur Praxisprobe ihres ästhetischen Konzepts antreten.

Weil die *Kassandra*-Texte in einem westdeutschen Hörsaal vorgetragen worden waren, hatte Christa Wolf gute Argumente, um für ihre Texte eine Ausnahmeregelung zu erwirken: Obwohl Schriftsteller aus der DDR gesetzlich verpflichtet waren, die Rechte an ihren Manuskripten zunächst einem DDR-Verlag anzubieten und die Ost-Verlage nach Vertragsabschluss mit den West-Verlagen über eine Lizenz verhandelten, deren Modalitäten letztlich das Büro für Urheberrechte abwickelte, durfte Wolf in diesem Fall die westdeutschen Rechte direkt vergeben. Sie schloss also selbst einen Vertrag mit Luchterhand. Unabhängig davon bot die Autorin das Manuskript dem Aufbau-Verlag an und vergab ein zweites Originalrecht für eine zweite deutschsprachige Ausgabe an ihren Ost-Berliner Stammverlag.

In Darmstadt, wo der literarische Luchterhand-Zweig mittlerweile untergekommen war, konnte man die Produktion also selbst vorbereiten und musste nicht auf den Aufbau-Verlag warten. Im März 1983 erschienen die ersten vier Vorlesungen unter dem Titel *Voraussetzungen einer Erzählung: Kassandra* in der Taschenbuchreihe *Sammlung Luchterhand* und die ausgearbeitete fünfte Vorlesung unter dem Titel *Kassandra* im Hauptprogramm. Die westdeutschen Leser feierten die Texte ebenso wie die westdeutsche Literaturkritik, die »literarische Würde« und »kleine

Wunder« sah, eine »Ästhetik weiblichen Widerstands« und eine »universale Dissidenz«, die den DDR-Intellektuellen wegen ihrer Erfahrungen mit der autoritären Unterdrückung eigen sei. Den »Schlüssel« für die Erzählung lieferten einige der Besprechungen gleich mit. »[O]hne besonderes Kombinationsvermögen«, so folgerte beispielsweise der *FAZ*-Rezensent Walter Hinck, »läßt sich in Eumelos und seiner Truppe der Geheimdienst eines totalitären Regimes wiedererkennen.« In einem Text von Christa Wolf, so die Schlussfolgerung, musste die Stasi dem beschriebenen Geheimdienst Modell gestanden haben.

Während Luchterhand mit dem Nachdrucken kaum noch hinterherkam und bis Ende des Jahres 60 000 verkaufte Exemplare der Vorlesungen und 100 000 des Prosastücks zählte, war das Manuskript in der DDR nicht zuletzt aufgrund der Resonanz im Westen auf einen steinigen Weg geraten. Nach dem Abteilungsleiter der HV, Klaus Selbig, hatte sich der Buchminister Höpcke eingeschaltet, bis schließlich Hager die Causa Wolf zur Chefsache erklärte. Der Parteiideologe meldete ebenso Gesprächsbedarf an wie Wilhelm Girnus, der nach einem Vorabdruck in *Sinn und Form* gegen die Mythosadaption der Autorin mit einer Aggressivität zu Felde zog, die er seit der Formalismusdebatte in den frühen 1950er Jahren nicht mehr an den Tag gelegt hatte. Christa Wolf ließ sich nicht aus der Reserve locken. Denn natürlich wussten die Literaturinteressierten im Leseland von der Luchterhand-Ausgabe, von der Existenz der Vorlesungen und der Erzählung ohnehin. Das Ergebnis der Verhandlungen zwischen der Autorin, dem Aufbau-Verlag und der HV respektive dem ZK und dem Politbüro, die bis Ende 1983 dauerten, war geradezu ungeheuerlich: Wolf erklärte sich zwar bereit, einige inkriminierte Passagen zu streichen, bestand aber darauf, diese durch eckige Klammern mit Auslassungspünktchen kenntlich zu machen. Die Zensur wurde in der Aufbau-Ausgabe also dokumentiert. Dass diese Lösung ein publikationspolitisches Eigentor der Verantwortlichen war, zeichnete sich bald nach der Veröffentlichung des Bandes ab, die, im Impressum auf 1983 datiert, Ende Januar 1984 erfolgte. In der DDR kursierten längst einige Luchterhand-Ausgaben, aus denen die zensierten Stellen nun abgeschrieben und in Umlauf gebracht werden konnten. Die HV hatte beispielsweise von der Autorin gefordert, die rhetorische Frage der Tagebuch-

Vielsagende Auslassungspunkte:
Christa Wolfs *Kassandra* (1984)

Christa Wolf

KASSANDRA

Vier Vorlesungen   Eine Erzählung

schreiberin, ob »diese Müdigkeit, sich zu engagieren, nicht eigentlich Hoffnungsmüdigkeit« sei, zumindest zu überarbeiten. Da Wolf das ablehnte, fehlte die Passage, genau wie ein Absatz, in dem »E.« von ihrer Erkenntnis berichtet, »daß Zensur und Selbstzensur kriegsfördernd seien«. Abgesehen hatten es die Literaturwächter außerdem auf eine »unzulässige Gleichsetzung« von NATO und Warschauer Pakt und die Rekapitulation eines Gesprächs, in dem »R.« es als gefährlich bezeichnet, »wenn die am meisten gehüteten Wörter, ›Freiheit‹ auf der einen, ›Sozialismus‹ auf der anderen Seite, als Rechfertigung für Kriegsvorbereitung benutzt würden«.

Natürlich machte sich auch die westdeutsche Presse den Spaß, die gestrichenen Stellen aufzulisten, ebenso die *Tagesthemen*, die in vielen Wohnzimmern der DDR der *Aktuellen Kamera* vorgezogen wurden. Das »Abhören von Feindsendern« zog ohnehin nur noch bei den »Angehörigen der bewaffneten Organe« Strafen nach sich. Alle anderen Interessierten in Ost und West konnten nun sehen, wo sich die Parteiführung verwundbar fühlte, welche Diskurstabus nicht gebrochen werden durften, was man als Störung des »literarischen Friedens« empfand.

In der Französischen Straße wurde die markierte Zensur wie ein stiller Triumph gefeiert. Zwar war man fortan der Verlag mit der zensierten Version, aber wenigstens hatte man ein politisch umstrittenes Buch einer Stammautorin durchgesetzt und die Grenzen des Möglichen wieder einmal verschoben. Maßgeblich daran beteiligt war Sigrid Töpelmann. Ihrer persönlichen Wolf-Geschichte fügte die Lektorin damit ein weiteres Kapitel hinzu: Als Assistentin von Inge Diersen an der Humboldt-Universität war sie Ende der 1960er Jahre wegen eines Aufsatzes über *Nachdenken über Christa T.* von der Parteileitung der Universität gerügt und im Audimax an den Pranger gestellt worden. 1972 war sie dann zu Aufbau gekommen. Als Manfred Wolter, der Wolf-Lektor, Mitte der 1970er Jahre zur DEFA wechselte, war Töpelmann die legitime Autorenerbin. *Kassandra* war der letzte Titel, den sie direkt betreute: 1982 löste sie Günter Caspar, der sie einst in den Verlag geholt hatte, als Leiterin des Lektorats DDR-Literatur ab. Caspar, gesundheitlich angeschlagen und von Jahr zu Jahr knorriger, ging nach fast drei Dekaden als leitender Lektor für Gegenwartsliteratur ins Erbe-Lektorat und zog sich damit »vorfristig« aufs Altenteil zurück, wie er dem sorbischen Dichter Benedikt Dyrlich schrieb. Fritz-Georg Voigt, ähnlich lang im Verlag wie Caspar und seit 1966 erster Mann des Hauses, räumte sein Büro in der Französischen Straße gleich ganz. Der Verlagsleiter war, zermürbt von den vielen Publikationskämpfen der frühen 1980er Jahre, monatelang krankgeschrieben und musste sich einer Bypassoperation unterziehen. Er übergab das Zepter an seinen Nachfolger, der Aufbau in das nächste Jahrzehnt führen sollte: Elmar Faber.

1983-1991

Homo Editor:
Faber und die Erinnerungszensur

Der Mai 1983 begann in Ost-Berlin nicht golden, sondern kühl und regnerisch. Elmar Faber, von den SED-Kaderplanern als neuer Verlagsleiter eingesetzt, strahlte trotzdem, als er den Kuppelsaal in der Französischen Straße für seine Antrittsrede betrat. Der ehrgeizige Thüringer hatte sein Karriereziel erreicht: Aus Deesbach, einem kleinen Nest im Schwarzatal, wo er 1934 zur Welt gekommen war, war Faber über die Arbeiter-und-Bauern-Fakultät (ABF) nach Leipzig gekommen und hatte von 1954 bis 1959 bei Hans Mayer und Theodor Frings Germanistik studiert. Im Anschluss hatte er zunächst die Universitätszeitschrift redaktionell betreut. Nach einer Zwischenstation im Bibliographischen Institut war er 1970 bei der Edition Leipzig gelandet, einem Verlag, der vom ZK der SED zehn Jahre zuvor als Exportunternehmen gegründet worden war und die stets leere Devisenkasse füllen sollte. Dort, bei der Edition Leipzig, hatte sich Faber als verkaufstüchtiger Liebhaber des schönen Buches einen Namen gemacht und sich damit für höhere Aufgaben empfohlen. Die höchste hieß Aufbau. Der Verlag galt ihm, so schrieb Faber 2014 in seiner Autobiographie *Verloren im Paradies*, als »Verheißung: [...] Der Literaturstrom. Die bald fünfzigjährige [sic!] Tradition. Das Literaturmuseum. Die Autoren. Ein Weltreich. Eine Kulturinstitution par excellence. Der Suhrkamp des Ostens. Führend im intellektuellen Diskurs der DDR. Ausgreifend nach vielen Richtungen über die Grenzen hinweg.« Wie berauscht schien er bei seinem Antritt von der Aura des Verlags, von dessen Geschichte und dessen Möglichkeiten. Und sein Sendungsbewusstsein, so zeigte sich, war ebenso groß wie sein Selbstbewusstsein.

Die Verlagsmannschaft begrüßte den neuen ersten Mann zunächst einmal mit Skepsis. Die ehrwürdige Buchstadt Leipzig, in der Faber bekannt

Ruth Glatzer nimmt im August 1982 von Erwin Strittmatter das Manuskript des ersten Bandes der Romantrilogie *Der Laden* entgegen

war wie der sprichwörtliche bunte Hund, galt den Ost-Berlinern als Provinz. Provinziell schien auch der Dialekt, mit dem sich der Thüringer in der Französischen Straße vorstellte. Doch gelang es dem neuen Verlagsleiter schnell, die rund 200 Mitarbeiter für sich zu gewinnen, indem er in seine Selbstüberzeugung eine Prise Selbstironie mischte. Vor allem aber interpretierte er seine Rolle anders als sein Vorgänger. Im Gegensatz zu Fritz-Georg Voigt, der alles andere als eine Spielernatur war und im Wesentlichen Ruth Glatzer die politische Front überlassen hatte, wollte Faber die Fäden in der Hand halten und ging dabei ebenso listig wie risikofreudig vor. Während der Schreibtisch des Verlagsleiters in der vorangegangenen Ägide oft aus Krankheitsgründen leer geblieben war, war der neue Chef aus anderen Gründen regelmäßig außer Haus. Er übernahm die »Autorenpflege« gerne persönlich und reiste dafür in alle Ecken der Republik. Zudem lief Faber häufig die paar Meter zum Haus am Werderschen Markt hinüber, um sich bei den ZK-Funktionären für die Aufbau-Autoren einzusetzen. Dass er kein Duckmäuser war, konnte die Verlagsmannschaft gleich in den ersten Monaten feststellen, als er Aufbau in den (geerbten) Auseinandersetzungen um Wolfs *Kassandra*, Morgners *Amanda* und den ersten Band von Strittmatters Romantrilogie *Der Laden* vertrat. Auch der nachkommenden Generation schien er aufgeschlossen gegenüberzustehen. Mit dem Parteisekretär, dem jungen Lektor Hanns Kristian Schlosser, war er sich einig, dass man Uwe Kolbe mit dem gleichen Nachdruck verlegen müsse wie Dieter Noll. Andere, der freie Mitarbeiter Uwe Berger beispielsweise, waren da anderer Meinung.

Zu dem Erbe, das Faber antrat, gehörte ein Buch von Jürgen Kuczynski, dem Nestor der marxistischen Gesellschaftswissenschaft, das den Titel *Dialog mit meinem Urenkel* trug. Den Druckgenehmigungsantrag hatte der Aufbau-Verlag im Januar 1981 an die HV Verlage und Buchhandel geschickt. Seitdem war um die *19 Briefe und ein Tagebuch*, die der Untertitel versprach, erbittert gestritten worden. Das lag ebenso am Text wie an dessen Verfasser. Kuczynski, 1904 in Elberfeld geboren, war 1930 in die KPD eingetreten, war schon im Londoner Exil mit Kurt Hager aneinandergeraten und hatte sich nach seiner Rückkehr in die Sowjetische Besatzungszone allmählich einen Ruf als »linientreuer Dissident« erarbeitet. In seinen unzähligen Büchern, Aufsätzen und Artikeln kritisierte er so manche Erscheinung des real existierenden Sozialismus, tänzelte aber immer geschickt entlang der roten Linie der Kritik und schonte in letzter Konsequenz auch seine Partei, die SED. Passend dazu hieß es in Kuczynskis *Memoiren*, die 1973 als sein achtes Buch bei Aufbau erschienen waren: »Aus der Partei auszutreten hätte mir geschienen, wie aus der Menschheit auszutreten.«

Mit seinem neuen Manuskript ging Kuczynski allerdings einen Schritt weiter. Er versuchte, sachte an den Dogmen der DDR-Geschichtsschreibung zu rütteln. Bereits die erste Frage des fiktiven Urenkels deutet das Konfliktpotential an: »Sage mal, Urgroßvater: Hast Du Dir den Sozialismus in Deiner Jugend so vorgestellt, wie er heute ist?« »Natürlich, genau so«, lautete die Antwort in Kurzfassung. Die dazugehörigen Ausführungen relativierten die Bestätigung aber schnell, denn die jugendlichen Ideale des Altkommunisten »von vor 1933« waren keineswegs erfüllt. Als weiterer neuralgischer Punkt des Manuskripts kristallisierte sich die Dar-

»Hast Du Dir den Sozialismus in
Deiner Jugend so vorgestellt, wie er
heute ist?«: Jürgen Kuczynskis *Dialog mit meinem Urenkel* (1983)

Jürgen Kuczynski

*Dialog
mit meinem
Urenkel*

*Neunzehn Briefe
und ein Tagebuch*

stellung antisemitischer Haltungen in der UdSSR zur Stalinzeit heraus.
Dass Kuczynski zudem mit den Historikern und Gesellschaftswissen-
schaftlern der DDR hart ins Gericht ging und ihnen Geschichtsverklä-
rung vorwarf, dünnte die Reihe der potentiellen Verteidiger aus. Der antifaschistische Gründungsmythos war schließlich ein heiliges Narrativ in
Partei und Staat, das als Ritual der Selbstbeschwörung weiter- und wei-
tererzählt wurde.

Weil sich die Gespräche über Kuczynskis Manuskript wegen dieser Pro-
blemgemengelage hinzogen, kam es schließlich zu einer heiklen Synchro-
nität: Die Veröffentlichungsgeschichte von *Dialog mit meinem Urenkel*
lief ausgerechnet 1983 auf ihr Ende zu, in einem Jahr also, in dem das
kollektive Gedächtnis in der DDR ganz besonders umsorgt werden sollte,
weil sich der Todestag von Karl Marx zum 100. Mal jährte. Den Erinne-
rungsrahmen gab auf dem VII. Historiker-Kongress der DDR keine
Fachgröße, sondern der SED-Multifunktionär und -Chefideologe Kurt

Hager vor. »Wir sind Pioniere einer neuen Zeit«, verkündete Hager dort. »Unsere Geschichtswissenschaft und Geschichtspropaganda sollte im Bewußtmachen dieser revolutionären Wandlungen und Erfordernisse eine vorrangige Pflicht sehen, sie sollte den Stolz wecken, daß wir Aufgaben lösen, die vor uns in der deutschen Geschichte noch niemand in Angriff genommen hat.« Wer diese Pflicht verletzte, wer anders und anderes erinnerte, auf Widersprüche hinwies, die Politik der Gegenwart an ihrem historischen Wort maß oder die großen Tabus der Kriegs- und Nachkriegszeit behandelte, galt schnell als »imperialistischer Ideologe«.

Kuczynski kam schließlich mit einem Kompromiss davon: Nachdem der Aufbau-Verlag monatelang für das Manuskript geworben hatte, konnte *Dialog mit meinem Urenkel* zwar nicht als Beitrag zum Marx-Jahr inmitten der Feierlichkeiten erscheinen, wurde aber im Dezember 1983 schließlich ausgeliefert. Tatsächlich rüttelte der Band den historischen Diskurs kräftig durch. Für das *Neue Deutschland* versuchte sich im April 1984 der stellvertretende Chefredakteur Harald Wessel an der richtigen parteilichen Einordnung und mühte sich sichtlich, die Balance zwischen Anerkennung und Kritik zu halten. Sicher sei auf jeden Fall, so Wessel, dass Kuczynski auch kurz vor seinem 80. Geburtstag noch so viel Feuer besitze, »daß er mit einigen bewußt herausfordernd formulierten Passagen ganze Kollektive gesellschaftswissenschaftlicher Einrichtungen in hitzige Debatten zu versetzen vermag«. Zwei Monate später konnte eine zweite Auflage erscheinen.

Mit *Dialog mit meinem Urenkel* hatte Kuczynski auch einen Beitrag zu einer Genredebatte geliefert. Noch während der Publikationsverhandlungen hatte der Vielschreiber und Vielleser, der angeblich auf alle Bücher aus der Aufbau-Produktion abonniert war, ein zweites Manuskript in der Französischen Straße platziert, das sich dem Gegenstand auch theoretisch näherte: *Probleme der Autobiographie*, begleitet von einem Nachwort Werner Mittenzweis. Das Thema war akut: In den letzten Jahren waren etliche (Auto-)Biographien der älteren Marxistengeneration erschienen, die als Geschichtsromanzen den Sieg des Guten über das Böse narrativ modellieren hätten können, politisch aber nicht immer ganz unproblematisch waren. Viele der revolutionären Ahnen hatten an irgendeiner Stelle ihres Lebens mit der Partei, der sie dienten, Konflikte ausgetragen. Und die Parteigeschichte – beziehungsweise alles, was irgendwie als Parteigeschichte gelesen werden konnte – war in der Geschichtsschreibung besonders sakrosankt. Das hatte Aufbau auch im Fall von *Kehre wieder über die Berge* erfahren müssen, der 1945 erschienenen Autobiographie des 1971 verstorbenen *Lesebücher*-Herausgebers Walther Victor, der in der Weimarer Republik SPD-Mitglied geworden war. Zwar hatte der Verlag im Spätherbst 1982 eine Neuauflage des Buchs durchdrücken können, doch war die Auslieferung im Sommer 1983 von Hager höchstpersönlich gestoppt worden. Vorher hatte das berühmt-berüchtigte Institut für Marxismus-Leninismus beim ZK der SED, das das Monopol in Sachen Parteigeschichtsschreibung für sich beanspruchte, eine negative Stellungnahme abgegeben. Der Kommunismus sei falsch dargestellt und die Rolle der KPD in der Weimarer Republik verschwiegen worden, die Position des Autors sei sozialdemokratisch-opportunistisch und das Buch geeignet, einer »subjektivistischen Geschichtsbetrachtung Tür und Tor zu öffnen«. Doch Hager reichte der Auslieferungsstopp noch nicht: Der Dogmatiker ordnete eine »gründliche Überprüfung« des Vorgangs an, da es ihm unerklärlich sei, »wie der Aufbau-Verlag derartig politisch instinktlos handeln konnte«. In den sauren Apfel musste in diesem Fall Gotthard Erler beißen. Er wurde in die HV zitiert und zurechtgewiesen.

Doch der bittere Nachgeschmack verflog rasch. Aufbau hatte mit den autobiographischen Bänden wieder Land auf dem Feld der Möglichkeiten gewonnen und damit auch literaturwissenschaftliche Werke vorbereitet, mit denen der Verlag versuchte, der Hoheit der kulturhistorisch-marxistischen Prozessdarstellungen etwas entgegenzusetzen. Beispielhaft dafür standen Hans-Georg Werners *Text und Dichtung* (1984) oder Bernd Leistners *Spielraum des Poetischen* (1985). Einen Meilenstein für eine Neubewertung des biographischen Romans, von Max Schroeder einst als unreines Genre abgeurteilt, setzte Sigrid Damm, eine ehemalige Mitarbeiterin der HV Verlage und Buchhandel, mit *Vögel, die verkünden Land. Das Leben des Jakob Michael Reinhold Lenz* (1985). Ein Jahr später folgte *Das Leben des Bertolt Brecht oder Der Umgang mit den Welträtseln* von Werner Mittenzwei. Die zweibändige Brecht-Biographie war vom Autor mehrfach umgearbeitet worden, nachdem die Darstellung Ulbrichts, der Komplex über die Politik Stalins sowie die Beschreibung der Formalismusdebatte und des 17. Juni an verschiedenen Stellen für Aufruhr gesorgt hatten. Gemeinsam mit seinem Duzfreund Mittenzwei hatte Faber das Manuskript schließlich höchstselbst durch die Klippen der Publikation gelenkt. Als der Titel ein Jahr später bei Suhrkamp erschien, las ihn Fritz J. Raddatz für die *Zeit* mit einem kritischen Blick und warf seinem ostdeutschen Kollegen wahlweise »Ohnmachtssprache« oder »Sklavensprache« vor. Kein Wort verlor er hingegen über den methodisch-theoretischen Zugang, mit dem sich Mittenzweis Brecht-Biographie zwischen den Moden aus Ost und West bewegte: Der Doppelband verweigerte sich der marxistisch-leninistischen Historiographie, vermied eine teleologische Bewegung und eine künstliche Kohärenz, nahm aber gleichzeitig kaum Impulse aus der Diskurstheorie oder der Dekonstruktion auf, die im Westen en vogue waren und mit der Kategorie des Autors auch das biographische Genre in Frage stellten. In dieser Form war Mittenzweis Gesellschaftsbiographie *Das Leben des Bertolt Brecht* wohl nur in der DDR der 1980er Jahre möglich. Mittenzwei gehörte auch zum Forscherteam, das zeitgleich ein ostwestdeutsches Mammutprojekt in Angriff nahm: die *Große kommentierte Berliner und Frankfurter Ausgabe* der Werke Brechts. Die ersten Bände erschienen bei Aufbau und Suhrkamp zu Brechts 90. Geburtstag im Februar 1988.

Mitten in dieser Biographieschwemme traf noch ein anderes Buch die blinden Flecke der »Erinnerungszensur« (Michael Braun). Christoph Hein ließ in *Horns Ende* fünf verschiedene Figuren vom Leben in der fiktiven Kleinstadt Guldenberg in den 1950er Jahren und dem Selbstmord des Historikers Horn erzählen, der sich dort ereignet hat. Die Veröffentlichung des Romans war in Bezug auf die informelle Vorbereitung der Manuskriptdiskussion mit der Zensurbehörde, die Wahl der Außengutachter, das listige Verlagsgutachten Günther Drommers, die deutsch-deutsche Jonglage mit dem lizenznehmenden Luchterhand-Verlag und die Hartnäckigkeit Fabers, der allein 1985 sechsmal zu Gesprächen über *Horns Ende* in die Abteilung Kultur des ZK der SED geladen wurde, eine taktische Meisterleistung. Dass Faber den Roman sogar ohne Genehmigung drucken ließ, wie später kolportiert wurde, gehört indes ins Reich der Legenden. Am 27. Februar 1985, zwei Monate nachdem Aufbau den Druckgenehmigungsantrag eingereicht hatte, erteilte die HV ihr Placet, und noch am selben Tag verkündete Faber, dass mit der technischen Herstellung begonnen werde. Im Anschluss allerdings blieb das Buch lange liegen. Der »vierte Zensor« in Person von Kurt Hager hatte die Auslieferung gestoppt. Eine vierstellige Anzahl Bücher, die in der Französischen Straße gelandet waren, ließ Aufbau daraufhin angeblich auf eigene Faust ausliefern.

Als Hager sein Veto Mitte Februar 1986 schließlich zurückzog, war die Erstauflage von 25 000 Exemplaren schon vielfach überzeichnet. Vorher hatte die Nichtauslieferung paradoxe Züge angenommen: Während die Vorbestellungslisten in den Ost-Berliner Buchhandlungen wuchsen und wuchsen und ein internes Gutachten aus dem Büro Hager erklärte, das Buch sei »mit und ohne Publikation im Gespräch«, lagen Aufbau-Ausgaben von *Horns Ende*, vom Buchexport über die deutsch-deutsche Grenze geliefert, in den West-Berliner Buchhandlungen aus. Der Geschäftsführer des Luchterhand-Verlags, Hans Altenhein, sah sich deswegen gezwungen, bei Faber zu protestieren. In der Bundesrepublik durfte schließlich kein Aufbau-Buch verkauft werden, das auch in einer Lizenzausgabe vorlag.

Vierzig Jahre Aufbau: Der Grass-Kater und die Jubiläumsfeier

Zum Erbe Elmar Fabers gehörte auch ein westdeutscher Autor, der in der DDR bisher nicht erschienen war: Günter Grass. Der Schriftsteller und Citoyen spukte seit seinem Debüt *Die Vorzüge der Windhühner*, 1956 im Luchterhand-Verlag erschienen, durchs literarische Leben im Osten Deutschlands. Als potenzieller Bündnispartner gestartet, galt er seit den Mittsechzigern als »*die* literarische Unperson par excellence« (Daniela Dahn). Auch die drei Gutachten zu *Die Blechtrommel*, *Katz und Maus* und *Hundejahre*, die Aufbau im Oktober 1964 hatte erstellen lassen, waren schnell im Verlagsarchiv verschwunden.

Aus den Augen verloren hatte man Grass derweil nicht. 1979 tastete sich Sigrid Töpelmann schließlich in Sachen Publikation vor, indem sie ein Arbeitsexemplar von der neuen Grass-Erzählung *Das Treffen in Telgte* bei dessen Stammverlag Luchterhand anforderte und ein Außengutachten bei Gerhard Dahne bestellte. Dahne, 1970 mit einer Grass-kritischen Arbeit in Greifswald promoviert und als gerade geschasster HV-Abteilungsleiter bestens mit der Zensur vertraut, lobte das »Kleinod an realistischem Erzählen« und nutzte seine Publikationsempfehlung, um obendrein *Katz und Maus* wieder ins Gespräch zu bringen. Töpelmann listete daraufhin die Publikationsmöglichkeiten auf. Persönlich favorisierte sie eine Veröffentlichung der beiden Texte in einem Band, 1981 oder 1982. Der Aufbau-Verlag holte sogar noch ein weiteres Gutachten für *Das Treffen in Telgte* bei dem Literaturhistoriker Eberhard Haufe ein, der der Erzählung, die ein barockes Dichtertreffen zur Zeit des Dreißigjährigen Kriegs beschreibt, »im Zuge unserer sozialistischen Erberezeption eine positive, den Rezeptionsprozeß durchaus belebende Rolle« zuschrieb. Doch erst die sogenannten Berliner Begegnungen im Dezember 1981 und im April 1983 sorgten dafür, dass eine offizielle Rehabilitierung des Autors, der 1980 vom Ministerium für Staatssicherheit noch mit einer Einreisesperre belegt worden war, tatsächlich wieder möglich wurde. Auf den Treffen kamen Künstler und Wissenschaftler aus Ost und West zusammen, um über die angespannte politische Lage zu diskutieren. Grass durfte da nicht fehlen. Auch wenn er stets betonte, dass er sich von den sowjetischen SS-20-Raketen genauso bedroht fühle wie von den US-amerikanischen Pershing II, diente das Engagement des westdeutschen Autors für den Frieden als Impuls, um einen neuen Vorstoß in Sachen Druckgenehmigung zu wagen.

Eine unscheinbare Notiz aus der Druckgenehmigungsakte zu *Katz und Maus*, datiert vom 16. August 1983, zeigt allerdings, dass Aufbau plötzlich schlechte Karten hatte. »Gegenwärtiger Stand: 84 kein Grass«, war dort handschriftlich vermerkt. »K. Hö wird gelegentlich weiter ventilieren.« »K. Hö«, das war der Buchminister Klaus Höpcke, der offenbar in der Causa Grass nicht entscheidungsbefugt war. Schwerwiegender für Aufbau war allerdings der zweite Teil der Notiz: »Eins ist klar: Wenn G. überhaupt, dann bei VW.« Der Fürsprecher der deutschen Kulturnation sollte also nicht beim Leitverlag für deutschsprachige Literatur erscheinen, sondern bei Volk und Welt, dem Leitverlag für internationale Literatur.

Diese symbolträchtige Schikane brachte den neuen Aufbau-Chef El-

Notiz aus der Druckgenehmigungsakte zu *Katz und Maus* von Günter
Grass

[handschriftliche Notiz]

mar Faber in Rage. Seit 1979 hielt sein Verlag die Optionskarten für die
Werke von Grass. Noch im Juli 1983, unmittelbar nach Fabers Amtsantritt also, war die »Daueroption« bestätigt worden. Damit war Aufbau eigentlich auf der sicheren Seite gewesen, weil das Optionsverfahren vorsah, dass die Verlage ihre Buchprojekte bei der HV anmeldeten und sich
damit bestimmte Titel und Autoren »reservierten«. Mehrfach hatten sich
andere Verlage über eine Bevorteilung Aufbaus beschwert. Im Fall Grass
hatte Aufbau sogar schon Gutachten eingeholt, mit Luchterhand korre-
spondiert und sich mit der Zensurbehörde zu verständigen versucht.
Nachdem Faber von der informellen Entscheidung gehört hatte, *Katz
und Maus* bei VW und *Das Treffen in Telgte* bei Reclam Leipzig erscheinen zu lassen, schrieb er Anfang Februar 1984 spürbar aufgebracht an
Höpcke, zumal Aufbau unmittelbar zuvor schon bei Peter Weiss' Monu-
mentalwerk *Die Ästhetik des Widerstands* das Nachsehen gegenüber dem
Henschelverlag gehabt hatte. Faber fürchtete, dass der editionspolitische
Entscheid gegen seinen Verlag von der Konkurrenz »als Verdienst hochstilisiert wird« – »was dem zielstrebigen Bemühen des Aufbau-Verlages
gegenüber eine Blasphemie wäre« und den Ruf seines Verlags im literarischen Leben der DDR beschädigen könnte. Außerdem fühlte er sich gegenüber dem wichtigsten Partner in Westdeutschland, dem Luchterhand-
Verlag, mit dem er sich gerade über eine Lizenzausgabe des Romans *Auf
dem Turm* des frischgebackenen Döblinpreisträgers Gert Hofmann geei-
nigt hatte, bloßgestellt. Schließlich war der Literaturaustausch zwischen
den beiden deutschen Staaten auch ein Tauschhandel von Gesten, von
gegenseitigem Vertrauen, das oft mehr wog als Ideologien und Instituti-

onen. Entgegenkommen war gefragt. Umso wichtiger war der Gesten-austausch geworden, nachdem Aufbaus Valutakontingent 1980 um fast ein Viertel auf 370 000 Mark gesenkt worden war. Die Valutatitelzahl war seitdem von knapp 70 pro Jahr auf unter 50 gefallen. Die Devisen reich-ten auch deshalb nicht, weil – ein Stachel im Aufbau-Fleisch – auch für einige Stammautoren wie Brecht und Heinrich Mann gezahlt werden musste. Mit dem argumentativen Kampf für ein höheres Valutakontin-gent hatte Aufbau bei den Verantwortlichen in der SED, die die DDR an den Rand eines Staatsbankrotts geführt und zur Schuldentilgung im Sommer 1983 einen Milliardenkredit in Westdeutschland aufgenommen hatten, ebenso wenig Erfolg wie Faber mit seinem Protest gegen den li-teraturpolitischen Beschluss, Grass nicht bei Aufbau erscheinen zu lassen. Der Blechtrommler fiel aus der Erbmasse des neuen Verlagsleiters heraus.

Den guten Beziehungen zwischen Aufbau und Luchterhand, um die Faber gefürchtet hatte, tat das aber keinen Abbruch. Das zeigte sich nicht nur bei den folgenden Lizenzabschlüssen, sondern auch anlässlich des 40. Aufbau-Geburtstags 1985. Nachdem Vera Oelschlegel bei einer Ju-biläumslesung im Theater im Palast Faber ein Blumengebinde mit der Bemerkung überreicht hatte, dass es eigentlich 40 rote Rosen hätten sein sollen, die sich wegen der Jahreszeit aber nicht hatten auftreiben lassen, schlug die hellhörige Luchterhand-Lektorin Ingrid Krüger bei der offi-ziellen Verlagsfeier am folgenden Tag, dem 25. September, mit 40 rosa Rosen auf, was, so schilderte sie ihrem Chef Hans Altenhein, »sicht- und hörbaren Eindruck machte«.

Der Blumenstrauß aus West-Berlin war das schillernde i-Tüpfelchen auf den umfangreichen Jubiläumsfeiern. Der Geburtstag war eine gewal-tige Beschwörung der eigenen Geschichte, der Tradition, des Verlagsnar-rativs, das bis in die Gegenwart fortgesetzt wurde. So hatten auf der Le-sung im TiP aktuelle Aufbau-Autoren wie Berger, Fries, Hein, Kant, Rücker oder Christa Wolf selbst gewählte Texte von Autoren der Emig-rantengeneration, von Becher, Feuchtwanger, Thomas und Heinrich Mann, Plievier und Seghers, vorgetragen. Auch das Weimarer National-theater war mit einer Traditionslesung bespielt worden, bei der unter an-deren Kirsten, Königsdorf, Noll und die Strittmatters gelesen hatten. Irmtraud Morgner war sogar mit ihrem Wunsch durchgekommen, aus

Christa Wolf mit ihrer Lektorin Angela Drescher auf dem Verlagsfest zum Jubiläum am 25. September 1985

einer Schelling-Vorlesung Ernst Blochs vorzutragen. Auf der großen Festveranstaltung, die um 11 Uhr im neuen Haus der sowjetischen Wissenschaft und Kultur an der Friedrichstraße begann und ab 13 Uhr in der Französischen Straße weiterging, sang Gisela May Texte von Baierl, Becher und Brecht, bevor Kurt Böwe und Ulrich Mühe Briefe aus der Verlagsgeschichte vortrugen. Für die Festrede war der Honecker-Freund Hermlin verantwortlich. Begleitet wurden die Feierlichkeiten durch eine große Aufbau-Ausstellung in der Staatsbibliothek, die drei Wochen vor der Festveranstaltung eröffnet worden war. Zudem hatten einige Buchhandlungen aus Halle und Eisleben, aus Sangerhausen und Artern Fotos eingeschickt, mit denen sie sich am Schaufenster-Wettbewerb des Verlags beteiligen wollten. Auch im Westen war der Jubilar präsent: Zwischen Kiel und Freiburg beteiligten sich 25 Buchhandlungen an Lesungen und Diskussionen zum Verlagsjubiläum, 1986 folgte schließlich eine Ausstellung in Köln und eine Bücherschau in Saarbrücken.

Sich selbst hatte der Aufbau-Verlag, der mittlerweile ca. 7000 Titel in mehr als 107 Millionen Exemplaren vorzuweisen hatte, mit einigen Jubiläumstiteln bedacht. Neben einer Reprint-Kassette, bestehend aus

Stephan Hermlin zwischen Sigrid Töpelmann und Elmar Faber

sechs Büchern aus der ersten Produktion 1945, und einer zweibändigen, ungeheuer aufwändigen, 1981 initiierten Bibliographie der bisherigen Verlagsproduktion hatte Aufbau mit dem Almanach *Das Haus in der Französischen Straße* eine erste umfangreiche Verlagsgeschichte vorgelegt. Der Kulturbund war als Verlagseigner mit der Konzeption des Buches allerdings nicht zufrieden, fand Becher nicht genug gewürdigt, auch Abusch nicht, vor allem aber die leitenden Akteure Gysi, Voigt und Glatzer. »Das gegenwärtige Manuskript«, so hatte Gerd Haines geeifert, »hat nach meiner Meinung einen fast bürgerlich-liberalen Anstrich, der konsequent liquidiert werden müßte.« Die Zensur und die Schere im Kopf der verlagsinternen Almanach-Redaktion, geleitet von Glatzer und Erler, sorgten schließlich dafür, dass die großen Traumata der Verlagsgeschichte, für die beispielsweise die Namen Harich, Janka oder Schreck standen, ebenso randständig blieben wie die zahlreichen Publikationskontroversen. Auch bei der Einleitung musste man zwischen den Zeilen lesen können, damit aus dem Verlagsmosaik ein Bild wurde, in dem sich die Spannung zwischen Emanzipation und Repression, zwischen Courage und Zensur, zwischen Kunst und Politik widerspiegelte.

Wesentlich eindeutiger zeichnete sich diese Spannung in der Rede ab, mit der Elmar Faber seine Mannschaft zwei Tage vor der großen Feier auf einer Belegschaftsversammlung auf die feuchtfröhlichen Feiertage einschwor. Die öffentliche Selbstverständigung über die eigene Vergangenheit war für ihn mit dem Ziel verbunden, die Verlagsgeschichte als Teil der Literatur- und Kulturgeschichte in den Fokus der universitären Forschung zu rücken. Aufbau, gewachsen auf Trümmern, sah er in der Tradition des linksbürgerlichen Kiepenheuer-Verlags, des revolutionären Malik-Verlags und natürlich der Exilverlage. Vor allem aber wollte er »auch unseren eigenen Blick schärfen für den großen gesellschaftlichen Entwurf, in den wir als Verlage eingebaut sind«. Dass dabei nicht alles Gold war, was sozialistisch glänzte, verschwieg Faber durchaus nicht. Er forderte die Erschließung marginalisierter Perioden und Strömungen, des Mittelalters, des Expressionismus und des Konstruktivismus. Auch Hermlin wies in seiner Rede auf etliche Autoren hin, die man zum aktuellen Verlagsprogramm »hinzuträumen« könne. Vor der versammelten Politelite nannte er die Namen Lukács, Bloch, Walter Benjamin, Hans Henny Jahnn und besonders lautstark Wolfgang Hilbig, der in der DDR bisher nur mit ein paar Gedichten in *Sinn und Form* und mit dem schmalen Band *Stimme Stimme* bei Reclam Leipzig erschienen war. Aufbau hatte sich an den Meuselwitzer Arbeiter, dessen literarische Darstellung des Arbeitslebens dem kulturpolitischen Idealbild vollends widersprach, bisher nicht ernsthaft herangewagt. Bald sollte es zu spät sein: Im November 1985 reiste Hilbig mit einem Visum in die Bundesrepublik aus. Aufbau, der 40-jährige Jubilar, hatte zu langsam, zu zögerlich agiert und stand inmitten der Tumulte. Das literarische Leben in der DDR war aufgestört.

Im »meuterland«:
Die Zerstörung der DDR

In seiner Geburtstagsrede hatte Stephan Hermlin mit dem Namen Wolfgang Hilbig in eine Wunde gestoßen. Es fehlten im Aufbau-Programm die Underground-Größen, die Outcasts, über die viel geredet wurde, die aber bisher kaum über die Türschwellen der Verlagshäuser gekommen waren. Wichtige, nachwirkende Lyrikbände, die in der *Edition Neue Texte* in der ersten Hälfte der 1980er Jahre erschienen, stammten größtenteils von etablierten Autoren wie Wulf Kirsten oder Brigitte Struzyk. Zu ungewolltem Nachruhm kam das leise literarische Debüt des Reclam-Lektors und Übersetzers Roland Erb, der Gedichtband *Die Stille des Taifuns* (1981), weil der Autor nach dem Erscheinen ein Publikationsverbot erhielt. Eine Prise Extravaganz brachte Gisela Kraft mit, die im November 1984 aus dem Westteil der Stadt nach Ost-Berlin übergesiedelt war und 1985 mit dem außergewöhnlichen Gedichtband *Katze und Derwisch* in der ENT ihr Aufbau-Debüt gab. Zu den jungen Wilden gehörte aber auch sie mit ihren knapp 50 Jahren nicht. An den Manuskripten von Bert Papenfuß, einem der Protagonisten aus der Dichterszene im Prenzlauer Berg, hatte sich das Lektorat bisher die Zähne ausgebissen.

Dass Papenfuß und andere Dichter aus der Prenzlauer-Berg-Connection auch ohne eigene Gedichtbände als bekannte Szenegrößen galten, hatte damit zu tun, dass sie ihre Unbehaustheit zum Schaffensprinzip gemacht hatten. Sie tingelten durch Kneipen und trafen sich in Privatwohnungen, trugen ihre Texte vor, malten, musizierten gemeinsam und reichten inoffizielle Zeitschriften, Grafik-Lyrik-Mappen und Tape-Produktionen, die sie in Kleinstauflagen selbst herstellten, von Hand zu Hand. Natürlich waren die Versuche nicht ausgeblieben, die hineingeborenen Autoren, die auf die Unkontrollierbarkeit ihrer Kunst pochten, mit Buchpublikationen einzuhegen. Das jedoch war gründlich schiefgegangen. 1980 hatte Konrad Wolf als Präsident der Akademie der Künste bei Franz Fühmann eine Sammlung der Unveröffentlichten in Auftrag gegeben, deren Zusammenstellung Fühmann, der große Mittler, dem später als IM enttarnten Sascha Anderson und Uwe Kolbe überließ. Als das Manuskript schließlich fertig war, zog Wolf das Mandat, das er nun nicht mehr erteilt haben mochte, schleunigst zurück. Es seien ausschließlich Autoren versammelt, »die ihr Unbefriedigtsein am Zustand der Gesellschaft artikulieren, die Kritik, auch Unmut, ja auch Mißmut bezeugen«. Auch auf anderen institutionellen Ebenen sorgte das Gesammelte für Aufruhr. Nachdem bereits Repressionsmaßnahmen gegen die Beteiligten eingeleitet worden waren, wurde das Projekt schließlich auf einer Sekretariatssitzung des ZK der SED im November 1981 verboten.

Elke Erb, Aufbau-Autorin seit 1975 und eine Art Mentorin der Dichter vom Prenzlauer Berg, hielt das aber nicht davon ab, das Projekt mit Anderson und Papenfuß im Sommer 1983 wieder aufzunehmen. Als das Interesse des Kölner Verlags Kiepenheuer & Witsch an der Sammlung bekannt wurde, gerieten die Literaturwächter in der DDR erneut in helle Aufregung über die »Aussteiger-Anthologie«. Man fürchtete nicht nur die Texte an sich, nicht nur die Veröffentlichung im Lager des Klassenfeinds, sondern auch die Gruppenbildung, die ein repräsentativer Überblick hätte verstärken können. Jetzt kam Aufbau ins Spiel: Der Verlag sollte die Förder- und Buchverträge, die er mit einigen der beteiligten Autoren abgeschlossen hatte, mit Nachdruck ins Gespräch über das Manuskript und dessen Veröffentlichung im Westen einbringen. Aufbau wurde zum Auftragserpresser. Thomas Böhme, ein Leipziger unter den Prenzlauer-Berg-Poeten und neben Kolbe sowie dem (etwas älteren) Bernd Wagner der Einzige von ihnen, der bisher bei Aufbau erschienen war, zog daraufhin zurück, um die Veröffentlichung seines zweiten Gedichtbands, *Die schamlose Vergeudung des Dunkels*, nicht zu gefährden. Nicht einschüchtern ließ sich hingegen Elke Erb. Bei einer Sammlung, die sich vor allem durch Kompromisslosigkeit auszeichnete, wollte sie nicht kompromissbereit sein.

In der Französischen Straße wurde das Manuskript derweil kontrovers diskutiert, bis ein Gutachten, unterzeichnet von Ruth Glatzer, die Position des Verlags festlegte. Der Rest war Chefsache. Elmar Faber, ein gewiefter Stratege im Feld des Möglichen, dachte über eine eigene strenge, profilbestimmende Auswahl für die DDR nach und bestätigte im Mai 1984 gleichzeitig die Skepsis des stellvertretenden Kulturministers und HV-Leiters Klaus Höpcke, dem er schrieb, dass »vielfältige resignative und nihilistische Tendenzen, Elegisches, Verharrendes, Verzweifelndes« das Manuskript auszeichneten. »Selbstmord und Tod«, so setzte Faber fort, »sind beliebte Motive. Anarchistisches, Chaotisches schauen mannigfach hervor.« Dass diese Kette belasteter Begriffe das umstrittene Manuskript in der DDR nicht zum Druck befördern würde, war Faber sicherlich bewusst.

Das größte Problem blieb allerdings bestehen: das westdeutsche Interesse an der Sammlung. Faber reiste deswegen im November 1984 nach Köln, wo er dem KiWi-Verleger Reinhold Neven DuMont mitteilte, dass die Publikation der Anthologie »als unfreundlicher Akt gegenüber der DDR angesehen werden müßte« – Konsequenzen blieben wohl auch deswegen »dahingestellt«, weil der Aufbau-Verlagsleiter kaum mit einem Abbruch der Beziehungen drohen konnte, erschienen doch García Márquez, Remarque, Wallraff und andere mit KiWi-Lizenz in Ost-Berlin. Gleichzeitig brachte er eine Kooperation ins Gespräch. Doch vor allem die Forderung Fabers, alle Autoren, die die DDR verlassen hatten, aus der Sammlung herauszunehmen, war für den westdeutschen Verlag unerfüllbar, zumal es von Monat zu Monat mehr wurden. Immerhin erklärte sich Neven DuMont bereit, die Anthologie erst einmal aus dem Frühjahrsprogramm 1985 zu nehmen. So erschien das Buch mit dem Titel *Berührung ist nur eine Randerscheinung* schließlich im Sommer 1985, als Aufbau gerade im großen Stil sein Jubiläum feierte.

Die in Westdeutschland erschienene Anthologie wirkte sich auf das Image des Ost-Berliner Verlags aus. Im Prenzlauer Berg hatte Aufbau fortan mit dem Ruf zu kämpfen, eine elitäre Bannmeile um das Haus in der Französischen Straße zu ziehen und sich an die Aufstörer aus dem Underground nicht heranzutrauen. Dass der zweite Kolbe-Band mit dem vielsagenden Titel *Bornholm II* – ein *Bornholm I* existierte nicht – nach einer mühevollen Gedicht- und Stellendiskussion mit der HV 1986 erschien, veränderte daran zunächst einmal nichts, weil Aufbau zwar geschickt taktiert, sich aber in den Augen Kolbes nicht energisch genug für den Band eingesetzt hatte. Der Verlag musste oft lavieren. Mit allen Mitteln vertrat er seine Autoren gegenüber den Institutionen immer dann, wenn die politischen Klippen nicht zu hoch waren, wie der Fall von Lothar Walsdorf zeigte, einem Monolithen unter den Hineingeborenen: Nachdem der Autor, dessen zweiter Aufbau-Titel *Im gläsernen Licht der Frühe* 1983 als »Schönstes Buch« ausgezeichnet worden war, wegen Unterhaltsschulden zu einer Bewährungsstrafe verurteilt wurde, legte Aufbau dem Gericht eine Art Resozialisierungsplan vor, der Arbeitsstipendien und Honorare garantierte und zudem Bemühungen versprach, den Außenseiter, 1951 im Dreiländereck DDR-Polen-Tschechoslowakei geboren und viele Jahre in Heimen aufgewachsen, ins literarische Leben

Eines der zahlreichen »Schönsten Bücher«: Lothar Walsdorfs *Im gläsernen Licht der Frühe* (1983)

Lothar Walsdorf
Im gläsernen Licht der Frühe

Gedichte

der DDR einzubinden. Das war dem Verlag hoch anzurechnen. Allerdings blieb diese Form der Autorenpolitik verhältnismäßig unverfänglich, weil sie eher das Konto des Verlags als dessen Reputation belastete.

Die Underground-Dichter hingegen interpretierten die selektive Verlagspolitik als Versuch, mit der literarischen auch die politische Spreu vom Weizen zu trennen. Dazu waren sie nicht bereit, weil sie sich längst ihre Ecke im literarischen Feld erobert hatten und die »diskursive Wirkung ihres reformistischen Kampfes« (David Bathrick) unübersehbar war. Das gewachsene Selbstvertrauen bekam auch Faber zu spüren: Als der Aufbau-Verlagsleiter im Mai 1986 neun der *Randerscheinungs*-Autoren in die Französische Straße einlud, um erneut über eine Sammlung für die DDR zu diskutieren, wiesen diese das Anliegen entschieden zurück. Es sei an der Zeit für eigenständige Publikationen.

Bis es so weit war, sollte aber noch einige Zeit vergehen. Aufbau erfüllte weiterhin sein Pflichtprogramm und publizierte beispielsweise im August 1987 als »Freundesgabe« zum 75. Geburtstag des Staatschefs den Honecker-Band *Unsere Zeit verlangt eine kämpferische Kunst und Kultur,* dessen 333 in Halbleder gebundene Exemplare in der Herstellung 88 000 Mark kosteten. Doch die Zeitenwende zog unaufhaltsam in den Verlag ein. Ein Zeichen der Erneuerung war die Ernennung von Hanns Kristian Schlosser zum Cheflektor im August 1988. Schlosser beerbte die berentete Ruth Glatzer, die, diszipliniert auf die politische Linie achtend, auch bei den Autoren des Prenzlauer Bergs auf die Bremse getreten hatte. Ende 1988 konnte schließlich eine Reihe starten, die eigens für die oppositionellen Dichter geschaffen war und deren Position im Leitverlag für DDR-Literatur ziemlich exakt markierte: *Außer der Reihe.* Als Herausgeber hatte Faber mit Gerhard Wolf einen integren und bestens vernetzten Lyrikspezialisten aus der älteren Generation gewinnen können. Die beiden Bände, mit der die Reihe eröffnet wurde, markierten das Programm: Mit Papenfuß erschien einer der profiliertesten Lyriker und mit Rainer Schedlinski einer der wichtigsten organisatorischen Köpfe der Prenzlauer-Berg-Connection. Vor allem Papenfuß' *dreizehntanz* – das Buch versammelte dreizehn Zyklen, auf deren Publikation der Autor dreizehn Jahre hatte warten müssen – war ein Beleg dafür, dass, systemtheoretisch gesprochen, die Aufstörung im literarischen Feld langsam in die Zerstörung der DDR überging. Die orthographisch, grammatikalisch und semantisch provokativen Verse verweigerten sich der herrschenden Sprache nicht, sie dekonstruierten sie, sabotierten die repetitiven Floskeln, das Kaderwelsch, den Mythos der Eindeutigkeit. Auch die IMs »neuen Typus« Anderson und Schedlinski, die den Prenzlauer Berg von innen her paralysieren sollten, änderten daran nichts. Die Hineingeborenen hatten sich längst vom »faterland« verabschiedet und auf die Suche nach dem »meuterland« gemacht, wie es in Papenfuß' Gedicht *rasender schmerts weiterlachen* hieß.

Das zeigte sich beispielhaft beim »Lyrikspektakel«, das der Aufbau-Verlag im Dezember 1988 als »längst fälligen Versuch, neue, zeitgemäße Wege der Literaturpropaganda zu gehen«, im Berliner Kino Babylon veranstaltete. Sage und schreibe 30 000 Mark stellte Helmut Reller, Leiter der zehnköpfigen Werbeabteilung, dafür aus dem Werbefonds zur Ver-

Reinhard Jirgl, Gerhard Wolf, Elmar Faber, Hanns Kristian Schlosser, Bert Papenfuß-Gorek und Rainer Schedlinski stellen am 28. Januar 1989 im Berliner Club »Die Wabe« *Außer der Reihe* vor

fügung. Die Veranstaltung wurde mit Non-Stop-Lesungen von Autoren wie Böhme, Jan Faktor, Erb, Kolbe und Walsdorf, einer Papenfuß-Performance mit der Gruppe Ornament & Verbrechen der Brüder Lippok, mit experimentellem Film, einer Modenschau, Musik und reichlich Ekstase bis in die frühen Morgenstunden zu einem wirklichen Spektakel, zum Meuterland in der Nussschale. Der allmächtigen Stasi, so hieß es später, war es nicht einmal gelungen, 100 Karten für ihre zuverlässigen Kader zu ergaunern. Nach einem zweiten Spektakel in der Leipziger Moritzbastei Anfang Mai 1989 hatte der für *Außer der Reihe* verantwortliche Lektor, Tilo Köhler, ein ehemaliger Seemann, den passenden Begriff für das, was im literarischen Leben passierte, bei einer Vorstellung der bisherigen Reihenproduktion parat: In der DDR hatte sich ein »Strukturwandel der Nichtöffentlichkeit« vollzogen.

Beispiele dafür fanden sich in den späten 1980er Jahren nicht nur in *Außer der Reihe*, sondern auch im restlichen Programm des Aufbau-Verlags. Von Ingeborg Bachmann konnte eine dreibändige Ausgabe erscheinen. Zum Aufbau-Lizenzautor war mittlerweile auch Botho Strauß geworden. Aufbau veröffentlichte zudem die berühmte Rede Christoph Heins auf dem X. Schriftstellerkongress im November 1987, in der er die Zensur als »überlebt, nutzlos, paradox, menschen- und volksfeindlich, ungesetzlich und strafbar« bezeichnet hatte. Egon Günthers *Der Pirat* (1988), von Christoph Dieckmann in einem Nachruf einen »apokalyptischen Roman über Klaus Störtebeker und die Blutsäuferei aller Revolutionen« genannt, konnte erscheinen, obwohl der in der DDR vor allem als Regisseur sehr populäre Autor mittlerweile in München lebte. Beeindruckendes gab es auch im Bereich der Übersetzungsliteratur: Viktor Astafjew lieferte mit *Der traurige Detektiv* ein sowjetisches Provinzmosaik, aus dem sich der Niedergang des sozialistischen Mutterlands ablesen ließ. Der Kasache Abdishamil Nurpeissow, seit 1971 Aufbau-Autor und mit Margit Bräuer, Fachgebietsleiterin Slawistik im Auslandslektorat, gut befreundet, thematisierte mit *Der sterbende See* die Verschmutzung des Aralsees. Und es waren nicht nur die Literatur, die Themen und die Sprache, die sich veränderten. Mehr und mehr Unzufriedene trauten sich auf die Straßen und Plätze der Republik.

Doch noch war der Zusammenbruch des SED-Regimes nicht absehbar. Die mächtigen Alten im Politbüro stellten sich blind und taub und klammerten sich an die Macht. Bis Anfang 1989 schoss die Parteikontrollkommission noch einmal mit Disziplinierungsmaßnahmen um sich. Haftstrafen wegen versuchter Republikflucht wurden bis tief ins Wendejahr verhängt. Niemand wusste, wie weit das Politbüro tatsächlich gehen würde. Die Zeichen waren durchaus bedrohlich: Als das chinesische Militär die Pekinger Protestbewegung auf dem Platz des Himmlischen Friedens im Juni 1989 brutal niederschlug, stellte sich das *Neue Deutschland*, Verkünder des offiziellen Kurses, hinter die chinesische Regierung und verurteilte den Aufruhr als konterrevolutionär.

Die Zensur war derweil zwar durchlässiger geworden, aber noch nicht abgeschafft. 1988 hatte Aufbau Monika Marons *Flugasche* bereits angekündigt, bevor der »vierte Zensor« den Roman, der von Überwachung und Umweltverschmutzung in der DDR erzählt und 1981 in der Bundesrepublik bei Fischer erschienen war, kassierte. Selbst als Anfang 1989 das Druckgenehmigungsverfahren »vereinfacht« und keine Manuskripte, sondern nur noch Gutachten zum bestätigten Themenplan eingereicht werden mussten, kam es zu retrospektiv absurden Diskussionen über einzelne Titel. Als der Postreiter-Verlag in Halle im Sommer 1989 beispielsweise das zwölfseitige Kinderbilderbuch *Eine Ameise spaziert* mit zweizeiligen Bildunterschriften des Autors und Bürgerrechtlers Lutz Rathenow veröffentlichen wollte, informierte der stellvertretende Kulturminister Höpcke eiligst die Leiterin der Abteilung Kultur im ZK, Ursula Ragwitz, die wiederum zum Politbüro-Mitglied Kurt Hager durchstellte. Hager, seit seiner berühmten Ablehnung von Glasnost und Perestroika in einem *Stern*-Interview vom April 1987 hinter vorgehaltener Hand als »Tapeten-Kutte« bespöttelt, zeigte sich in diesem Fall gnädig und winkte die *Ameise* inklusive Rathenow-Zeilen durch. Auch Tabuthemen waren noch existent: Als die DDR im Oktober 1989 ihren 40. Jahrestag feierte, durfte Aufbau in das »Foto-Lese-Buch« *Schau ins Land* keine Bilder von der Mauer aufnehmen.

Ohnehin standen die Festlichkeiten zum Jubiläum der Staatsgründung sinnbildlich für die Parallelwelt, in der die Führungsriege der DDR längst lebte. Während der Unmut der Bevölkerung ein bisher nicht gekanntes Maß an Öffentlichkeit fand und die Menschen zu Tausenden für Reformen demonstrierten, feierte sich die Gerontokratie in einer skurrilen Art und Weise noch einmal selbst. Das *ND* bebilderte die Festlichkeiten mit 26 Fotos Erich Honeckers in nur einer Ausgabe, während die Proteste, die immerhin zu einer vierstelligen Zahl von Verhaftungen geführt hatten, einen Tag später als »Provokationen von Rowdys am Nationalfeiertag« abgetan wurden. Die Leipziger Montagsdemonstration vom 9. Oktober, bei der 70 000 Bürger auf die Straße gingen und in deren Rahmen der später als »Aufruf der Sechs« bekannte Appell zur Gewaltlosigkeit verlesen wurde, an dem der Gewandhausdirigent Kurt Masur und der Kabarettist Bernd-Lutz Lange mitgewirkt hatten, wurde lediglich in einigen Leserbriefen thematisiert. Während der Direktor des Musikverlags Edition Peters beispielsweise davor warnte, dass sich die »Zusammenrottungen im Stadtzentrum weiter eskalieren und sich weiter kriminalisieren«, beschwerte sich der Vorsitzende der Produktionsgenossenschaft der Friseure im *ND*, dass bestellte Kunden wegen der verstopften Straßen zu spät oder gar nicht gekommen seien. Und obwohl die gesellschaftliche Realität längst eine andere war, trat am 18. Oktober Kronprinz Egon

Krenz die Nachfolge Honeckers als Generalsekretär des ZK der SED mit dem Ziel an, die »politische und ideologische Offensive wieder [zu] erlangen«. Auch Hager machte weiter bis zum bittersüßen Ende. Noch am 2. November 1989 beschwerte er sich wütend beim Kulturminister Hans-Joachim Hoffmann, nachdem dessen Stellvertreter Höpcke ihm, dem dogmatischen Kulturpapst, einen »Editionsplan« hatte zukommen lassen, in dem neben einer Neuauflage von Kuczynskis *Dialog mit meinem Urenkel*, in die Aufbau gestrichene Passagen aufnehmen wollte, erneut Marons *Flugasche* vorgesehen war. Zwei Tage später kam es auf dem Alexanderplatz zu der größten Demonstration der Bürgerbewegung in der DDR, an der schätzungsweise eine Million Menschen teilnahmen.

Auf dem Alexanderplatz sprachen auch die Aufbau-Autoren Christoph Hein, Steffie Spira und Christa Wolf. Ausgepfiffen wurde Markus Wolf, langjähriger Chef der Hauptverwaltung Aufklärung, des Auslandsgeheimdienstes der DDR, der kurz zuvor mit dem Buch *Die Troika*, parallel bei Aufbau in Ost-Berlin und in Lizenz bei Claassen in Düsseldorf erschienen, für Aufsehen gesorgt hatte, weil er in den autobiographischen Erinnerungen selbstkritisch und in beachtlicher Offenheit mit dem stalinistischen Terror abrechnete. Wiederum fünf Tage später, am 9. November 1989, wurde nach einer ebenso skurrilen wie denkwürdigen Pressekonferenz die Mauer geöffnet. Ausgerechnet an diesem geschichtsträchtigen Tag betrat ein 25-Jähriger namens Thomas Brussig, gelernter Baufacharbeiter und Gelegenheitsjobber, das Haus in der Französischen Straße, um ein Manuskript im Sekretariat abzugeben. Doch ließ sich kaum ein Platz dafür finden, weil die politische Entwicklung etliche Schubladen geöffnet hatte. Die Regalfächer der einzelnen Lektoren waren längst überfüllt. Auch auf dem Schreibtisch, auf dem Boden und der Heizung stapelten sich die Texte, die auf Veröffentlichung warteten. In Anbetracht der Manuskriptmassen hatte Brussig keine große Hoffnung, dass ausgerechnet sein Text aus dem Papiermeer wieder auftauchte. Doch er hatte Glück: Lore Reimann fischte seinen Entwurf heraus und übergab ihn später Angela Drescher, die *Wasserfarben* (unter dem Pseudonym Cordt Berneburger) im Frühjahrsprogramm 1991 unterbrachte.

Am Tag der Maueröffnung, dem 9. November 1989, war allerdings noch keineswegs klar, wohin die Reise gehen sollte. Als am 28. Novem-

Thomas Brussigs Debüt *Wasserfar-*
ben (1991) unter dem Pseudonym
Cordt Berneburger und die Neuauflage im Taschenbuch unter Klarnamen

ber ein Positionspapier mit dem Titel *Für unser Land* veröffentlicht
wurde, dessen Endfassung von Christa Wolf stammte und das sich für
eine reformierte DDR als »sozialistische Alternative zur Bundesrepublik« aussprach, unterschrieben innerhalb von zwei Wochen 200 000 Personen. Gleichzeitig war aus den Demonstrationszügen der Ruf nach Wiedervereinigung immer lauter zu hören. Auch in der Französischen Straße
wurde diskutiert und gestritten. Die Tendenz war relativ eindeutig. Während der berühmte Aufruf zur Reform der DDR in kurzer Zeit von 80
Mitarbeitern unterzeichnet wurde, fand ein Gegenentwurf, in dem von
einer Konföderation die Rede war, nur vier Unterstützer. Er denke, so
Christoph Links, der 1986 als Assistent der Geschäftsführung zu Aufbau gekommen war, am 7. Dezember 1989 an Christa Wolf, »daß damit eine reale Widerspiegelung der politischen Positionen in unserem
Haus gegeben ist.«

Auch außerhalb der Französischen Straße fand der Aufruf viel Wider-
hall. Im Januar 1990, als die Aktion für beendet erklärt wurde, hatten
1,17 Millionen Bürger unterzeichnet. Ganz glücklich mit der Resonanz
waren die Initiatoren aber nicht. Noch vor seinem Rücktritt am 3. Dezember 1989 hatte beispielsweise Egon Krenz den Appell unterschrieben, ebenso Hans Modrow, der Vorsitzende des Ministerrats. Selbst
Wolfgang Schwanitz, ehemaliger Mielke-Stellvertreter im MfS und mitt-

lerweile Leiter des umgetauften Amtes für Nationale Sicherheit, hatte erklärt, seine Mitarbeiter stünden hinter dem Aufruf. Das Regime hatte in seiner Agonie nach dem Stück Papier wie nach einem Rettungsring gegriffen. Doch es war zu spät. Sein Untergang stand unmittelbar bevor.

Ein Moment Schönheit:
Illusionen in der Wendezeit

Ost-Berlin war eine Theatermetropole. Ähnlich lang wie die Liste der bedeutenden Inszenierungen in der Volksbühne, dem Maxim-Gorki-Theater, dem Deutschen Theater oder dem Theater am Schiffbauerdamm, wo das Berliner Ensemble 1954 untergekommen war, war in den vier Jahrzehnten DDR allerdings die Liste der Auseinandersetzungen mit den Kulturwächtern geworden. An Heiner Müller, einem der großen Dramatiker der zweiten Hälfte des 20. Jahrhunderts, hatten sich verschiedene Generationen von Funktionären abgearbeitet. Dass ihm, dem vielfach Verbotenen, 1986 der Nationalpreis I. Klasse verliehen worden war, war für den Autor ein Symbol für das nahende Ende des SED-Staats. Und während die hohen Funktionäre am 40. Jahrestag der DDR noch an der Reling ihres sinkenden Schiffs standen und in die Inszenierung winkten, machten sich neben den Kirchen- vor allem die Theatermenschen daran, den Untergang zu organisieren.

Besonders deutlich wurde das im heißen Herbst des Jahres 1989. Wenige Tage vor der Großkundgebung auf dem Alexanderplatz, bei deren Vorbereitung und Durchführung die Theater eine wesentliche Rolle spielten, war es im Deutschen Theater zu einer denkwürdigen Veranstaltung gekommen. Am 28. Oktober war dort eine Veranstaltungsserie namens »Texte zur Lage« ins Leben gerufen worden. Der Aufbau-Verlag war mittendrin, zumindest indirekt: Der Schauspieler Ulrich Mühe las im DT aus *Schwierigkeiten mit der Wahrheit*, einem Band, in dem sich Walter Janka an seine Verhaftung im Dezember 1956 und den folgenden Prozess erinnerte. Die 120 Seiten waren bei Rowohlt in der Bundesrepublik erschienen, doch Jankas Unbeugsamkeit hatte sich auch in der DDR längst herumgesprochen. Er, die verurteilte Unperson, war zur Symbolfigur der Widerständigen geworden. Und viele, sehr viele wollten nun seine Geschichte hören. Bereits eine Stunde vor Beginn der Lesung platzte der Saal aus allen Nähten. Selbst in der Garderobe saßen Menschen, die wenigstens als Ohrenzeugen dabei sein wollten. Dieter Mann, Intendant des Hauses, vertröstete derweil per Megafon die wartenden Massen vor der Tür auf eine Wiederholung. Als nach der Lesung der »Grand Old Man« (Günter Kunert) selbst die Bühne betrat, zum Kampf um die Wahrheit aufrief und sich schließlich mit einem schallenden »Venceremos« verabschiedete, zollte ihm das Publikum mit minutenlangem Beifall Tribut. Kurz nach der Lesung machte dann die Nachricht die Runde, dass Aufbau eine Lizenzausgabe von *Schwierigkeiten mit der Wahrheit* vorbereite. Im Februar 1990 war das Buch, an einigen Stellen korrigiert, dann schließlich auch in der untergehenden DDR erhältlich. Die Nachfrage war vorab so groß, dass die Erstauflage von geplanten 100 000 auf 200 000 Exemplare erhöht wurde.

Aufbau hatte schon vorher versucht, sich dem Altverleger, dessen Verdienste noch am 40. Verlagsgeburtstag verschwiegen worden waren, wieder anzunähern. Im April 1989 hatte Janka Post von Christoph Links bekommen. Links, Sohn des ehemaligen Volk-und-Welt-Lektors und damaligen Kiepenheuer-Leiters Roland Links, war nach einem verkappten Rauswurf als leitender Redakteur der *Berliner Zeitung* – auf Geheiß der Stasi war er zunächst ins Redaktionssekretariat versetzt und dann zu einem Promotionsstudium delegiert worden – 1986 bei Aufbau untergekommen. Dort hatte er als Assistent der Geschäftsleitung für Faber Reden geschrieben und Aufgaben in der Verwaltung übernommen. Im Herbst 1988 war Links dann als Parteisekretär angetreten und hatte im »Parteilehrjahr«, im Aufbau-Verlag längst eine kritische, offene Runde unter Gleichgesinnten, ein neues Thema ins Curriculum aufgenommen: die Geschichte des eigenen Hauses. »Wir wollen mehr wissen«, hatte er an Janka geschrieben, »und wir wollen es genau wissen.« Die Einladung hatte der ehemalige Verleger allerdings zunächst ausgeschlagen. Erst am 26. Februar 1990, über 33 Jahre nach seiner Verhaftung, wagte sich Janka wieder in das Haus in der Französischen Straße.

Elmar Faber und Walter Janka vor dessen erstem Auftritt im Aufbau-Verlag nach über dreißig Jahren

Schwierigkeiten mit der Wahrheit, aus dem Janka an dem besagten Termin vor der Belegschaft gelesen hatte, war natürlich deutlich mehr als ein gut verkäuflicher Wiedergutmachungskitt für die Beziehung von Verlag und Altverleger. Das Buch war auch ein programmatisches Statement. Erschienen war es in einer Reihe, mit der Aufbau die atemlose Zeit, die angebrochen war, zu begleiten versuchte und die – wie schon *Außer der Reihe* – einen vielsagenden Namen trug: *Texte zur Zeit*. Unter den Eröffnungsbänden war ein Titel Helga Königsdorfs, der den Namen *1989 oder Ein Moment Schönheit* trug. In ihrem Vorwort hatte Königsdorf geschrieben: »In diesem Jahr gab es einen Moment, da waren wir alle sehr schön. Die nach uns kommen, werden die Ereignisse historisch betrachten. Sie werden ihn suchen, den roten Faden durch das Geäst der Zeit. Aber was sie finden, wird nicht das Eigentliche sein. Sie finden Akten oder modernere Dokumentationen. [...] Nichts wird da geschrieben sein von unserer Einsamkeit, von unserer Angst. Von unserem Glück. Die Revolution war ein Kunstwerk.« Im Aufbau-Verlag, das zeigte sich nun, war der Moment Schönheit gegenwärtig. Die Wende erschien im wichtigsten Verlag der untergehenden DDR *auch* als ein Feld der Möglichkeiten.

Aus dem ersten Jahrgang des Lite-
raturkalenders, 1968

Den strukturellen Defiziten, die in der Französischen Straße auf allen
Ebenen sichtbar waren, begegnete man indessen mit Kreativität. So lieh
Links für die schnelle Produktion der von ihm und Hannes Bahrmann
verantworteten Wendechronik *Wir sind das Volk. Die DDR zwischen
7. Oktober und 17. Dezember 1989* vom Wuppertaler Peter-Hammer-
Verlag einen Personal Computer, weil der Aufbau-Verlag lediglich einen
riesigen Robotron-Büro-Computer besaß, der im Parterre ein ganzes
Zimmer füllte. Nach einem Relaunch startete der Literaturkalender, der
1968 den *Jahresweiser durch alte und neue Kunst* abgelöst hatte, ins Jahr
1990 mit einem anderen Format, bedruckten Rückseiten und einem höheren Preis. In *Texte zur Zeit*, einem, so Faber, Ort für die »Schwemme
publizistischer Genres«, die den Stalinismus wegspülen sollte, erschienen
neben dem Janka-Band wichtige Sammlungen von Christa Wolf (*Reden
im Herbst*) und Christoph Hein (*Als Kind habe ich Stalin gesehen*). Mit
Piper-Lizenz publizierte Aufbau *Fragen, Antworten, Fragen* von Robert
Havemann, nachdem dieser von der Zentralen Parteikontrollkommission der SED am 28. November 1989 postum rehabilitiert worden war.

»[...] dieses große und schreckliche 20. Jahrhundert«: Anzeige des Aufbau-Verlags im *Neuen Deutschland* vom 25./26. August 1990

Im Frühjahr 1990 trat dann Günter Grass auf Einladung des Verlags auf der Buchmesse auf, nachdem Aufbau dessen Reden und Gespräche unter dem Titel *Deutscher Lastenausgleich. Wider das dumpfe Einheitsgebot* veröffentlicht sowie das »deutsche Trauerspiel« *Die Plebejer proben den Aufstand*, das 1966 maßgeblich zu Grass' Ruf in der DDR beigetragen hatte. Selbst Solschenizyn (*Ein Tag des Iwan Denissowitsch*) und Simmel (*Es muß nicht immer Kaviar sein*) erschienen nun in der Französischen Straße und trugen maßgeblich dazu bei, dass in der Bilanz des ersten Halbjahrs 1990 ein Gewinn von mehr als 500 000 Mark stand. Im Vergleich zum Jahr 1989, das mit einem Gewinn von knapp 2,3 Millionen abgeschlossen worden war, war das nicht viel, ließ aber Hoffnung keimen, dass die Programmöffnung die Wendeturbulenzen abfedern könnte. Eine kleine finanzielle Entlastung ergab sich daraus, dass jahrzehntealte Verträge freier Mitarbeiter gekündigt werden konnten – und das empfand man in einem Fall wie dem von Uwe Berger, der für Gutachten und redaktionelle Arbeiten monatlich ein – 1984 reduziertes – Fixum von 750 Mark erhielt, nicht nur finanziell als eine Entlastung.

257

»Seit Jahren hat er jedoch von uns keine Arbeit mehr erhalten«: Schreiben von Sigrid Töpelmann an Elmar Faber bezüglich Uwe Berger, 1. Februar 1990

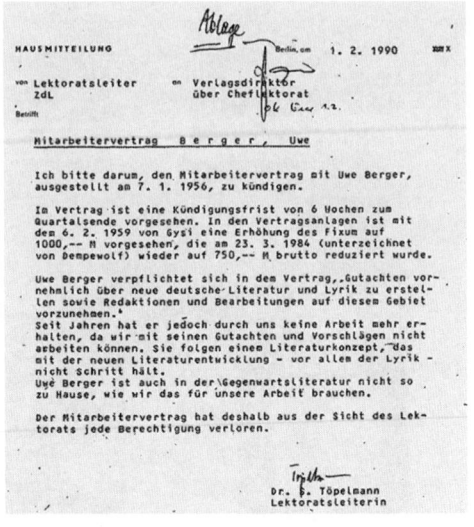

Die Verlagsstruktur stand natürlich auch in Gänze auf dem Prüfstein. Wöchentlich diskutierten diverse Gremien über Zukunftskonzepte. Nachdem öffentlich über eine Kapitalbeteiligung aus Westdeutschland spekuliert worden war, Bertelsmann angeblich schon einen Koffer mit reichlich D-Mark füllte und Gottfried Honnefelder als Geschäftsführer des Frankfurter Insel-Verlags laut *FAZ* »kein Geheimnis daraus macht, daß der bedeutendste literarische Verlag der DDR für das Haus Suhrkamp-Insel eine große Anziehungskraft ausübt«, stellte Elmar Faber am 28. März 1990 auf einer Belegschaftsversammlung im Klubraum das Ergebnis seiner Überlegungen bezüglich eines neuen Verlagsmodells vor. Noch plante er offenbar mit der Zweistaatlichkeit. Faber war sich sicher, dass er nicht kleckern durfte, sondern klotzen musste, um für die neue Zeit gewappnet zu sein. Er schlug eine Verlagsunion vor, die auf drei Säulen stehen sollte, dem Aufbau-Verlag, dem Verlag Rütten & Loening und einem neu gegründeten Aufbau-Taschenbuch-Verlag (atv). Perspektivisch dachte er auch über einen Aufbau-Kinderbuchverlag nach. Während beim Aufbau-Label in Sachen Programm das meiste beim Alten bleiben sollte, sollte Rütten, bisher ohne eigenes Lektorat untrennbar und fast ununterscheidbar mit dem Mutterschiff verbunden, klarere neue Konturen bekommen. Der Slogan »Literatur für Feinschmecker« deutete an, in welche Richtung Faber den Verlag zu entwickeln gedachte.

Das Konzept war gewagt und vor allem teuer, doch konnte der Verlagsleiter mit seiner Leidenschaft für alles Bibliophile seine Idee zumindest der Belegschaft gut verkaufen. Bei den Mitarbeitern war er dafür bekannt, den »Buchkörper« mitunter mehr zu schätzen als den Inhalt.

Ähnlich gewagt schien die Gründung eines eigenen Taschenbuchverlags. Die westdeutsche Konkurrenz, die über eingeführte Marken, feste Vertriebsstrukturen und gute Kontakte zum Buchhandel verfügte, schien unerreichbar. Zudem galt der Markt mit anspruchsvollen Taschenbüchern als gesättigt. Doch für Faber stand fest, dass Aufbau ohne einen eigenen Taschenbuchverlag den großen Rechtefundus nicht angemessen nutzen könne. Sechs bis acht Titel pro Monat waren geplant, der Umsatz sollte sich zunächst auf 5 Millionen Mark beziffern und, natürlich, stetig wachsen bis zur ersten Zielmarke von 10 Millionen.

Auch außerhalb der Französischen Straße bemühte sich der Verlagsleiter, die Weichen für die Zukunft zu stellen. Dringend geklärt werden musste vor allem die Frage nach der Rechtsform und den Eigentumsverhältnissen. Bereits vor dem Beschluss der Modrow-Regierung über die Gründung einer Treuhandanstalt für die Verwaltung des Volkseigentums am 1. März 1990 hatte Verlagsleiter Faber das Gespräch mit der PDS gesucht. Die SED-Nachfolgepartei bemühte sich, den organisationseigenen Verlag, der eigentlich dem gerade zerfallenden Kultubund gehörte, als Parteieigentum zu deklarieren und in Volkseigentum zu überführen, um so das Überleben des Verlags zu sichern. Gleichzeitig stattete sie Aufbau und Rütten auf dem Weg in die Marktwirtschaft mit 9,6 Millionen Mark Anschubkapital aus Parteivermögen aus. Das Ministerium für Kultur stimmte der Überführung in Volkseigentum am 14. März 1990 zu. Während die *Frankfurter Allgemeine Zeitung* schon vom »VEB Aufbau-Verlag« schrieb, fügte die PDS nachträglich eine Zusatzklausel in den Überführungsvertrag, die den Kaufpreis im Falle eines Weiterverkaufs festlegen sollte. Die Klausel wiederum akzeptierte das Ministerium nicht. Doch letztlich schien das nur eine Fußnote zu sein: Als die Treuhand zum 1. Juli mit ihrer Arbeit begann, zählten zu den ca. vier Millionen Menschen, die in den 8500 ehemals volkseigenen Betrieben arbeiteten, vermeintlich auch diejenigen des Aufbau-Verlags. Geschäftsführer der Aufbau-Verlag GmbH i. A. waren Faber, Erler und Peter Dempewolf.

Das Haus in der Französischen Straße nach den Renovierung 1990

Sie sollten den DDR-Verlagsriesen in die Zukunft führen. Der Eröffnungsmonat der GmbH, begleitet von der Währungs-, Wirtschafts- und Sozialunion der beiden deutschen Staaten zum 1. Juli, erwies sich als Katastrophe. Am Monatsende hatte Aufbau Bücher für 300 000 DM umgesetzt – in einigen Quellen ist sogar von nur 30 000 DM die Rede –, nachdem es im ersten Halbjahr noch 15 Millionen DDR-Mark gewesen waren. Und diese Tendenz setzte sich fort. In zehn Tagen nahm Aufbau durchschnittlich ca. 120 000 DM ein. »Diese Dekadenumsatzsumme«, hieß es in einem Protokoll der Leitungssitzung vom 16. Oktober 1990, »bräuchten wir jeden Tag!«

Aus marktwirtschaftlicher Sicht miserabel sah es im Aufbau-Verlag auch bei der Pro-Kopf-Produktivität aus. Mitten in die – wie sich später zeigen sollte: illegitime – Rechtsreform hatte Faber am 28. März in einer Belegschaftsrede den Anwesenden vorgerechnet, dass Aufbau momentan bei einem Pro-Kopf-Produktionsumfang von ca. 180 000 Mark liege, international aber mindestens 300 000 Mark üblich seien. Spätestens als Faber die Zahl der zu betreuenden Titel – zehn bis zwölf pro Lektor – nannte, ging ein Grummeln durch die Menge. Bei Aufbau kam man zwar auf beachtliche 300 bis 350 Titel pro Jahr, für die aber eine Beleg-schaft von 180 Mitarbeitern verantwortlich war, darunter ca. 70 Lekto-ren. Deswegen konfrontierte Faber sein Team, das sich bisher zwar über Mangelwirtschaft und politische Gängelung, aber nicht über Arbeitslo-sigkeit Gedanken hatte machen müssen, mit dem »Modell 120«. Das war die Zahl, auf die die Belegschaft bis zum 1. Juli 1990 schrumpfen sollte. Das »Bücherelysium«, von dem eine westdeutsche Praktikantin Anfang 1990 noch berichtet hatte, schien sich langsam zu schließen. Der »Moment Schönheit« war zu Ende. Über dem Kuppeldach in der Fran-zösischen Straße zogen dunkle Wolken auf.

Abbau bei Aufbau:
Das Leseland auf dem Müll

Der Rohstoff- und Devisenmangel hatte die Verlagslandschaft der DDR nachhaltig geprägt. So manches Buch war wegen fehlender Papier-, Dru-ckerei- oder Bindekapazitäten verzögert erschienen, die schmalen Valu-tamittel hatten die Lizenzgeschäfte erschwert. Die Not hatte man mit einer Tugend zu lindern versucht: In der DDR war seit den 1960er Jah-ren ein effektives Recycling-System entwickelt worden, um das sich das VEB Kombinat Sekundär-Rohstofferfassung (SERO) kümmerte. Zwi-schen Sassnitz und Suhl gab es rund 17 000 Annahmestellen für »Alt-stoffe«. Dass viele Menschen mitmachten, hing damit zusammen, dass die oft belächelte Agitationspolitik im Fall von SERO ausgezeichnet funktionierte und man mit Recycling die Haushalts- oder Vereinskassen aufbessern konnte. So gab es Mitte der 1980er Jahre für ein Kilo Bücher 20, für ein Kilo Zeitungspapier sogar 30 Pfennig. Noch höher vergütet wurden »Thermoplastabfall« und Metallschrott. Dass man sich beim Re-cyceln sogar auf Marx berufen konnte, der im *Kapital* die Nutzbarma-chung der »Exkremente der Produktion und Konsumption« gefordert hatte, hatte auch den letzten Genossen von SERO überzeugt.

Als die Mauer Ende 1989 nicht nur für Menschen, sondern auch für

Waren durchlässig wurde, stieß das Recyclingsystem allerdings an seine Grenzen. Eine »nicht beherrschbare Müll-Lawine« brach über die DDR herein, wie der Umweltminister der Regierung de Maizière, Karl-Hermann Steinberg, seinem westdeutschen Amtskollegen Klaus Töpfer berichtete. Vor allem beim Papier, der ewigen Mangelware, kam es zu einer kniffligen Situation: Während sich die SERO-Lager fortwährend füllten, stellten die ersten Papiermühlen wegen wirtschaftlicher Schwierigkeiten die Arbeit ein. Im Frühsommer 1990 entsorgten daraufhin Lastwagen des VEB viele Tonnen Papier, darunter auch etliche Bücher, im Tagebau Espenhain bei Leipzig. Und weil SERO keine Altstoffe mehr annahm, stapelten sich auch in allen Fluren des zentralen Buchgrossisten und Barsortimenters der DDR, der Leipziger Kommissions- und Buchhandelsgesellschaft, die immer zahlreicheren Remittenden. So fuhren schließlich auch die LKWs der LKG Richtung Borna und kippten palettenweise Bücher ab, die nicht mehr an die Leser zu bringen waren. Das galt augenscheinlich nicht nur für die Marx/Engels-Standardschinken aus dem Dietz-Verlag. Auch das Aufbau-Logo tauchte im Büchermeer immer wieder auf. Die Buchhandlungen setzten mittlerweile auf seichte Belletristik von Danella, Simmel und Konsalik, verkauften Ratgeber für das Leben im vereinigten Deutschland, Reiseführer, Steuertipps und Bewerbungshilfen. Öffentliche Bibliotheken bekamen beim Bestandswechsel sogar tatkräftige Nachhilfe aus Westdeutschland: Ein bayrischer Publizist hatte mit dem Deutschen Bibliotheksverband (West-Berlin) und dem Zentralinstitut für Bibliothekswesen (Ost-Berlin) im Juli 1990 die Kampagne »Bürger spenden Bücher« angeregt, bei dem Westdeutsche die »Bestandslücken an westlicher Literatur« in den Buchregalen der DDR füllen sollten. Platz musste die östliche Literatur machen.

Neben den Fotos aus den wilden Bücherdeponien wurde in den westdeutschen Feuilletons zeitgleich ein symbolischer Abgesang auf die DDR-Geisteswelt angestimmt. Eine Aufbau-Koryphäe stand dabei im Zentrum: Wenige Tage vor dem Erscheinen von Christa Wolfs Erzählung *Was bleibt* im Juni 1990 bei Aufbau und – noch als Lizenzausgabe – bei Luchterhand hatten Ulrich Greiner in der *Zeit* und Frank Schirrmacher in der *FAZ* zum Angriff auf die Autorin geblasen. Eine Staatsdichterin sei Wolf gewesen, privilegiert und verhätschelt, die sich, in Sklavensprache schreibend, Zensur und Selbstzensur unterworfen habe. Mit seinem klugen Artikel *Reiß:Wolf* in der *Frankfurter Rundschau* führte Wolfram Schütte das Feld der Verteidiger an, in das sich viele große Namen mischten. Günter Grass, Walter Jens, Lew Kopelew und Adolf Muschg machten aus dem »Fall Christa Wolf« den deutsch-deutschen Literaturstreit, in dem es bald nicht nur um die Autorin, sondern um die politisch engagierte Autorschaft im Allgemeinen ging. Der Streitwert, auf den Greiner am 2. November in seiner Zwischenbilanz mit dem Titel *Die deutsche Gesinnungsästhetik* verwies, war zweifelsohne hoch. »Wer bestimmt, was gewesen ist, der bestimmt auch, was sein wird«, so schrieb der *Zeit*-Feuilletonchef. »Der Streit um die Vergangenheit ist ein Streit um die Zukunft.«

Zur Streitmasse gehörten freilich nicht nur die Schriftsteller. Fast das gesamte intellektuelle Feld der DDR war betroffen. Forschungseinrichtungen wie die Akademie wurden abgewickelt, ein großer Teil des Personals an den Universitäten ausgetauscht. Der Schriftstellerverband löste sich auf. Das PEN-Zentrum der DDR versuchte als PEN-Zentrum Ost weiterzumachen. Die Verlage, die in Staats- oder Parteibesitz gewesen waren, wurden verscherbelt. Über Alternativen zur Abwicklung wurde kaum nachgedacht, schließlich hatte das »Ende der Geschichte«, von dem Francis Fukuyama sprechen sollte, einen eindeutigen Sieger und viele Verlierer. Und die Verlierer aus der DDR, die gerade zur ehemaligen DDR geworden war, wurden, so Christa Wolf gegenüber ihrem ehemaligen Lehrer Hans Mayer, in einer »Monsterschau« vorgeführt. Was das bedeuten konnte, zeigte ihr Beispiel: »Mutter Wolf«, von den DDR-Bürgern als Autorin und Autorität geschätzt und dafür bekannt, dass sie mit ihren Büchern Diskursgrenzen austestete, wurde zur feigen Hündin erklärt. Erstaunlich wenig wurde über die bösen Wölfe gesprochen, die im literarischen Leben als Schild und Schwert der Partei gewirkt hatten.

In der Schusslinie stand auch der Aufbau-Verlagsleiter Elmar Faber. Thomas Rietzschel, von 1979 an als Herausgeber und Mitarbeiter an einigen Aufbau-Publikationen beteiligt, hatte ihm schon im Januar 1990 in der *FAZ* vorgeworfen, er sei »sichtlich bemüht, peinliche Spuren zu verwischen, wenn er scheinbar entsetzt behauptet, er müsse nun erst einmal die Vermögensverhältnisse im eigenen Hause klären«. Schließlich habe auch Faber zur »Kaderreserve« der Partei gehört. Vor allem sein Habitus schien unpassend. Faber kroch nicht zu Kreuze, sondern trat die Flucht nach vorn an. Von dem Selbstbewusstsein, das mitunter an Hybris grenzte, sprach auch die Programmplanung. Während die Umsatzzahlen vernichtend waren, legte Aufbau im August 1990 ein Exposé für eine Gesamtedition des literarischen und bildnerischen Werks Ernst Barlachs vor, die gegebenenfalls in Zusammenarbeit mit dem Henschelverlag erfolgen sollte. Die veranschlagten Kosten beliefen sich auf sage und schreibe 5,5 Millionen.

Doch zeigte sich im Laufe des Jahres, dass der alte Aufbau-Verlag kein Leseland mehr sah. Der erste Verlagstitel von Wolfgang Hilbig war bereits gesetzt, wurde aber wegen des Umsatzeinbruchs nicht veröffentlicht. In Gänze eingestampft wurde *Der Baum des Lichts*, der neue Roman des Litauers Mykolas Sluckis, Aufbau-Autor seit 1966. Das zweite Papenfuß-Buch, *Vorwärts im Zorn &sw.*, fand kaum Beachtung. Den facettenreichen sorbischen Dichter Kito Lorenc auf dem gesamtdeutschen Markt mit dem Band *Gegen den großen Popanz* einträglich zu platzieren, misslang, obwohl Lorenc neben Peter Gosse mit dem ersten gesamtdeutschen Heinrich-Mann-Preis ausgezeichnet wurde. Eberhard Häfner, 3sat-Preisträger beim Bachmann-Wettbewerb in Klagenfurt 1989, wurde mit seinen schmalen Büchern *Syndrom D* (1989) und *Die Verelfung der Zwölf* (1990) fast übersehen. Selbst Imre Kertész' großes Holocaust-Buch *Mensch ohne Schicksal*, das als *Roman eines Schicksallosen* später auch in Deutschland zu seinem Ruhm beitrug, wurde bei der Erstpublikation 1990 im Verlag Rütten & Loening kaum zur Kenntnis genommen. Bezeichnend auch ein weiteres Beispiel aus der Umbruchzeit: Der Volksbühnen-Techniker Reinhard Jirgl, der dem Verlag 1981 Kurzgeschichten angeboten, seitdem im Austausch mit dem Lektorat gestanden, an den Aufbau-Autorentreffen in Ahrenshoop teilgenommen und schon 1986 seinen *Mutter Vater Roman* abgeschlossen hatte, konnte zwar 1990 endlich debütieren, war aber schon wieder auf dem Sprung zur Konkurrenz. Dass seine Textcollage in den Wendeturbulenzen nur wenige Leser fand, war dafür nicht einmal ausschlaggebend. Schwerwiegender war, dass bei Aufbau nichts mehr wie gewohnt funktionierte. So war ein zu-

Peter Brasch an Elmar Faber, 9. Mai
1990

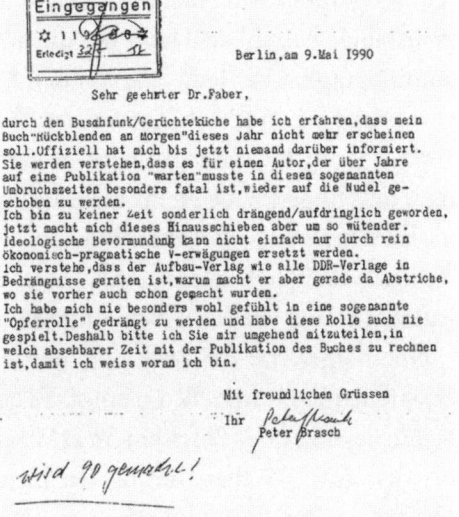

gesicherter Gesprächstermin nicht zustande gekommen. Nicht einmal telefonisch hatte Jirgl im Lektorat, in dem wöchentlich weitere Schreibtische geräumt werden mussten, jemanden erreicht. So erschien *Im offenen Meer* 1991 bei Luchterhand, während im Aufbau-Verlag *Außer der Reihe*, wo auch *Mutter Vater Roman* erschienen war, eingestellt wurde. Autoren wie Faktor oder Papenfuß zogen mit dem Herausgeber Gerhard Wolf zu dessen Neugründung Janus Press weiter. Vom alten Aufbau-Verlag blieb eine beeindruckende Bilanz: Zwischen 1945 und 1990 waren 8800 Titel – davon knapp 5000 Erstauflagen – in 125 Millionen Exemplaren erschienen. Nun galt es, in einem neuen Staat, einer neuen Gesellschaft, auf einem neuen Markt an Boden zu gewinnen. Aufbau musste sich neu erfinden, um zu überleben – und zugleich seine Geschichte, sein Profil, seine Markenaura irgendwie in die angebrochene Epoche mitnehmen.

Ganz in diesem Sinne wollte Aufbau in der Postwendezeit neue Leser mit neuen Reihen gewinnen, die die eigenen Kompetenzen auf dem neuen Markt nutzen sollten. Erfolgreich war der Verlag dabei nicht: Die ambitionierte *Osteuropäische Bibliothek* mit Titeln wie *Glaube und Schuld* vom Wałęsa-Berater Jacek Kuroń (1991) oder Jiří Weils stalinkritischem Roman *Moskau, die Grenze* (1992), wegen dem der tschechische Kommunist 1937 aus der Partei ausgeschlossen worden war, verfehlte mit ihrem geographischen Fokus den Zeitgeist und kam ebenso wenig auf eine zweistellige Anzahl an Titeln wie die *Schicksale im 20. Jahrhundert*, eine autobiographische Reihe, die mit den Erinnerungen des Querido-Verlegers Fritz H. Landshoff (*Amsterdam, Keizersgracht 333: Querido Verlag*) 1991 eigentlich vielversprechend gestartet war. Dass der mittlerweile berentete Wunderknabe Heinz Hellmis, intern als »Graf Typo« betitelt und nach 1990 als freischaffender Buchgestalter weiter für Aufbau tätig, beide Reihen vorzüglich ausgestattet hatte, änderte nichts daran, dass sich kaum ein Titel wirtschaftlich rentierte.

Noch ärger war die Bilanz bei den bibliophilen *Schwarzen Büchern*, erschienen bei Rütten & Loening. Es gab kaum noch Käufer, die für 30 Seiten Seghers oder Puschkin 33 DM zahlen wollten und konnten. Auch bei den auf 198 Blatt limitierten Druckgrafiken der *Edition Cor Art Orium*, in der Gegenwartskünstler Gegenwartsgedichte illustrierten, standen Aufwand und (wirtschaftlicher) Ertrag in keinem Verhältnis. Und während der Programmdirektor Mathias Heydenbluth im *Bienenstock* Rütten als Ort für das »gediegene Buch für den Liebhaber« markierte, wehrte sich sein (mittlerweile eigenständiges) Lektorat energisch dagegen, »per Anweisung zu einer ausschließlich bibliophilen Landschaft« bestimmt zu werden. Dass die Wendezeit keine Ära des schönen Buchs war, wollte vor allem Faber nicht wahrhaben. Dabei hatte er bereits seine Erfahrungen gemacht: 1990 hatte der Verlagsleiter eine Reihe namens *Aufbau bibliophil* mit Johannes R. Becher einleiten wollen. *Der Aufstand im Menschen*, im Mai 1988 beantragt und nun gedruckt in 250 nummerierten Exemplaren, mit sieben Originalgrafiken versehen und für 440 DM erhältlich, war allerdings der erste und letzte Band der Reihe. Westdeutsche Bibliophile ließen sich mit dem ehemaligen Staatsdichter der DDR wohl nicht locken, zumal die vier Vertreter, die seit April 1990 für Aufbau durch die alte Bundesrepublik unterwegs waren, in den etablierten Buchhandlungen kaum einen Fuß in die Tür bekamen. Sie stammten gewissermaßen aus der Konkursmasse der kommunistischen Verlage Pahl-Rugenstein und Brücken, die Ende 1989 Insolvenz anmelden mussten, nachdem Zahlungen aus der DDR ausgeblieben waren.

Verkaufserfolge wurden auch dadurch erschwert, dass Aufbau das Pressenetzwerk neu knüpfen und eine neue Werbesprache lernen musste.

»Neben den bisher für uns typischen leisen Tönen«, so ließ der Verlag im Juni 1990 wissen, »brauchen wir auch das ›laute Getöse‹, um Autoren und Büchern Gehör zu verschaffen.« Helmut Reller, seit vielen Jahren (parteiloser) Werbeleiter, traute man die Lautstärke offensichtlich nicht zu. Er wurde bei der ersten Kündigungswelle entlassen. Holprig war der Gang in die Marktwirtschaft auch in anderer Hinsicht: Aufbau verfügte zwar über eine große Rechteliste, aber nicht über Backlist-Bestände. Schließlich musste schon das Herbstprogramm 1990 mit Krediten finanziert werden. Als Bürge sprang die Treuhand ein. Ein einzelner Lichtblick war ausgerechnet Erich Honecker zu verdanken: Ein Band mit dem Titel *Der Sturz*, in dem Gespräche des einstigen Staatschefs mit Reinhold Andert und Wolfgang Herzberg versammelt waren, verkaufte sich in kurzer Zeit über 100 000-mal. Eine einstweilige Verfügung gegen die Auslieferung, im Dezember 1990 wohl von ehemaligen Mitstreitern Honeckers erwirkt und durch einen Widerspruch des Verlags über einen Hamburger Anwalt schnell erledigt, hatte das Buch noch interessanter gemacht. Parallel kristallisierte sich ein weiteres grundlegendes Problem der Vereinigung heraus: Die doppelten Rechte waren nun passé. Waren in Frühjahr 1990 noch Parallelausgaben in beiden deutschen Staaten erschienen, beispielsweise von Helga Schütz und Helga Königsdorf, konnten Einzeltitel nach der Vereinigung nur noch in einem deutschsprachigen Verlag veröffentlicht werden. Christa Wolf teilte ihre Rechte daraufhin. Die anspruchsvolle Longseller-Autorin Irmtraud Morgner, im Mai 1990 gestorben, hatte sich testamentarisch zu Luchterhand bekannt, Kolbe wollte zu Suhrkamp. Sigrid Damm, bisher noch im Außenlektorat von Ursula Emmerich betreut und bei Aufbau nach ihrem Lenz-Buch und *Cornelia Goethe* (1987) als wichtige Autorin im Bereich der erzählenden Biographie geschätzt, kündigte im August ihren Weggang zu Insel an. Während die meisten Autoren sich recht geräuschlos aus der Französischen Straße verabschiedeten, machten andere die Gründe für ihren Weggang öffentlich. Helga Schubert beispielsweise hatte im Januar 1990 erklärt, sie werde ihren Band *Judasfrauen. Zehn Fallgeschichten weiblicher Denunziation im Dritten Reich* wahrscheinlich nur bei Luchterhand herausbringen – einen Verlag, der im Besitz der SED-PDS sei, lehne sie als Herausgeber ihrer Titel ab. Für Aufbau war die Rechtefrage auch deswegen problematisch, weil der Verlag als Lizenznehmer mitunter – im Gegensatz zu den Westverlagen – Verträge nur für eine Auflage geschlossen hatte.

Auch das Erbe, das Aufbau jahrzehntelang gepflegt hatte, stand nun wieder zur Disposition. Die Verträge für Lizenzautoren wie Hermann Hesse und Thomas Mann verloren mit dem Beitritt der DDR zum Geltungsbereich des Grundgesetzes ebenso ihre Gültigkeit wie die für internationale Schwergewichte wie Ernest Hemingway oder Jean-Paul Sartre. Mit Anna Seghers und Heinrich Mann standen rechtlich zudem zwei der wichtigsten Autoren der Verlagsgeschichte auf der Kippe. Aufbau konnte auch Brecht, ein Suhrkamp-Autor, nicht mehr für sich beanspruchen und war zudem gezwungen, die Preise der gemeinsamen Werkausgabe anzugleichen. Bei anderen, Franz Kafka und Joseph Roth zum Beispiel, führte der längere Schutz des Urheberrechts in der Bundesrepublik – 70 Jahre anstatt 50 Jahren in der DDR – dazu, dass Aufbau die Titel nicht mehr weiterführen durfte. Für aufwändige Editionsarbeiten war – von wenigen Beispielen wie Fontane abgesehen – ohnehin kein Platz mehr. Doch nicht nur Aufbau litt. So musste der Luchterhand Literaturverlag, der einen beachtlichen Teil seines Umsatzes über DDR-Lizenzen machte, Titel von Hein, Schubert und Faktor verramschen. Aufbau hatte sich vorher in den Gesprächen über einen gemeinsamen Taschenbuchverlag und in den Rechtegesprächen eine Schlammschlacht mit dem ehemals wichtigsten Partnerverlag in der Bundesrepublik geliefert.

Während der Autorenstamm zusammenschmolz, kam es in der Französischen Straße zu massiven strukturellen Veränderungen. Die Küche, die die Belegschaft im sagenhaften Kuppelsaal mit Essen versorgt hatte, wurde geschlossen, die Buchhaltung ausgelagert, das hauseigene Korrektorat abgeschafft, die Herstellung und vor allem das Lektorat zusammengeschrumpft. Dem »Modell 120« folgte zum 1. Januar 1991 das »Modell 80« und zum 1. Juli 1991 schließlich das »Modell 53«. 100 DM Abfindung gab es pro Arbeitsjahr. Die persönlichen Tragödien, die sich hinter diesen Zahlen verbargen, waren selbstverständlich groß. Nicht alle gingen so glimpflich aus wie die von Jürgen Jahn, der nach 37 Verlagsjahren mit der Schließung des Lektorats Literaturwissenschaft – seine Stellvertreterin Magdalena Frank, die seit 1964 bei Aufbau arbeitete, konnte in den Klassikbereich überwechseln – auf die Straße gesetzt wurde. Nachdem er sich gegenüber Walter Janka im Mai 1991 noch hoffnungslos gezeigt hatte, dass er »irgendwo eine Chance hätte mit fast 60 Lebensjahren«, kam er bald darauf in der Behörde des Bundesbeauftragten für die Stasi-Unterlagen (BStU) unter. Dort entdeckte er die Berichte eines IM »Kant«, dessen Handschrift ihm bekannt vorkam: Es war Fritz-Georg Voigt, sein langjähriger Vorgesetzter.

Eine Entscheidung mit großer Symbolkraft war auch der Abschied vom Klassikerstandort Weimar. Zum 1. Januar 1991 wurde die dortige Aufbau-Dependance, seit 1964 in der Puschkinstraße 1 ansässig, geschlossen. Nur ein Teil der Lektoratsbibliothek, darunter viele kostbare historische Bände, war vorher in die Antiquariate gegangen. Den anderen Teil hatte der Hausmeister im Ofen verfeuert.

Treulose Treuhand: Privatisierung und Plusauflagen

Im wiedervereinigten Berlin war es im Februar 1991 ungewöhnlich kalt. Während auf dem Müggelsee die Eisfischer saßen und ins Kino International nur wenige dick eingepackte Menschen kamen, obwohl die Filmfestspiele zum ersten Mal im Ostteil der Stadt zu Gast waren, machten sich Elmar Faber und Gotthard Erler auf den Weg durch Schnee und Eis zum Alexanderplatz. Sie hatten einen Termin im Haus der Elektroindustrie, wo die Treuhandanstalt vorübergehend untergekommen war. Dort eingetroffen, mussten sie einen Moment vor der verschlossenen Bürotür warten. Ihr Gesprächspartner, der Treuhand-Präsident Detlev Rohwedder, hatte noch den Wendekanzler Kohl am Apparat, der ihn einige Wochen zuvor persönlich überzeugt hatte, an der Spitze der Anstalt öffentlichen Rechts zu bleiben. Rohwedder hatte die delikate Mammutaufgabe der Privatisierung, Sanierung und Stilllegung der ehemaligen VEB zwar als »Zumutung« bezeichnet, schließlich aber doch zugesagt.

Nachdem Rohwedder das Telefonat beendet hatte, hieß er die beiden

Aufbau-Herren willkommen. Dass sie tatsächlich willkommen waren, stand außer Frage: Der erfahrene Topmanager, vorher für den Dortmunder Stahlkonzern Hoesch tätig, hatte in einem Interview erklärt, dass er den Aufbau-Verlag neben Carl Zeiss und der DEFA zu den drei Unternehmen zähle, die es in jedem Fall zu retten gelte. Nun mussten im Haus der Elektroindustrie Ideen über die Art und Weise der Privatisierung erörtert werden. Während Faber über ein Management-Buy-out nachdachte, also erwog, selbst die Mehrheit am Unternehmen zu erwerben, brachte Rohwedder die Übernahme durch eine Verlegergruppe ins Gespräch. Dass man mit Rohwedder nicht nur über Zahlen, sondern auch über Bücher sprechen konnte, stimmte die Aufbau-Vertreter zukunftsfroh. Faber und Erler diskutierten mit ihm sogar die Möglichkeit, dass Rohwedder für Aufbau ein autobiographisch geprägtes Buch über die Treuhand schriebe. Dazu sollte es nicht kommen. Kurz nachdem er Aufbau in Anbetracht seines enormen Arbeitspensums abgesagt hatte, wurde Rohwedder am 1. April 1991 in seinem Düsseldorfer Wohnhaus erschossen. Am Tatort fand sich ein Bekennerschreiben der RAF.

Für Aufbau war der Tod Rohwedders ein harter Schlag. Noch im Februar 1991 hatte Faber, das Statement des Treuhand-Chefs von den drei unbedingt erhaltenswerten DDR-Unternehmen im Ohr, im *Börsenblatt* großspurig verkündet, er schätze den Wert der Aufbau GmbH i. A. auf »jenseits von 25 Millionen Mark«, und hinzugefügt: »für'n Appel un'n Ei sind wir nicht zu haben«. Potentielle Interessenten, so mutmaßte er, müssten in Anbetracht des Rechtefundus und der verbliebenen prominenten Gegenwartsautoren Schlange stehen. Unter Rohwedders Nachfolgerin Birgit Breuel, bis dato niedersächsische Finanzministerin für die CDU, erwies sich der Markennimbus des Verlags als deutlich weniger wert. Der Ton veränderte sich schlagartig. Der Aufbau-Verlag, in seinem Stolz gekränkt, wagte mitten in der angespannten Stimmung noch eine kleine Provokation: Auf der Zielgeraden der Privatisierungsgespräche erschien *Um jeden Preis*, die Memoiren von Günter Mittag, bis 1989 ZK-Sekretär für Wirtschaftsfragen und Jagdgenosse von Erich Honecker. Inhaltlich focht das »sentimentale Selbstporträt«, das der *Spiegel* in dem Buch sah, die Treuhand und ihre Chefin nicht weiter an. Auch stilistisch hatte es kaum Aufmerksamkeit verdient. Doch hatten Faber und seine

Gestalter als »medienwirksames Titelbild« ein Foto ausgewählt, das Mittag im Tischgespräch mit der damaligen Ministerin und derzeitigen Treuhand-Chefin Breuel zeigte, vor ihnen die Standarten von DDR und BRD. In der Leipziger Straße, wo die Treuhand mittlerweile im ehemaligen Haus der Ministerien untergekommen war, kam die Spielerei mit dem historischen Narrativ, mit Hierarchie- und Machtverhältnissen, als die das Foto interpretiert werden konnte, nicht gut an.

Während sich die Treuhand und ihre GmbH i. A. Aufbau, die eigentlich gar nicht ihre GmbH war, Scharmützel wie dieses lieferten, wartete die erste seriöse Anfrage bezüglich einer Verlagsübernahme noch auf Antwort. Zustande gekommen war das Angebot über einige persönliche Ecken: Nachdem die Unternehmensberatung Roland Berger bei der Suche nach einem Kaufinteressenten erfolglos geblieben war, hatte sich Ulrich Wechsler, Aufsichtsratsvorsitzender der Frankfurter Buchmesse und bestens vernetzter Branchenkenner, mit Hilmar Hoffmann besprochen, der nach 20-jähriger Amtszeit gerade als allseits geschätzter SPD-Kulturstadtrat in der Mainmetropole aufgehört hatte. Hoffmann, ebenso gut vernetzt wie Wechsler, hatte zum Telefon gegriffen und den Frankfurter Immobilieninvestor Bernd F. Lunkewitz gefragt, ob er nicht Lust hätte, »für den Aufbau-Verlag ein bisschen Geld zu geben«. Lust hatte Lunkewitz durchaus. Er wollte den Verlag sogar allein verantwortlich übernehmen. Doch die Treuhand, eigentlich immer an Blitzverkäufen interessiert, zögerte zunächst. Sie legte das Lunkewitz-Angebot anderen potenziellen Interessenten auf den Schreibtisch und wartete auf lukrativere Offerten. Als sie damit keinen Erfolg hatte, wurde am 18. September 1991 schließlich ein Kaufvertrag unterzeichnet. Lunkewitz hatte zugesichert, den Betrieb für mindestens zwei Jahre mit einer Belegschaft von 30 Mitarbeitern fortzuführen. Für Aufbau sollte er über die eigens gegründete BFL Beteiligungsgesellschaft 900 000 DM, für Rütten & Loening 100 000 DM zahlen. Außerdem mussten Verbindlichkeiten von 3 Millionen DM übernommen werden. Allerdings verweigerte der Treuhandvorstand zunächst die obligatorische Genehmigung des Kaufvertrags, weil er an der Eignung des »Branchenfremden« für das Verlagsgeschäft zweifelte. Lunkewitz trommelte daraufhin in Windeseile Branchenkenner zusammen, die bereit waren, Minderheitsanteile zu

271

Erste Sitzung der Gesellschafterversammlung nach der Privatisierung: Elmar Faber und Bernd F. Lunkewitz vorn, Ulrich Wechsler, Eberhard Kossack und Thomas Grundmann hinten

übernehmen. Neben Wechsler, der Faber schon vor der Übernahme beratend zur Seite gestanden hatte und die Situation deswegen einschätzen konnte, stiegen der Münchner Kaufmann Eberhard Kossack und der Bonner Buchhändler Thomas Grundmann ein, der mit seiner Firma Bouvier in Ost-Berlin bereits Fuß gefasst hatte. Am 27. September unterzeichnete die Investorengemeinschaft einen Vertrag, dem nun auch der Treuhandvorstand zustimmte.

Während die Tinte auf dem Vertrag noch trocknete, machte die Treuhand noch einmal von ihrem (vermeintlichen) Eigentümerrecht Gebrauch und setzte Elmar Faber als »Altlast« vor die Tür. Lunkewitz machte die Entlassung umgehend rückgängig. Als Faber nach wenigen Tagen in sein Büro zurückkehrte, war der Schreibtisch noch nicht ausgeräumt. Und auch die Probleme waren noch dieselben. So erging auf der ersten Leitungssitzung nach der Übernahme an das Taschenbuch-Team, das im April 1991 mit den ersten zwölf Bänden gestartet war, die Mahnung, die Vorzüge des eigenen Programms in der Öffentlichkeit zu betonen »und nicht ständig über den Alltagsfrust zu beckmessern«. Gefrustet waren auch viele Autoren, deren wirtschaftliches und symbolisches Kapital mit der Wende abgewertet worden war. Hermann Kant beispielsweise beschwerte sich im November 1991 über das zögerliche Vorgehen des Verlags in Bezug auf seinen autobiographischen *Abspann*, über »mangelnde Öffentlichkeit« und »mangelnde Propagierung«, obwohl sich die Erstauflage von 10 000 Exemplaren in wenigen Wochen verkauft hatte. Faber versicherte ihm daraufhin, dass der Verlag »den Hallodri der deutschen Literatur, der von allen mit am besten schreiben kann, in der Gunst der Leute doch ganz nach vorn kriegen« wolle. Das alles, daran bestand zunächst kein Zweifel, war die Aufgabe des Kapitäns Faber. »Ich will nicht dilettieren«, erklärte der Reeder Lunkewitz in der *Berliner Zeitung*, der ehemaligen SED-Bezirkszeitung für die Hauptstadt, »ich bleibe Amateur im Sinne des Wortes, Liebhaber.«

Die Liebhaberei wurde ihm allerdings nicht leicht gemacht. Während in der Buchmetropole Frankfurt am Abend des 7. Oktober 1991 das Messegelände eröffnungsfein gemacht wurde und Lunkewitz sich auf seinen ersten Auftritt als Verlagseigner vorbereitete, liefen vor der Französischen Straße 32 und vor den Privatwohnungen von Faber, Erler und Dempewolf Polizei und Justiz auf. Das martialische Kommando öffnete Schubladen, stöberte in Schränken und durchwühlte selbst die Wäsche, beschlagnahmte allerhand Akten und hinterließ ein ziemliches Chaos. Anlass für die Aktion war ein fortgesetzter Betrug: Jahrzehntelang hatten die Verlage in der DDR deutlich mehr Exemplare von Lizenztiteln drucken lassen, als vertraglich vereinbart war. Mit den – von der SED verfügten – »Plusauflagen« hatte man der notorischen Devisenknappheit aufhelfen wollen. Ein Schriftstück über die künftige Handhabung der Raubdruckpraxis war in die Hände der Justiz geraten und hatte dort die schlafenden Hunde geweckt. Die hatten sich nach dem Aufwachen aber offensichtlich erst einmal sortiert, bevor sie medienwirksam und terminsicher zuschlugen.

Der Aufbau-Verlag konnte sich in der Plusauflagenaffäre auf seine Unterstützer verlassen. In den Messegesprächen wurde eher das Vorgehen der Polizei als die Praxis selbst als skandalös eingestuft. Von einem weiteren Schlag gegen die Intellektuellen der untergegangenen DDR war die Rede. Der Aufbau-Autorenrat setzte eine von Hein, Kahlau, Königsdorf, Erwin Strittmatter und Wolf unterschriebene Erklärung auf, in der das Vorgehen als neuerlicher Schritt gebrandmarkt wurde, »die Verlage zu liquidieren«. Doch nachdem das erste Echo der Solidaritätsbekundungen verstummt war, stand Aufbau vor einem Scherbenhaufen. Die »paar zehntausend DM«, als die Faber den Schaden gegenüber Lunkewitz beziffert hatte, wuchsen in einer Aufstellung Dempewolfs schließlich auf mehr als 6 Millionen DM. 59 Verlage waren insgesamt betrogen worden. Allein von einem Titel wie Wallraffs *Ganz unten*, 1986 mit immerhin 60 000 Exemplaren erschienen, war neben den beiden Nachauflagen 1987 noch eine Plusauflage von sage und schreibe 155 000 Exemplaren gedruckt worden. Von Dos Passos' *Manhattan Transfer* waren 30 000 Stück abgerechnet, aber 150 000 verkauft worden. Finanziell hatte Aufbau aufgrund der Organisationsstruktur davon nichts gehabt, weil die Gewinne abgeführt worden waren. Doch die gehörnten Westverlage klopften schon an die Tür des Hauses in der Französischen Straße. Im Fall von Rowohlt und Fischer betrug der Schaden beispielsweise um die 600 000 DM, im Fall von Kiepenheuer & Witsch knapp 400 000. Fabers vielfach vorgetragene Sicht, dass die Plusauflagen juristisch Betrug waren, ideell aber ein in stillem Einverständnis zustande gekommenes »Manöver, das die Bewegungsfreiheit westlicher Literatur in der DDR vergrößerte«, schlossen sich nur wenige Buchmenschen in den alten (und auch längst nicht alle in den neuen) Bundesländern an. Eine Ausnahme war ausgerechnet Wallraff, selbst ein Plusauflagen-Bestsellerautor. »Die haben das doch für die Leser gemacht. Nicht zum privatwirtschaftlichen Profit«, ließ er sich im *Spiegel* zitieren.

Zur Debatte stand nun, wer für die Plusauflagen finanziell zur Rechenschaft gezogen werden sollte. Im Fall von Volk und Welt, neben Aufbau der Verlag mit den höchsten Plusauflagen und nach einer gescheiterten Privatisierung noch Eigentum der Treuhand, stand fest, wer in der Verantwortung war. Im Fall von Aufbau, gerade an Lunkewitz abgetreten, indessen nicht. Als Lunkewitz deshalb in der Leipziger Straße anrief, zeigte man sich nicht besonders aufgeschlossen. »Wir verkaufen Chancen und Risiken«, wurde dem neuen Aufbau-Eigner erklärt. »Sie haben ein Risiko gekauft, machen Sie den Laden doch zu.« Verärgert drohte Lunkewitz mit der Insolvenz, woraufhin ihm Entgegenkommen signalisiert wurde. Vor allem aber begab er sich auf die Suche nach seinen Chancen und fand sie im Grundbuch der Stadt. Doch dazu später mehr.

Mit Ruhm bekleckerte sich die Treuhand auch in vielen anderen Fällen nicht. Sie stolperte durch das literarische Terrain der DDR wie ein Elefant durch eine gut sortierte Buchhandlung. Dass sie in etlichen Fällen einen schnellen, »diskreten« Verkauf an Glücksritter und Hasardeure einer sorgfältigen Prüfung durch externe Fachleute und das schmale Behördenpersonal – zu Beginn war ein Mitarbeiter für alle DDR-Verlage zuständig, später kamen noch zwei Teilzeitberater hinzu – vorzog, sorgte für massive Verwerfungen in der Verlagslandschaft. Traurige Berühmtheit erlangte der Fall des Rudolstädter Greifenverlags, der, 1919 gegründet, die Weltrechte an Paul Zech besaß und sich in der DDR-Provinz einen beachtlichen Handlungsspielraum erkämpft hatte: Nachdem ein erster Käufer, der neben dem Verlag noch sieben Volksbuchhandlungen übernommen hatte, die Kaufsumme nicht überwiesen hatte und stattdessen mit den liquiden Mitteln über alle Berge seiner fränkischen Heimat entschwunden war, kauften aus dem Konkurs heraus ein schwäbischer Buchhändler und ein Schweizer Verleger den Verlag. Letzterer machte sich dann allerdings mit einem Teil des Millionenkredits vom Thüringer Acker und kehrte in seine Heimat zurück, so dass der Greifenverlag 1993 endgültig in die Insolvenz musste. Noch schlimmer als die belletristischen Verlage traf es die Wissenschaftsverlage, die mitunter von direkten Konkurrenten aus Westdeutschland aufgekauft und buchstäblich liquidiert wurden. Von der »kulturellen Substanz Ostdeutschlands«, die laut Artikel 35 des Einigungsvertrags erhalten bleiben sollte, war nach einem Jahr Abwicklungspolitik nicht mehr viel übrig. Aufbau, mit einem 45-jährigen Schatz an Büchern, Rechten und Erfahrungen ausgestattet und mit der Wende zum Neuerfinden der eigenen Identität gezwungen, hatte demgegenüber noch großes Glück. Bernd F. Lunkewitz sorgte in der Branche zwar für manches Augenbrauenzucken, aber es war offensichtlich, dass er mit Herzblut und Kapital in den Verlag gekommen war.

1991–2008

Geteilter Laden:
Lunkewitz und die zwei deutschen Leseländer

Investoren waren im literarischen Feld, in dem das symbolische Kapital eine ebenso relevante Währung ist wie das ökonomische, nicht bei jedermann willkommen. Sie standen für die Konzentrationsprozesse, die in den 1980er Jahren noch einmal an Fahrt aufgenommen hatten, für die Kommerzialisierung der Kunst, für die Sünde gegenüber der »heiligen Ware Buch« (Bert Brecht). Besonders skeptisch beäugt wurden die »Branchenfremden«. Sie hatten es schwer, gegen den kulturelitären Standesdünkel der Alteingesessenen anzukommen, und konnten ihrerseits mit der symbolischen Ordnung des Felds mitunter wenig anfangen.

Bernd F. Lunkewitz, ein Branchenfremder wie aus dem Lehrbuch, wollte indessen keinen Zweifel aufkommen lassen, dass der Aufbau-Verlag für ihn mehr war als ein Anlageobjekt. Der Immobilienmakler hatte ganz in diesem Sinne beim Kauf des Verlags öffentlich betont, dass er »auf die Immobilie keinen Wert« lege. Er überließ das Haus in der Französischen Straße der Treuhand, die das Grundstück beim Verkauf des Verlags mit Krediten in Höhe von acht Millionen DM verrechnete. Aufbau sollte für die nächsten fünf Jahre Pächter sein. Doch die Treuhand, maßlos überlastet, hatte sich eine kostspielige Nachlässigkeit bei der Übertragung des Grundstücks geleistet: Sie hatte einige Grundstücksparzellen falsch oder gar nicht genannt und vor allem vergessen, eine Auflassungsvormerkung im Grundbuch einzutragen. Der Neu-Verleger Lunkewitz, von der Treuhand in der Plusauflagenaffäre vorgeführt und auf der Suche nach seinen Chancen, war letztlich beiläufig Eigentümer eines millionenschweren Hauses samt Grundstück geworden, das er flugs an den Immobilienmakler Lunkewitz verkaufte. Die Treuhand, die das Grundstück vorher weit unter Wert erhalten hatte, musste nun 9 Millionen DM nachzahlen, um das Haus doch noch zu bekommen. Inklusive der verrechneten Kredite lag der Kaufpreis schließlich bei 17,2 Millionen DM.

Dieser Coup passte in die bemerkenswerte Biographie des Neu-Verlegers: Lunkewitz, Jahrgang 1947, hatte Ende der 1960er Jahre ein Studium der Neueren deutschen Philologie, Philosophie und Politikwissenschaften in Frankfurt begonnen, dort die antiimperialistische »Rote Garde Bockenheim« mitbegründet und sich als Sympathisant der Kommunistischen Partei Deutschlands/Marxisten-Leninisten bei Demonstrationen in vorderster Front aufgehalten. 1969 war er bei einem nicht genehmigten Aufmarsch gegen eine NPD-Kundgebung in seiner Geburtsstadt Kassel von einem Leibwächter des Parteivorsitzenden Adolf von Thadden sogar angeschossen worden, weshalb ihn die Boulevardpresse zum »Che von Kassel« und die FDJ zum antifaschistischen Helden gekürt hatte.

Der junge Kommunist hatte aber auch das Kapital verstanden. Weil Lunkewitz, Sohn eines kleinen Gewerbeunternehmers, sein Konto überzogen hatte, hatte er bei einem Frankfurter Immobilienunternehmen einen Job als »Sekretärin« angetreten und sich dort derart in die Materie eingearbeitet, dass er 1973 sein Studium schmiss und fortan als Makler arbeitete, zunächst angestellt und später selbstständig. Anfang der 1990er Jahre war er in der Mainmetropole nicht nur als »Developer« von Gewerbeimmobilien bekannt, sondern auch als Kulturmäzen und Kunstsammler. Sein Vermögen, so sagte er später, reichte zu diesem Zeitpunkt aus, um sich »anderen Dingen zu widmen. Manche kaufen dann ein Haus an der Côte d'Azur – ich eben einen Verlag.«

Lunkewitz beließ es nicht bei dem Verlag. Im Februar 1992 erwarb er *Die Weltbühne*, eine Wochenzeitschrift, die in der DDR zwar eine Auflage von mehr als 150 000 Exemplaren gehabt hatte, aber längst nicht mehr so diskursprägend wirken konnte wie zu Zeiten der Weimarer Republik, als erst Siegfried Jacobsohn, dann Kurt Tucholsky und schließlich Carl von Ossietzky den *Weltbühnen*-Mythos begründet hatten. In einer Auflage von gut 20 000 Exemplaren, gedruckt auf umweltfreundlichem Papier, sollte das altehrwürdige Blatt nun zu einem Publikationsort für die deklassierten DDR-Intellektuellen und die deutsch-deutsche

Verständigung werden. Ein ähnliches Profil hatte eine weitere Aufbau-Zeitschrift entwickelt, die *neue deutsche literatur*. Aus dem Organ des Schriftstellerverbands der DDR, dessen Bewegungsfreiheit arg eingeschränkt gewesen war und in dem Autoren wie Volker Braun und Rainer Kirsch in der Wendezeit das »Lebensgefühl der Betrogenen« kultiviert hatten, war eine wichtige Diskursplattform geworden, die sich innerhalb kürzester Zeit »in den exklusiven Kreis der literarischen Journale katapultiert« hatte (Michael Braun). Neben der *Weltbühne* und der *ndl* hatte die Aufbau-Gruppe auch noch *Sinn und Form* und die *Marginalien*, die Zeitschrift der bis 1990 im Kulturbund angesiedelten bibliophilen Pirckheimer-Gesellschaft, im Programm. Lediglich die *Weimarer Beiträge* waren 1991 eingestellt und anschließend vom Wiener Passagen-Verlag übernommen worden. Als Lunkewitz zusätzlich noch über eine »Hauptstadtzeitung von Gewicht« nachdachte und die Universitätsbuchhandlung am Alexanderplatz aus dem Bouvier-Bestand seines Mitgesellschafters Grundmann übernahm, witterte nicht nur der *Spiegel* »Methode«: Lunkewitz, der »rote Stern am trüben Himmel des Immobiliengewerbes« und in Frankfurt zuletzt mit einigen ehrgeizigen Projekten gescheitert, schien das kulturelle Berlin im Flug erobern zu wollen. Dass es dabei nicht nur um das alte Hoheitsgebiet des Aufbau-Verlags im Berliner Osten ging, wurde spätestens im Frühjahr 1993 klar: Aufbau unterschrieb einen Kooperationsvertrag mit dem Literarischen Colloquium Berlin, der vorsah, dass sowohl die Reihe *Text und Porträt* als auch die legendäre Zeitschrift *Sprache im technischen Zeitalter*, 1961 von Walter Höllerer gegründet, fortan über Rütten & Loening vertrieben werden. Ab 1994 wurde der Aufbau-Verlag im Impressum geführt.

Die Schwierigkeiten mit dem breiten Zeitschriftenportfolio ließen allerdings nicht lange auf sich warten. Im Dezember 1992 entließ Lunkewitz den Herausgeber der *neuen deutschen literatur*, Werner Liersch, wegen »nicht zu überbrückender Gegensätze«, nachdem eine Auseinandersetzung, in der der eine die finanziellen Verluste und der andere die symbolische Bedeutung der Zeitschrift ins Feld geführt hatte, öffentlich eskaliert war. Dass die *ndl* im Februar 1993 von einer prominenten Jury um Walter Boehlich, Peter Härtling und Klaus Schöffling den Alfred-Kerr-Preis für Literaturkritik zugesprochen bekam und Achim Roscher, der Nachfolger Lierschs, in seiner Dankesrede ausdrücklich seinen Vorgänger lobte, ließ sich auch als Spitze gegen den Neu-Verleger interpretieren.

Zeitgleich eskalierte ein zweiter Konflikt. Lunkewitz hatte mit der Übernahme der *Weltbühne* auch einen Prozess übernommen, in dem der in den USA lebende 77-jährige Peter Jacobsohn, Sohn des Verlagsgründers Siegfried Jacobsohn, die Titelrechte zurückforderte. Das Landgericht Frankfurt hatte im November 1991 in erster Instanz dem Herausgeber und Chefredakteur Helmut Reinhardt recht gegeben, der die Wochenschrift in der Tradition der DDR-*Weltbühne* verortet hatte – einer diskutablen Tradition allerdings, denn immerhin war die *Weltbühne* der Ort gewesen, an dem der prominente Peter Hacks über Biermanns Ausbürgerung gejubelt, Heinrich Böll als »Herbergsvater für wandernde Dissidenten« beschimpft und vor »Solschenizyns Läusen« gewarnt hatte. Nicht nur deswegen war die Streitfrage für Lunkewitz delikat. Er fühlte sich in der moralischen Pflicht, eine beiderseits zufriedenstellende Einigung mit Jacobsohn zu erreichen, dessen jüdische Familie 1933 vor den Nazis aus Deutschland geflohen war. In dem Berufungsverfahren vor dem Oberlandesgericht strebte er einen Vergleich an, in dem er Jacobsohn die Titelrechte überließ, dieser sie aber anschließend auf den Verlag übertragen sollte. Reinhardt, bei der Verhandlung nicht anwesend, sollte derweil das Bauernopfer abgeben und als Herausgeber abgelöst werden. Als Jacobsohn dem Vergleich erst zustimmte, drei Tage später aber widerrief, zog Lunkewitz zur Überraschung aller die Notbremse: Er stellte die hochdefizitäre Zeitschrift prompt ein. Die Redaktion war machtlos. Ein unmittelbar zuvor veröffentlichter Kommentar von Lunkewitz zum Prozess wurde damit zur Selffulfilling Prophecy: »Die Weltbühne kämpft für Gerechtigkeit, auch wenn sie dabei untergeht.« Dem Ruf des Investors unter den Intellektuellen war das kurze *Weltbühnen*-Drama ebenso wenig zuträglich wie die *ndl*-Episode.

Noch bevor es zu den Auseinandersetzungen um die beiden Zeitschriften gekommen war, hatte es in der Chefetage des Aufbau-Verlags geknallt. Die beiden Alphatiere Lunkewitz und Faber waren aneinandergeraten. Während Ersterer einige Titel »larmoyanter DDR-Prosa« mit dem Duft verglichen hatte, der aus den Schränken in der Französischen

Straße austrete – »die DDR-typische Mischung aus Bohnerwachs, Trabi-Abgas, Braunkohle und Angstschweiß« –, hatte Letzterer die »locker-legeren Programm-›Anregungen‹« des Verlagseigners als Versuch gedeutet, aus seinem Suhrkamp des Ostens »eine literarische Parfümfabrik« zu machen, »mit schnellem Erfolg und vergänglichen Duftnoten«. Und während Lunkewitz die fehlende Marktgängigkeit des Programms voller »buchkulinarischer Köstlichkeiten« kritisierte, waren in den Augen des programmverantwortlichen Faber die Entscheidungen des Verlagseigners, der als Branchenfremder »naturgemäß nichts von Verlagsgeschäft« verstehe, auch für die schlechte wirtschaftliche Bilanz verantwortlich gewesen. Aufgrund der Eigentumsverhältnisse saß Lunkewitz am längeren Hebel: Er entließ Faber im September 1992 und bezog dessen Büro.

Während sich der geschasste Verlagsleiter ganz seinem eigenen Verlag widmen konnte, dem 1990 gemeinsam mit Sohn Michael gegründeten Verlag Faber & Faber, stand die erste Aufbau-Sachbuchstrecke im Herbst 1992 noch einmal symptomatisch für die unterschiedlichen Positionen in der Programmpolitik: Die Bücher, von Jürgen Seuss hervorragend gestaltet, räumten zwar einige Buchkunstpreise ab und passten mit Titeln wie Christa Lufts *Treuhandreport*, dem Buch über den *Untergang einer Akademie* von Werner Mittenzwei und der Fühmann-Biographie von Hans Richter bestens in die Verlagstradition und in die turbulente Gegenwart, blieben aber mit Preisen zwischen 40 und 50 DM viel zu oft in den Regalen der Buchhandlungen stehen – wenn sie denn überhaupt dort landeten. Nach einem schmalen Programm im Frühjahr 1993 wurde *Aufbau-Sachbuch* wieder eingestellt und ging mit anderer Ausrichtung im Haupt- und Taschenbuchprogramm auf.

Der personelle Einschnitt in den beginnenden 1990er Jahren war freilich noch viel größer, als die Ablösungen von Reinhardt, Liersch und Faber erahnen lassen. Von den einst 180 Mitarbeitern waren – je nach Quelle und Zeitpunkt – nach dem Amtsantritt von Lunkewitz noch zwischen 28 und 42 übrig. Der in der Wendezeit gegründete Autorenrat, bestehend aus Christoph Hein, Helga Schütz, Michael Wüstefeld, Gisela Kraft, Helga Königsdorf und Heinz Kahlau, sah sich in einem Rundbrief zum Jahreswechsel 1992/93 sogar gezwungen, wenigstens die leitenden Mitarbeiter in ihren Funktionen kurz vorzustellen, weil selbst die

Autoren nicht mehr wussten, wer noch an seinem Schreibtisch saß. Im
Aufbau-Verlag, so formulierte Kraft stellvertretend für den Rat,»ist beinahe nichts mehr so, wie es war«.

Zu den wichtigsten neuen Stützen, vom Autorenrat als »Marketing-
chef« vorgestellt, gehörte Norbert Schaepe. Der gebürtige West-Berliner
hatte in verschiedenen Verlagen Erfahrung im Vertrieb gesammelt und
war zuletzt in leitender Funktion bei Hoffmann & Campe tätig gewesen, bevor er Mitte 1992 dem Ruf des Aufbau-Verlags in den östlichen
Teil seiner zusammenwachsenden Heimatstadt folgte. Tatsächlich bestand gerade in den Bereichen Marketing und Vertrieb Nachholbedarf.
Der Werbeleiter Reinhard Schlasa, der mitten in der Entlassungswelle
als erster Westdeutscher von Luchterhand zu Aufbau gewechselt war und
mit Schaepes Antritt den Verlag wieder verließ, hatte zwar viel investiert
und große Leseevents wie die »Lange Nacht der Autoren« mit Neuentdeckungen wie Mario Wirz, Aufbau-Größen wie Christoph Hein und
Bühnenlegenden wie Ernst Jandl im Mai 1992 im Deutschen Theater
in Szene gesetzt, aber damit gingen noch keine Umsatzsteigerungen einher. Gerade in den alten Bundesländern lief der Vertrieb schleppend.
Aufbau war in 1500 Buchhandlungen präsent, wollte, ja musste aber auf
2500 kommen. Nachdem die Verlagsmannschaft über zwei Jahre massiv dezimiert worden war, überzeugte Schaepe Lunkewitz von einer ziel-
gerichteten Investition in neues Personal: Er trommelte ein neues, Auf-
bau-exklusives Vertreterteam für den Westen zusammen, das 1993 die
Arbeit aufnahm.

Wie wichtig es war, einen Fuß ins westdeutsche literarische Leben zu
bekommen, bewies im Spätsommer 1992 Erwin Strittmatters letzter Teil
der *Laden*-Trilogie. Der Titel avancierte mit 40 000 verkauften Exemplaren in sieben Wochen zum ersten Verkaufsschlager der Lunkewitz-Zeit,
tauchte aber nicht in den Bestsellerlisten auf, weil die Stichprobe, die
den Listen zugrunde lag, nur in den alten Bundesländern gezogen wurde.
Dort interessierte sich aber kaum jemand für den Patriarchen der DDR-
Literatur aus Schulzenhof, der in der Trilogie aus dem Dorfleben in der
Lausitz erzählt. In den neuen Bundesländern hingegen fand auch die
dreibändige Kassette des gesamten *Ladens* mit annähernd 1500 Seiten
guten Absatz. Sinnbildlich für Strittmatters alten Status in der neuen

Gotthard Erler anlässlich der Übergabe des dritten Teils vom *Laden* bei Erwin und Eva Strittmatter in Schulzenhof, 14. April 1992

Zeit stand eine Lesung: Nachdem Schaepe den 80-Jährigen hatte überzeugen können, bei der Eröffnung der Dresdner Karstadt-Abteilung »Sport und Spiel« aufzutreten, standen die Strittmatter-Fans nach der Lesung für das Signieren ihrer Bücherstapel vom ersten Stock über die Treppe bis vor die Tür an. Der Wachdienst musste letztlich überzeugt werden, später zu schließen. Das *Börsenblatt* reagierte auf die regionale Resonanz noch vor dem *Spiegel*: Es setzte ein Anliegen des Aufbau-Verlags um und führte eine »ostdeutsche Bestsellerliste« ein, die wochenlang von Strittmatter angeführt wurde.

Ausreißer wie Strittmatter änderten allerdings nichts an einer beunruhigenden Grundtendenz: Die Marke Aufbau besaß im Westen nicht ausreichend Strahlkraft. Der Verlag, in DDR-Zeiten immer zu politischen Kompromissen gezwungen, geriet nun auf dem schmalen Grat zwischen Autonomie und Kommerz ins Wanken. Die Neuauflage der einst so erfolgreichen *Lesebücher für unsere Zeit* im Taschenbuchverlag, der zunächst als Imprint geführt wurde, floppte, 1994 gab man das Unterfangen nach drei Jahren wieder auf. Gotthard Erler wagte indes den Versuch, den Begriff der »gehobenen Trivialität« zu etablieren, für den er beispielhaft Helmut Sakowskis *Die Schwäne von Klevenow* nannte. Sakowski war dreißig Jahre zuvor mit zwei Titeln bei Aufbau erschienen, und man hatte ihm prompt den Nationalpreis angeheftet. Er war dann aber doch für zu leicht befunden worden. Auch mit seinem kulturpolitischen Engagement für die SED hatte er sich nicht nur Freunde in der Französischen Straße gemacht. Doch das schien nun vergessen. Der Auftakt der *Klevenow*-Trilogie, der als *Mecklenburg-Roman* auch durch sein Regionalkolorit Käufer finden sollte, sei, so Erler, »ein gängiger historischer Roman mit einer Liebesgeschichte und sozialen Konflikten in fast fernsehgerechter Form«. Der Verlag suchte händeringend nach Wegen, sich wirtschaftlich zu behaupten, und wurde dabei kritisch beobachtet. Dass der neue Rütten-Programmmacher René Strien, der im Herbst 1993 in den Startlöchern stand, vom Unterhaltungsriesen Bastei Lübbe kam, schien ins Bild zu passen, genau wie das Gerücht, Lunkewitz habe Christa Wolf empfohlen, einen Krimi zu schreiben. Wenig später wechselte sie zum Luchterhand-Literaturverlag, ihrem ehemaligen Lizenzverlag, der sich sowohl im deutsch-deutschen Literaturstreit als auch in der Debatte um ihre Tätigkeit als IM »Margarete« mit allen verlegerischen Mitteln für sie eingesetzt hatte. Im Februar 1994 erklärte die von der *FAZ* übernommene *Neue Zeit*, ehemaliges Zentralorgan der Ost-CDU, den ehemaligen sozialistischen Vorzeigebetrieb schließlich zu einem »fühllosen Vermarkter«, weil er junge Autoren demütige, indem er sie in den Ablehnungsschreiben aufforde, das Porto für die Rücksendung des Manuskripts in Briefmarkenform an den Verlag zu schicken.

Elmar Faber wiederum, der entthronte Homo Editor, konnte sich bald in seinem Vorwurf, der Verlag sei nach seinem Abgang zu einer literarischen Parfümfabrik verkommen, im wahrsten Sinne des Wortes bestätigt sehen: Einer bei Rütten & Loening erschienenen Folge von »Frauengeschichten der Weltliteratur« legte die Werbeabteilung zum Jahreswechsel 1993/94 ein Parfüm im Mini-Flakon bei, das im Katalog als Duft des Hauses angekündigt wurde: »provokativ, dramatisch, lustvoll«. Dass damit Klassikerautoren wie Diderot, Keyserling, Tschechow und Zola beworben werden sollten, übersahen auch die Kommentatoren im Feuilleton geflissentlich.

Geschichte im Spagat:
Neustart mit 50?

Die Qualität des Aufbau-Lektorats war sagenhaft. Bevor Neulektoren eigene Titel betreuen durften, mussten sie »regelrecht ein postgraduales Studium« (Wulf Kirsten) absolvieren, in dem sie an das Handwerk der Textarbeit herangeführt wurden. Die größte Hürde stand für die meisten Bewerber aber noch vor dem Eintritt ins Lektorat: Sie mussten für gewöhnlich ein »Bewährungsgutachten« anfertigen, das ihnen die Tür für ein Vorstellungsgespräch öffnen sollte. Wulf Kirsten hatte sich beispielsweise mit einem Verriss des Nobelpreisträgers Paul Heyse empfohlen, Angela Drescher hatte sich für ein Praktikum mit einem Gutachten zu Elke Erbs *Gutachten* vorgestellt und Brigitte Struzyk über Remarques Klassiker *Im Westen nichts Neues* geschrieben.

Ein besonderer Bewerbungstext stand auch am Anfang der Lektorenlaufbahn von René Strien. Der Romanist, 1953 in Solingen geboren, hatte zunächst eine universitäre Laufbahn angestrebt, dann aber, etwas müde von den Mühen des Mittelbaus, 1989 eine Stellenanzeige im *Kölner Stadtanzeiger* entdeckt, die ihn reizte: Bastei Lübbe, der Groschenheft-Gigant aus Bergisch Gladbach, hatte eine Lektoratsstelle ausgeschrieben. In seine Bewerbungsmappe packte Strien nicht nur seinen Lebenslauf, in dem mittlerweile auch eine Reihe von Übersetzungen für das berühmte Lateinamerika-Programm des Suhrkamp-Verlags aufgelistet waren, sondern auch eine Parodie auf *Jerry Cotton*, den G-Man-Helden, dessen Agentenkrimis sein potenzieller Arbeitgeber seit den 1950er Jahren millionenfach verkaufte. Ob Gustav Lübbe den Bewerber daraufhin tatsächlich in die lange Liste der Jerry-Cotton-Schreiber aufnehmen wollte, lässt sich nicht belegen, doch war der Verlagspatriarch von dem jungen Universitätsmenschen auf jeden Fall derart angetan, dass er Strien prompt einstellte. Der lernte bei Bastei Lübbe »in einer harten, kommerziellen Schule die technische Seite des Büchermachens« und versuchte seine Freiheiten gleichzeitig zu nutzen, um den einen oder anderen anspruchsvolleren Roman noir ins Programm zu schmuggeln. Vor allem erkannte Strien bei Lübbe, dass ein

Verlag seine Bücher auch verkaufen muss, um nicht »in Schönheit zu sterben«.

Mit seiner literarischen Bildung und seinen Erfahrungen am Markt schien Strien im Herbst 1993 der geeignete Mann für die angestrebte Neuprofilierung des Verlags Rütten & Loening zu sein, die Mathias Heydenbluth, vom Lektor für Literaturwissenschaft zum Programmdirektor aufgestiegen, nicht geschafft hatte. Aus dem von Elmar Faber angestrebten Bibliophilen-Verlag sollte ein unterhaltungsliterarisches Beiboot des Aufbau-Schiffs werden, das auch den Taschenbuchverlag mit Hardcover-Vorläufen bediente. Nachdem Strien zunächst in Köln mit dem Minderheitseigner und Verlagsberater Eberhard Kossack zusammengekommen war, traf er sich mit Lunkewitz auf der Baustelle von dessen Frankfurter Villa, ging jedoch nach dem Treffen ohne große Hoffnung, die Stelle zu bekommen, nach Hause. Doch wurde er wenig später zum finalen Vorstellungsgespräch in die Französische Straße geladen, das im Zuge der Entlassungswellen vom betriebsamen Bienenstock mehr und mehr zum Geisterschloss geworden war. Dort traf Strien erstmals auf Gotthard Erler, mit dem er fortan einen Zwei-Mann-Spagat versuchte: Während Strien, der junge Westler, im Verlag Rütten & Loening einen unterhaltungsliterarischen Schwerpunkt aufbauen sollte, stand der zwanzig Jahre ältere Erler, seit über 35 Jahren im Verlag und deutschlandweit als Fontane-Spezialist anerkannt, für die traditionelle Verlagslinie, die der Aufbau-Verlag fortführen sollte. Für die Neuprofilierung von Rütten & Loening holte sich Strien 1995 Verstärkung, indem er seinen ehemaligen Kollegen Reinhard Rohn von Bastei Lübbe nach Berlin lotste. Die anspruchsvolle Rütten-Schiene, für die unter anderem die französischen Klassiker, einige jüngere und ältere Gegenwartsautoren wie Sylvie Germain und Hermann Kant oder die Akademie-Zeitschrift *Sinn und Form* standen, wurde bei Aufbau platziert. Dort warteten zwei weitere Neuzugänge aus dem Westen als leitende Lektorinnen: Tamara Trautner und Annette Anton. Dass sie den aus DDR-Zeiten Übriggebliebenen vor die Nase gesetzt wurden, sorgte für Spannungen im Lektorat.

Für die Verlagsgruppe war dieser Neuprofilierungsspagat im wahrsten Sinne eine Zerreißprobe. Das galt intern wie extern. Das Erler-Programm konnten die weniger wohlmeinenden Kommentatoren als Beleg für ein elitäres Literaturverständnis, politischen Eifer oder gar (DDR-)Nostalgie bewerten, die Strien-Schiene wiederum als Einzug der West-Barbaren in den Ost-Verlag und kommerzielle Öffnung, der man, wenn man denn wollte, wahlweise Beliebigkeit oder Belanglosigkeit vorwerfen konnte. Ebendiese Zerreißprobe wollte Lunkewitz mit seinen Programmmachern wagen. Er wollte, wie er wenig später formulierte, die intellektuell geprägte, hermetische, eng mit der Bonner Republik verbundene Suhrkamp-Kultur durch eine Aufbau-Kultur ablösen, in der anspruchsvolle Gegenwartsliteratur, Exilliteratur und moderne Klassik gleichberechtigt neben dem populären Sachbuch und Krimis Platz haben und Vorläufe für die Zweitverwertung im Taschenbuch liefern sollten. Ein Beispiel, wofür der neue Aufbau-Verlag stehen sollte, brachte Lunkewitz 1994 gleich selbst ins Programm. Aufbau verlegte Douglas Couplands *Generation X*, einen Episodenroman samt Glossar der Szeneneologismen aus dem Umfeld der Twentysomethings. Das Buch, von einem zweiten Roman des kanadischen Autors namens *Shampoo-Planet* flankiert, war 1992 in zwei Auflagen vom kleinen Hamburger Verlag am Galgenberg veröffentlicht und von der Presse zu einem literarischem Lexikon der zeitgenössischen Jugend hochgejazzt worden. Anfang 1993 hatte Galgenberg aber Konkurs anmelden müssen. Dass Lunkewitz prompt zuschlug, war ein programmatisches Zeichen: Aufbau wollte fortan vermehrt auf dem umkämpften Lizenzmarkt englischsprachiger Titel mitmischen.

Allerdings blieb gerade der Vertrieb der populären Aufbau-Schiene Kärrnerarbeit für die Vertreter. Denn während die Buchhändler bei Bastei Lübbe, Heyne oder Goldmann wussten, was sie kauften, waren sie sich beim metamorphosierenden Aufbau-Verlag dessen nicht so sicher. Wie der Spagat zwischen Anspruch und Popularität indes gelingen konnte, zeigte sich im Gesamtprogramm bereits bei einzelnen Reihen oder Titeln. So wurden Autoren wie Feuchtwanger und Fontane bei atv populär aufgemacht, während von ersterem im Hauptprogramm gerade die 16-bändige Werkausgabe abgeschlossen und von letzterem die Große Brandenburger Ausgabe eröffnet worden war. 1994 hingegen hatte eine erotische Gegenwartsburleske für Wirbel im Blätterwald gesorgt: Dieter Henning, ein Deutschlehrer aus dem fränkischen Coburg, hatte in *Püpp-*

chen, Püppchen über die sexuellen Begierden eines Zollamtmanns geschrieben und war daraufhin im Frühherbst vom bayrischen Kultusmi-
nisterium scharf gerügt worden. Nachdem die *Bild* in die »Schmutz oder
Kunst«-Debatte eingestiegen war, landeten bei Henning anonyme Briefe,
in denen der Verfasser als »Beamtendrecksau«, »geiler Hurenbock« und
»Volksschädling« beleidigt wurde. Während der Aufbau-Verlag dem Kul-
tusministerium empfahl, den Autor nicht mit der literarischen Figur zu
identifizieren – »denn was täte man sonst mit den Kriminalschriftstel-
lern« –, sah ein Ministerialrat die »erzieherische Wirksamkeit« des Päd-
agogen arg beeinträchtigt und verfügte, dass Henning fortan ab der 9.
Klassenstufe keinen Ethikunterricht mehr geben dürfe. Der Provinzskan-
dal, von *Zeit* und *Spiegel* begleitet und von Gewerkschaft und Schriftstellerverband kommentiert, sorgte immerhin dafür, dass das Buch weitere Leser fand. Als die Kritik aus dem Ministerium öffentlich geworden
war, war noch nicht einmal ein Viertel der Erstauflage von 4000 Exemplaren verkauft.

Eine derartige Gratis-PR bekamen die *Erotischen Romane der Weltliteratur* nicht, deren erster Jahrgang, als sechsbändige Kassette konzipiert,
1995 erschien. Viele der Titel waren aus dem Rechtefundus des altehrwürdigen Gustav Kiepenheuer Verlags aus Leipzig übernommen worden, in dessen Traditionslinie sich der Aufbau-Verlag stets gesehen hatte.
Lunkewitz hatte Kiepenheuer 1994 als viertes Verlagsgruppenstandbein
gekauft, nachdem vorher ein Management-Buy-out in einer weiteren
Treuhand-Posse geendet war. Auch der Verkauf an den Aufbau-Eigner
war wieder von einer bizarren Nebenhandlung begleitet: Weil der Geschäftsführer der Treuhand kurz *nach* der Unterzeichnung des Vertrags
die Bestände der mit Kiepenheuer erworbenen Sammlung Dieterich
hatte verramschen lassen, musste die Anstalt öffentlichen Rechts neben
den fünf Millionen DM Anschubfinanzierung, die Lunkewitz ausgehan-
delt hatte, auch 950 000 DM Schadensersatz zahlen. Die Neuaufstellung
des Verlags, für die vom Leipziger Nachbarn Reclam Birgit Peter als Verlagsleiterin und Thorsten Ahrend als Lektor verpflichtet wurden, war
dessen ungeachtet schwierig. Gerade in den ersten Jahren nach der Übernahme zeugte das schmale Belletristik- und Sachbuch-Programm von
Anspruch und Unentschlossenheit gleichermaßen. Lediglich ein Fokus

auf Titel mit Lokalbezug ließ sich erkennen. Ab 1997 hatte Kiepenheuer mit dem Leipziger Kabarettisten Bernd-Lutz Lange einen Autor im Programm, der auch dem atv-Programm gut verkäufliche Titel liefern sollte. Die Rechte für die bekannten Kiepenheuer-Autoren aus der Weimarer Republik, für Brecht, Benn und Fleißer, lagen längst woanders.

Aufbau hatte derweil genug damit zu tun, das eigene Erbe zusammenzuhalten. Die Feuchtwanger-Rechte mussten gesichert werden. Mit dem Rowohlt-Verlag gab es eine juristische Auseinandersetzung um die Fallada-Rechte und die am Werk Carl von Ossietzkys. S. Fischer kümmerte sich derart intensiv um Heinrich Mann, dass dessen Erben sich schließlich für den Frankfurter Verlag entschieden. Dass damit einer der wichtigsten Autoren der Verlagsgeschichte, mit mehr als zwei Millionen Büchern bei Aufbau erschienen, aus dem Rechtefundus verschwand, schmerzte sehr. Wie schwer der Verlag getroffen war, zeigte sich an den Reaktionen: Während Erler bei den Enkeln des Autors Dankbarkeit für die jahrzehntelange Werkpflege anmahnte, rief Lunkewitz kurzerhand zum Boykott aller zu Holtzbrinck gehörenden Verlage auf. Der Konzern »stehe an der Spitze der Bemühungen einiger westdeutscher Großunternehmen, die Verlage im Osten Deutschlands zu zerstören«. Der Vorwurf war drastisch, klang nach Affekt, hatte aber einen wahren Kern: Aus dem Willkommen, das die Wende begleitet hatte, war auf dem Verlagsfeld in kürzester Zeit ein harter Konkurrenzkampf geworden. Langjährige Partner im Lizenzgeschäft wie Fischer, Hanser, Luchterhand, Suhrkamp und Rowohlt, die traditionell ein ähnliches Programmprofil hatten, sahen in Aufbau einen Mitbewerber im Kampf um symbolisches und wirtschaftliches Kapital. Für Elmar Faber war der Verlust der Heinrich-Mann-Rechte indes eine Gelegenheit, nachzutreten. Zu seiner Zeit sei das Verhältnis zu den Erben immer gut gewesen, teilte er mit. »Um so was muss man sich aber kümmern.«

Eine besondere Fußnote in den juristischen Auseinandersetzungen um die Autorenrechte Carl von Ossietzkys hatte derweil das Landgericht Hamburg gesetzt. Bei den Streitigkeiten müsse beachtet werden, dass Zweifel angebracht seien, ob der Aufbau-Verlag/DDR jemals Volkseigentum gewesen sei, hieß es von dort. Sollte er es nicht gewesen sein, dann greife auch das Treuhandgesetz nicht, nach dem der Verlag an Lunkewitz verkauft worden war. Die Rechtsnachfolge war damit fraglich. Auch treuhandintern waren längst Zweifel an der Rechtmäßigkeit des Verkaufs aufgekommen. Im Februar 1994 war bei einer Besprechung eines Referenten der »Unabhängigen Kommission zur Überprüfung des Vermögens der Parteien und Massenorganisationen der DDR« und drei Treuhand-Mitarbeitern der Aufbau-Verlag sogar als »vermögenslose Hülle« bezeichnet worden. Ein Gutachten, dass Lunkewitz in Auftrag gegeben hatte, kam zum gleichen Ergebnis. So langsam nahm der Krimi an Fahrt auf: Ende 1994 bat die Treuhand beim Lehrstuhl für öffentliches Recht und Rechtsphilosophie der Humboldt-Universität um ein Gutachten. Professor Bernhard Schlink, gerade mit dem Manuskript seines Welterfolgs *Der Vorleser* beschäftigt, überließ die Einschätzung zunächst seinem Assistenten Bernd Hohmann. Hohmann wiederum, der 1989 an der DDR-HU promoviert hatte, teilte der Treuhand daraufhin mit, sie stehe »auf verlorenem Posten«. Auffallend anders fiel dann allerdings das von Schlink unterschriebene (und mit 30 000 DM vergütete) offizielle Gutachten im Januar 1995 aus, das von einem Treuhand-Mitarbeiter intern als Gutachten bezeichnet wurde, »das unter unserer Mitarbeit entstanden ist«. Es bestätigte die offizielle Position, nach der der Verlag als Parteieigentum hatte verkauft werden dürfen. Lunkewitz blieb anderer Meinung. Er kaufte den Aufbau-Verlag im Frühjahr 1995 als Privatperson noch ein zweites Mal vom rechtmäßigen Eigentümer, dem Kulturbund. Die Treuhand verweigerte zunächst ihre Zustimmung.

Als der Aufbau-Verlag im Sommer 1995 seinen 50. Gründungstag feierte, konnte sich Lunkewitz trotzdem relativ sicher sein, dass zumindest einer der beiden gekauften Verlage auch wirklich der Jubilar war. Die Bedeutung von dessen Geschichte, die wichtige Rolle des Verlags als literaturgeschichtlicher Akteur und als kulturelles Gedächtnis waren schon unmittelbar nach der Wende von verschiedenen Seiten betont worden. Nun zelebrierte Aufbau die eigene Vergangenheit mit der Übergabe des Verlagsarchivs an die Staatsbibliothek Berlin und einer begleitenden Ausstellung. Die Jahresfeier reihte sich mit einem pompösen Empfang und einem Festakt im Schauspielhaus nahtlos in die Tradition der großen Jubiläen ein. Als Festredner hatte Lunkewitz Marcel Reich-Ranicki verpflichtet, einen kritischen Kenner der DDR-Literatur aus dem Westen,

Festredner Marcel Reich-Ranicki, Kulturjournalist Wilfried Rott, Bernd F. Lunkewitz
und Christoph Hein auf der Festveranstaltung zum 50. Gründungsjubiläum im
Schauspielhaus am Gendarmenmarkt, 24. September 1995

der drei Wochen vor dem Festakt auf dem berühmten *Spiegel*-Cover
Günter Grass' Wenderoman *Ein weites Feld* zerrissen hatte und deswe-
gen gerade in aller Munde war. Der Auftritt des Literaturpapstes im
Schauspielhaus war weniger skandalträchtig: Eine Stunde lang sprach
Reich-Ranicki über »Brecht und die Liebe«. Zum Abschluss wurde für
die Gäste noch ein Musikprogramm mit der gefeierten Weill-Interpre-
tin Ute Lemper gegeben. »Ereignischarakter«, so hieß es später in der
Frankfurter Rundschau, habe am ehesten das Grußwort des Verlegers gehabt. Lunkewitz hatte der westdeutschen Literaturkritik zu Beginn des
Festakts vorgeworfen, die Bedeutung der Ost-Bestsellerautoren wie
Strittmatter und Kant bewusst zu unterschlagen. Gleichzeitig hatte er
hervorgehoben, dass im Vorzeigeverlag der DDR auch die Systemkritik
zu Hause gewesen war, indem er alle Aufbau-Autoren aufzählte, die 1976
die Protestresolution gegen die Biermann-Ausbürgerung unterschrieben
hatten. Für die Wendezeit 1989 hatte er »stellvertretend Christoph Hein«
genannt. Dass Hein einer der letzten verbliebenen großen Gegenwartsautoren bei Aufbau war, gehörte allerdings auch zur Bilanz. Der Verlags-

Die Neue Promenade am Hackeschen Markt

riese war geschrumpft. Und er schien mit 50 Jahren noch einmal fast von vorn anfangen zu müssen. Zum Neustart gehörte auch ein Umzug: Der Aufbau-Verlag zog 1996 aus dem legendären Haus in der Französischen Straße in die Neue Promenade am Hackeschen Markt. Das Gebäude gehörte Lunkewitz. Im Erdgeschoss wurde eine Buchhandlung eröffnet, die einen altbekannten Begriff mit einem Augenzwinkern aufnahm: »Leseland«.

Der Weg zur schwarzen Null: Legenden und Entdeckungen

Auf den Vertreterkonferenzen ging es mitunter hoch her. Als im Sommer 1995 die Tagebücher des Dresdner Romanisten Victor Klemperer aus den Jahren 1933 bis 1945 auf der Tagesordnung standen, waren sich zwar alle einig, dass der Titel zum Verlagsprofil passe und ein wichtiger Beitrag zu den zeitgenössischen Diskursen über historische und aktuelle

Formen von Antisemitismus und Rechtsradikalismus sei, aber nicht darüber, ob der Doppelband mit insgesamt 1800 Seiten ein kaufbereites Publikum finden könne. Zu denen, die überzeugt davon waren, gehörten Lothar Bader und Gerd Püschel, die beiden verbliebenen Vertreter aus DDR-Zeiten. Püschel forderte gar eine fünfstellige Startauflage und setzte eine Kiste Champagner auf einen durchschlagenden Erfolg. Lunkewitz, der den Band, von der langwierigen Manuskriptarbeit entnervt, zwischenzeitlich als Regionaltitel im Gustav Kiepenheuer Verlag hatte unterbringen wollen, nahm die Wette an. Dass die ebenfalls zweibändige Klemperer-Autobiographie *Curriculum Vitae*, 1989 gleichzeitig bei Rütten & Loening in Ost- und bei Siedler in West-Berlin erschienen, nur wenig Resonanz gefunden hatte, sprach für ihn.

Püschel wiederum war vor allem deswegen zuversichtlich, weil er sich an eine Vorgeschichte erinnerte. 1978 hatte Walter Nowojski, Klemperer-Schüler und seit drei Jahren Chefredakteur der *neuen deutschen literatur*, erstmals die Tagebücher des 1960 verstorbenen Gelehrten gesichtet, der als manischer Chronist ein beklemmend authentisches, dichtes und anschauliches Material über den Alltag in Nazideutschland hinterlassen hatte. Als Nowojski 1985 zwei Ausschnitte aus den Tagebüchern in der *ndl* veröffentlichte, hatte auch Uwe Nösner, Redakteur der Dresdner Zeitung der Ost-CDU, der *Union*, zu den Lesern gehört. Nösner, mit Püschel befreundet, hatte sich daraufhin selbst in der Sächsischen Landesbibliothek an die Handschriften gesetzt und das Zeitungsfeuilleton ab Mai 1987 mit einer Fortsetzungsserie aus den Tagebüchern unter der Überschrift *Alltag einer Diktatur* gefüllt. Das Echo war überwältigend gewesen: *Die Union*-Ausgaben mit den Klemperer-Beiträgen war stets in den frühen Morgenstunden ausverkauft, die Artikel waren von Hand zu Hand gegangen, und eine Flut von Leserbriefen hatte die Redaktion erreicht. Weil in etlichen dieser Briefe Analogien zwischen Klemperers Beschreibung des Alltags im Nationalsozialismus und dem Alltag im SED-Staat gezogen worden waren, hatte sich auch die Stasi intensiv mit der Serie beschäftigt, sich jedoch gegen ein Verbot entschieden, weil ein Abbruch letztlich zu noch mehr Aufmerksamkeit geführt hätte.

Mitte 1990, als der »Moment Hoffnung« im Haus in der Französischen Straße noch nicht ganz vergangen war, beauftragte Aufbau No-

wojski und die Witwe des Verfassers, Hadwig Klemperer, mit der Ent-
zifferung der 16 000 eng beschriebenen Tagebuchseiten für eine
Buchpublikation. Von Verlagsseite aus betreute Almut Giesecke als Lektorin das Projekt. Auch Gotthard Erler, für den Klemperers *LTI*, 1947
bei Aufbau erschienen, ein Jugendereignis gewesen war, nahm sich der
Sache an. Trotzdem dauerte es bis zum Herbstprogramm 1995, dass *Ich
will Zeugnis ablegen bis zum letzten* angekündigt werden konnte. Die
Pressekonferenz zur Publikation, im September in der Klemperer-Stadt
Dresden abgehalten, verstärkte lediglich eine geteilte Hoffnung: Zwar
schien die halbe Stadt auf den Beinen zu sein und hellauf begeistert, doch
war aus den wichtigen Westfeuilletons lediglich Volker Ullrich von der
Zeit angereist. Im Leipziger Opernhaus, wo Fritz Rudolf Fries wenig später eine Rede mit dem Titel *Lesarten zu Klemperer* hielt, sah es ähnlich
aus. Klemperer drohte ein zweiter Strittmatter zu werden.

Dessen ungeachtet hatte Ullrich in Dresden Hadwig Klemperer, Nowojski und Erler angekündigt, dass die Tagebücher *der* Bestseller des Bü-
cherherbstes sein würden. Und noch bevor er die *Zeit*-Beilage zur Buchmesse mit selbigem Titel aufgemacht hatte, führte *Ich will Zeugnis
ablegen bis zum letzten* bereits die Bestenliste des Südwestfunks an. Ende
November wurde das Buch dann mit dem Geschwister-Scholl-Preis ausgezeichnet und in der Laudatio von Martin Walser für seine »moralische

Schönheit« gelobt. Begeistert hatten vorher auch etliche Buchhändler auf die Leseprobe reagiert, die Aufbau gestreut hatte. Und als sich Mitte Dezember das Literarische Quartett dem Titel widmete, folgten schließlich auch die Leserinnen und Leser massenhaft: *Ich will Zeugnis ablegen bis zum letzten* tauchte trotz des stolzen Preises von 98 bzw. 128 DM (ab der 2. Auflage) wochenlang in den Sachbuch-Bestsellerlisten auf. Im Januar 1996 luden die Münchner Kammerspiele zu einer Nonstop-Lesung aus dem Werk, die insgesamt 10 000 Besucher anlockte. 35 Jahre nach seinem Tod dominierte Klemperer die Schlagzeilen. Dass sich tief in der Aufbau-Verlagsgeschichte neben dem ruhmreichen *LTI*-Band noch die beiden schmalen Klemperer-Bändchen *Der alte und der neue Humanismus* und *Zur gegenwärtigen Sprachsituation in Deutschland* finden ließen, in denen zwei Reden abgedruckt waren, die der »Beutesozialist« auf seinen Vortragsreisen für den Kulturbund gehalten hatte, bemerkte indessen kaum jemand. Wer sie zufällig noch im Regal stehen hatte, der konnte einen anderen Klemperer kennenlernen. Der sprachsensible Philologe hatte einige Propagandaphrasen in seine Reden gemischt und »Stalins Genialität« gepriesen. Das lässt sich vermutlich nur verstehen, wenn man Klemperers Erklärung bei seinem Eintritt in die KPD im November 1945 hinzuzieht: »Wenn ich schon in eine Partei muß, dann ist diese das kleinste Übel. Gegenwärtig zum mindesten. Sie allein drängt wirklich auf radikalste Ausschaltung der Nazis. Aber sie setzt neue Unfreiheiten an die Stelle der alten! Aber das ist im Augenblick nicht zu vermeiden.«

In Anbetracht des gesamtdeutschen Erfolgs von *Ich will Zeugnis ablegen bis zum letzten* nahm Aufbau ein lohnenswertes Ziel ins Auge, den amerikanischen Markt, der für Bücher aus Deutschland kein einfacher war. Ein Vorabdruck im *New Yorker* und eine vierseitige Besprechung im *New York Times Magazine*, die die Klemperer-Tagebücher als Beitrag zur brodelnden Debatte über Daniel Goldhagens umstrittenes Buch *Hitler's Willing Executors. Ordinary Germans and the Holocaust* einordnete, hatten die potenziellen Lizenznehmer neugierig gemacht. Aufbau entschied sich schließlich für ein Auktionsverfahren. Und die Drähte liefen heiß, bis alle Erwartungen übertroffen wurden. Als am Ende gleich drei Verlage eine halbe Million Dollar boten, gab Aufbau Random House den Zuschlag. Mit dem New Yorker Publikumsverlag hatte man schon im Fall von Ingo Hasselbachs *Die Abrechnung* (1993), dem Bericht eines Aussteigers aus der Neonazi-Szene, der breite Wellen geschlagen und zu Drohungen gegen Autor und Verlag geführt hatte, unmittelbar zuvor gute Erfahrungen gemacht. Die Geschichte Hasselbachs, als *Führer-Ex. Memoirs of a Former Neo-Nazi* im Januar 1996 in den USA erschienen, kam 2002 in die deutschen Kinos. Auch die Klemperer-Tagebücher wurden nach dem durchschlagenden Bucherfolg mit weit über 100 000 verkauften Exemplaren für den Film adaptiert: 1999 strahlte die ARD die zwölfteilige Fernsehserie *Klemperer – Ein Leben in Deutschland* aus.

Dass Traditionspflege auch mit der Aufarbeitung der eigenen Vergangenheit einhergehen konnte, zeigte sich im Umgang mit einem anderen wichtigen Autor der Verlagsgeschichte, mit Arnold Zweig. Von Zweig, in der DDR viel gedruckt und gelesen, ausgezeichnet und hofiert, lag bereits eine Werkausgabe vor, der man die Spuren ihres Entstehungszeitraums, 1957 bis 1967, allerdings deutlich ansah. Der Roman *De Vriendt kehrt heim* beispielsweise, von der Gutachterin Johanna Rudolph wegen einer »Vermischung zionistischer und scheinsozialistischer Gedankengänge« oder der Nennung der Unperson Trotzki geächtet, war beispielsweise arg verstümmelt erschienen. In anderer Weise radikal war Aufbau seinerzeit mit Zweigs Beziehungsbiographie *Freundschaft mit Freud* umgegangen: Als der Autor das Manuskript, auf Anregung von Freuds Tochter Anna entstanden und nach Zweigs Rückkehr aus dem palästinensischen Exil 1948 zunächst in der Schublade verschwunden, 1962 endlich in der Französischen Straße eingereicht hatte, war es erst lange liegengeblieben und dann, auf Nachfrage Zweigs wohlgemerkt, kommentarlos zurückgeschickt worden. Aufbau hatte den kalten Atem der Dogmatiker im Nacken gespürt, von denen etliche überzeugt waren, dass Psychoanalyse und Marxismus unvereinbar seien. Dass die neue, auf 19 Bände angelegte Werkausgabe 1996 ausgerechnet mit der Erstveröffentlichung von *Freundschaft zu Freud* und dem wiederhergestellten *De Vriendt kehrt heim* eröffnet wurde, ließ sich als Wiedergutmachung deuten. Doch zum viel gelesenen Klassiker sollte es der 1968 verstorbene »preußische Jude Arnold Zweig« (Marcel Reich-Ranicki) im vereinigten Deutschland trotzdem nicht mehr bringen. Das Projekt der Werkausgabe wurde 2006, in einem Krisenjahr des Verlags, nach zwölf Bänden auf Eis gelegt. Ähnlich kurvenreich war die Veröffentlichungsgeschichte Inge Müllers bei Aufbau verlaufen, die – sieht man von einem 30-seitigen *Poesiealbum* im Verlag Neues Leben ab – erst zwei Jahrzehnte nach ihrem Suizid von den drei renommierten Lyrikern Richard Pietraß (als Herausgeber), Wulf Kirsten (als Verlagsgutachter) und Wolfgang Trampe (als Außengutachter) mit dem schmalen Auswahlband *Wenn ich schon sterben muß* (1985) in der DDR vorgestellt wurde. Auf der Kippe stand mehr als ein Jahrfünft nach der Einheit auch die Inge-Müller-Sammlung *Irgendwo; noch einmal möcht ich sehn* (1996), herausgegeben von Ines Geipel. Persönlichkeitsrechtliche Schwierigkeiten hätten die Herausgeberin fast zur Aufgabe des Projekts gebracht. Der Aufbau-Verlag unterstützte die Entdeckung der Dichterin, die stets im Schatten ihres Mannes Heiner gestanden hatte, obwohl sie Ko-Autorin etlicher wichtiger Stücke wie *Der Lohndrücker* oder *Die Umsiedlerin* gewesen war, schließlich noch mit den 2002 erschienenen *Gesammelten Texten* unter der Überschrift *Daß ich nicht ersticke am Leisesein*, herausgegeben von Sonja Hilzinger, die 2005 auch eine Biographie der Autorin schrieb.

Trotz all der wichtigen Projekte, vom Feuilleton gefeiert und auch von der Leserschaft gut angenommen, blieben die Mittneunziger eine Zeit der roten Zahlen. Vor allem im Unterhaltungsbereich musste die Verlagsgruppe Boden gutmachen. Auf der Suche nach einem Titel, der vielleicht weniger diskutiert, dafür aber mehr verkauft würde, machte sich René Strien 1995 auf den Weg nach Zürich, wo die Agentur Liepman saß. Eva Koralnik, mit der Profilentwicklung des Aufbau-Verlags vertraut, empfahl ihm einen historischen Roman, *Pope Joan*, der amerikanischen Sachbuchautorin Donna W. Cross, in dem diese die Legende der Päpstin Johanna, die es, als Mann verkleidet, im 9. Jahrhundert aus Ingelheim am Rhein bis auf den Thron des Vatikans geschafft haben soll, literarisch verarbeitet hatte – wie schon Hans Sachs, Achim von Arnim, Bert Brecht und viele andere vor ihr. Reinhard Rohn nahm den Titel mit offenen Armen in das Programm von Rütten & Loening auf. Als *Die Päpstin* dann im Herbst 1996 erschien, war die Hoffnung auf einen unterhaltungsliterarischen Durchbruch zunächst getrübt. Der Vorschuss war verhältnismäßig hoch gewesen, die Verkaufszahlen vorerst über-

Meistverkaufter Titel der Verlagsgeschichte: *Die Päpstin* von
Donna W. Cross

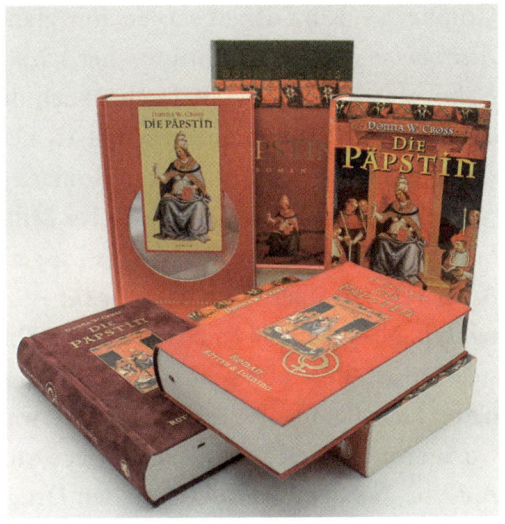

schaubar und das Feuilleton verächtlich. Apodiktisch urteilte die Hallenser *Mitteldeutsche Zeitung* im Januar 1997 über den Roman: »Besser
nichts vom Schicksal der Päpstin wissen als das, was Cross den Lesern
zumutet.«

Was dann folgte, war eine Meisterleistung der Abteilung Marketing
und Vertrieb, in der seit 1996 mit dem von Rowohlt gekommenen Tom
Erben ein neuer Werbeleiter wirkte. Sie schaltete gezielt Anzeigen in
Frauenzeitschriften und bemühte sich, *Die Päpstin*, passend zum Auf-
bau-Profil, als Emanzipationsgeschichte zu verkaufen. Die Vertreter des
Verlags, im Gegensatz zu vielen Kollegen bereits mit Laptop und einem
elektronischen Bestellsystem unterwegs, boten den Buchhandlungen neben dem Buch auch die passenden Werbemittel an und hatten später als
Dank für das Engagement einen Spätburgunder aus Ingelheim mit *Päpstin*-Etikett im Kofferraum. Ebenso gut funktionierte die Mund-zu-
Mund-Propaganda unter den Leserinnen und Lesern. Als nach der 17.
Hardcover-Auflage 1998 der Titel schließlich als Taschenbuch erschien,
gab es kein Halten mehr: Die Buchhändler nahmen *Die Päpstin* in Pa-
letten ab, so dass der Roman nicht nur wochen-, sondern buchstäblich
monate-, ja sogar jahrelang die Taschenbuch-Bestsellerliste anführte. Der
atv-Umsatz verdoppelte sich schlagartig von 7 auf 14 Millionen DM und
machte damit plötzlich mehr als die Hälfte des Gesamtumsatzes der

Gruppe aus. Kurz darauf startete mit Hanjo Lehmanns *Die Truhen des Arcimboldo* ein weiterer historischer Vatikan-Roman, 1995 bei Rütten & Loening erschienen, als Taschenbuch durch und kam in kurzer Zeit auf über 200 000 verkaufte Exemplare. Damit war Aufbau zum Trendsetter im Genre des Historischen Romans geworden.

Der Erfolg der *Päpstin*, die mit 1,4 Millionen Exemplaren 1999 den bisher meistverkauften Titel der Verlagsgeschichte, *Das siebte Kreuz* von Anna Seghers, überholt hatte, war für Aufbau im wahrsten Sinne existenziell. Nachdem die Jahre 1992 und 1993 mit Verlusten im hohen einstelligen Millionenbereich wirtschaftlich katastrophal gelaufen waren, hatten sich die Bilanzen zwar verbessert, waren aber trotz Klemperer und Co. im roten Bereich verblieben. Peter Dempewolf hatte die undankbare Aufgabe, bei den Dienstleistern, den Druckereien zum Beispiel, immer wieder um Zahlungsaufschub zu bitten, bis Lunkewitz wieder Geld zur Verfügung stellte. Große Investitionen blieben aus. Erst mit der *Päpstin* näherte sich der neue Aufbau-Verlag der schwarzen Null. 1998 war es schließlich so weit: Zum ersten Mal schloss die Gruppe, bestehend aus Aufbau, atv, Rütten & Loening und dem Gustav Kiepenheuer Verlag, ein Jahr mit Gewinn ab. Die Verlagsmannschaft war nach Jahren der Stellenstreichungen wieder auf über 50 Mitarbeiter angewachsen, wovon etwa die Hälfte schon zu DDR-Zeiten bei Aufbau beschäftigt gewesen war. Lunkewitz hatte bereits Anfang des Jahres in gewohnt forschem Ton verkündet, bald wieder »in der ersten Reihe der deutschen Verlage« mitspielen zu wollen.

Und während Aufbau mittlerweile als »Verlag der *Päpstin*« etikettiert wurde, landete man in der zweiten Hälfte der 1990er Jahre symbolische Erfolge. Bezeichnend dafür war eine Sendung des Literarischen Quartetts. Nachdem schon die Klemperer-Tagebücher und der Überraschungserfolg von Alfred Kerrs Feuilletonsammlung *Wo liegt Berlin?* (1997) von Reich-Ranicki, Hellmuth Karasek und Sigrid Löffler, der Stammbelegschaft der berühmten ZDF-Literatursendung, in die Wohnzimmer der Zuschauer gelobt worden waren, kamen in der Sendung am 24. April 1998 gleich drei der fünf vorgestellten Titel aus dem Haus am Hackeschen Markt. Sie alle waren paradigmatisch für den Aufbau-Verlag in dieser Zeit: Mit den Klatschgeschichten des Goethe-Zeitgenossen

Eine der vielen erfolgreichen Trouvaillen: Brigitte Reimanns Tagebücher

Carl August Böttiger über *Literarische Zustände und Zeitgenossen* in Weimar besprach die Kritikerriege eine Klassik-Entdeckung mit populärem
Einschlag, die besonders für die sorgsame Edition gelobt wurde. Der
Rechtefundus aus DDR-Zeiten zahlte sich im Fall von Henry James aus,
einem amerikanischen Kultautor, dessen 1881 erschienener Roman *Washington Square* 1975 bei Aufbau verlegt worden war und nun anlässlich
einer Agnieszka-Holland-Verfilmung des Stoffs als Taschenbuch aufgelegt wurde. Die dritte besprochene Autorin, im Quartett hoch gelobt,
war Brigitte Reimann. Angela Drescher hatte sich der früh verstorbenen
Schriftstellerin über den Wolf/Reimann-Briefband *Sei gegrüßt und lebe*
(1993) angenähert und hatte dafür die Brigitte-Reimann-Sammlung des
Feldberger Hans-Fallada-Archivs genutzt, in der auch Reimanns Tagebücher lagen, die 1983 auszugsweise schon vom Hausverlag der Autorin, dem FDJ-Verlag Neues Leben, veröffentlicht worden waren. Nachdem sie sich die Abschriften hatte zuschicken lassen, brachte die
Lektorin *Ich bedaure nichts* (1997) und *Alles schmeckt nach Abschied*
(1998) auf den Weg, biographisch und stilistisch eindrucksvolle Zeitdo-
kumente, die eine Renaissance der Autorin einleiteten. Das editionstak-
tische Meisterstück vollendete im Herbst 1998 die Neuedition des frag-
mentarisch gebliebenen Romans *Franziska Linkerhand*.

Diese Fülle von Erfolgen kaschierte allerdings auch ein substanzielles

Problem: Fast alle Titel, die symbolisches *und* wirtschaftliches Kapital einspielten, kamen aus der (Verlags-)Geschichte. Passend dazu wurde im Herbst 1997 die *Aufbau Bibliothek* aufgelegt, die Klassiker von der Antike bis zur Moderne zugänglich machen und vor allem aus der Backlist gespeist werden sollte. Selbst wichtige Gegenwartsautoren wie Klaus Schlesinger oder Landolf Scherzer fügten sich so passgenau ins historische Profil, dass kaum jemand bemerkte, dass sie erst 1995 bzw. 1997 erstmalig bei Aufbau erschienen. Rar gesät waren hingegen die großen Neuentdeckungen, die dringend erforderlich waren, um auf vielfältige Weise im Gespräch zu bleiben. Lediglich Thomas Lehr hatte für Aufsehen gesorgt und mit der Literaturbetrieb-Satire *Zweiwasser oder Die Bibliothek der Gnade* (Rütten & Loening, 1993) sowie seinem voluminösen Roman *Die Erhörung* (Aufbau, 1995) gute Kritiken bekommen und einige Literaturpreise abgeräumt. Symptomatisch für den Aufbau-Verlag war aber der Fall von Thomas Brussig: Brussigs zweites Buch *Helden wie wir* erschien, obwohl der Titel, der als Wenderoman wie prädestiniert für das Programm Aufbaus erschien, schließlich bei dem anderen ehemaligen DDR-Riesen, bei Volk und Welt. Bei seinem ersten Roman, *Wasserfarben*, hatte der Autor auf einem geschützten Pseudonym bestanden und war als »Cordt Berneburger« nicht öffentlich aufgetreten. So konnte für das Buch, im schwierigen Marktumfeld der Wendezeit erschienen, nur schwer die Werbetrommel gerührt werden. Entsprechend enttäuscht war der Autor über den geringen Verkaufserfolg. Von Brussigs zweitem Roman war man im Verlag zwar überzeugt, wollte (und konnte) aber mit dem Angebot nicht in die Vollen gehen, auch weil sich Aufbau bereits auf Gila Lustigers Debütroman *Die Bestandsaufnahme* als Spitzentitel für das Herbstprogramm 1995 festgelegt hatte. Volk und Welt hingegen sicherte Brussig neben dem Status als Spitzentitel eine fünfstellige Startauflage zu und machte das Buch zum Leseexemplar. VW, auf noch wackligeren Füßen als Aufbau, glückte mit *Helden wie wir* ein sorgsam vorbereiteter Lucky Punch. Der glückte Aufbau mit Lustigers *Bestandsaufnahme* nicht: Der Roman, ein Mosaik von jüdischen Schicksalen, die anhand von verlorenen bzw. weitergegebenen Gegenständen erzählt werden, konnte längst nicht so prominent platziert werden, wie er es verdient gehabt hätte.

Angela Drescher mit ihrer ehemaligen Lektoratskollegin Brigitte Struzyk bei der Buchpremiere von deren Band *In vollen Zügen*, 1994

Die Marktposition im Bereich der jungen, anspruchsvollen Gegenwartsliteratur wollten Bernd F. Lunkewitz und Strien, der nach der Pensionierung Erlers 1999 die alleinige Verantwortung für das gesamte Haus übernahm, mit einer »Erweiterung« stärken. Deren Richtung zeigt ein Interview des Verlegers im *Tagesspiegel*, in dem er von den deutschen Autoren unter Verweis auf die Marktanteile angloamerikanischer Literatur »emotional packende, dramatisch strukturierte Romane und Novellen« einforderte. Immer wieder fiel der Name Lion Feuchtwanger, der als verlagsgeschichtlicher Repräsentant dafür stand, dass Unterhaltung und Anspruch sich nicht ausschließen mussten. Aufbau und die *neue deutsche literatur* lobten schließlich im selben Jahr einen Manuskriptpreis aus, den »Neuen deutschen Literaturpreis«, der neben einer Publikation 10 000 DM (Roman) und 5000 DM (Novelle) Garantiehonorar versprach. Im ersten Jahr fanden sich allerdings keine deutschsprachigen Autorinnen und Autoren, die »ihren Lesern einen emotional spannenden ›fiktionalen Traum‹ ermöglichen« konnten, wie die Ausschreibung formulierte – und das, obwohl immerhin 378 Texte eingegangen waren.

Auch im folgenden Jahr wurde der Preis nicht vergeben. Dessen ungeachtet forderte Lunkewitz landauf, landab Spannung und Emotionen in der deutschsprachigen Literatur. Die Phase der »zerquälten Innerlichkeit« und der »leidigen Denksportaufgaben«, so ließ er den *Spiegel* wissen, sei vorbei. In der anspruchsvollen Ecke sorgte das für Widerspruch und Häme. »Deutsche Autoren«, resümierte beispielsweise Klaus Wagenbach im März 1999 nach einer Lunkewitz'schen »Literaturpredigt« im *Tagesspiegel*, »hört nicht auf die Wünsche eurer Verleger.«

Mit dem ersten Preisträger des auf 20 000 DM angehobenen Manuskriptpreises, Richard Wagner, bewies Aufbau dann ein ausgesprochen gutes Händchen. Der rumäniendeutsche Schriftsteller war 1987 in die Bundesrepublik übergesiedelt und bisher unter anderem bei Luchterhand, Rotbuch und DVA erschienen. Mit *Miss Bukarest* (2001) wechselte er zu Aufbau. Wie die zahlreichen Veröffentlichungen im Belletristik- und im Sachbuch-Programm, die den Stalinismus thematisierten, passte der Roman nicht nur zu den neuen literarischen Anforderungen, sondern auch zur Tradition: Wagner schilderte in *Miss Bukarest* das Nachleben des rumänischen Geheimdiensts, der Securitate, unter den Rumänienstämmigen in Berlin – als Kriminalroman. Zum Aufbau-Stammautor sollte auch der zweite (und letzte) Preisträger des Neuen deutschen Literaturpreises werden, der Schweizer Hansjörg Schertenleib, der für *Der Papierkönig* (2003) ausgezeichnet wurde. Erneut hatte der Aufbau-Verlag einen Roman ausgezeichnet, der die Leser mit einem Krimi-Plot und viel Gewalt unterhielt.

Profilsuche mit Irrwegen: Der Aufbau eines breiten Programms

Vier Jahrzehnte lang gehörte es zu den Pflichten des Aufbau-Verlags, einen Beitrag zu den Gründungstagsfeierlichkeiten der DDR zu leisten. Der 50. Staatsgeburtstag allerdings, der 1999 angestanden hätte, ließ sich allenfalls als Gedenkfeier gestalten. Und Aufbau war dabei. Seinen ersten Beitrag zu diesem Nichtjubiläum lieferte der Verlag im Herbst 1998

mit *Die DDR wird 50. Texte und Fotografien*, einem opulenten, anderthalb Kilo schweren Band im quadratischen Format. Der Titel war natürlich ein »kleines Amüsement«, wie aus dem Haus am Hackeschen
Markt zu vernehmen war, kam aber auch mit einem Subtext daher: Der
untergegangene Staat wirkte fort. Die Geschichte war nicht die Vergangenheit. Und sie konnte neu gedeutet werden, widerrufen und umge-
formt, mit »Heiterkeit, Ironie und lakonischem Ernst«, wie der Rücksei-
tentext beschrieb, aber auch mit dem Selbstbewusstsein, dass der Alltag
»reicher war, als viele Westler ahnen und manche Ostler heute wahrhaben wollen«.

Dafür standen im Nichtjubiläumsjahr 1999 auch weitere Aufbau-Bücher, allen voran Wolfgang Englers *Kunde von einem verlorenen Land* mit
dem Titel *Die Ostdeutschen*. Der Versuch des Soziologen, Handlungs-
spielräume auszumessen und die Alltagsgeschichte der Ostdeutschen neben bzw. gegen die Herrschaftsgeschichte zu stellen, führte ebenso wie
der Nachfolgeband *Die Ostdeutschen als Avantgarde* (2002) zu einer heftigen Debatte über Deutungshoheit und Darstellungsformen. Das
Schlagwort der Ostalgie machte die Runde. Engler, ein suggestiver Erzähler, wurde zum »Propagandisten der ostdeutschen Selbstethnisierung«
(Sighard Neckel) erklärt. Und Aufbau feuerte den Ost/West-Deutungs-
diskurs weiter an: Klaus Schlesinger schrieb *Von der Schwierigkeit, Westler zu werden.* Harald Hauswald, Mitherausgeber von *50 Jahre DDR*,
legte 1999 den Band *Seitenwechsel. Fotografien 1979–1999* auf. Von Tilo
Köhler erschienen im selben Jahr drei Bücher über die Stalinwerke, die
Stalinstadt und die Stalinallee (als Lizenz des Transit-Verlags) im Taschenbuch. Bei Gustav Kiepenheuer kam pünktlich zum Nichtjubiläum ein
weiterer Bildband mit dem Titel *Alles war so. Alles war anders* auf den
Buchmarkt, herausgegeben von Thomas Billhardt und Kerstin Hensel.
Es folgten Bücher wie *Absturz in die Freiheit* (2000) von Friedrich Schor-
lemmer, *Das Buch der Unterschiede. Warum die Einheit keine ist* (2000),
herausgegeben von Jana Simon, der Enkeltochter Christa und Gerhard
Wolfs, Andreas Gläsers *Der BFC war Schuld am Mauerbau. Ein stolzer
Sohn des Proletariats erzählt* (2002) oder eine Taschenbuchausgabe von
Werner Mittenzweis wichtiger Studie *Die Intellektuellen* (2003). Sie alle
behaupteten eine ostdeutsche Position in der gesamtdeutschen Debatte,

Diskursprägend: *Die Ostdeutschen*
(1999) und *Die Ostdeutschen als
Avantgarde* (2002) von Wolfgang
Engler

in der sonst diejenigen das Sagen hatte, die als Sieger der Geschichte galten. Und sie waren als Aufforderung an die Westdeutschen zu lesen, genauer hinzuschauen. Schon der Band *50 Jahre DDR* hatte mit einem Beitrag des *Welt*-Reporters Wolfgang Büscher geendet, dessen Untertitel *Ein Antrag auf Schluß der Debatte* lautete und in dem es hieß: »Fahr in den Osten, Leser. Fahr hin, lauf, schwimm, segle, rudere, meinetwegen reite, und denk nicht soviel.«

Mit dieser Wucht an Publikationen kam der Verlag zu einem beachtlichen symbolischen Erfolg: Das Aufbau-Sachbuch, gepflegt von langjährigen Aufbau-Lektorinnen wie Maria Matschuk und Franziska Günther, die 1999 in den Verlag gekommen war, war beim Thema DDR-Bewältigung prägend – zumindest für die ostdeutsche Perspektive. Dass das keine verlagsgeschichtliche Zwangsläufigkeit war, ließ sich an den Vorgeschichten zu den Büchern von Engler und Schorlemmer erkennen. Engler, Professor für Kultursoziologie und Ästhetik an der Schauspielhochschule Ernst Busch, war Anfang der 1990er für das Sachbuchprogramm angefragt worden, hatte sich aber zunächst für den ruhmreichen westdeutschen Konkurrenten Suhrkamp entschieden. Weil dessen Lektorat aber nicht die Manuskriptarbeit leisten konnte, die er sich wünschte, auf kürzeren Vorlaufzeiten bestand und auch lebensgeschichtlich recht weit weg war von seinen Themen, wechselte er mit *Die*

Ostdeutschen zu Aufbau. Der Theologe Schorlemmer wiederum hatte in der Nachwendezeit nicht an die Vertriebskraft des Aufbau-Verlags geglaubt und seine Bücher unter anderem bei Kindler, Droemer Knaur und Goldmann publiziert, ehe er sich 2000 für Aufbau als passenden Publikationsort entschied. Beide, Engler und Schorlemmer, wurden zu Konstanten, ja zu imageprägenden Autoren im Aufbau-Sachbuch, in dem wie in jedem Sachbuchprogramm vorrangig Themen dominierten. Das sollte später auch Jutta Voigt gelingen, einer ehemaligen Redakteurin des *Sonntags*, die mit *Der Geschmack des Ostens. Vom Essen, Trinken und Leben in der DDR* (Gustav Kiepenheuer, 2005) oder *Westbesuch* (Aufbau, 2009) die Alltagskultur der DDR erinnerte.

Auch zu den Diskussionen über den Nationalsozialismus, den Antisemitismus und den Rechtsextremismus lieferte Aufbau regelmäßig Beiträge. Nach den Tagebüchern Klemperers und den Büchern Hasselbachs stand beispielsweise die von Hadassa Ben-Itto verfasste *Anatomie einer Fälschung* (1998), die sich mit der folgenreichen antisemitischen Hetzschrift *Protokolle der Weisen von Zion* befasste, stellvertretend für den aufklärerischen, emanzipativen Anspruch des Verlags. Ein wichtiger Titel war auch die Übersetzung von Marion Kaplans *Der Mut zum Überleben. Jüdische Frauen und ihre Familien in Nazideutschland* (2001). Heinrich Hannover, der als Strafverteidiger jahrzehntelang linke Aktivisten in der Bundesrepublik vertreten hatte, schrieb in *Die Republik vor Gericht* (1998/99) über den gar nicht so goldenen Westen. Mit *Mythos Wehrmacht* (2001) verlegte Aufbau im Taschenbuch erstmalig einen Titel, an dem der Friedensforscher Wolfram Wette beteiligt war. Auch die Aufarbeitung der stalinistischen Vergangenheit war weiter präsent. Ein verdienstvoller Titel wie die *Tagebücher 1933–1943* (2000) von Georgi Dimitroff, der als Angeklagter im Reichstagsbrandprozess Hermann Göring rhetorisch vorgeführt hatte und anschließend bis 1943 Generalsekretär der Komintern gewesen war, richtete sich allerdings nur an eine spezielle Leserschaft und konnte mit seinen 700 Seiten und dem ebenso dicken Kommentarband, was den Verkaufserfolg angeht, längst nicht in die Klemperer-Fußstapfen treten.

Mit mehr Schwierigkeiten hatte man bei den Sachbuchtiteln mit Gegenwartsthemen zu kämpfen. Die 1999 eröffneten *Essays bei Aufbau*, in der gründlich durchgearbeitete Texte à 120 Seiten für 24 DM erschienen, wurden so schlecht verkauft, dass die Reihe nach nur einem Jahrgang eingestellt wurde. Von 1996 bis 1999 war die Taschenbuchreihe *Aufbau Thema* erschienen, die Debattenimpulse setzte, aber trotz einiger ansprechend verkaufter Titel – wie Ignatz Bubis' *Juden in Deutschland* (1996) – ebenfalls mehr kostete als einbrachte. Immerhin waren über *Aufbau Thema* einige wichtige Autoren in den Verlag gekommen, unter ihnen der israelische Historiker Moshe Zimmermann, der nach *Wende in Israel* (1996) noch drei weitere Titel bei Aufbau veröffentlichte.

Zum diskursprägenden Begleiter der Berliner Republik, als den Lunkewitz seinen Verlag gerne gesehen hätte, konnte Aufbau trotz seiner starken Stimme bei den genannten Themen aber nicht werden. Die traditionsbewusste Neuerfindung brauchte Zeit. Aufbau, mit einem Umsatz unter 30 Millionen DM, war sowohl den Big Players im Sachbuch als auch denen in der Belletristik strukturell unterlegen. So bastelte man mit viel Dynamik um die Jahrtausendwende, mit der das Jahrhundert der literarischen Verlage zu Ende ging, an der Grundstruktur von Verlag und Programm. 1999 wurde beispielsweise Der Audio Verlag (DAV) gegründet, der auf eine interessante Vorgeschichte verweisen konnte: Der Verlag der Autoren hatte gemeinsam mit Klett Cotta und Hanser 1993 den Hörverlag gegründet, an dem sich weitere Verlage, darunter Suhrkamp und Kiepenheuer & Witsch, beteiligten. Weil Aufbau eine erfolgreiche Vertriebskooperation mit Hanser Kinderbuch pflegte, war bald die Anfrage aus München gekommen, ob die Aufbau-Vertreter nicht auch den Hörverlag in ihre Taschen packen könnten. Das taten sie fortan so erfolgreich, dass einige von ihnen von Hanser abgeworben wurden und die Vertriebskooperation krachend zu Ende ging. Diese unschöne Episode führte aber immerhin dazu, dass Aufbau einen Einblick in den Hörbuch-Vertrieb bekommen hatte und die Verlagsleitung mit dem Gedanken spielte, eine Alternative zum Hörverlag auf die Beine zu stellen. Dafür suchte Aufbau nach Partnern. Während zahlreiche Buchverlage die Investition nicht wagen wollten, war der Südwestrundfunk dazu bereit. Kooperationen gab es zudem mit anderen öffentlich-rechtlichen Rundfunksendern. Damit konnte das DAV-Programm auf einen großen Fundus zurückgreifen und fand mit seinem breiten Programm von

540. Auflage: René Strien mit dem *Struwwelpeter*, 1994

der »Gesamtlesung bis zum Tondokument, von Diderot bis Thomas Brussig, vom Krimi bis zur Erotik«, ausgeliefert übrigens in umweltschonender Pappe, auf Anhieb viele Hörer. Nach dem erfolgreichen Start beteiligten sich der Spiegel-Verlag, WDR und RBB als Gesellschafter an dem Unternehmen. Die Leitung blieb aber im Haus am Hackeschen Markt und lag zunächst in der Hand von René Strien und Peter Dempewolf. 2001 übernahm dann Norbert Schaepe und nach dessen Weggang 2002 schließlich Tom Erben. Nach einigen äußerst erfolgreichen Jahren spürte Der Audio Verlag den Atem der Konkurrenz im Nacken. Weil der Markt enorm gewachsen war und die technische Entwicklung die Produktion vereinfacht hatte, versuchten immer mehr Mitbewerber, ein Stück vom Hörbuchkuchen abzubekommen.

Experimentier- und investitionsfreudig zeigte sich Aufbau im Bücherfrühling 2000 auch bei der Etablierung des Kinderbuchprogramms Aufbau Bilderbuch. Die Bilderbücher sollten als »Einstiegsdroge in unser Programm« (Norbert Schaepe) entwickelt werden und konnten an eine beachtliche verlagsgeschichtliche Tradition im Bereich der Kinder- und

»Augenschmaus, sammlerverdächtig« (Jutta Stössinger): Das Aufbau
Bilderbuch

Jugendliteratur anknüpfen. Die beiden meistverkauften Titel von Friedrich Wolf, einem der wichtigsten Autoren der frühen Verlagsgeschichte,
waren beispielsweise die seit 1951 aufgelegten *Tiergeschichten für große
und kleine Kinder* mit dem Titel *Bummi*, dicht gefolgt von den 1946 erschienenen *Märchen für große und kleine Kinder*. In der internen Statistik hatten sie damit auch DDR-Longseller wie Strittmatters *Ole Bienkopp*, Falladas *Wer einmal aus dem Blechnapf frißt* oder Heinrich Manns
Der Untertan hinter sich gelassen. Bei Rütten & Loening erschien 1994
Heinrich Hoffmanns *Struwwelpeter* gar in der 540. Auflage seit dem Erstdruck 1845. Und Aufbau ging tatsächlich in die Vollen, um sich am dichten Markt durchsetzen zu können. Als Herausgeberin wurde Ute Blaich
gewonnen, die in ihrem langen Kinderbuchleben die Kinderbuchseiten
der *Zeit* und die *rotfuchs*-Reihe bei Rowohlt verantwortet, zudem in der
Jury mehrerer Kinder- und Jugendliteraturpreise gesessen und selbst Kinderbücher geschrieben hatte. Die Autorenriege des Eröffnungsprogramms (u. a. Hans Magnus Enzensberger, Barbara Frischmuth und
Wolfdietrich Schnurre) war ebenso hochkarätig wie die Illustratorenriege

Barbara Frischmuths *Fingerkraut und Feenhandschuh* (1999)

(u. a. Rotraut Susanne Berner, Christine Leins und Michael Sowa). Auch Ute Henkel, für die Ausstattung verantwortlich, zog alle Register. Eine Lobeshymne sang Jutta Stössinger in der *Frankfurter Rundschau*: »Halbleinen, schweres Papier in Chamois, Fadenheftung. Augenschmaus, sammlerverdächtig. Brillante Zeichner und hochkarätige Autoren von Vor- oder Nachwörtern.« Die hochwertige Qualität hatte allerdings ihren Preis. Und selbst die 25 bis 40 DM für maximal 32 Seiten waren knapp kalkuliert. Diesen Geburtsfehler schleppte Aufbau Bilderbuch fortan mit sich herum.

Zur größten Herausforderung wurde die Entwicklung des literarischen Programms, eine der Gründungssäulen des Aufbau-Verlags. Barbara Frischmuths Gartentagebuch *Fingerkraut und Feenhandschuh* (1999) löste einen Boom literarischer Garten- und Landschaftsbücher aus, an dem sich auch die langjährigen Stammautoren beteiligten bzw. beteiligt wurden – von Eva und Erwin Strittmatter erschien *Du liebes Grün* (2000), Helga Schütz beschrieb ihren märkischen Garten mit *Dahlien im Sand* (2001), und Angela Drescher stellte die Sammlung *Nuancen von Grün* (2002) mit Texten Christa Wolfs zusammen. Den größten Sprung machte Aufbau mit einigen Entdeckungen im Bereich der literarischen Krimis. Das Besondere an diesen Titeln war, dass sie dem Hauptprogramm gut zu Gesicht standen und zugleich attraktive Taschenbuch-Vorläufe boten. Und es zeigte sich, dass auch die Lektorinnen, die schon vor 1990 für Aufbau tätig waren, ein gutes Gespür für die Marktgängigkeit entwickelt hatten. So entdeckte Marlies Juhnke beispielsweise Polina Daschkowa, mit der erstmalig seit der Wende eine russischsprachige Autorin erfolgreich auf dem Markt platziert wurde. Die bemerkenswerteste Entdeckung gelang der Romanistin Waltraud Schwarze, die Anfang der 1970er Jahre ins Auslandslektorat gekommen war und beispielsweise das gewaltige Romanwerk Robert Merles über die Wende gebracht hatte. Als sie während eines Frankreich-Urlaubs in der Literaturbeilage von *Le Monde* las, fiel ihr ein intelligenter, humorvoller Text auf, der mit Fred Vargas unterschrieben war. Hinter dem Künstlernamen steckte die französische Archäologin Frédérique Audoin-Rouzeau, die seit 1991 in ihrer Freizeit Kriminalromane schrieb, aber auch in Frankreich noch nicht den großen Durchbruch hatte feiern können. Ihre Bücher, die ab 1999 mit großer Regelmäßigkeit bei Aufbau erschienen, waren ein Glücksfall für das Programm des Verlags, weil sie sich gut verkauften und zudem in ihrer ironischen, teils skurril-surrealistischen Art auch als Literatur geschätzt wurden. Ein Ritterschlag im wahrsten Sinne sollten die Vargas-Bücher für die Lektorin werden: 2009 wurde Waltraud Schwarze für ihre Vermittlungsbemühungen vom französischen Ministerium für Kultur und Kommunikation zur Ritterin im Ordre des Arts et des Lettres ernannt.

Damit war der Aus- und Aufbau eines breiten Programms im Gange, mit dem der Spagat gelingen sollte, die eigene Identität zu wahren und zugleich – mithilfe neu aufgestellter populärerer Imprints samt Taschenbuchverlag – auf dem völlig neuen Feld des gesamtdeutschen Buchmarktes auch wirtschaftlich bestehen zu können. Um die Jahrtausendwende mündete das in einem gut sortierten Angebot an Sach-, Hör-, Kinder- und Krimibüchern, historischen Romanen und weiteren Unterhaltungstiteln, mit populär aufgemachten Klassikern und aufwändigen Werkausgaben – 2000 erschien mit *Das siebte Kreuz* der erste Band einer neuen

Seghers-Werkausgabe, deren Herstellung Peter Birmele verantwortete, der bereits in Vorwendezeiten Leiter Typographie des Verlags gewesen war, bis 2009 Peter Friederici, 1981 in die Abteilung gekommen, übernahm. Lediglich bei einem der traditionell wichtigsten Segmente, der anspruchsvollen Gegenwartsliteratur, verlief es nicht wie erhofft. Aufbau hatte es schwer, seine Gegenwartsautoren gegen die etablierten großen West-Häuser durchzusetzen. Titel wie Thomas Lehrs *Nabokovs Katze* (1999), die das Feuilleton fasziniert feierte, erschienen nur selten bei Aufbau. Bezeichnend war der Umgang mit der Lyrik, die nicht nur in der Neue Promenade längst zum Liebhabergeschäft geworden war. Einzeltitel erschienen höchstens noch zur Autorenpflege. Bis in die Wortwahl zeigte sich die Entwicklung in einem Gesprächsbeitrag René Striens aus dem Jahr 1998: »Wir erlauben uns noch ab und an Lyrikbände. Unserem Autor Mario Wirz haben wir sozusagen einen zum vierzigsten Geburtstag geschenkt.« Im Fall von Richard Pietraß hingegen, der seit 1980 Aufbau-Autor war, Gutachten geschrieben, Gedichtbände herausgegeben und noch für den Wirz-Geschenkband das Nachwort geschrieben hatte, stand kein runder Geburtstag an. Deswegen zog er, nachdem er am Hackeschen Markt keinen Erfolg hatte, mit seinem Lyrikmanuskript *Schattenwirtschaft* zu Faber & Faber weiter. Aufbau setzte hingegen vermehrt auf Anthologien, darunter die erfolgreiche Reihe *Die hundert schönsten Gedichte* (ab 2000); Brechts 1951 veröffentlichten *Hundert Gedichte* hatten dabei Pate gestanden.

Ein herber Schlag war der Wechsel des Verlagsparadepferds Christoph Hein zu Suhrkamp im Jahr 2000 – ausgerechnet zu dem Verlag, dessen oft zitierte intellektuelle Kultur Lunkewitz mit seinem Verlag ablösen wollte. Im Ärger über den Verlust des Autors betonte Lunkewitz in einem Gespräch mit der Wochenzeitung des Bundestags, *Das Parlament*, er habe Hein gesagt, er sei 15 Jahre zu spät zu dem westdeutschen Renommierbetrieb gegangen, weil es mit der Suhrkamp-Kultur vorbei sei. Und: »An seinem dort erschienenen Roman ›Willenbrock‹«, so Lunkewitz, »sieht man, dass die Lektoratsarbeit bei uns wesentlich besser ist, jedenfalls in diesem Fall.«

Der Abgang von Hein aber war mehr als nur der schmerzhafte Verlust eines imagebildenden Schriftstellers. Er war symptomatisch dafür, dass

Einige Ausgaben der Reihe *Die hundert schönsten Gedichte*

die Nachwendebelletristik, die sich mit der DDR und dem neuen, dem vereinigten Deutschland beschäftigte, woanders erschien. Das galt für die Generation um Kathrin Schmidt, Lutz Seiler, Ingo Schulze und Uwe Tellkamp genauso wie für die »Zonenkinder«-Generation um Jakob Hein, Jana Hensel, Julia Schoch und Antje Rávic Strubel, die alle um die Jahrtausendwende in Erscheinung traten. Dass Aufbau an diesem Boom nicht teilhaben konnte, hatte mehrere Gründe. Einer davon war, dass die nachwachsende junge Autorengeneration schnell nach den angesagten und finanzstarken Westverlagen wie KiWi und Rowohlt strebte. Aufbau hingegen stand für sie für das DDR-Establishment. Dass es bei den eigenen Entdeckungen zu einem schmerzhaften Abgang gekommen war, war dem Verlag zum 50. Jahrestag der DDR noch einmal vor Augen geführt worden. Pünktlich zum Nichtjubiläum kam 1999 als ironisch-liebevoller Kommentar zum untergegangenen Staat Brussigs *Sonnenallee* in der Regie von Leander Haußmann in die Kinos, wenig später dann *Helden wie wir* in der Regie von Sebastian Peterson – ebenjener Titel, mit dem Brussig zu Volk und Welt weitergezogen war. Aufbau konnte immerhin im Einvernehmen mit dem Autor 2001 »Wasserfarben« neu auflegen, und zwar endlich unter dem Klarnamen des Autors, ein Buch, das bis heute im Taschenbuch lieferbar ist.

Vom *Zauberberg* zu Effenberg: Inszenierung und Sündenfall

Am Morgen des 2. August 2000, einem grauen Mittwoch, der sich in den verregneten Berliner Sommer fügte, klingelte es morgens kurz nach 9 Uhr im Haus am Hackeschen Markt. Die ungebetenen Gäste, Beamte des EU-Wettbewerbskommissars Mario Monti und des Bundeskartellamts, hielten Norbert Schaepe einen Durchsuchungsbeschluss unter die Nase. Es bestehe der Verdacht, dass Aufbau kartellwidrige Absprachen getroffen habe. Der Vertriebschef musste mit ansehen, wie die Beamten Schreibtische, Ordner und Computer filzten. Neben Festplatten und handschriftlichen Notizen nahmen sie auch eine Reihe von Solidaritätsbekundungen aus der Buchbranche mit, die dem Aufbau-Verlag zwei Wochen zuvor einstimmig zu einem Gerichtserfolg gratuliert hatte.

Aufbau hatte sich vor dem Berliner Landgericht gegen einen Antrag auf Erlass einer einstweiligen Verfügung der österreichischen Buchhandelskette Libro gewehrt, der eingereicht worden war, nachdem der Verlag die Lieferungen an Libro eingestellt hatte. Auch in den 19 deutschen Filialen der Kette sollte kein Aufbau-Buch mehr verkauft werden. Im Hintergrund schwelte ein Konflikt zwischen der altehrwürdigen Buchbranche und der New Economy: Libro war unter der Leitung André Rettbergs, als Starsanierer gefeiert und vom österreichischen Magazin *News* gerade als Manager des Jahres ausgezeichnet, an die Börse gegangen, war massiv expandiert und hatte das Internetunternehmen lion.cc gegründet. Über lion.cc, dessen Domain auf die Kokosinseln im Indischen Ozean verwies, hatte man *Die Päpstin* für 15,92 DM kaufen können, während der Ladenpreis mit 19,90 DM angegeben war.

Während sich Libro in der Auseinandersetzung darauf stützte, dass das Internetgeschäft durch das gerade in Kraft getretene EU-Recht ausdrücklich von der Preisbindung ausgenommen war, sah Aufbau das in Deutschland geltende Buchpreisbindungsrecht verletzt, das Reimporte verbot, die nur der Umgehung der nationalen Preisbindung dienten. Der Verlag hatte durch eine lancierte Testsendung sogar nachweisen können, dass Libro Bücher letztlich aus Deutschland nach Deutschland verkaufte.

Während viele andere Verlage, die sich Aufbau angeschlossen hatten, die Lieferungen wieder aufnahmen, nachdem Libro das Internetangebot ausgesetzt hatte, sah sich Lunkewitz durch das »Einschüchterungsmanöver« der Durchsuchungsaktion erst recht herausgefordert. »Niemand kann uns zum Liefern zwingen«, ließ sich der streitlustige Verleger von Jörg Magenau in der *FAZ* zitieren. »Ich muß ja auch keinen südfranzösischen Puff beliefern.«

Sätze wie diesen hörte man oft aus dem Haus am Hackeschen Markt. Die Lunkewitz'sche Verlegerinszenierung polarisierte. Die Autoren, zumindest einige unter ihnen, zweifelten an seinem Literaturverständnis, das Hochfeuilleton rümpfte bisweilen die Nase über den hemdsärmligen Parvenü, und einzelne Branchenvertreter blickte mit hochgezogenen Augenbrauen auf das Haus am Hackeschen Markt, dessen Eigner, ein Selfmade-Millionär, mit einer Lenin-Büste im Rücken am Schreibtisch saß, Cohibas rauchte und frei aus dem *Kapital* zitieren konnte. In die elitäre Verachtung mischte sich aber auch oft genug Bewunderung. Lunkewitz war als Kunst- und Kulturmäzen weithin geschätzt und hatte sich durch die legendären Buchmessen-Empfänge in seiner neoklassizistischen Villa an der Mörfelder Landstraße einen Ruf als großzügiger Gastgeber erarbeitet. Vor allem aber hatte er sich als dickköpfig im positiven Sinn erwiesen, als unnachgiebig. Die Unnachgiebigkeit hatte er zur Marke gemacht, die im Treuhand-Streit ebenso gepflegt wurde wie in der Auseinandersetzung mit Libro, die letztlich mit einem Vergleich endete, nach dem Libro seinen Antrag zurückzog und Aufbau im Gegenzug – unter der Zusicherung, dass Libro sich an die Buchpreisbindung hielt – wieder lieferte. Und während beispielsweise Dietrich von Boetticher, ein Softwareunternehmer, Wirtschaftsanwalt, Rennpferde- und Landgütersammler, der Mitte der 1990er Jahre den Luchterhand Literaturverlag, Limes und Volk und Welt gekauft hatte, 2001 seine Verlage an die Bertelsmann-Gruppe Random House verscherbelte, hatte Lunkewitz auch die meisten Kritiker überzeugt, dass es ihm mit Aufbau ernst war. Sein streitfreudiger Verlag war in der Szene zum gallischen Dorf geworden.

Das Selbstbild des Verlags zeigte sich wenig später am Rande eines epochalen Ereignisses. Als am 11. September 2001 zwei Flugzeuge in die Türme des New Yorker World Trade Center krachten, war René Strien gerade in der amerikanischen Metropole auf der Suche nach neuen Büchern. Schnell kam die Frage auf, wie Aufbau das Ereignis und dessen Folgen begleiten könnte. Während sich die Econ Ullstein List-Gruppe um publizistische Tagesaktualität mühte und in Windeseile das schmale Büchlein *Osama bin Laden und der internationale Terrorismus* sowie *Die Akte Osama Bin Laden. Das geheime Dossier über den meistgesuchten Terroristen der Welt* veröffentlichte, das, blitzübersetzt, kaum lektoriert worden war, verwies René Strien stattdessen auf die »strukturelle Aktualität« (Kerstin Decker) des Aufbau-Programms, die sich beispielsweise in dem gerade erschienenen Buch *Feinde des Friedens. Der endlose Konflikt zwischen Israel und den Palästinensern* von Ludwig Watzal zeigte. Suhrkamp wiederum verschickte unmittelbar nach Nine Eleven ein Fax, das mit »Besser verstehen – die Welt nach dem 11. September« überschrieben war und den »Spitzen in Wirtschaft, Gesellschaft und Politik« gleich 23 lieferbare Titel empfahl, darunter *Islam und Kapitalismus* oder *Der Islam und das Problem des kulturellen Wandels*. Der geschrumpfte Riese aus dem Osten und der in die Jahre gekommene Riese aus dem Westen schlugen damit in die gleiche Kerbe: Sie wollten für Aufklärung stehen, wollten Diskurse prägen, aber nicht reißerisch, nicht auf Schnelligkeit bedacht, sondern nachhaltig. Und zwar nicht nur im Sachbuch, sondern, in alter Tradition, auch literarisch. Auch diesbezüglich konnte Strien auf das Verlagsprogramm verweisen: Für das Frühjahr 2002 hatte Aufbau *Wovon die Wölfe träumen* angekündigt, die Geschichte eines Jungen aus Algier, der von Islamisten zum Killer gemacht wird. Hinter dem Autorenpseudonym Yasmina Khadra verbarg sich ein ranghoher Offizier der algerischen Armee, der gerade ins Exil nach Frankreich geflohen war. Mit Titeln wie diesem wollte Aufbau wirken. »Ein Verlag kann die Welt nicht verändern«, erklärte Strien dem *Tagesspiegel*, »aber er hat die Pflicht, es zu versuchen.«

Doch während mit dem eigenen Anspruch auch die Titelzahl im Verlag stetig wuchs und 2002 die 300er-Marke geknackt wurde, wuchsen die Umsätze nicht entsprechend mit. Der Konjunktureinbruch, der sich schon vor den Terroranschlägen vom 11. September 2001 abgezeichnet hatte, traf auch die Buchbranche, weil neben der Exportwirtschaft der private Konsum schwächelte. Die Aufbau-Gruppe reagierte mit Investitionen in Einzeltitel. Auf Wunsch von Lunkewitz kam 2002 Zoë Jenny, die mit ihrem Bestsellerdebüt *Das Blütenstaubzimmer* (1997) das »lite-rarische Fräuleinwunder« angeführt hatte, mit *Ein schnelles Leben* in den Verlag. Jenny hatte mit ihrer Geschichte über die Liebe zwischen Ayse, einer Türkin, und Christian, in Neonazi-Kreisen unterwegs, die vom Ver-leger lang ersehnte Romeo-und-Julia-Story geliefert, von der Strien hoffte, sie als Taschenbuch zweitverwerten zu können. Doch das Buch, mit einem hohen Vorschuss bezahlt, wurde so gnadenlos verrissen wie kaum ein anderer Titel der Verlagsgeschichte. Von einem »Trivialroman-chen« im Stil einer »Bravo-Fotoromanze« (*FAZ*) war die Rede, von einer »müden Boy-meets-Girl-Story auf Vorabendserien-Niveau« (*Spiegel*), von einer »chartkompatiblen Melange« aus jugendkulturellen Versatz-stücken und Schicksalspathos (*FR*), von einer »wie autistisch um sich selbst kreisenden Geschichte« (*Zeit*), ja von einer »Katastrophe« (*SZ*). Vernichtend war auch das Fazit in der *Neuen Zürcher Zeitung*: Das Ein-zige, was man dem Roman der Schweizerin zugutehalten könne, sei, dass er ebenso schnell vergessen wie gelesen sei. Das hübsche Reh mit litera-rischem Talent, als das Jenny dem Feuilleton nach dem *Blütenstaubzim-mer* noch gegolten hatte, wurde geschlachtet. Zwei Jahre später wieder-holte sich die Geschichte, als Robert Schneider, ebenfalls auf Initiative Lunkewitz', mit der Wiedertäufer-Geschichte *Kristus* zu Aufbau wech-selte. Dass die beiden letzten Bücher des Autors, *Der Papst und das Mäd-chen* (2001) und *Schatten* (2002), beim Leipziger Reclam-Verlag gefloppt waren, hatte den Verleger nicht davon abgehalten, *Kristus* als Roman an-zukündigen, »der mindestens das Potential von ›Schlafes Bruder‹ hat, also sehr hohe Auflagen erreichen kann«. Doch auch Schneider kam nicht annähernd an den Erfolg heran, den er mit seinem Romanerstling gehabt hatte. Der Aufbau-Verlag sah sich mehr denn je mit dem Vor-wurf konfrontiert, sein literarisches Programm zu trivialisieren, ja zu bou-levardisieren.

Zum Sündenfall wurde schließlich ein Titel erklärt, der aus dem Sach-buchbereich stammte. Bei Rütten & Loening erschien 2003 *Ich hab's al-len gezeigt*, die Autobiographie des Skandalfußballers Stefan Effenberg. Wie die anderen Promi-Biographien von Bohlen, Feldbusch und Kübl-böck, die zeitgleich bei anderen Verlagshäusern erschienen, verkaufte sich das Buch mit über 200 000 Exemplaren zwar hervorragend und erreichte wohl tatsächlich eher diejenigen, »die gar nicht lesen«, als diejenigen, »die ihren Thomas Mann für Bohlen liegen lassen«, wie Rütten-Leiter Rohn hoffte. Doch reichte den Thomas-Mann-Lesern, Buchhändlern und Feuilletonisten offenbar schon der Blick in den Verlagskatalog, um in dem Buch ein Sinnbild für den Verfall einer literarischen Institution zu erkennen. Der kommerzielle Seitensprung, wirtschaftliche Gundlage für die anspruchsvollen Segmente der Kernmarke Aufbau, überstrahlte das ökonomisch weniger erfolgreiche und präsente literarische Programm. Dass Lunkewitz den Titel sogar als Glücksgriff beschrieb und auf die Frage, ob er seinen Verlag vom »Zauberberg zu Effenberg« entwickeln wolle, das Buch in die Struwwelpeter-Tradition von Rütten & Loening zu stellen versuchte, änderte nichts an der Aufgeregtheit der öffentlichen Diskussion, zumal der nächste öffentlichkeitswirksame Paukenschlag auf dem Fuß folgte: Drei Monate nach einem öffentlichen Skandal, in dessen Mittelpunkt der streitbare Frankfurter Publizist und ehemalige Vizepräsident des Zentralrats der Juden, Michel Friedman, gestanden und eine Geldstrafe wegen Kokainbesitzes akzeptiert hatte, holte ihn Lunkewitz im September 2003 als Herausgeber für den Programmbereich »Politisches Buch« in den Aufbau-Verlag. Friedman, ähnlich schillernd und streitfreudig wie sein Verlegerfreund, brachte viele Kontakte mit und veröffentlichte 2005 auch seinen Roman *Kaddisch vor Morgengrauen* bei Aufbau. Das kam nicht überall gut an. Im *Freitag* sprach Ingo Arend bald von Friedman'scher »Latte-Macchiato-Publizistik – intellektuelle Allgemeinplätze, werbewirksam aufgeschäumt«, und von der »Bastei-Lübbeisierung Aufbaus«.

Während das mitunter lautstarke Poltern aus der Neuen Promenade überall zu hören war, wurden die leisen Töne, die immer noch einen beträchtlichen Anteil am Aufbau-Sound ausmachten, im literarischen Feld weniger wahrgenommen. Anders als die Außenwirkung des Verlegers war das Programm nämlich durchaus ausgewogen. Steffen Menschings Wahnsinnswerk *Jacobs Leiter* (2003), in dem der oppositionelle DDR-Clown aus einer 4000 Bücher starken Exilbibliothek, die er zufällig in New York aufgestöbert hatte, ein eigenes Buch machte, blieb trotz guter Rezensionen unter dem Radar einer großen Öffentlichkeit.

Anfang 2004 wurde die *neue deutsche literatur*, mit einer Auflage von unter 3000 Exemplaren nach wie vor ein Zuschussgeschäft, als literarische Probebühne aber durchaus von Bedeutung, an den Verlag Schwartzkopff Buchwerke abgegeben. Den Leipziger Gustav Kiepenheuer Verlag holte Lunkewitz hingegen unmittelbar nach Ablauf der vereinbarten Standortgarantie 2003 in die Hauptstadt. Zeitgleich kamen die Ullstein Buchverlage nach Berlin, die der schwedische Medienkonzern Bonnier aus der Ullstein-Gruppe, die gerade von Axel Springer an Random House gegangen war, herausgekauft hatte. Strukturell war Aufbau den Big Playern – Random House, Holtzbrinck und zunehmend Bonnier – unterlegen, versuchte aber durch interne Maßnahmen wie die Gründung der Aufbau Media GmbH, aus der Lizenzabteilung hervorgegangen, die eigene Verlagsarchitektur zu optimieren. Doch gerade beim Taschenbuch bekam man die Markthoheit der Buchkonzerne zu spüren: Während der Umsatz der Gruppe 2004 um gut 3 Prozent auf 16,6 Millionen Euro stieg und neben einer guten Bilanz bei den Hardcover-Büchern vor allem das Hörbuchgeschäft des DAV explodiert war, ging der Umsatz mit Taschenbüchern, mit ca. 60 Prozent am Gesamtumsatz wichtigster Geschäftsteil, um 12 Prozent zurück.

In dieser aufreibenden Zeit ging Aufbau in das 60. Gründungsjahr 2005. Die Feierlichkeiten fielen zurückhaltender aus als bei den vorangegangenen runden Jubiläen, obwohl die Verlagsmannschaft mittlerweile auf knapp 80 Köpfe gewachsen war. Neben den Programmgeschäftsführern René Strien (Aufbau), Reinhard Rohn (Rütten & Loening) und Claudia Gehre (DAV) sowie den als Programmleitern geführten Gunnar Cynybulk (Gustav Kiepenheuer Verlag) und Heike Clemens (Aufbau Bilderbuch) waren immerhin 17 Lektorinnen und Lektoren für die Aufbau-Gruppe tätig, deren Anspruch das schmale Werbebüchlein *Eigene Seiten* verriet. »Die Aufbau Verlagsgruppe«, hieß es dort, »steht für Qualität und den politischen Anspruch, daß Literatur sich einmischen, emanzipatorisch und aufklärerisch wirken muss.« Ein Querschnitt durch das Programm verdeutlichte, dass die Unterhaltungsliteratur stärker geworden, der Gesamtkatalog dessen ungeachtet aber gut austariert war. Das meistverkaufte Buch der Verlagsgeschichte, *Die Päpstin*, wurde im Jubiläumsjahr zum 50. Mal aufgelegt und erreichte mit seinen etlichen verschiedenen Ausgaben mittlerweile eine Gesamtauflage von fast 4 Millionen

Tom Erben, Donna W. Cross und Presserefenrentin Andrea Doberenz am Rande der Dreharbeiten zur Verfilmung der *Päpstin* im August 2008

Exemplaren. Titus Müller und Guido Dieckmann legten weitere historische Romane vor. Im Spannungssegment tauchte neben der etablierten Riege im literarischen Programm um Daschkowa und Vargas erstmalig der Südafrikaner Deon Meyer bei Rütten & Loening auf. Die Lektoren Gunnar Cynybulk und Andreas Paschedag sammelten unter dem Titel *Strandparty* Geschichten von Sommer, Liebe und Meer. Für die anspruchsvolle Literatur standen der Australier DBC Pierre, 2003 mit dem renommierten Booker Prize ausgezeichnet, und Thomas Lehr, der mit seinem Roman *42* auf die Shortlist des Deutschen Buchpreises kam. Gewichtige Sachbücher erschienen von Micha Brumlik (über die Vertreibung der Deutschen als Konsequenz der Vernichtungs- und Umsiedlungspolitik der Nazis) und Hannes Heer (über den Umgang mit den Wehrmachtsverbrechen und das »Verschwinden der Täter«). Robert Misik schrieb in *Genial daneben* über linke Gesellschaftskritik. Auch Selim Özdogan und Landolf Scherzer, deren Bücher der Verlag seit den 1990er Jahren betreute, waren vertreten. Für die DDR-Tradition standen die

1400 Subskribenten: Schiller-Ausgabe in zehn Bänden, 2005

Namen Eva und Erwin Strittmatter, Seghers, Kant und Reimann, ebenso
Königsdorf und Schütz oder Sakowski. Feuchtwanger und Fallada gehörten ebenso zur Geschichte des Verlags. Jeweils hundert Gedichte wurden
von Ringelnatz und Hölderlin aufgelegt. Für die Klassiktradition stand
natürlich auch Fontane. Ein besonderer Coup gelang Aufbau mit der
zehnbändigen Schiller-Ausgabe. Das Projekt, in DDR-Zeiten begonnen,
war bisher mehrfach wiederbelebt worden, zuletzt durch ein projektret-
tendes Subskriptionsverfahren mit sage und schreibe 1400 Subskribenten, die sich auf Wunsch in einem Verzeichnis aufgelistet fanden.

Ein gutes Jahr nach dem Verlagsjubiläum wurde die Aufbau-Ge-
schichte wieder Thema des öffentlichen Interesses: Das Verlagsarchiv,
dessen 1,2 Millionen Blatt wegen des hohen Säuregehalts des Papiers allmählich verfielen, war als wichtiges zeitgeschichtliches Konvolut in
einem aufwändigen, kostspieligen Projekt digitalisiert worden. Eine
Filmkopie des Archivs wurde in einem ehemaligen Silberbergwerk im
Schwarzwald eingelagert, wo bereits Kernbestände der deutschen Geschichte wie die Krönungsurkunde Ottos des Großen oder die Akten des
Prozesses gegen den Putschisten Adolf Hitler lagerten. Selbst einen Atom-
krieg, so hieß es, würde die Sicherungskopie des Aufbau-Archivs, in dem
noch Tausende Geschichten aus den Jahre 1945 bis 1992 lagen, dort
überstehen. Für die Ewigkeit war aber auch diese Einlagerung nicht gemacht. Für mehr als 500 Jahre, so scherzte Christoph Unger, Präsident
des Bundesamts für Bevölkerungsschutz und Katastrophenhilfe, könne
er leider nicht garantieren.

Vom *Rummelplatz* zu Kohlhaas: Der Weg in die Insolvenz

Auch abseits der sagenhaften Lunkewitz-Empfänge war der Aufbau-Verlag für seine Messepräsenz bekannt. Die Stände in Frankfurt und Leipzig waren innovativ gestaltet und auffallend groß, als wolle der symbolisch und personell erst langsam wieder wachsende Verlag seine einstige Größe beschwören. Für die selbstgewisseren unter den zahlreichen Autorinnen und Autoren, die mit ihren Manuskripten auf den Messen hausieren gingen, war der Stand stets eine wichtige Anlaufstation.

Auf der Leipziger Buchmesse im Frühjahr 2005 kam dann ein Besucher mit einem Nachnamen an den Stand, der zumindest den aus DDR-Zeiten verbliebenen Mitarbeitern bekannt vorkommen musste: Claus Bräunig. Der Sohn von Werner Bräunig, 1976 mit 42 Jahren schwer alkoholkrank gestorben, hatte einen umfangreichen Text seines Vaters in der Tasche, der, obwohl in großen Teilen unveröffentlicht, Legendenstatus hatte. Nachdem das vierte Kapitel des Manuskripts, mit *Rummelplatz* überschrieben, vierzig Jahre zuvor in der Zeitschrift des Schriftstellerverbands, der *neuen deutschen literatur*, erschienen war, hatten nämlich Honecker, Hager, Abusch und Co. eine sorgsam orchestrierte Kampagne gegen den Text gestartet, die im Dezember 1965 in der Verurteilung auf dem Kahlschlagplenum gipfelte und die berühmte Verteidigungsrede Christa Wolfs provozierte. Vor allem die Darstellung der vergnügungsdurstigen Wismut-Kumpel hatte die Gemüter der orthodoxen Kulturwächter erregt. Ihre DDR, sauber und ordentlich, sahen sie durch verprügelte Polizisten, Schwarzhändler, Wodka-Schlachten und Tripper-Anekdoten in den Dreck gezogen. Erst 1981 war in der postum veröffentlichten Anthologie *Ein Kranich am Himmel* im Mitteldeutschen Verlag, Bräunigs Stammverlag, ein längerer geglätteter Teil des Textes erschienen. Im Anschluss war das Manuskript, das der Verlagsleiter Heinz Sachs, in Persona auch eingesetzter Verwalter des literarischen Bräunig-Nachlasses, aus diesem entnommen und offenbar nicht zurückgelegt hatte, in den Untiefen des MDV-Archivs verschollen.

Erst nach der Wende, 1991, war das *Rummelplatz*-Manuskript dann in einer Ausstellung zur *Zensur in der DDR* im Berliner Literaturhaus wieder aufgetaucht und, nachdem die Söhne Bräunigs zufällig darauf aufmerksam geworden waren, an sie übergeben worden. Zunächst waren sie damit 1995 in Leipzig vorstellig geworden, wo der Verlag Faber & Faber mittlerweile eine *DDR-Bibliothek* etabliert hatte. Elmar Faber hatte sich literarisch begeistert gezeigt, aber kein Finanzierungsmodell gefunden, das den absehbaren Aufwand von Edition und Druck des 700-Seiten-Manuskripts hätte tragen können. Ein Arbeiterroman aus der Zeit des Bitterfelder Wegs schien in der Gegenwart nicht vermittelbar zu sein. Nachdem Faber nach zweijähriger Prüfung abgelehnt hatte, warf auch der »neue« MDV einen Blick auf das Konvolut. Doch die Entscheidung war die gleiche.

Angela Drescher hingegen war sofort Feuer und Flamme, nachdem Claus Bräunig 2005 am Aufbau-Stand vorstellig geworden war. Es ging schließlich nicht nur um einen 1934 geborenen Autor, der, so Drescher in ihrem Nachwort zum »Fall Werner Bräunig«, mit 30 Jahren »bereits so viel Leben hinter sich [hat] wie mancher nicht, der doppelt so alt ist: eine Kindheit im Krieg, Schwarzmarktgeschäfte und ein Erziehungsheim, Mitglied einer Jugendbande, Gelegenheitsarbeiter in zwei deutschen Staaten auf Rummelplätzen und in Bergwerken, Schiebereien und Gefängnis, Kumpel und Fabrikarbeiter, Volkskorrespondent und Student, Dozent und Kreistagsabgeordneter, zwei Ehen, fünf Kinder, drei Bücher«. Es ging auch um ein Buch mit bleibendem Wert, einen Epochenroman, der die Lost Generation, der der Autor angehörte, »in einer Welt ohne Glanz und Schminke, und ohne Hoffnung auch« zeichnete, wie es im Roman heißt. Als das vorzüglich lektorierte Buch im März 2007 auf den Markt kam, jubelte die Kritik über das literarische Meisterwerk. Und auch die Verkaufszahlen stimmten. Nach einem guten halben Jahr waren vier Auflagen mit über 50 000 Exemplaren ausgeliefert. Als erstes und bis heute einziges Buch eines verstorbenen Autors war *Rummelplatz* zudem 2007 für den Preis der Leipziger Buchmesse nominiert. Aufbau hatte wieder einmal einen Überraschungserfolg gelandet, der sich eng an die Tradition des Unternehmens anschloss. Sechsstellig verkaufte sich sogar ein zweiter Hardcover-Titel des 2007er Programms, nämlich *Die dritte Jungfrau* von Fred Vargas. Das von Wolfram Wette

»Eine literarische Sensation«: Werner Bräunigs *Rummelplatz* (2007)

und Detlef Vogel herausgegebene Buch *Das letzte Tabu* über *NS-Militärjustiz und »Kriegsverrat«* wurde von der Bundeszentrale für politische Bildung übernommen. Auch eine Kooperation mit der ARD, in der gemeinsame *Tatort*-Hörbücher entstanden, war im August des Jahres viel versprechend angelaufen.

Diese Erfolge waren umso bemerkenswerter, als der Verlag sein Programm als Reaktion auf ein wirtschaftlich miserables Vorjahr massiv verkleinert hatte, nachdem es in den Jahren zuvor regelrecht aufgebläht worden war. Allein 2006 waren 150 Hardcover-Titel erschienen. Aufsehenerregende Erfolge waren aber ausgeblieben. So hatte die Aufbau-Gruppe 2007, seit dem 30. Mai 2006 als Aufbau-Verlagsgruppe GmbH im Handelsregister eingetragen – Aufbau, Aufbau-Taschenbuch, Rütten & Loening, Gustav Kiepenheuer und Sammlung Dieterich wurden fortan als Imprints weitergeführt –, mit der Titelzahl auch das Personal von mehr als 70 auf rund 60 reduziert. Zudem hielt sich seit längerer Zeit das Gerücht, Lunkewitz, investitionsmüde geworden, wolle den Verlag verkaufen. Nach dem guten Start ins Jahr 2007 war dann offiziell von

»strategischen Partnerschaften« die Rede, mit denen sich Aufbau als un-
abhängige Gruppe inmitten des Verlagsfelds behaupten wollte. Im Hintergrund aber schwelte weiterhin ein ungelöster Konflikt: die juristische
Auseinandersetzung mit der Treuhand bzw. der Bundesanstalt für vereinigungsbedingte Sonderaufgaben (BvS), wie die Anstalt öffentlichen
Rechts seit 1995 hieß. Sie drückte die Stimmung und begrenzte die
Handlungsfreiheit, weil sie alle Beteiligten – vor allem Lunkewitz selbst –
Geld, Zeit und Nerven kostete. Mittlerweile waren die Parteien bei etwa
30 Prozessen angelangt, die den Aufbau-Verleger, so hatte die *Neue Zürcher Zeitung* zusammengerechnet, ca. vier Millionen Euro gekostet hatten.

Nach der unschönen Exposition und der kräftezehrenden Katastase
erreichte das Aufbau/Treuhand-Drama am 3. März 2008 seinen Höhepunkt, als der Bundesgerichtshof dem Rechtsstreit mit einem letztgülti-
gen Urteil ein (vorläufiges) Ende machte. Die Richter stellten fest, dass
der Aufbau-Verlag zu keiner Zeit Volkseigentum gewesen war, also auch
nicht als Eigentum der Treuhandanstalt an die Investorengruppe um
Lunkewitz hätte verkauft werden dürfen. Eigentümer der 1945 gegründeten GmbH war der Kulturbund geblieben, der Aufbau und Rütten &
Loening 1995 rechtmäßig an Lunkewitz verkauft hatte. Wer die Prozess-
entwicklung mit all ihren zurückgehaltenen Informationen und arglisti-
gen Täuschungen betrachtete, konnte die deftige Wortwahl des Verlegers nachvollziehen, der die Treuhand in der letzten Dekade mehrfach
als eine »in Teilen kriminelle Vereinigung« und die Gerichtsurteile als
politisch motiviert bezeichnet hatte. Mit dem Urteil des BGH sah er sich
nun in seiner Position bestätigt. Als Lunkewitz am 31. März bei der Ver-
treterkonferenz im Gebäude am Hackeschen Markt auflief, stellte er sich
mit ausgebreiteten Armen vor die Belegschaft. »So sehen Sieger aus«, verkündete er – und ließ sich feiern, bis sein Handy klingelte, und er den
Raum verließ.

Doch ausgerechnet jetzt, auf dem Höhepunkt des Dramas, geriet alles außer Kontrolle. Lunkewitz gründete Mitte April in Frankfurt ohne
Wissen der Aufbau-Geschäftsführung die Alte Verlags GmbH als potenziellen neuen Träger der Aufbau-Rechte, die nach seiner Auffassung Aufbau II, also dem vom Kulturbund gekauften Aufbau-Verlag gehörten,

aber von Aufbau I, dem durch den Treuhand-Verkauf kreierten unrechtmäßigen Erbe, verwaltet und vergeben worden waren. Gleichzeitig listete er die Schadensersatzansprüche auf und stellte sie dem Bundesfinanzministerium, dem die BvS unterstellt war, in Rechnung. Das Ministerium, von dem Verleger hart angegangen, verkündete jedoch umgehend, »nicht auf die unqualifizierten Anschuldigungen von Herrn Lunkewitz« eingehen zu wollen und igelte sich mit dem Verweis auf »eine Vielzahl von Urteilen, die gerade die Rechtsauffassung der Bundesanstalt für vereinigungsbedingte Sonderaufgaben (BvS) bestätigen«, im Detlev-Rohwedder-Haus in der Wilhelmstraße ein, wo früher bezeichnenderweise die Treuhandanstalt gesessen hatte. Aufbau-Geschäftsführer René Strien wiederum hatte anderthalb Jahre vor dem BGH-Urteil auf eigene Faust ein Rechtsgutachten durch einen nicht mit dem Prozess betrauten Anwalt erstellen lassen, das empfahl, nur wenige Punkte aus dem langen Klagekatalog weiterzuverfolgen.

Der Showdown, zu dem es nun kommen sollte, ist in verschiedenen Versionen überliefert, deren Schnittmenge wie folgt lautet: Am 29. Mai 2008, einem Donnerstag, kamen Strien und Lunkewitz im Haus am Hackeschen Markt zu einem längeren Gespräch zusammen. Während Strien auf weiteres Kapital pochte, um die wachsenden Außenstände bei Dienstleistern und Autoren begleichen zu können, verweigerte Lunkewitz jegliche weitere Zahlung an die GmbH, um seine Rechtsposition gegenüber der BvS nicht zu gefährden. Schließlich brach der Verleger, der für die Hälfte der ca. fünf Millionen Euro Verbindlichkeiten persönlich bürgte, das Gespräch ab. Nachdem Strien gegangen war, blieb Lunkewitz noch eine Weile im Verlag, legte seinem Geschäftsführer schließlich einen Zettel auf den Schreibtisch und verließ mitten in der Nacht mit einigen persönlichen Gegenständen unterm Arm das Haus – nur die Putzfrau soll ihn noch gesehen haben, hieß es später. Als Strien am nächsten Morgen ins Büro kam, entdeckte er gleich die Nachricht auf dem Tisch. Lunkewitz dankte ihm und der Belegschaft und stellte außerdem fest, dass es ihm nicht zuzumuten sei, den Verlag weiter zu finanzieren. Die Geschäftsführung sei jetzt sich selbst überlassen. Strien beriet sich daraufhin kurz mit Tom Erben, seit 2006 ebenfalls Geschäftsführer des Gesamtverlags, und rief sodann besagten Anwalt an, der das Rechtsgutachten über den Verlag erstellt hatte. Der seinerseits riet ihm, umgehend zum Amtsgericht nach Charlottenburg zu fahren und Insolvenz anzumelden. Nach einer endlos erscheinenden Tour durch den Berliner Stadtverkehr kamen Strien und Erben um 12.45 Uhr dort an – gerade noch rechtzeitig, bevor das Gericht eine Viertelstunde später schloss. Ihr Glück war damit noch nicht erschöpft. Zunächst trafen sie auf eine genervte Justizangestellte, die den Last-Minute-Vorgang unwillig aufnahm, bis sie verstand, worum es ging. Da ihr Mann in einer vergleichbaren Situation seinen Arbeitsplatz bei einem aus dem Osten stammenden Medienbetrieb verloren hatte, schickte sie Strien und Erben zu einem Richter, der ihr geeignet schien, sich schnell in den Fall einzuarbeiten und eine konstruktive Lösung zu suchen. Tatsächlich erwies sich der junge Mann, dessen Büro mit dekorativen Jazzplakaten geschmückt war, als sehr verständig und engagiert: Er hörte genau zu und suchte schließlich gezielt einen Insolvenzverwalter aus, der nicht auf Abwicklung abstellte, sondern nach entsprechender Prüfung ernsthaft darauf hinarbeitete, den Verlag zu erhalten: Joachim Voigt-Salus.

Am Nachmittag landete schließlich ein Schreiben von Lunkewitz im Hackeschen Markt, mit dem er dem Aufbau-Verlag die Räumlichkeiten kündigte, die er ihm jahrelang zur Miete überlassen hatte. Doch da Aufbau seit wenigen Stunden in der Insolvenz war, konnte die Kündigung nicht fristlos erfolgen. Das Insolvenzrecht verlangte, dass Aufbau das operative Geschäft weiterbetreiben musste, um Gläubiger zu bedienen. Lunkewitz blieb also persönlicher Eigentümer von Aufbau II, hatte aber keinen Einfluss mehr auf Aufbau I, die »vermögenslose Hülle«, von der er nun einen Schadenersatz in Höhe von 48 Millionen Euro forderte. Vom Bundesfinanzministerium, so verkündete der *Focus* wenig später, verlangte Lunkewitz sogar 183 Millionen Euro als Wiedergutmachung. Nach einem chaotischen Wochenende voller Telefonate und Planspiele veranstaltete der Aufbau-Verlag am 2. Juni, einem Montag, eine Pressekonferenz, auf der mit Thomas Lehr auch der Vorzeigeautor des Verlags anwesend war. Die Kernaussage der Veranstaltung war folgende: Auf die Rechte – zumindest auf die, die seit Anfang der 1990er Jahre entstanden waren – habe Lunkewitz keinen Zugriff mehr. Sie lägen »zweifelsfrei« bei der Aufbau Verlagsgruppe GmbH, bei Aufbau I, dem Verlag also, der in die Insolvenz gegangen war. Während Lunkewitz seinen ehemaligen Geschäftsführern, die nun dem Insolvenzverwalter unterstellt waren, Meuterei vorwarf, erklärten Strien und Erben, der Reeder habe »klammheimlich die Eignerkabine verlassen, nachdem er das Schiff in schwere See geschickt hat«. Die Auseinandersetzung eskalierte blitzartig. Schon bald sprach Lunkewitz davon, dass am Hackeschen Markt das »Licht ausgemacht« werde – »und dann ist Schluss«. Dass die Feuilletons dem Konflikt seit der Urteilsverkündung seitenweise Beachtung schenkten, hing aber nicht nur damit zusammen, dass der Rosenkrieg reichlich Material lieferte, sondern zeigte einmal mehr, dass es sich beim Aufbau-Verlag um einen wichtigen Teil der deutschen Nachkriegs- und Gegenwartsgeschichte handelte.

Im Deutungskampf, in dem es längst nicht mehr ausschließlich um Recht, sondern auch um »Gut und Böse« ging, hatte Lunkewitz viel Boden verloren. Strien handelte schnell, präzise, diskursprägend und hatte zudem die Mitarbeiter auf seiner Seite. Über dem Eingang zum Haus am Hackeschen Markt hing ein Banner, auf das das Aufbau-Team die Erklärung des weisen Richterspruchs der Grusche aus Brechts *Kaukasischem Kreidekreis* geschrieben hatte: »Gehören soll, was da ist, denen, die für es gut sind.« Plötzlich erschien Lunkewitz nicht mehr als Verleger, sondern als Investor, der sich in juristischen Sophismus flüchtete. Und wenn er behauptete, er sei »doch kein Kohlhaas-Typ, der um sich schlägt«, sondern ziehe »eben vor Gericht, weil ich ein gesetzestreuer Bürger bin«, sah die Öffentlichkeit in ihm eben genau das: einen Kohlhaas, der für sein Recht verbrannte Erde hinterließ. »Das Gesetz«, erklärte Lunkewitz in einem *Spiegel*-Interview, »ist auch die Moral.« Die Verantwortung für die Arbeitsplätze, die verloren gehen könnten, gab er an den Bundesfinanzminister weiter, da er selbst nicht mehr Eigentümer der insolventen GmbH sei. »Fragen Sie doch Peer Steinbrück, wie er mit den Mitarbeitern umzugehen gedenkt«, schloss er im *Spiegel*.

In den Augen des Insolvenzverwalters und der Verlagsmannschaft stellte sich die Situation gänzlich anders dar: »Die am Markt operierende Aufbau Verlagsgruppe GmbH«, so hieß es in einer Presseerklärung Mitte Juni, »ist die einzig berechtigte Gesellschaft, die den Namen Aufbau und die daran geknüpften Verlagsrechte verwenden darf.« Die Ansprüche von

Lunkewitz seien verjährt, die mittlerweile erfolgte Übertragung der Verlags- und Markenrechte auf die Alte Verlags GmbH sei ohne Wirkung. Die Autoren solidarisierten sich größtenteils mit Aufbau I. Doch auch unter ihnen war Verunsicherung zu spüren. Tanja Dückers beispielsweise, die sich bewusst für das gesamtdeutsche Programm des Verlags entschieden hatte und die Zusammenarbeit mit ihrer Lektorin Angela Drescher sehr schätzte, stellte klar, dass sie nur bei Aufbau bleiben werde, »wenn ich davon ausgehen kann, dass meine Bücher dort auch wirklich erscheinen (und auch bezahlt werden) können«. Ein herber Schlag folgte im Nachklang: Ausgerechnet das gegenwartsliterarische Aushängeschild des Verlags, Thomas Lehr, wechselte mit seinem nächsten Buch *September. Fata Morgana* zu Hanser. Zwei Wochen nach der Insolvenz hatte er sich innerlich von seinem langjährigen Verlag verabschiedet, weil er sein bisher größtes Projekt, an dem er seit drei Jahren arbeitete, gefährdet sah.

Dass das Drama nicht in einer Katastrophe endete, verdankte Aufbau im Wesentlichen Joachim Voigt-Salus, der als Insolvenzverwalter sowohl diplomatisch agierte als auch die Verlagsinteressen entschieden vertrat. Mit Lunkewitz einigte sich Voigt-Salus darauf, dass dem Ex-Verleger zwei Drittel des Verkaufserlöses zukommen und ein Drittel in die Insolvenzmasse gehen sollte. Angebote von Konzernen, die Aufbau lediglich als Imprint weiterführen wollten, wurden nach langwierigen Verhandlungen abgelehnt, auch weil nur ein Bruchteil der Mitarbeiter übernommen werden sollte. So machte mit Matthias Koch schließlich erneut ein Branchenfremder das Rennen. Die Verhandlungsposition war so schlecht nicht, weil Aufbau im August 2008 das Kunststück vollbrachte, als insolventer Verlag gleich mit zwei Titeln, mit Kim Edwards' *Die Tochter des Fotografen* und Vargas' *Die dritte Jungfrau*, in der Taschenbuch-Bestsellerliste aufzutauchen. Auch Adam Soboczynski heiter-ironisches Buch über die Kunst der Verstellung mit dem Titel *Die schonende Abwehr verliebter Frauen*, als erstes Buch nach der Insolvenz bei Kiepenheuer erschienen, kam bei Lesern und Kritikern gut an.

Und auch Lunkewitz konnte schließlich zufrieden sein. Am Narrativ der Verkaufsgeschichte feilte er, wie zuvor die Belegschaft mit ihrem Banner, mit einem Verweis auf Brechts *Kaukasischen Kreidekreis*. Er habe, so wie »die Grusche das Kind«, den Aufbau-Verlag im richtigen Moment

»losgelassen, damit er nicht zerstört« werde. Dass der Verlag die Nachwendezeit überstanden habe, sei sein Verdienst gewesen, »und dass es ihn
heute noch gibt, war auch mein Verdienst«, erklärte er anlässlich der Jubiläumsfeiern 2015 gegenüber Jörg Plath vom *Deutschlandradio Kultur*.
Gegen die Treuhand-Nachfolgeorganisation BvS prozessierte er zu diesem Zeitpunkt weiterhin. Seine bunte Verlegerkarriere hatte er hingegen
beendet. Unabhängig von der Bewertung seiner Laufbahn kann man sich
der Einschätzung Volker Weidermanns anschließen, der im Juni 2008
unter Verweis auf die sagenhaften Buchmesseempfänge in seiner »reichs-
tumskalten, klassizistischen Marmorvilla«, seine Zigarren, »die schwarzen T-Shirts, das ganze zur Schau gestellte Machertum« erklärt hatte:
»Dieser Mann, diese Figur hatte dem blassen deutschen Literaturbetrieb
wirklich gefehlt.«

2008–2020

Die schöne Katze im Sack:
Koch und das Kämpferteam

Während der schillernde »Che von Kassel« aus der Ferne einen versöhnlichen Abschied von seinem Herzensprojekt nahm, stellte sich im Haus am Hackeschen Markt sein Nachfolger vor: Matthias Koch, ein pensionierter Lehrer für Deutsch und Französisch aus Mülheim an der Ruhr, geboren 1943 in Dresden. Noch vor dem Besitzübergang zum 1. November 2008 kündigte er an, dass alle ausstehenden Autorenhonorare umgehend gezahlt würden – so wie fortan alle ausstehenden Rechnungen. Das entspreche »seinen Geschäftsprinzipien«. Die Kaufsumme, über die Stillschweigen vereinbart wurde, bezahlte er aus Eigenkapital. Auch für die notwendigen Investitionen gebe es einen Etat.

Das Geld, das der neue Eigentümer in den Verlag einbringen wollte, stammte selbstredend nicht aus Kochs Lehrerpension. Wie seine Frau Ingrid, ebenfalls pensionierte Lehrerin und fast immer an seiner Seite, stammte Matthias Koch aus einer Familie, die es zu Selfmade-Wohlstand gebracht hatte. Er hatte sich nach zwanzig Jahren im Schuldienst als geschickter Vermögensverwalter erwiesen, hatte schnell gelernt, Unternehmensbilanzen zu lesen, hatte investiert, seine Anteile am Familienunternehmen verkauft und sein Kapital unter anderem in Immobilienprojekten angelegt, ausschließlich in der Hauptstadt Berlin, in die die Kochs schließlich selbst gezogen waren. Auch der neue Eigner des Aufbau-Verlags hatte also einen Bezug zur Immobilienbranche. In seinem Habitus unterschied er sich von seinem Vorgänger jedoch enorm. Koch agierte in der Öffentlichkeit zurückhaltend, protzte und provozierte nicht. An die Lunkewitz'sche Schnoddrigkeit erinnerte allenfalls ein Statement aus einem Interview des neuen Verlagsbesitzers mit der *Welt*. Er könne auch »mit Schweinehälften handeln oder Dosen herstellen«, hatte Koch gesagt, aber er liebe Literatur. Und jetzt habe er »die ideale Gelegenheit, mit Lesen Geld zu verdienen«.

Ein beliebiges Investitionsprojekt war Aufbau also auch für Matthias und Ingrid Koch nicht. Sie hatten sich eine geschichtsbildende Institution gekauft, mit der sie Spuren hinterlassen konnten, in den großen Diskursen und auf der Mikroebene. Solche Spuren waren auch in der Biographie des neuen Verlagsbesitzers zu finden: Als Student an der FU Berlin hatte er das literarische Leben in der DDR aufmerksam verfolgt und den Zwangsumtausch bei Reisen in den Ostteil der Stadt gerne in Aufbau-Bücher investiert. Schon vorher war er als Heranwachsender von einer Dresdner Tante mit Büchern aus dem legendären Ost-Verlag versorgt worden. Die siebte Auflage von Twains *Tom Sawyers Abenteuer und Streiche*, 1952 erschienen, stand noch immer in seinem Bücherregal. Ein Viertel des Kapitals der Aufbau Verlag GmbH & Co. KG hielt ab Ende 2008 die eigens gegründete Stiftung Kommunikationsaufbau, mit der sich das Ehepaar Koch in der Lese- und Schreibförderung engagieren wollte, beispielsweise durch das Sponsoring des Jugendschreibwettbewerbs »Theo«. Die Stiftung war also im engeren und im weiteren Sinn Baustein des Zukunftskonzepts für den Aufbau-Verlag.

Für den Koch'schen Entwurf hatte vor allem gesprochen, dass der neue Eigentümer dem Kämpferteam, das die Insolvenzphase auf beeindruckende Weise bewältigt hatte, vor der Übernahme – im Gegensatz zu den Interessenten aus der Verlagsbranche, die einen Großteil der Aufgaben über ihre Konzernstrukturen abdecken wollten – sein Vertrauen ausgesprochen hatte. Die verlegerische Geschäftsführung sollte weiterhin in den Händen von René Strien, die Geschäftsführung Marketing in denen von Tom Erben liegen, die von der eingespielten Programmmannschaft um Gunnar Cynybulk, Franziska Günther, Claudia Puls, Reinhard Rohn und anderen unterstützt wurden. Als neuer kaufmännischer Leiter sollte ab November 2009 Ralf Alkenbrecher, der nach langjähriger Tätigkeit bei Piper, S. Fischer, Prestel und ArsEdition nicht nur Zahlen-, sondern auch Programmverständnis mitbrachte, die Finanzen zusammenhalten. Koch selbst wollte sich zunächst in die Abläufe einarbeiten und auf editorische Visionen verzichten. Denn das Verlegen, so stellte er mehrfach klar, müsse er erst noch lernen. Für die Journalisten, die bei seiner Vorstellung anwesend waren, markierte er lediglich ein paar Eckpunkte, sprach von »Humanismus« und einer »kritischen Auseinandersetzung mit der Wirklichkeit« als Verlagsmarkenzeichen.

Gewagt war der Investitionswille des Ehepaars Koch in zweierlei Hinsicht. Erstens hatten es die mittelständischen Verlage, zu denen Aufbau gehörte, immer schwerer, im Vertriebskonzert der Konzerne – Bonnier, Holtzbrinck, Random House – auf sich aufmerksam zu machen. Gleichzeitig hatte Aufbau, die alte DDR-Tante, nicht die Coolness-Aura, mit der die Independent-Verlage punkten konnten. Zweitens war der Kauf des Verlags gewissermaßen eine antizyklische Investition, weil die Buchbranche Ende 2008 merklich unter der Finanzkrise litt. Exakt einen Monat vor der Unterschrift unter den Kaufvertrag war die US-amerikanische Investmentbank Lehman Brothers als tragende Säule eines in absurde Höhen aufgebauten Kartenhauses weltweiter Finanzdienstleister weggebrochen.

Doch Koch war alles andere als ein Hasardeur. Auch als Mäzen wollte er nicht auftreten, zumindest nicht im klassischen Sinn. Er war überzeugt davon, dass er den Verlag profitabel machen konnte. Das Programm des Übernahmejahrs 2008 schien das zu bestätigen: Nachdem die Aufbau-Gruppe unmittelbar vor und in der Insolvenz mit Titeln von Bräunig, Edwards, Reimann, Soboczynski und Vargas reüssiert hatte, erschien pünktlich zum Weihnachtsgeschäft die erste Graphic Novel von Fred Vargas, *Das Zeichen des Widders*. Gut verkaufte sich auch Hansjörg Schertenleibs *Das Regenorchester*, eine in Irland spielende Geschichte im Harold-and-Maude-Muster, die im Feuilleton kritischer beäugt wurde als bei der Leserschaft. Neben den Lesern hatte sich auch der Buchhandel solidarisch gezeigt, hatte fleißig bestellt und kaum remittiert. »Wir mussten die Katze im Sack kaufen«, bemerkte der neue Verlagseigner im Dezember 2008 in einer Ansprache bei einem Empfang. »Und wir haben eine schöne Katze gekauft.«

Seinen Teil zum Erfolg beigetragen hatte auch der südafrikanische Thrillerautor Deon Meyer, der in den letzten drei Jahren bei Rütten & Loening und im Taschenbuch zu einem wichtigen Erfolgsautor aufgebaut worden war. Mitten in der Insolvenz hatte Tom Erben gemeinsam mit dem Inhaber des betreuenden PR-Partners carlsbergschillercommunication mit sechs Journalisten eine Reise zum Kap der guten Hoffnung

Reinhard Rohn und Deon Meyer 2014 bei einer Lesung in Berlin

unternommen, um auf den Spuren des neuen Thrillers *Weißer Schatten* durch das Land zu reisen und den Autor zu treffen. Für aufwändige Marketingaktionen wie diese war die Verlagsgruppe inzwischen in der Branche bekannt. Nicht alle zahlten sich aus. Dass im Unterhaltungsprogramm kurz zuvor der kolportageartige Roman *Heidiland* von Susanne Fengler, erschienen bei Gustav Kiepenheuer und im Sommer 2008 auch auf dem Cover der Werbezeitschrift *Neue Promenade* vorgestellt, bei der »ersten Buchpremiere über den Wolken«, nämlich auf einem Linienflug von Berlin nach Zürich, vorgestellt worden war, war doppelt vertan, weil die teure PR einem Titel galt, der weder Geld brachte noch symbolisches Kapital einspielte. Dass sich die Aufbau-Gruppe schwertat, im Bereich der Gegenwartsliteratur das Gleichgewicht zwischen dem E- und dem U-Segment zu halten, bemerkte auch der neue Verlagseigner. Nachdem sich Koch eifrig ins Programm eingelesen hatte, war er, wie er Jörg Plath für einen Beitrag von *Deutschlandradio Kultur* zum 70. Verlagsjubiläum 2015 verriet, »etwas überrascht auch über den hohen Unterhaltungsanteil. Ich hatte erwartet, dass da mehr, wie es vielleicht früher war, ein höherer Anteil an anspruchsvollerer Literatur im Programm wäre.«

Dieses Missverhältnis zwischen Anspruch und Wirklichkeit spiegelte sich 2009 auf dem vielförmigen Feld der Literaturpreise wider.

Während Matthias Frings Biographie des 1991 an Aids gestorbenen Roland M. Schernikau mit dem Titel *Der letzte Kommunist* auf der Leipziger Buchmesse als bestes Sachbuch nominiert war, sah es in der Belletristik bei den konsekrationsmächtigen Preisen (wieder einmal) mau aus. Mit der *Närrin des Königs* von Angeline Bauer und Gabriela Galvanis *Die Seidenhändlerin* waren hingegen gleich zwei Aufbau-Bücher für einen Liebesromanpreis nominiert, den der Verein zur Förderung Deutschsprachiger Liebesromanliteratur (DELIA) als klassischen U-Preis initiiert hatte. Am Ende reichte es gegen die Konkurrenz, gegen *Die Küchenfee, Die Wassergärtnerin* oder *Die Kosakenbraut,* zu den Plätzen zwei und drei. Das war im doppelten Sinn keine Schande, doch fehlte es an Gegengewicht, an Balance. Bezeichnend schien vielmehr, dass mit Thomas Lehr und Jan Faktor ein Jahr später zwei *ehemalige* Aufbau-Autoren auf der Buchpreis-Shortlist auftauchten, die mittlerweile bei etablierten West-Verlagen – Hanser und KiWi – erschienen. Reinhard Jirgl, inzwischen ebenfalls Hanser-Autor, erhielt im selben Jahr gar die höchste Salbung in Gestalt des Georg-Büchner-Preises. Mit Aufbau, wo sein erstes Buch, der *Mutter Vater Roman* 1990 erschienen war, wurde er aber ebenso wenig in Verbindung gebracht wie Martin Mosebach, der als Hanser-Autor den Preis 2007 erhalten und um die Jahrtausendwende zwei Titel bei Aufbau veröffentlicht hatte.

Koch ging die notwendige Profilierung nach der Übernahme mit externer Unterstützung an. Gemeinsam mit der Agentur Metadesign fanden eine Markenevaluierung und ein Markenrelaunch statt, an dessen Ende ein neues, rundes Logo und ein neuer Claim standen. »Aufbau bewegt«, hieß es fortan. Die Covergestaltung sollte erneuert werden, ebenso die Werbemittel. Aus dem atv, einst als Mimikry zum dtv eingeführt und zuletzt als Aufbau Taschenbuch geführt, wurde der atb. Der Bindestrich in »Aufbau-Verlag« war bereits beim Kauf aufgegeben worden. Jeder Stein im und um den Hackeschen Markt wurde umgedreht und gewogen. Das kam, natürlich, nicht bei allen Mitarbeitern gut an. Mit den Beraterhonoraren, so hieß es hinter vorgehaltener Hand, hätte man auch einige Titel fürs Programm finanzieren können. Unstrittig (und im Kaufvertrag fixiert) war hingegen, dass Aufbau keine Zukunft im Lunkewitz-Haus am Hackeschen Markt mehr hatte. Im Februar 2009 zog die Ver-

Runder geworden: Das Aufbau-Logo über die Jahrzehnte

lagsgruppe aus Mitte in ein Zwischendomizil in der Kreuzberger Lindenstraße. Zum Moritzplatz, wo parallel am Aufbau Haus gebaut wurde, war es von dort nur ein Katzensprung.

Wachstumswunsch: Der Riesenzwerg vom Moritzplatz

Der Markenrelaunch mit neuem Logo, neuem Claim, neuer Buchgestaltung und neuer Werbeoptik wirkte wie eine Schönheitsoperation des Traditionsverlags. Doch auch Struktur und Programm wurden auf Herz und Nieren geprüft. Der zentrale Befund war schnell formuliert: Die Aufbau-Gruppe, deren Hörbuchgründung DAV mittlerweile vom *Spiegel* als Mehrheitsgesellschafter geführt wurde, nachdem die Aufbau-Anteile im Zuge der Insolvenz eingezogen worden waren, war zu klein – zumindest für den eigenen Anspruch, in der ersten Liga der literarischen Verlage mitspielen zu wollen. Es fehlte an Glaubwürdigkeit auf dem Feld der jungen Literatur, an wirtschaftlicher Größe und in den Augen von Koch und seinen Beratern auch an Vertriebskraft.

Die Beteiligung des Kulturinvestors an der Edition Braus, einem Verlag für Kunst- und Fotobildbände, im September 2009 und die Übernahme der restlichen Eigentümeranteile im August 2010 deuteten den Weg an: Koch wollte mit Aufbau, jahrelang als Beute der Konzerne gehandelt, selbst auf Jagd gehen. Um dem wachsenden Anteil von E-Books gerecht zu werden, wurde zudem Aufbau Digital als eigenes Imprint geschaffen. Die Abteilung Rechte und Lizenzen, zwischenzeitlich in die

Aufbau Media GmbH ausgelagert, wurde derweil unter der Leitung von Martin Lorentz wieder in den Verlag eingegliedert. Stillgelegt wurde im gleichen Atemzug das Imprint Gustav Kiepenheuer, mit dem Lorentz einst zu Aufbau gekommen war. Zwar waren mit Bernd-Lutz Lange oder zuletzt mit dem Franzosen Guillaume Musso über den GKV einige kommerziell erfolgreiche Autoren für die Verlagsgruppe entdeckt worden, doch auch nach dem Umzug zum Mutterhaus in die Hauptstadt war es nicht gelungen, das Label, zwischen Gegenwartsbelletristik aus Deutschland, Skandinavien und den Niederlanden, Unterhaltung, Krimi und Sachbüchern lavierend, mit seinen zehn bis fünfzehn Titeln pro Jahr griffig zu machen. Für die Stilllegung sprach auch, dass das Traditionslabel oft mit seinem jüngeren, aber deutlich größeren Bruder, dem Verlag Kiepenheuer & Witsch aus Köln, verwechselt wurde. Das Erbe wurde intern verteilt: Die Kiepenheuer-Backlist sollte weiterhin verkauft werden, einige wichtige Klassiker und Gegenwartsautoren bei Aufbau und die Unterhaltungsliteratur bei Rütten & Loening erscheinen. Matthias Koch selbst hatte sich schon vorher einen Teil aus der Erbmasse gesichert: Er arbeitete an einem massiven Eichenschreibtisch aus Kiepenheuer-Beständen, der ab Mai 2011 am Moritzplatz stand. Die Verlagsgruppe war aus ihrem Zwischendomizil in das Aufbau Haus gezogen.

Der Standort war dabei ebenso auffallend wie die Architektur und das Nutzungskonzept des Hauses. An einem Ort, den die Berliner über Jahre allenfalls wegen des leckeren Fast Food im Foodbag angesteuert hatten und der »auf fast biblische Weise öde und leer« (Udo Badelt) dalag, hatte Koch gemeinsam mit den Architekten Roland Kuhn und Maria Clarke aus einem verspiegelten 70er-Jahre-Industriebau einer Textilfirma, der später einige Jahre von dem Klavierhersteller Bechstein genutzt wurde, ein modernes Kreativzentrum im wahrsten Sinne des Wortes gemacht. Partner und flächenmäßig größter Nutzer des Aufbau Hauses, an dessen Front das neue Signet des namengebenden Verlags prangte, war der Architektur- und Kunstbedarfhändler Modulor. Außerdem fanden neben der Aufbau-Verlagsgruppe die Galerie Kai Dikhas für zeitgenössische Kunst der Sinti und Roma sowie das Theater Aufbau Kreuzberg (TAK) in dem Haus Platz, das im ersten, im Sommer 2011 fertiggestellten Bauabschnitt auf 17 500 Quadratmeter Laden- und Bürofläche kam. Im Erd-

Aufbau Haus am Moritzplatz, 2014

geschoss kam die Buchhandlung Moritzplatz unter. Kiezwirksam sollte das Haus über einen Club, ein Café, ein Restaurant, ein Ausbildungsprojekt für Jugendliche und einen Kindergarten auf dem Dach verfügen. Architekten, Fotografen und weitere kleinere Mieter rundeten das Hausprofil ab. Der Verlag sollte der konzeptionelle Anker in diesem bunten Allerlei aus Kultur und Kreativindustrie werden und seinerseits von dem Umfeld und den Synergien profitieren.

Feierlich eröffnet wurde das Aufbau Haus am 30. September 2011. Und natürlich war allerlei Prominenz anwesend. Zwischen dem Ehepaar Koch nahm der Regierende Bürgermeister Berlins, Klaus Wowereit, Platz. Das war auch deswegen sinnbildlich, weil die Politik hoffte, dass ein »rot-grünes Projekt« (Matthias Koch) wie dieses zum kulturellen (und auch kulturpolitischen) Leuchtturm der Hauptstadt werden könnte: Es stand in seiner betonesken Wucht und mit seinem betriebswirtschaftlichen Fundament für Solidität und Nachhaltigkeit in der berühmten Berliner Kreativkultur, die oft durch Flexibilität auffiel, Brachen bespielte und weiterzog, wenn sich der Zauber des Anfangs erschöpft hatte. Ganz in diesem Sinne hatte der Senat die Grundstücke am Moritzplatz, die noch in Landesbesitz waren, in einem Konzeptverfahren vergeben, um dort ein Cluster der Krea-

337

tivwirtschaft zu etablieren. »Aus Träumen wird nun Stein und Beton«, resümierte Tobias Rapp im *Spiegel* – und das war in diesem Fall durchaus anerkennend gemeint. Bereits beim Kauf des Aufbau Verlags hatte Matthias Koch davon gesprochen, das damals noch in Planung befindliche Kreativzentrum am Moritzplatz werde künftig zur »autonomen kreativen Republik Kreuzberg« voller Veranstaltungen und Debatten werden.

Kein Teil der kreativen Republik wurde der Eichborn-Verlag, für den Koch Räume reserviert hatte, nachdem er im Januar 2011 schon von einer »Liebesheirat« zwischen seinem und dem Frankfurter Verlag gesprochen hatte. Der geschrumpfte Riese aus der untergegangenen DDR und der Frankfurter »Verlag mit der Fliege«, verwurzelt in der ebenfalls untergegangenen westdeutschen Spontiszene, sollten sich in Berlin nach der Hochzeit als »Riesenzwerg mit zwei Köpfen« (Andreas Kilb) behaupten. Eichborn, mit einem Umsatz von 11 Millionen Euro der kleinere der beiden Renommee-Verlage, steckte noch mitten in einer existenzbedrohenden Phase: Im Mai 2000 war der Verlag kurz nach dem Platzen der Dotcom-Blase als erster und einziger mittelständischer Buchverlag an die Börse gegangen. Rund 24 Millionen DM hatte Eichborn auf diesem Wege eingesammelt. Der umtriebige Programmchef Wolfgang Ferchl war allerdings bald darauf im Streit zu Piper gegangen und hatte den Bestsellerautor und Anteilseigner Walter Moers mitgenommen, berühmt vor allem durch die wunderbar vulgäre Comicreihe *Kleines Arschloch* und durch *Käpt'n Blaubär*. Zum Hauptaktionär stieg im Anschluss Ludwig Fresenius auf, wie Koch Jahrgang 1943, der sich etliche Grabenkämpfe mit dem Vorstand Matthias Kierzek geliefert hatte, bis Kierzek im November 2007 schließlich entlassen wurde. Der Eichborn-Traum, vom Buchverlag zu einem profitablen Medienunternehmen zu werden, das in Richtung Film und Multimedia expandiert, war zu diesem Zeitpunkt längst geplatzt: Die Aktie war von zwölf auf einen Euro gefallen und hatte sich in die lange Liste der Pennystocks aus dem Umfeld der New Economy eingereiht. Finanziell konnte Fresenius, der mit dem Verkauf seines Chemie- und Forschungsinstituts viel Geld erzielt hatte, den Wertverlust wohl verschmerzen, doch war er investitionsmüde geworden, zumal die Bilanzen keine Hoffnung auf Besserung zuließen. Im Dezember 2010 hatte Eichborn sogar die Programmsparte, in der die gut laufenden Karriere-Ratgeber verortet waren, verkaufen müssen, um zahlungsfähig zu bleiben. Auch symbolisch hatte der Verlag zuletzt viel Kapital und Potenzial eingebüßt. Im Januar 2009 hatte der Leiter der Zweigstelle Eichborn Berlin, Wolfgang Hörner, gemeinsam mit seiner Kollegin Esther Kormann das KiWi-Imprint Galiani gegründet und imagebildende Eichborn-Autorinnen und Autoren wie Karen Duve und Sven Regener verpflichtet. Einzig die Bücher aus der viel gerühmten bibliophilen Reihe *Die Andere Bibliothek*, in der der ehemalige DuMont-Programmleiter Christian Döring im Januar 2011 das prominente Duo Klaus Harpprecht und Michael Naumann als Herausgeber abgelöst hatte, ragten noch aus der Produktion heraus.

Nachdem die Verlobung von Aufbau und Eichborn öffentlich gemacht worden war, folgte im April 2011 die plötzliche Trennung. Während der Eichborn-Betriebsrat erklärte, man habe trotz der angekündigten betriebsbedingten Kündigungen den Umzugs- und Sanierungsplänen Kochs Ende März »vollumfänglich zugestimmt«, bis Koch wegen höherer Kosten den »Nachteilsausgleich« für die Mitarbeiter hatte halbieren wollen, argumentierte Koch, die Mehrkosten seien nur entstanden, weil die Eichborn AG vorher fehlerhafte Kündigungen ausgesprochen habe und das Sanierungsbudget damit überschritten sei. Sein Verlag profitierte aber letzten Endes trotz des grell geplatzten Deals noch von der angebahnten Hochzeit: Ab dem 1. November gehörte das Eichborn-Filetstück, *Die Andere Bibliothek*, als eigenständiges Unternehmen zur Aufbau-Gruppe und zog nach Berlin ins Aufbau Haus. Nachdem der »Verlag mit der Fliege« im Juni 2011 Insolvenz hatte anmelden müssen, hatte Koch die Reihe aus der Insolvenzmasse gekauft.

Das Renommee der Reihe war beachtlich, doch am Status quo änderte der Zukauf zunächst nichts. Aufbau war als inhabergeführter unabhängiger Verlag zwar namengebend für ein monumentales Kreativzentrum, musste im Kräftemessen mit den Verlagsriesen aber strukturell unterlegen bleiben. Notwendiges Wachstum, so hoffte man, könne die Gruppe nun durch spätere Zukäufe, Neugründungen oder Strukturänderungen nachholen. Eine davon stand im Dezember 2011 auf dem Programm: Zusammen mit Thomas Salzer, Eigentümer einer Verlagsgruppe um den größten österreichischen Verlag Ueberreuter, gründete Koch die Vereinigte Berliner Medien Vertriebsgesellschaft (VBMV). Dass der Name

Aufbau auf Wunsch des Mitgesellschafters Salzer darin nicht vorkam, verwunderte vor allem die erfahrene Vertriebsmannschaft des Verlags. Für die Sanierung war die Ausgliederung des verlagseigenen Vertriebs in eine Firma, an der Aufbau nur noch zu fünfzig Prozent beteiligt war, indes ein wichtiger Schritt, weil sich die Vertriebskosten erheblich senken ließen.

Biographiearbeit: Pflege der Aufbau-Klassik

Bernd F. Lunkewitz hatte in seiner Aufbau-Zeit das Rampenlicht geliebt. Seine Auftritte auf Messen, Pressekonferenzen und in Interviews hatten immer wieder für Gesprächsstoff gesorgt und den Verlag in die Schlagzeilen gebracht. Matthias Koch ging seine späte Verlegerkarriere gänzlich anders an: Seinem Habitus entsprechend stand er eher am Rand der großen Bühnen und hielt sich bei der Kommentierung des Programms merklich zurück. In der ersten Reihe stand die Leitung um René Strien und Tom Erben. Auch Reinhard Rohn, Franziska Günther, Gunnar Cynybulk und Andreas Paschedag verkörperten in der literarischen Öffentlichkeit Seriosität und Kontinuität.

Zur Aufbau-DNA gehörten die klassischen Trouvaillen der Nachwendezeit wie Klemperer, Reimann und neuerdings Bräunig. Nach wie vor war die Aufbau-Klassik ein fundamentaler Baustein der Verlagsidentität. Dass auch Koch an ihr nicht rütteln wollte, hatte er bei der Übernahme des Verlags deutlich gemacht, als er Seghers und Strittmatter als Fixpunkte bezeichnet hatte. Im Fall von Lion Feuchtwanger hatte Aufbau unmittelbar nach dem Eigentümerwechsel den 50. Todestag (Dezember 2008) und den 125. Geburtstag (Juli 2009) zum Anlass genommen, den einst populären Autor wieder in den literarischen Diskurs einzubringen. Manfred Flügge, seit 1993 einer der prägenden Autoren des Aufbau-Sachbuchprogramms, hatte 2008 die Biographie *Die vier Leben der Marta Feuchtwanger* vorgelegt und damit nicht nur eine »Muse, Grande Dame und Ikone des deutschen Exils« (*Buchmarkt*), sondern en passant auch ihren Mann

Traditionspflege: Feuchtwanger-
Schuber

aus einer ungewöhnlichen Perspektive vorgestellt. Flügge gehörte auch zu den Experten, die in der Dokumentation *Feuchtwanger lebt!*, die 3sat in einem sechsteiligen Schwerpunkt zum Todestag neben Konrad Wolfs Epos *Goya* und anderen Feuchtwanger-Verfilmungen zeigte, zu Wort gekommen waren. Zudem hatten Studenten der TU Berlin gemeinsam mit dem Aufbau-Marketingmanager Frank Milschewsky eine Ausstellung aus dem Archivmaterial entwickelt. Das literarische Werk hatte der Verlag derweil mit einer Taschenbuchkassette der *Wartesaal*-Trilogie und einem fünfbändigen Schuber der historischen Romane neu angeboten.

Autorenpolitische Kampagnen wie diese waren allerdings nicht ohne Risiko, kosteten Ressourcen. Nicht immer ließ sich zudem ein runder Jahrestag finden. Leonhard Frank und Arnold Zweig beispielsweise wurden in den 2010er Jahren vor allem im E-Book-Bereich aktiv weitergepflegt. Fast gänzlich verschwunden waren derweil Autoren wie Willi Bredel, die von der Zeitgeschichte und ihren Deutungshegemonien ins »Slaughterhouse of Literature« (Franco Moretti) geführt worden waren. Von Becher, mit Wirken und Werk aus der Verlagsgeschichte nicht wegzudenken, erschienen immerhin *Hundert Gedichte* (2008), ausgewählt von dem Becher-Biographen Jens-Fietje Dwars. Imagebildend und erfolgreich war hingegen Hans Fallada, der in den 2000er Jahren einen stillen Triumphzug mit übersetzten Ausgaben angetreten hatte und vor allem 2009 durch die erste englischsprachige Übersetzung von *Jeder stirbt für sich allein* un-

»Ein literarisches Großereignis«
(*New York Times*): Neuausgabe von
Hans Falladas *Jeder stirbt für sich
allein* und die englischsprachige
Fassung

ter dem Titel *Alone in Berlin* zum Weltbestseller wurde. Auch in Deutschland konnte das Buch, obwohl es hier seit seinem Erscheinen 1947 immer lieferbar gewesen war, neu positioniert werden: Weil das Lektorat das
Urtyposkript ausfindig gemacht hatte, war es dem Aufbau Verlag möglich gewesen, in der ungekürzten Neuausgabe Änderungen, die der Lektor Paul Wiegler ausgeführt hatte, um den damaligen kulturpolitischen
Zielen besser zu entsprechen, rückgängig zu machen. Der Autor hatte sie
nicht genehmigt – er war vor Erscheinen seines letzten Buches gestorben.
Diese rauere und differenziertere Textfassung hielt sich 2011 allein mit
der Hardcover-Ausgabe ganze 46 Wochen auf der *Spiegel*-Bestsellerliste.
2014 wurde dieses Spätwerk Falladas von Christopher Schmidt in der
Süddeutschen Zeitung zusammen mit dem Roman *Stoner* des US-Amerikaners John Williams als Beginn einer Renaissance der sogenannten »Wiederentdeckungen« auf dem nationalen und internationalen Buchmarkt
ausgemacht. Idealtypisch war dieser Erfolg für Aufbau auch deshalb, weil
das Buch regelrechte Debatten anstieß. Herausragendes Beispiel war das,
was in Israel passierte: Hier fachte die hebräische Version, über viele Wochen auf Platz eins der Bestsellerliste, eine hitzige Diskussion über den israelischen Blick auf die Täterseite bei der durch die Nationalsozialisten

ausgelösten Weltenkatastrophe an. Das gesamte Werk des Autors, der anders als im Westen ab 1962 bei Aufbau in Form einer Werkausgabe, herausgegeben von Günter Caspar, sorgsam gepflegt worden war, erfuhr damit eine späte Anerkennung in ganz Deutschland und der Welt.

Was für vielfältige Blüten das literarische Erbe auch in der Gegenwart noch treiben konnte, zeigte das Jahr 2012. Die erste Episode hatte eine vier Jahre alte Vorgeschichte: Während im Aufbau Verlag im Juni 2008 gerade die Insolvenz gemeistert werden musste und die Verlagsmannschaft sich heftige Feuilletongefechte mit Lunkewitz lieferte, war nach einem *FAS*-Artikel des einstigen *ndl*-Chefredakteurs Werner Liersch eine Debatte über die Kriegsverstrickung Erwin Strittmatters entbrannt. Der Vorzeige-Antifaschist des antifaschistischen Vorzeigestaats war, so hatte Liersch dargelegt, während des Zweiten Weltkriegs Mitglied eines Polizei-Gebirgsjäger-Regiments gewesen, dem Himmler 1943 als Anerkennung den Zusatz SS zugesprochen hatte. Wie im Fall von Günter Grass zwei Jahre zuvor war daraufhin eine breite öffentliche Debatte über die moralische Integrität des Autors und dessen Nachdeutung losgebrochen, über die Gestaltung von Wunschbiographien und über Funktion und Möglichkeiten des Erinnerns. Der Aufbau Verlag hatte als ersten Debattenbeitrag ein mehrseitiges Schreiben in Umlauf gebracht, in dem der Historiker Bernd-Rainer Barth dem Ankläger Liersch kleinere Unsauberkeiten nachgewiesen und vorgeworfen hatte, nach der Methode »guilt by assoziation« zu urteilen. Der Fall war auch deswegen heikel, weil es nicht um die NS-Vergangenheit allein ging. Es ging um Strittmatters Nachleben im kollektiven Gedächtnis und damit um die Frage, ob einer der prägendsten Autoren des Aufbau Verlags in den Klassiker-Olymp aufgenommen werden oder im Orkus der politisch heteronomen Literatur verschwinden würde.

Nachdem sich die Wogen etwas geglättet hatten, eröffnete Aufbau zum 100. Geburtstag des Autors im Jahre 2012 mit einer sachlichen, aber entschiedenen Stimme die zweite Etappe im Erinnerungsstreit. Die langjährige Lektorin Almut Giesecke, bis 2005 bei Aufbau angestellt und danach noch als Freie für den Verlag aktiv, hatte die Tagebücher der Jahre 1954 bis 1973 unter dem Titel *Nachrichten aus meinem Leben* ediert. In ihnen zeigte sich Strittmatter in seiner Vielschichtigkeit und Widersprüchlichkeit, und es blieb den Lesern überlassen, ob sie sich an dem

brillanten Naturbeobachter freuten oder an dem jähzornigen Familien-
mensch rieben. Zeitgleich publizierte die Historikerin Annette Leo eine
Strittmatter-Biographie, die vor allem als Aufforderung verstanden werden konnte, »ganz nah heranzugehen, genau hinzuschauen und versuchen
zu verstehen«, wie Leo, um eine ebenso starke wie reflektierte Erzähl-
position bemüht, schrieb. Beide Titel waren – wie es bei Manuskripten
mit realem Hintergrund bei Aufbau üblich ist – vorab von Katja Kühler,
die als angestellte Verlagsjustiziarin seit 2001 nicht nur die vertragliche
Seite des Rechteeinkaufs betreute, sondern auch etliche Manuskripte
durch die persönlichkeitsrechtlichen Klippen gesteuert hatte, in einem
juristischen Lektorat geprüft worden. Eine für den Februar 2009 angekündigte aktualisierte Neuauflage der neun Jahre zuvor erschienenen
Strittmatter-Biographie *Des Lebens Spiel*, die der langjährige Verlagsmitarbeiter Günther Drommer verfasst hatte, war derweil – kommentarlos – nicht erschienen. Stattdessen hatte Drommer Anfang 2010 eine
»Streitschrift« mit dem Titel *Erwin Strittmatter und der Krieg unserer Vä-
ter* beim Neuen Berlin vorgelegt. Drommer war lesbar bemüht gewesen,
nachzuholen, was er in *Des Lebens Spiel* auf wenigen Seiten abgehandelt
hatte. Doch hatte die Polemik auch noch eine andere Dimension, wenn
Drommer schrieb: »In dieser sogenannten Diktatur [...] habe ich die ersten fünfzig Jahre meines Lebens verbracht. Abgeduckt, feige, korrum-
piert, bemitleidenswert? So soll ich es erlebt haben, jedenfalls nach dem
Willen derer, die mein Leben besser kennen wollen als ich selbst?«

Bei der Aufarbeitung der NS-Vergangenheit des DDR-Paradeautors
war es Drommer also auch um die Frage gegangen, wer die Deutungshoheit über die Lebensläufe der ostelbischen Intellektuellen haben sollte.
Leos Biographie funktionierte anders. Die Historikerin näherte sich der
Autorenlegende zwar persönlich, aber unparteilich und aktengestützt,
zeigte Widersprüche auf und maß nebenbei Handlungsräume aus. Der
Aufbau Verlag konnte zufrieden sein, und das nicht nur wegen der Verkaufszahlen. Er hatte sich nicht wie eine Bärenmutter vor das angegrif-
fene Kind gestellt, wie es mitunter bei Verlagen der Fall ist, die um den
Ruf ihrer Autoren besorgt sind, sondern um einen vielstimmigen Dialog bemüht. Das war auch deswegen wichtig, weil sich in diesem Fall
zwei Identitätslinien kreuzten – die Auseinandersetzung mit Nazi-

Bernd-Lutz Lange mit Matthias und Ingrid Koch im März 2014

Deutschland und die DDR-Wurzeln des Verlags. Eine historisch-kritische Distanz war in beiden Fällen notwendig.

Anders, persönlicher, mitunter auch polemischer funktionierten die vor allem von Franziska Günther initiierten Ost-West-Lebensberichte, die prominente Kunst- und Kulturmenschen selbst für Aufbau schrieben, darunter die Schauspieler Winfried Glatzeder (*Paul und ich*, 2008) und Armin Mueller-Stahl (*Die Jahre werden schneller*, 2010), der Musiker Andrej Hermlin (*My Way*, 2011), die Kabarettisten Bernd-Lutz Lange (*Magermilch und lange Strümpfe*, 1999/2014), Tom Pauls (*Das wird mir nicht noch einmal passieren*, 2015) und Katrin Weber (*Sie werden lachen*, 2017), der MDR-Gründungsintendant Udo Reiter (*Gestatten, dass ich sitzen bleibe*, 2013) und der ehemalige Aufbau-Verlagsleiter Elmar Faber (*Verloren im Paradies*, 2014). Dass Faber mit der Nachwendeentwicklung seines ehemaligen Verlags nicht viel anfangen konnte, hatte er schon vorher mehrfach deutlich gemacht. Der Name eines seiner liebsten Autoren, Strittmatter, war im Jahr von dessen 100. Geburtstag 2012 letztlich nur mit einem Titel im genuin literarischen Programm aufgetaucht: Erwins Enkelin Judka hatte den Roman *Die Schwestern* vorgelegt, in dem ein Onkel auftrat, der zwar ein bekannter Schauspieler war, aber doch sehr an ihren Großvater erinnerte. Zum 25. Todestag des

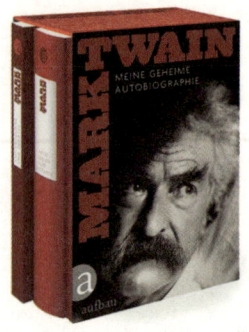
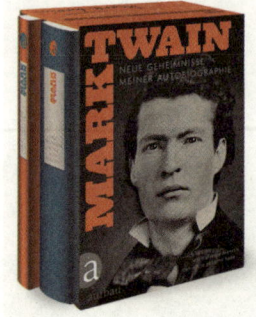
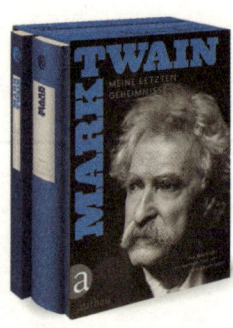

Tradition als Schatzkammer: Twain-Ausgaben (2012, 2014, 2017)

Autors 2019 erschien indes nicht nur der Briefwechsel des Künstlerehepaars Eva und Erwin Strittmatter unter dem Titel *Du bist mein zweites Ich*, herausgegeben von ihrem Sohn Erwin Berner, sondern auch einige seiner Romane in neuer Taschenbuchausstattung.

Dass die Autoren- und Gedächtnispflege im Aufbau Verlag mit einer umsichtigen (Auto-)Biographiearbeit verbunden war, zeigte sich im selben Jahr noch an einem zweiten Titel: Mark Twains *Meine geheime Autobiographie.* »Geheim« war sie deshalb lange gewesen, weil Twain verfügt hatte, dass der Text nach seinem Tod hundert Jahre lang unter Verschluss gehalten wird – um sicherzustellen, dass seine Erinnerungen weder einer äußeren Zensur noch der Schere im Kopf zum Opfer fallen würden. Zwei Jahre nach der Erstveröffentlichung in den USA, wo eine halbe Million Exemplare verkauft worden waren, erschien die Aufbau-Ausgabe in einer Übersetzung von Hans-Christian Oeser, der den Plauderton der diktierten Erinnerungen gekonnt ins Deutsche übertragen hatte. Ein gesonderter Materialienband war in Kooperation mit Studierenden der FU Berlin und der Ludwig-Maximilians-Universität München entstanden. Aufbau zog alle Register, um aus der *Geheimen Autobiographie* ein literarisches Ereignis zu machen. Und die Rezensenten konnten sich dem Zauber des Pointisten ebenso wenig entziehen wie die Leser, die die Kassette für knapp 50 Euro fleißig kauften. Für Aufbau war der Erfolg auch ein kleines Happy End eines verlagsgeschichtlichen Kapitels, schließlich war Twain bis zur Wende mit über zwei Millionen Einzelexemplaren der meistverkaufte ausländische Autor des Verlags gewesen. Die ausgewählten Werke in zwölf

Bänden, zwischen 1960 und 1967 erschienen, sind nach wie vor die umfangreichste Edition seines Werks. Und Aufbau blieb am Ball: 2014 erschienen nach dem gleichen Modell die *Neuen Geheimnisse meiner Autobiographie* unter dem Titel *Ich bin der eselhafteste Mensch, den ich je gekannt habe*, 2017 schließlich *Meine letzten Geheimnisse*, versammelt unter der Überschrift *Die Nachricht von meinem Tod ist stark übertrieben*. Die (aktualisierte) Tradition des Verlags, so hatte sich wieder einmal gezeigt, war eine Schatzkammer. Und mittlerweile hatte auch das gegenwartsliterarische Programm wieder an Fahrt aufgenommen.

Verjüngungskur:
Blumenbar, Metrolit und die Literatur als Event

Zu Beginn der Ägide von Matthias Koch ließ sich ein Muster erkennen: Wenn Aufbau im literarischen Programm einen Bestsellererfolg mit Nonseller-Ansehen landete, also ein idealtypisches Buch für einen literarischen Verlag herausbrachte, stand auf dem Cover der Name einer toten Autorin oder eines toten Autors. Noch schien Aufbau nicht so richtig ins junge, hippe Berlin-Kreuzberg zu passen.

Im Verlag war man deswegen weiter auf der Suche nach mehr Glanz, mehr Pop, mehr Gegenwart, um »die Entwicklung der Berliner Republik« (Matthias Koch) kritisch und künstlerisch zu begleiten. Fündig wurde man schließlich im eigenen Haus. Zur Eröffnung des Neu- und Umbaus am Moritzplatz war auch Blumenbar eingezogen, eines der prestigeträchtigsten Labels unter den Independent-Verlagen. Gegründet worden war Blumenbar 2002 von den Mittdreißigern Lars Birken-Bertsch und Wolfgang Farkas in München. Wenig später hatte der Verlag den norwegischen Vandalen Matias Faldbakken auf den deutschsprachigen Markt gebracht und *The Rum Diary* des großen Beaters und Gonzo-Journalisten Hunter S. Thompson 2004 in einer Farkas-Übersetzung erstmalig auf Deutsch veröffentlicht. Doch es waren nicht nur die Bücher, mit denen sich Blumenbar schnell einen Namen machte: 2003 hatte die Neugründung eine Goldmedaille des Branchenmagazins *Buchmarkt* für »Integrierte Markenkommunikation« gewonnen, nachdem die beiden Verlagsgründer den ersten Messestand in Frankfurt, einen Systemstand von vier Quadratmetern, mit einer alten Waschmaschine ausstaffiert hatten, weil auf dem Cover des bis dato einzigen Buches, FX Karls *Memomat*, eine solche abgebildet war. Auch in Bezug auf Veranstaltungsformate hatte Blumenbar Experimentierfreude bewiesen. Mit diesen Hipsterlorbeeren war der Verlag schließlich aus dem gediegenen München nach Berlin gezogen, hatte eine Vertriebskooperation mit dem Berlin Verlag begründet und gemeinsam mit dem Maxim Gorki Theater und dem WMF Club die Veranstaltungsreihe *Hardcover* gegründet. Als der Verlag 2011 am Moritzplatz landete, zog also nicht nur ein junger Buchverlag ein, sondern auch ein Veranstalter, der seine Leseformate gerne mit Elementen aus Clubkultur, Theater und literarischen Salons durchmischte.

Dass die Marke Blumenbar im März 2012 auch organisatorisch unter dem Aufbau-Dach landete, war vor allem den schlechten Zahlen geschuldet. »Von den jungen Verlagen waren wir unter den Erfolgreichsten, aber eben nicht erfolgreich genug«, bekannte Farkas gegenüber der *taz*, »ein richtiger Bestseller kam halt nie.« Unter dem Aufbau-Dach schien der Spielraum größer. Und es wartete ein alter Bekannter auf Blumenbar: Der Verlagsgründer Birken-Bertsch war Anfang 2010 als Geschäftsführer zurückgetreten und hatte wenige Monate später die Marketingleitung bei Eichborn übernommen, bevor er nach der Insolvenz des Verlags zu Aufbau gekommen war. Die verlegerische Leitung von Blumenbar übernahm nun René Strien, als Lektor stieß Tom Müller zum Aufbau/Blumenbar-Team hinzu.

Mit der Übernahme der Independent-Marke, die fortan als Imprint geführt wurde, hatte Aufbau seine Verjüngungskur allerdings noch nicht abgeschlossen. Keine drei Monate nach dem Blumenbar-Kauf gab Aufbau bekannt, dass man sich mit dem Radiosender FluxFM und dem kleinen Schweizer Verlag Walde + Graf, der ursprünglich nur wegen einer Vertriebskooperation im Aufbau Haus angeklopft hatte, für eine Neugründung zusammengetan habe, die ab dem Frühjahr 2013 unter dem Namen Metrolit Bücher »aus den Bereichen Literatur, Gesellschaft, Pop-Kultur und Graphic Novel« veröffentlichen werde. Die Geschäftsführung übernahm Tom Erben, programmatisch mitverantwortlich war Peter Graf. Im Rahmen eines Asset Deals waren die Markenrechte des von Graf und Anais

Walde aufgebauten Verlags vorher an Metrolit gegangen, wo die Marke als Imprint »Walde + Graf bei metrolit« weitergeführt wurde. Walde + Graf firmierte derweil in Applaus um und beteiligte sich als Gesellschafter an dem neuen Unternehmen. Nicht nur bezüglich der Titelzahl – zunächst waren 20 pro Jahr angestrebt, später sollten es 40 werden – war die Neugründung sehr ambitioniert angesetzt. Die Bücher waren ausstatterisch virtuos durchkomponiert, die Marke alles in allem vorzüglich verpackt. Sogar ein aufwändig produziertes Corporate-Magazin wurde fürs Halbjahresprogramm aufgelegt. Doch obwohl man im ersten Programmjahr mit dem roughen Berlin-Roman *Blutsbrüder* von Ernst Haffner aus den 1930er Jahren gleich für Aufsehen sorgte, stand die Neugründung unter keinem guten Stern, weil die programmatische Schnittmenge mit Blumenbar zu einer hauseigenen Konkurrenz führte und die spezifische Zielgruppe, auf die man es abgesehen hatte, offenbar keine Buchkäuferkohorte war. Sosehr das Metrolit-Marketing auch wirbelte, es ließ sich einfach kein investitionsfreudiger, grafik-affiner Haufen von »Netflix-Gucker[n] und *Spex*-Leser[n]« finden, die der Labelmanager Birken-Bertsch gegenüber der *taz* als das »typische Metrolit-Publikum« bezeichnet hatte – zumindest keiner, der die wirtschaftlichen Erwartungen erfüllt hätte. Denn auch die Neugründung sollte möglichst bald selbstständig funktionieren, zumindest »innerhalb von zwei Jahren die Perspektive einer schwarzen Null erreichen«.

Das Gesamtprogramm der Aufbau-Labels allerdings wurde mit dem Zukauf von Blumenbar und der Gründung von Metrolit runder. Als neue Hörbuchgründung kam zudem Aufbau Audio hinzu, womit die Gruppe auf die Entwicklung im Bereich der Download-Plattformen und der Streaming-Dienste vorbereitet war. Blumenbar gelang 2013 auf Anhieb ein Gegenwartserfolg, als der Debütroman *Die Ordnung der Sterne über Como* von Monika Zeiner, im Berlin der 1980er Jahre angesiedelt, auf der Shortlist für den Deutschen Buchpreis landete. Zeiner, eigentlich als Sängerin und Texterin der Italo-Swing-Band marinafon in der Hauptstadt unterwegs, verknüpfte in dem Buch zwei ihrer Lebensthemen: Sie schrieb über die Musikszene und webte Kenntnisse aus ihrer Dissertation in den Text, die sie über Liebesmelancholie im Mittelalter verfasst hatte. Der Erfolg war auch deswegen wichtig, weil er die alte Tante Aufbau in ein neues Licht rückte, in dem auffiel, dass mit Sabrina Janesch (*Katzenberge*, 2010;

Monika Zeiners *Die Ordnung der Sterne über Como* (2013)

Ambra, 2012; *Tango für einen Hund*, 2014) auch im Aufbau-Hauptprogramm seit einiger Zeit eine interessante neue Stimme zu hören war, die von Herkunft und Heimat erzählte. Inger-Maria Mahlke (*Silberfischchen*, 2010), die 2018 den Deutschen Buchpreis gewinnen sollte, war mit ihrem Lektor Andreas Paschedag hingegen zum Berlin Verlag weitergezogen.

Im Sachbuch setzte Aufbau derweil mit der Kombination von Prominenz und Humor selbst einen Trend. Erfolgreich war das Loriot-Porträt *Der Glückliche schlägt keine Hunde* (2013), das der Regisseur und Fernsehautor Stefan Lukschy von seinem 2011 verstorbenen Freund gezeichnet hatte. Der Kolumnist Harald Martenstein landete mit der Sammlung *Romantische Nächte im Zoo* (2013) beim alten Ost-Riesen. Vor allem aber war Aufbau, das Stammhaus von Bernd-Lutz Lange, einem der erfolgreichsten Buchautoren unter den Bühnenkleinkünstlern, zum Kabarettisten-Verlag geworden, wie das Buch *Wie haben wir gelacht* (2013) bewies, ein Gesprächsbuch von Dieter Hildebrandt und Peter Ensikat. Das innovative Genre hatte Franziska Günther ein Jahr zuvor mit dem Band *Gedächtnislücken* von Ensikat und Egon Bahr erprobt und für gut befunden. Aufbau entwickelte das Format in der Folge noch weiter. In die Nachdeutung der DDR, einen der Diskurse, in dem der Verlag seit jeher eine

Franziska Günther mit Stefan Lukschy bei der Premiere von dessen Loriot-Bio-graphie *Der Glückliche schlägt keine Hunde* im November 2013

gewichtige Stimme hatte und hat, mischte sich Aufbau beispielsweise mit den Buchdialogen von Gregor Gysi und Friedrich Schorlemmer (*Was bleiben wird*, 2015) oder dem von Wolfgang Engler und Jana Hensel (*Wer wir sind*, 2018) ein. Dass mit den Gesprächsbüchern wichtige Autoren ins Aufbau Haus geholt wurden, zahlte sich in mehrfacher Hinsicht aus. So lieferte 2017 Gysis selbstbewusste und hervorragend verkaufte Auto-biographie *Ein Leben ist zu wenig*, die Jens Jessen in der *Zeit* treffend als »Schelmenroman« bezeichnete und die es bis an die Spitze der *Spiegel*-Bestsellerliste schaffte, viel Gesprächsstoff. Für den prominenten Politi-ker schloss sich mit dem Band auch ein Lebenskreis, hatte doch sein Va-ter den Verlag mitgegründet und später für ein knappes Jahrzehnt geleitet.

Darüber hinaus schien es Aufbau mittlerweile besser zu gelingen, kom-merzielle Titel vor allem für unterhaltungsliterarisch interessierte Leser sichtbar zu machen. Das zeigte sich besonders im Fall von Ellen Berg, einem atb-Phänomen, entwickelt von Stefanie Werk. Unter dem Auto-renpseudonym, einer 1969 geborenen Schriftstellerin zugeschrieben, die, so die Legende, auf einem Bauernhof im Allgäu lebt, erschienen ab 2011 in dichter Folge Frauenromane, die aus weiblicher Perspektive amüsante Geschichten erzählten. Ein jeder Titel ist so erfolgreich wie die vorheri-

351

Ein »Schelmenroman« (Jens Jessen): Gregor
Gysis Autobiographie *Ein Leben ist zu wenig*

gen. Mittlerweile beträgt die Gesamtauflage über 2 Millionen Exemplare.
Zumindest die Programmbilanz war in den Jahren 2013/14 also durchaus beeindruckend: Der »Dreiklang Literatur, relevantes Sachbuch, gut
gemachte Unterhaltung« (Reinhard Rohn) klang wieder harmonisch.

Hinter den Kulissen knirschte es allerdings seit geraumer Zeit. Dass der
Verlag Aufbau Bilderbuch, noch 2010 um das erzählende Jugendbuch erweitert und erst in Aufbau Kinder & Co. und dann in Aufbau Kinder &
Jugendbuch umbenannt, im März 2013 aufgegeben hatte, erschien noch
als Notwendigkeit. Das elitäre, teure Konzept war nicht aufgegangen, der
Erlös unter den Herstellungskosten geblieben. Doch auch in anderen Bereichen hatten sich die hohen Investitionskosten nicht so ausgezahlt, wie
Koch es gehofft hatte. Hinzu kam, dass der Teamspirit, der die Verlagsmannschaft in und unmittelbar nach der Insolvenz so ausgezeichnet hatte,
merklich gelitten hatte. Spannungen bestanden vor allem auf der Lei-
tungsebene. Im Januar 2014 kam es dann, für Außenstehende unvermit-
telt, zum großen Knall: Aufbau trennte sich von René Strien und Tom
Erben, die den Verlag für knapp 20 Jahre in leitenden Funktionen durch
allerlei Turbulenzen geführt hatten. Es habe »unterschiedliche Auffassun-
gen über die künftige strategische Ausrichtung« gegeben. Das betraf auch

den ausgelagerten Vertrieb, geleitet von Sabine Kahl, wo Gerd Püschel, schon vor der Wende als Vertreter für Aufbau unterwegs, im Mai 2014 fristgemäß zum Jahresende gekündigt wurde. Aufbau musste sich neu sortieren. Wieder einmal.

»Funktionieren wie der Tatort«: Neuausrichtung ab 2014

»Der Verlag«, so hatten Walter Janka und Max Schroeder im Vorwort des Almanachs zum 10. Gründungsjubiläum des Aufbau Verlags im Jahre 1955 mit Demut geschrieben, »das sind seine Autoren«. »Verlagsgeschichte«, so hatte wiederum Siegfried Unseld 45 Jahre später behauptet, »[ist] ja meist die Geschichte einzelner Verleger«. Beides stimmt, gilt aber nicht absolut. Denn Verlagsgeschichte ist vielschichtig. Vor allem ist sie, wie das knapp siebzigjährige Leben des Aufbau Verlags bis 2014 bewiesen hatte, immer auch eine Geschichte derjenigen Menschen und Titel, die nicht im Scheinwerferlicht der literarischen Öffentlichkeit standen. Eine Geschichte der zweiten Reihe. Eine Geschichte derjenigen, die mit viel Sachverstand und Enthusiasmus Bücher machen wollten und sich dabei ein Zitat aus dem Fallada-Roman *Die Abenteuer des Werner Quabs* zu eigen machten: »Man muss sein Herz an etwas hängen, das es verlohnt«.

Eben dort, in der zweiten Reihe des eigenen Hauses, wurde Matthias Koch fündig, als er nach der Trennung von Strien und Erben im Januar 2014 ein neues Führungsduo berief. Reinhard Rohn und Gunnar Cynybulk, beide seit Jahren in leitenden Positionen, rückten eine Stufe auf. Sie standen für Kontinuität im erneuten Umbruch und zugleich für ein klares Profil: Während Rohn, selbst Autor zahlreicher Köln-Krimis, sich als Lektor und Programmleiter einen Namen im Bereich der Unterhaltungsliteratur gemacht hatte, gab Cynybulk, der den Verlag einst als Praktikant beschnupperte und 1999 als Volontär zurückgekommen war, den literarisch versierten Programmmacher alter Schule, der immer wieder betonte, die »Klassiker von morgen« entdecken zu wollen: »Das Programm des Verlages muss sich verjüngen«, fasste Cynybulk zusammen, der gerade selbst unter die Autoren ging und seinen Romanerstling *Das halbe Haus* 2014 bei DuMont unterbrachte. Zumindest für die Literatur seien Trend und Prominenz nur sekundäre Argumente. Beide kannten die Aufbau-Agenda, die Marke, die Tradition aus dem Effeff. Auch im Hintergrund baute Koch, der seither als alleiniger Geschäftsführer fungiert, kräftig um: Er etablierte einen später in der Satzung des Verlags verankerten Beirat, dem mit Urs Schupp ein externer Branchenkenner vorstand. Zunächst hatten drei Personen aus der Verlagsmannschaft Prokura, 2015 kam Franziska Günther als vierte hinzu, 2017 als Fünfter Oliver Pux, der zwei Jahre zuvor als Leiter des kontinuierlich wachsenden Labels Aufbau Digital von Bastei Lübbe ins Aufbau Haus gewechselt hatte. Personell blieb in dem mittelständischen Haus mit ca. 40 Mitarbeiterinnen und Mitarbeitern viel in Bewegung. Claudia Puls, leitende Lektorin für Auslandsliteratur, wechselte im Oktober 2014 zu Ullstein, ihren Romanistikbereich übernahm später Johanna Links. Auch der kaufmännische Leiter Ralf Alkenbrecher verließ Aufbau nach sechs Jahren wieder. Als leitende Lektorin für den Programmbereich Literatur kam im März 2015 Lina Muzur von Hanser zu Aufbau.

Der große Überraschungserfolg des Jahres war allerdings noch nicht über ihren Schreibtisch gegangen. Cynybulk hatte im Sommer 2014 ein Coming-of-Age-Manuskript von der Agentur Eggers bekommen, hatte es im Italienurlaub mit Begeisterung verschlungen und Reinhard Rohn um seine Einschätzung gebeten, wo man den Text unterbringen könne. Auch Rohn war fasziniert, spielte die Kugel aber zurück, weil ihm der Text für das unterhaltungsliterarische Programm von Rütten & Loening ungeeignet schien. So traf sich Cynybulk mit dem Autor, Bov Bjerg, den er bereits aus einem anderen Zusammenhang kannte: Während seines Studiums an der FU Berlin war der just beförderte Aufbau-Verlagsleiter des Öfteren zu Gast bei Dr. Seltsams Frühschoppen gewesen, einer Lesebühne, zu deren Gründungsmitgliedern Bjerg gehörte. Unkompliziert waren die Publikationsgespräche aber auch aus einem anderen Grund: Aufbau blieb der einzige Interessent. Offensichtlich traute kein anderer Verlag dem 50-jährigen Kabarettisten, dessen erster Roman *Deadline*, 2008 im Mitteldeutschen Verlag erschienen, kaum wahrgenommen worden war, einen Markterfolg mit einem Text zu, der von einer Jugend-

Nicht nur vom Literarischen Quartett hoch-
geschätzt: Bov Bjergs *Auerhaus* (2015)

WG in der schwäbischen Provinz der 1980er Jahre erzählte. Für Bjerg
war die fehlende Auswahlmöglichkeit indes kein Problem. Als »ossifi-
ziertem Wessi« waren ihm Aufbau-Tradition und -Gegenwart ebenso bekannt wie angenehm. Auch im Blumenbar-Programm, wo das Buch erscheinen sollte, fühlte er sich gut aufgehoben. Nachdem er schon mit
seinem Lektor Tom Müller gut beim Lektorat zusammengearbeitet hatte,
war er schwer beeindruckt vom Korrektoratsethos, den Text so perfekt
wie möglich zu machen. Im Juli 2015, mitten im Novitätensommerloch
also, erschien *Auerhaus* schließlich bei Blumenbar.

Das Buch lief im Sommer vielversprechend an. Die Verlagsgruppe
hatte *Auerhaus* zum Werbeschwerpunkt gemacht, »alle Register des vi-
ralen Marketings« (Lars Birken-Bertsch) gezogen und dabei einfallsreich
herumexperimentiert. So hatte der Verlag ein Leseexemplar drucken lassen, dessen Umschlag nicht mit dem Autorennamen und dem Titel geschmückt war, sondern mit einer Reihe kurzer Werbezitate, sogenannten Blurbs, die Bjerg bei Schriftstellerkollegen eingetrieben hatte. Mit
einem Buchtrailer, für den der Schauspieler Robert Stadlober gemeinsam mit dem »Ja, Panik«-Sänger und -Gitarristen Andreas Spechtl das
im Titel angelegte Lied *Our House* der Ska-Band Madness neu einspielte,

hatte sich Aufbau zudem der YouTube-Generation zugewendet. Für den ganz großen Durchbruch sorgte dann aber der klassische Literaturbetrieb: Nachdem das Buch im Laufe der Monate in vielen wichtigen Feuilletons wohlwollend besprochen worden war, zog im Dezember 2015 das neuaufgelegte Literarische Quartett nach. Im Aufbau Haus wurde die Aufnahme im Berliner Ensemble auch deswegen aufgeregt verfolgt, weil zwei Monate zuvor bei der Premiere nach 14 Jahren Sendungspause ein Aufbau-Titel aus dem Frühjahrsprogramm, *Der dunkle Fluss* des nigerianischen Autors Chigozie Obioma, sehr kritisch besprochen worden war. Im Fall von Bjergs *Auerhaus* wich die Nervosität aber der Euphorie: Maxim Biller (»Ich habe seit Jahren auf dieses Buch gewartet.«), Volker Weidermann (»Ein Buch, das fast alle umgehauen hat, die es bisher gelesen haben.«), Christine Westermann (»Ich lese dieses Buch und bin vergnügt und bin bewegt und bin berührt – unheimlich schön.«) und der Sendungsgast Daniel Cohn-Bendit (»Dieses Buch ist wunderschön.«) feierten *Auerhaus* einhellig für Plot und Form, für die Figurenzeichnung, für seine Komik und seine tragisch-traurige Seite. Ausgerechnet dieses Lob führte schließlich zum »Worst Case«: Weil der Verkauf nach der Ausstrahlung der Sendung am 11. Dezember spürbar anzog und in den Druckereien kaum Maschinen frei waren, war der Titel unmittelbar vor Weihnachten kurzzeitig nicht mehr lieferbar.

Das ließ sich letztlich verschmerzen, denn der *Auerhaus*-Boom hielt an. Im Januar, ein halbes Jahr nach der Veröffentlichung, tauchte das Buch erstmalig in der Hardcover-Bestsellerliste auf, wo es sich, unterstützt von weiteren Werbemaßnahmen des Verlags, drei Monate lang hielt. 2017 folgte das Taschenbuch, das sich ebenfalls gut verkaufte, so dass Aufbau letztlich eine Viertelmillion verkaufte Exemplare zählte. Auch auf anderen Wegen erreichte der Erfolgstitel des Jubiläumsjahres 2015, das wie immer groß gefeiert und mit Carsten Wurms Verlagsgeschichte *Gestern. Heute. Aufbau* begleitet wurde, sein Publikum: Bevor der Film zum Buch Ende 2019 in die Kinos kam, war *Auerhaus* als Theaterversion auf 40 Bühnen zu sehen gewesen und Schullektüre geworden. Ein Lucky Punch wie dieser hatte dem Blumenbar-Bruder Metrolit gefehlt: Der Verlag, in Sachen Personal und Programmumfang bereits ein Jahr nach der Gründung spürbar verkleinert, hatte die Umsatzziele nicht erfüllen können und »pausierte« nach dem Herbstprogramm 2015, bis er schließlich auch offiziell eingestellt wurde. Wie ähnlich sich die beiden Verlage in Teilen ihres Programms waren, hatten sie im Jubiläumsjahr bei der »Musikliteratur« gezeigt: Die *Tocotronic-Chroniken* waren bei Blumenbar erschienen, *Krach*, die Autobiographie von Alexander Hacke, Sänger der Einstürzenden Neubauten, hingegen bei Metrolit. Im Aufbau-Hardcover erschien zum 70. Verlagsjubiläum derweil ein alter Bekannter: In Victor Klemperers »Revolutionstagebuch 1919« *Man möchte immer weinen und lachen in einem*, von der Klassik-Lektorin Nele Holdack aus größtenteils unveröffentlichten Feuilletons des jungen Klemperer konzipiert, versehen mit einem Vorwort von Christopher Clark, einem historischen Essay von Wolfram Wette sowie Anmerkungen von Christian Löser, schildert der deutsche Chronist das Chaos nach dem Ersten Weltkrieg und das Scheitern der Münchner Räterepublik. Die Erstveröffentlichung war nicht nur ein Feuilleton-Erfolg, sondern stand auch wochenlang auf der *Spiegel*-Bestsellerliste. Im Sachbuchprogramm fand sich zudem ein weiteres Buch eines langjährigen Aufbau-Autors: Landolf Scherzers *Der Rote*, ein Porträt Bodo Ramelows, in Thüringen gerade zum ersten Ministerpräsidenten der Partei Die Linke gewählt. Als Ganzes, so hatte Koch anlässlich des Jubiläums in der *Zeit* erklärt, solle ein Verlag »funktionieren wie der Tatort«. Die Serie »erreiche Millionen Zuschauer, Woche für Woche, und könne stets prompt auf zeitgenössische Themen reagieren, weil sie einen so festen Rahmen habe.«

Während *Auerhaus* noch in den Buchhandlungen auslag, war im Sommer 2016 ein weiterer imagebildender Roman bei Aufbau erschienen: Philipp Winklers *Hool*. Der Autor, Jahrgang 1986 und Absolvent des Masterstudiengangs Literarisches Schreiben der Universität Hildesheim, ließ in seinem Debüt eine Figur, die in der Hooliganszene des Fußballklubs Hannover 96 Halt findet, aus einem Leben voller Gewalt und Einsamkeit erzählen. Der Vergleich mit Clemens Meyer, der Mitte der 2000er Jahre mit unorthodoxem Auftreten und zartkantigem Schreibstil bei S. Fischer zum Chronisten der Stimmlosen geworden war und Streetcredibility ins literarische Feld mitgebracht hatte, lag nahe. Auch *Hool* war wieder über eine Agentur zu Aufbau gekommen, auch *Hool* war von Cynybulk und Müller betreut worden, und auch *Hool* war symbolisch und wirtschaftlich erfolgreich, landete auf der Shortlist des Deut-

Landolf Scherzer: *Der Rote* (2015)

schen Buchpreises und wurde über 25 000-mal als Hardcover verkauft. Beide Titel trugen erheblich dazu bei, dass Aufbau trotz der Rückzahlungen an die VG Wort nach langer Durststrecke wieder Gewinne ausweisen konnte. Der Roman war zudem ein programmatisches Zeichen, dass Aufbau verstärkt auf junge Stimmen setzen wollte und auch den Mut hatte, sie auf die ersten Katalogseiten zu bringen. Das hatte sich im Vorjahr schon bei dem Debüt von Verena Boos (*Blutorangen*) gezeigt. Im Frühjahr 2016 war mit *Wir kommen* der literarische Erstling Ronja von Rönnes gefolgt, die, 1993 geboren, als Journalistin der *Welt* gerade mit einem (Anti-)Feminismus-Artikel für erhitzte Debatten und Gemüter gesorgt hatte und für ihr Buchprojekt ein internetloses Büro im Aufbau Haus bezogen hatte. Lana Lux folgte mit *Kukolka* (2017). Die Titelreihe zeigte, dass Aufbau es ernst meinte mit dem Anspruch, wieder eine kompetente Adresse für junge deutschsprachige Literatur zu werden. Passend dazu engagierte sich Cynybulk beim Open Mike, dem wichtigsten Wettbewerb für Nachwuchsautoren – und zwar nicht als »Jäger auf Beutesuche«, sondern als »Wildhüter voller Wohlwollen«, wie er dem Literaturkritiker Wolfgang Schneider verriet.

Eine kontroverse Debatte zog mit halbjähriger Verzögerung im Januar

2018 *Sieben Nächte* von Simon Strauß nach sich. Alem Grabovac hatte das bei Blumenbar bereits im Juli 2017 erschienene Debüt des 1988 geborenen Autors, Sohn des einstigen Aufbau-Lizenzautors Botho Strauß, in der *taz* dahin gehend kritisiert, »dass da ein junger wütender Mann wieder mit der Ästhetik und den Inhalten des rechten Rands spielt«. Damit lockte er so unterschiedliche Büchermenschen wie Tilman Krause (»Gesinnungs-TÜV«) und Ijoma Mangold (»linksliberaler Meinungskorridor«) aus den Redaktionssesseln. Der Ton war scharf und symptomatisch. Wie aktuell sowohl das Thema als auch der Duktus der Diskussion über *Sieben Nächte* waren, zeigte sich zwei Monate später, als Uwe Tellkamp, zunehmend im Umfeld der Neuen Rechten unterwegs, bei einer Diskussion mit Durs Grünbein über »Meinungsfreiheit in der Demokratie« im Dresdner Kulturpalast von einem »Gesinnungskorridor zwischen gewünschter und geduldeter Meinung« sprach und gegen Geflüchtete polemisierte. Das eindeutige Statement des Suhrkamp-Verlags zu Tellkamps Äußerungen – die »Haltung, die in Äußerungen von Autoren des Hauses zum Ausdruck kommt, ist nicht mit der des Verlags zu verwechseln« – zeigte, dass sich mit den Autoren auch das Verlagsfeld mehr und mehr politisierte. Dessen heimliche Hauptstadt war mittlerweile Berlin geworden. Neben den zahlreichen Independent-Verlagen waren inzwischen fast alle wichtigen Verlagsgruppen bzw. Verlage in der umtriebigen Szene der Metropole mit einem Imprint oder gleich mit dem Hauptsitz vertreten. Aufbau wollte nicht nur mit dem Aufbau Haus und mit Veranstaltungen Präsenz zeigen. Dass die Vereinigte Berliner Medien Vertriebsgesellschaft (VBMV) nach dem Ausscheiden des Mitgesellschafters Thomas Salzer 2016 umgetauft worden war und fortan als Aufbau Vertrieb GmbH lief, passte ins Bild.

Viel Bewegung war auch unter den Mitarbeitern der Hauptstadtverlage. Im Fall von Aufbau zeigte sich das im Herbst 2017: Kurz nachdem Gunnar Cynybulk die Lektoratskoryphäe Angela Drescher nach 43 Jahren bei Aufbau in den Ruhestand verabschiedet hatte, ging der Verlagsleiter, der seine ersten Lektoratsschritte einst als Drescher-Praktikant gemacht hatte, als verlegerischer Geschäftsführer zu Ullstein. Ersatz war schnell gefunden: Constanze Neumann, 1973 in Leipzig geboren, promovierte Anglistin, ehemalige Cheflektorin von Hoffmann & Campe

Reinhard Rohn und die neue Verlagsleiterin Constanze Neumann während der Vorstellung des Herbstprogramms 2019

und selbstständige Literaturagentin, übernahm die Literatur bei Aufbau und Blumenbar. Auch diese Lösung war gewissermaßen eine interne, hatte Neumann doch vorher schon dem Beirat angehört. Doch die Wechselspiele waren damit noch nicht beendet. Lina Muzur zog im März 2018 zu Hanser Berlin weiter und wurde durch Anvar Čukoski ersetzt, der von Piper kam. Zur leitenden Lektorin für den Bereich moderne Klassik stieg Nele Holdack auf. Franziska Günther wiederum, mit der Leitung Sachbuch betraut, stieg im November 2018 als Gesellschafterin und Sachbuchagentin bei der Literaturagentur Graf + Graf mit ein. Als ihr Nachfolger kam Christian Koth von Hanser ins Aufbau Haus. Von Fischer siedelte im Mai 2019 Friederike Schilbach als leitende Lektorin Belletristik zu Aufbau über. Ein Kreis schloss sich mit dem Jahreswechsel 2018/19 hingegen für Christoph Links: Der ehemalige Assistent von Elmar Faber einigte sich mit Matthias Koch darauf, dass sein Verlag, die erste ostdeutsche Neugründung in der wilden Wendezeit, Teil der Aufbau-Verlagsgruppe wird. Mit seinem zeitgeschichtlichen und gegenwartspolitischen Profil fügte sich Ch. Links passgenau ins Verlagsportfolio. Im Dezember 2019 zog der Verlag mit seiner zehnköpfigen Mannschaft auch räumlich unters Aufbau-Dach am Moritzplatz. Die Eigentümerfamilie Koch hat

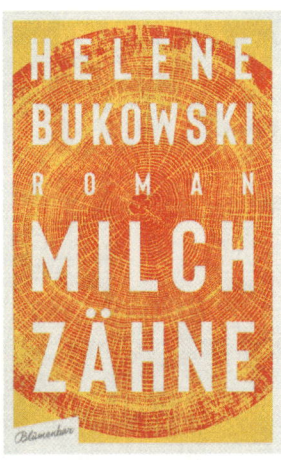

Viel versprechende Debütromane: Gianna Molinaris *Hier ist noch alles möglich*, Lene Albrechts *Wir, am Fenster* und Helene Bukowskis *Milchzähne*

im Zuge dessen alle Verlage der Aufbau-Gruppe mehrheitlich in die gemeinnützige Stiftung »Kommunikationsaufbau« eingebracht, bis auf Die Andere Bibliothek, die Ende 2020 folgen soll. Dadurch sind die Verlage vor Übernahmen geschützt und ihre Unabhängigkeit ist gesichert.

Mit den Personalrochaden gingen auch einige Autoren verloren. Bov Bjerg beispielsweise folgte Cynybulk zu Ullstein, von wo sich der *Auerhaus*-Entdecker im Sommer 2019 allerdings schon wieder verabschiedete, nachdem ihm Barbara Laugwitz, vorher als verlegerische Geschäftsführerin bei Rowohlt geschasst, vor die Nase gesetzt worden war. Doch trotz all der wilden Wechselspiele in der Branche wirkte das Aufbau-Programm Ende der 2010er Jahre erstaunlich konstant. Die Eckpfeiler standen: In fast jedem Programm erschien ein Roman einer viel versprechenden und viel beachteten jungen Gegenwartsautorin, darunter Gianna Molinari (*Hier ist noch alles möglich*, 2018), Helene Bukowski (*Milchzähne*, 2019) und Lene Albrecht (*Wir, im Fenster*, 2019). Aber auch mit internationalen Titeln konnte der Verlag reüssieren, so etwa mit dem Roman *Das Verschwinden des Josef Mengele*, geschrieben von dem französischen (Dreh-)Buchautor Olivier Guez. Im Jubiläumsjahr 2020 erschien zudem eine wichtige Neuverpflichtung: Das anspielungsreiche erste Aufbau-Buch der US-Amerikanerin Sigrid Nunez, *Der Freund*, landete sowohl auf der SWR-Bestenliste als auch auf der *Spiegel*-Bestsellerliste.

Verlagsstand auf der Leipziger Buchmesse 2019

Hatte man zuletzt 2014 mit Fred Vargas eine wichtige Hausautorin verloren, blieben erfolgreiche deutschsprachige und internationale Autorinnen und Autoren wie Olga Grjasnowa, Lana Lux, Philipp Winkler und
Han Kang nun durch alle Veränderungen hindurch bei Aufbau.

Zahlreiche Bestseller, die zugleich wichtige aktuelle Diskussionsbei-
träge waren, konnte man im Sachbuch landen, darunter Hauke Friede-
richs mit *Funkenflug. August 1939* über den Beginn des Zweiten Weltkriegs und Ginette Kolinka mit *Rückkehr nach Birkenau. Wie ich überlebt
habe*, im Januar 2020 zum 75. Jahrestag der Befreiung von Auschwitz
erschienen. Ferner sorgen Neueditionen und Novitäten beständig dafür,
dass die Aufbau-Klassiker im Gespräch bleiben, so etwa 2016 die Neuausgabe von Hans Falladas *Kleiner Mann – was nun?* und 2017 Peter
Walthers Fallada-Biographie. Wie Fallada ist auch Anna Seghers, ebenfalls 1946 erstmalig bei Aufbau erschienen, bis in die Gegenwart immer
wieder Gegenstand des öffentlichen Interesses, zuletzt vor allem durch
die *Transit*-Neuverfilmung von Christian Petzold, die 2018 im Berlinale-
Wettbewerb lief und in der er die Handlung der Flüchtlings-Thematik
ins heutige Marseille verlegt. Die Aufbau-Säulen repräsentiert auch die

Ulrike Renk: *Jahre aus Seide* (2018)

Jubiläums-Reihe zum 75. Aufbau-Geburtstag 2020: Gregor Gysi und seine Schwester Gabriele Gysi legen einen Band über ihren Vater Klaus Gysi vor. Von der Amerikanerin Kristen Roupenian, deren Erstling *Cat Person* als Internet-Hype um die Welt ging und bei Blumenbar zum Erfolg wurde, erscheint eine Story mit dem Titel *Milkwishes*. Philipp Winkler schreibt mit seiner Novelle *Carnival* eine Geschichte, die wie *Hool* Menschen am Rand der Gesellschaft eine Stimme verleiht. Und schließlich erscheinen bislang unveröffentlichte Briefe von Hans Fallada an seine Kinder.

Einen Sprung hat Aufbau in den letzten Jahren im Bereich der Unterhaltungsliteratur gemacht, die mit der Berufung der Doppelspitze 2014 unter Reinhard Rohn zu einer eigenständigen Abteilung mit einem eigenständigen Budget wurde. Ellen Berg machte nur den Anfang, inzwischen gibt es weitere erfolgreiche Reihen, darunter die Sagas der Bestsellerautorin Ulrike Renk, betreut von der Lektorin Anne Sudmann, und seit 2015 die *Künstlerinnenreihe*, in der unter dem Motto »Mutige Frauen zwischen Kunst und Liebe« biographische Romane über berühmte Frauen erscheinen. Anregung dafür war der Titel *Madame Hemingway*

Bestseller aus der »Künstlerinnenreihe«: Caroline Bernards *Frida Kahlo und die Farben des Lebens*

der amerikanischen Autorin Paula McLain gewesen, der sich 2011 zunächst bei Aufbau und anschließend im Taschenbuch so erfolgreich verkauft hatte, dass Reinhard Rohn daraus ein reihentaugliches Konzept fürs Taschenbuch entwickelte. Nachdem Aufbau lange in die Programme der Unterhaltungskonkurrenz geschielt hatte, versuchten Droemer und Co. nun, die Aufbau-Künstlerinnen, deren Auftritte von der Münchner Kommunikationsagentur bürosüd zielgruppengerecht gestaltet werden, zu imitieren. Im Weihnachtsgeschäft 2019 führte *Frida Kahlo und die Farben des Lebens* von Caroline Bernard über Wochen die Paperback-Bestsellerliste an. Der Aufbau Literatur Kalender geht derweil als Evergreen in die 54. Runde, Herausgeber über die Jahre waren Jürgen Jahn, Günther Drommer und Amelie Thoma, aktuell sind es Thomas Böhm (seit 2019) und Catrin Polojachtof (seit 1993).

Von Anna Seghers, der 1983 verstorbenen Grande Dame der Aufbau-Autorenriege, hatte sich der Verlag einst die Selbstbeschreibung als Bienenstock entliehen, von außen unscheinbar, aber innen voller Leben, das man, wie es in der gleichnamigen Erzählung heißt, »durch die Fenster funkeln« sieht. Heute, 75 Jahre nach der Gründung, funkelt es immer

Ein Beitrag zum Jubiläumsprogramm: Volker Weidermanns *Brennendes Licht*

noch. Ein Verlag ist mehr als seine Autoren, mehr als seine Verleger und mehr als seine Mitarbeiter, mehr auch als sie alle zusammen. Hier treffen sich Kunst und Kommerz, Geist und Macht. Aufbau ist ein Verlag mit einer ganz eigenen Geschichte, der dreißig Jahre nach der Wiedervereinigung seinen Platz gefunden zu haben scheint. Der sich seiner Herkunft gewiss ist und dem es gelungen ist, aus den Irrwegen zu lernen und neuen Herausforderungen die Stirn zu bieten. Dessen E-Book- und Audio-Umsätze regelmäßig wachsen, der ein verjüngtes begeisterungsfähiges Team nahe an den Zielgruppen hat und eine Leitung, die ihre Spielräume zu nutzen weiß. Aufbau ist ein Begriff, ein Markenname, eine Tradition, ein ideengeschichtlicher Akteur, eine Diskursarena, eine Behausung für Schriftsteller und für das literarische Leben. Die Verlagsgeschichte füllt Bibliotheken und Archive, Anekdoten und Debatten.

Am Anfang des Aufbau Verlags, im August 1945, waren Trümmer. Nach 75 Jahren bleiben Bücher und die Gewissheit, dass noch viele folgen werden.

75 Jahre Aufbau

Man muss sein Herz an etwas hängen, *das es verlohnt.*

HANS FALLADA

a75

aufbau

Das Plakat zum 75. Gründungsjubiläum des Aufbau Verlags

ANHANG

Literatur

Archivalische Quellen

Staats- und Universitätsbibliothek zu Berlin: Aufbau-Archiv.
Bundesarchiv Berlin: Ministerium für Kultur und Kulturbund der DDR.
Archiv der Akademie der Künste Berlin: Diverse Vor- und Nachlässe.
Deutsches Literaturarchiv Marbach: Diverse Vor- und Nachlässe sowie Verlagsarchive.

Gedruckte Quellen (Auswahl)

56 Autoren, Photos, Karikaturen, Faksimiles. Biographie, Bibliographie. Aufbau-Verlag 1945–1970. 2. Auflage. Berlin, Weimar: Aufbau 1970.

Anderson, Edith: Liebe im Exil. Erinnerungen einer amerikanischen Schriftstellerin an das Leben im Berlin der Nachkriegszeit. Berlin: BasisDruck 2007.

Bräuer, Margit: Der Kreml, Doktor Schiwago und ich. In literarischer Mission zwischen Berlin und Moskau. Berlin: Nora 2010.

Caspar, Günter: Im Umgang. Zwölf Autoren-Konterfeis und eine Paraphrase. Berlin, Weimar: Aufbau 1984.

Das Haus in der Französischen Straße. Vierzig Jahre Aufbau-Verlag. Ein Almanach. Berlin, Weimar: Aufbau 1985.

Eigene Seiten. Die Aufbau-Verlagsgruppe. Ein Porträt. Berlin: Aufbau 2005.
Erich Wendt zum Gedenken. Berlin, Weimar: Aufbau 1967.

Faber, Elmar/Lang, Lothar (Hg.): Buchkunst im Aufbau-Verlag: eine Auswahl. [Ausstellung vom 21. Dez. 1984 bis 14. April 1985, Staatl. Museum Schloss Burgk]. Burgk: 1984.
Faber, Elmar/Wurm, Carsten (Hg.): »Allein mit Lebensmittelkarten ist es nicht auszuhalten ...«. Autoren- und Verlegerbriefe 1945–1949. Berlin: Aufbau-Taschenbuch-Verlag 1991.
Faber, Elmar/Wurm, Carsten (Hg.): »... und leiser Jubel zöge ein«. Autoren- und Verlegerbriefe 1950–1959. Berlin: Aufbau-Taschenbuch-Verlag 1992.

Faber, Elmar/Wurm, Carsten (Hg.): »Das letzte Wort hat der Minister«. Autoren- und Verlegerbriefe 1960–1969. Berlin: Aufbau-Taschenbuch-Verlag 1994.
Faber, Elmar: Verloren im Paradies. Ein Verlegerleben. Berlin: Aufbau 2014.
Fünf Jahre. Ein Almanach. Berlin: Aufbau 1950.

Hermlin, Stephan: Rede anläßlich des vierzigjährigen Bestehens des Aufbau-Verlages Berlin und Weimar, gehalten am 25. September 1985. Berlin, Weimar: Aufbau 1985.
Hoeft, Klaus-Dieter/Streller, Christa: Aufbau-Verlag 1945–1984. Eine Bibliographie. 2 Bände. Berlin, Weimar: Aufbau 1985.

Janka, Walter: … bis zur Verhaftung. Erinnerungen eines deutschen Verlegers. Berlin: Aufbau 1993.

Max Schroeder zum Gedenken. Berlin: Aufbau 1958.

Stoehr, Ingo R.: »Wildwasser und ein gutes Kanu«. Ein Gespräch mit Gotthard Erler und René Strien. In: *Dimension 2*, H. 2 (1998), S. 4–27.

Wurm, Carsten: Gestern. Heute. Aufbau. 70 Jahre Aufbau Verlag 1945–2015. Berlin: Aufbau 2015.
Wurm, Carsten: Jeden Tag ein Buch. 50 Jahre Aufbau-Verlag. 1945–1995. Berlin: Aufbau 1995.
Wurm, Carsten: 150 Jahre Rütten & Loening. … mehr als eine Verlagsgeschichte. 1844–1994. Berlin: Rütten & Loening 1994.

Zehn Jahre. Ein Almanach. Berlin: Aufbau 1955.

Forschungsliteratur (Auswahl)

Barck, Simone/Langermann, Martina/Lokatis, Siegfried: »Jedes Buch ein Abenteuer«. Zensur-System und literarische Öffentlichkeiten in der DDR bis Ende der sechziger Jahre. 2. Auflage. Berlin: Akademie Verlag 1998.
Barck, Simone/Lokatis, Siegfried (Hg.): Fenster zur Welt. Eine Geschichte des DDR-Verlages Volk und Welt. 2. Auflage. Berlin: Ch. Links 2005.
Berbig, Roland u. a. (Hg.): In Sachen Biermann. Berlin: Ch. Links 1994.
Berbig, Roland (Hg.): Auslaufmodell »DDR-Literatur«. Essays und Dokumente. Berlin: Ch. Links 2018.
Bülow, Ulrich von/Wolf, Sabine (Hg.): DDR-Literatur. Eine Archivexpedition. Berlin: Ch. Links 2014.
Bunge, Hans (Hg.): Die Debatte um Hanns Eislers »Johann Faustus«. Eine Dokumentation. Berlin: BasisDruck, 1991.

Degen, Andreas (Hg.): Szenen Berliner Literatur 1955–1965. Berlin: Matthes & Seitz 2011.

Deiritz, Karl/Krauss, Hannes (Hg.): Der deutsch-deutsche Literaturstreit oder »Freunde, es spricht sich schlecht mit gebundener Zunge«. Analysen und Materialien. Hamburg: Luchterhand Literaturverlag 1991.

Dietrich, Gerd: Kulturbund. In: Gerd-Rüdiger Stephan (Hg.): Die Parteien und Organisationen der DDR. Ein Handbuch. Berlin: Dietz 2002, S. 530–559.

Emmerich, Wolfgang: Kleine Literaturgeschichte der DDR. Erweiterte Neuausgabe. Berlin: Aufbau-Taschenbuch-Verlag 2009.

Estermann, Monika/Lersch, Edgar (Hg.): Deutsch-deutscher Literaturaustausch in den 70er Jahren. Wiesbaden: Harrassowitz 2006.

Frohn, Julia: Literaturaustausch im geteilten Deutschland. 1945–1972. Berlin: Ch. Links 2014.

Gansel, Carsten (Hg.): Rhetorik der Erinnerung. Literatur und Gedächtnis in den »geschlossenen Gesellschaften« des Real-Sozialismus. Göttingen: V&R unipress 2009.

Golz, Jochen: »Das alte Wahre, faß es an«. Zur editorischen Tätigkeit an den »Nationalen Forschungs- und Gedenkstätten der klassischen deutschen Literatur in Weimar« (NFG). In: Jan Cölln/Franz-Josef Holznagel (Hg.): Positionen der Germanistik in der DDR. Personen – Forschungsfelder – Organisationsformen. Berlin, Boston: de Gruyter 2013, S. 185–209.

Häntzschel, Günter (Hg.): Literatur in der DDR im Spiegel ihrer Anthologien. Unter Mitarbeit von Simone Barck. Wiesbaden: Harrassowitz 2005.

»Helle Panke« e. V. – Rosa-Luxemburg-Stiftung Berlin (Hg.): Partisan im Kulturbetrieb. Beiträge zum 100. Geburtstag von Walter Janka. Berlin: 2014.

Jahn, Jürgen (Hg.): »Ich möchte das meine unter Dach und Fach bringen …«. Ernst Blochs Geschäftskorrespondenz mit dem Aufbau-Verlag 1946–1961. Eine Dokumentation. Wiesbaden: Harrassowitz 2006.

Kirsten, Jens: Lateinamerikanische Literatur in der DDR. Publikations- und Wirkungsgeschichte. Berlin: Ch. Links 2004.

Links, Christoph: Das Schicksal der DDR-Verlage. Die Privatisierung und ihre Konsequenzen. Berlin: edition berolina 2016.

Löffler, Dietrich: Buch und Lesen in der DDR. Ein literatursoziologischer Rückblick. Berlin: Ch. Links 2011.

Lokatis, Siegfried/Rost, Theresia/Steuer, Grit (Hg.): Vom Autor zur Zensurakte. Abenteuer im Leseland DDR. Halle (Saale): Mitteldeutscher Verlag 2014.

Marschall, Judith: Aufrechter Gang im DDR-Sozialismus. Walter Janka und der Aufbau-Verlag. Münster: Westfälisches Dampfboot 1994.

Michael, Klaus: Berührung ist nur eine Randerscheinung. Die deutsch-deutsche Geschichte einer Anthologie. In: Siegfried Lokatis/Ingrid Sonntag (Hg.): 100 Jahre Kiepenheuer Verlage. Berlin: Ch. Links 2011, S. 264–274.

Peitsch, Helmut: Nachkriegsliteratur 1945–1989. Göttingen: V&R unipress 2009.

Schiller, Dieter: Überparteilich, nicht neutral. Fragmente zur politischen Geschichte des »Kulturbundes zur demokratischen Erneuerung Deutschlands«. Berlin: Homilius 2009.
Schneider, Heike (Hg.): Walter Janka. Zu Kreuze kriechen kann ich nicht! Erinnerungen und Lebenszeugnisse. Berlin: VBB, Verlag für Berlin-Brandenburg 2014.

Ulmer, Konstantin: VEB Luchterhand? Ein Verlag im deutsch-deutschen literarischen Leben. Berlin: Ch. Links 2016.

Walther, Joachim: Sicherungsbereich Literatur. Schriftsteller und Staatssicherheit in der Deutschen Demokratischen Republik. Berlin: Ch. Links 1996.
Wolle, Stefan: Die DDR. Eine Geschichte von der Gründung bis zum Untergang. Bonn: Bundeszentrale für politische Bildung 2015.
Wurm, Carsten: Der frühe Aufbau-Verlag. 1945–1961. Konzepte und Kontroversen. Wiesbaden: Harrassowitz 1996.

Personenregister

Bildnachweis

Barbara Köppe S. 240
bpk/Max Ittenbach S. 59, 83
Bundesarchiv S. 63 (Rudolph), 197, 238
Elizabeth Shaw S. 27, 43, 47, 55, 61, 64, 71, 82, 124, 139, 147, 161
Günter Kunert S. 174
Günter Prust S. 15, 248, 255, 260, 272, 282, 290, 301, 307
Gustav Seitz Stiftung S. 105
Harald Kretzschmar S. 107, 113
Heinz Schadewald S. 90
LitVideo GmbH S. 133
Neues Deutschland S. 73, 179, 257
Reno Engel S. 13, 112, 143, 159, 183, 216, 227, 232, 252, 293, 297, 299, 312, 320, 323, 337, 342, 345, 351, 360, 362
Roger Melis/Mathias Bertram S. 151, 168, 196
Staatsbibliothek zu Berlin – Preußischer Kulturbesitz S. 10, 33, 36, 67, 128, 141, 258, 265
U. Rödiger S. 241
Wolfgang Gregor S. 219

Alle anderen Aufnahmen stammen aus dem Verlagsarchiv.

Dank

Den Autor*innen und Verlagsmitarbeiter*innen aus siebeneinhalb Jahrzehnten Aufbau danke ich für all die Bücher und das Drumherum.

Den Zeitzeug*innen danke ich für ihre Zeit, Leidenschaft und Lebenswerke. Für Hinweise und die Beantwortung vieler Fragen Dank an Lothar Bader, Bov Bjerg, Claus Bräunig, Thomas Brussig, Gunnar Cynybulk, Angela Drescher, Jens-Fietje Dwars, Benedikt Dyrlich, Ursula Emmerich, Tom Erben, Gotthard Erler, Magdalena Frank, Almut Giesecke, Jürgen Jahn, Wulf Kirsten, Ingrid Krüger, Thomas Lehr, Christoph Links, Bernd F. Lunkewitz, Inger-Maria Mahlke, Maria Matschuk, Joachim Meinert, Gerd Püschel, Ingeborg Quaas, Helmut Reller (†), Norbert Schaepe, Krista Maria Schädlich, Waltraud Schwarze, Rolf Schneider, Cornelia Schroeder, René Strien, Sigrid Töpelmann, Philipp Winkler und Gerhard Wolf.

Den Archivmitarbeiter*innen danke ich für Archivalien und Anstöße.

Für die aufmerksame Durchsicht des Manuskripts danke ich Nils Aschhoff, Magdalena Frank, Ingrid und Matthias Koch, Katja Kühler, Christoph Links und Paweł Zajas.

Meiner Lektorin Nele Holdack danke ich für Einwände und Anregungen, dem Aufbau Verlag für das Vertrauen.

Last not least danke ich meiner Familie, für alles.